Die Kontrolle von Public Private Partnerships im Beschaffungswesen

# Regensburger Beiträge zum Staats- und Verwaltungsrecht

Herausgegeben von Gerrit Manssen

Band 26

PETER LANG

Jiweon Seon, Gerrit Manssen

# Die Kontrolle von Public Private Partnerships im Beschaffungswesen im Rahmen des europäischen Beihilfen- und Vergaberechts

PETER LANG

**Bibliografische Information der Deutschen Nationalbibliothek**
Die Deutsche Nationalbibliothek verzeichnet diese Publikation in der Deutschen Nationalbibliografie; detaillierte bibliografische Daten sind im Internet über http://dnb.d-nb.de abrufbar.

Zugl.: Regensburg, Univ., Diss., 2015

D 355
ISSN 1860-319X
ISBN 978-3-631-76070-3 (Print)
ISBN 978-3-631-76246-2 (E-PDF)
ISBN 978-3-631-76247-9 (E-Pub)
ISBN 978-3-631-76248-6 (Mobi)
DOI 10.3726/b14431



Peter Lang – Berlin · Bern · Bruxelles · New York · Oxford · Warszawa · Wien



Dieses Publikation wurde begutachtet.

www.peterlang.com

*Meinen Eltern*

# Vorwort

Die vorliegende Arbeit wurde im Wintersemester 2017/2018 von der Fakultät für Rechtswissenschaft an der Universität Regensburg als Dissertation angenommen. Bei ihrem Gelingen konnte ich auf die Hilfestellung und Unterstützung vieler Menschen zurückgreifen. Ihnen bin ich zu herzlichem Dank verpflichtet.

Meinen Doktorvater, Herrn Prof. Dr. Jürgen Kühling, Inhaber des Lehrstuhls für Öffentliches Recht, Immobilienrecht, Infrastrukturrecht und Informationsrecht, möchte ich zuallererst herzlich danken. Er begleitete meine Arbeit stets mit der zielführenden Betreuung und den sehr wertvollen Anmerkungen. Herrn Prof. Dr. Gerrit Manssen danke ich ebenfalls für seinen geschätzten wissenschaftlichen Rat und seine schnelle Erstellung des Zweitgutachtens. Es ist eine große Freude für mich, dass mein Werk in der von ihm herausgegebenen Reihe *Regensburger Beiträge zum Staats- und Verwaltungsrecht* erscheint.

Diese Untersuchung wurde aus den wissenschaftlichen Tätigkeiten an meiner Heimatuniversität in Korea entwickelt. Ich bedanke mich bei allen meinen Lehrmeistern in Korea. Nicht zuletzt gab Herr Prof. Dr. Kim Sung-Soo an der Yonsei Universität den Anstoß zu der vorliegenden Untersuchung. Dank des Herrn Prof. Dr. Lee Won-Woo an der Nationalen Universität Seoul konnte ich eine köstliche Gelegenheit zum Studium an der Universität Regensburg erhalten. Herr Prof. Jung Ho-Kyung an der Hanyang Universität machte sich als ständiger Diskussionspartner um die Erstellung dieser Arbeit verdient. Praxiserfahrungen bei Korea Development Institute (KDI) bildeten eine solide Basis zum Gelingen dieses Werkes. Vielfältigen Unterstützungen der Kollegen von KDI verdanke ich meine Arbeit.

Besonderer Dank gebührt auch Herrn Stefan Drechsler, der das Manuskript nicht nur sprachlich, sondern auch aus juristischem Geist korrigierte. In meinem Dank für die Hilfsbereitschaft schließe ich auch alles ein, dass mir nicht bewusst ist und das ich jetzt vergessen habe.

Was ich am meisten möchte, ist, dass diese Dissertation zur weiteren Diskussion über die vorliegenden Themen beitragen kann. Allen Lesern verspreche ich eine Fortentwicklung meiner Untersuchung.

Seoul, im März 2018 — Seon, Jiweon

# Inhaltsübersicht

# Inhaltsverzeichnis

# Prolog

## I. „Pacta sunt servanda“

Der Satz *„pacta sunt servanda“* stellt in allen Rechtsstaaten einen „unverzichtbaren“ Grundsatz dar,[1] der aus dem kanonischen Recht stammt.[2] Demnach sind Verträge einzuhalten und die aus dem Vertrag hergeleiteten Pflichten zu erfüllen. Das gilt auch für das deutsche Recht, obwohl dies in Deutschland im kodifizierten Recht nicht ausdrücklich erwähnt wird.[3] Diesem Grundsatz unterfällt grundsätzlich jeder Vertrag, der im öffentlich-rechtlichen Bereich wie auch im privatrechtlichen Zusammenhang geschlossen wird.

Es ist aber nicht festzustellen, dass dem Satz immer eine absolute Priorität eingeräumt wird. Aufgrund des Schutzes des Gemeinwohls, eines sozialen Bedarfs oder einer politischen Rücksichtnahme kann der Vertrag entgegen dem Willen der Vertragsparteien geändert oder gekündigt werden. Solche Ausnahmefälle von *„pacta sunt servanda“* werden hinsichtlich unterschiedlicher Aspekte betrachtet.

Einerseits kann der Satz *„pacta sunt servanda“* bei einem privatrechtlichen Vertrag nur ausnahmsweise eingeschränkt werden, soweit bestimmte Werte der Vertragsfreiheit überlegen sind, die der Staat schützen muss.[4] Dies kann in Form der einzelnen Widerrufbestimmungen geschehen, etwa §§ 312g, 489 und 510 BGB.[5]

Andererseits muss der Satz *„pacta sunt servanda“* beim öffentlich-rechtlichen Vertrag vor den allgemeinen Grundsätzen des Verwaltungsrechts einschließlich der Gesetzmäßigkeit verworfen werden. Im Gegensatz zu den

---

1 *Philipp*, NVwZ 2013, 911 (912); Vgl. *Ellenberger*, in: *Palandt*, Bürgerliches Gesetzbuch, 2017, Einf v § 145, Rn. 4a; *Weller*, Die Grenze der Vertragstreue von (Krisen-)Staaten, 2013, S. 25; *ders.*, Die Vertragstreue, 2009, S. 38; *Wolf/Neuner*, Allgemeiner Teil des Bürgerlichen Rechts, 2016, § 10, Rn. 23.

2 Im römischen Recht bedarf es dagegen neben der Willensübereinstimmung noch einer weiteren Voraussetzung für die Begründung einer Obligation. Also geht der Satz nicht allein auf das römische Recht zurück. Vgl. *Liebs*, Römisches Recht, 1993, S. 259 f.; *Raab*, in: *Konzen/Krebber/Raab/Veit/Waas*, Festschrift für Birk, 2008, 659 (662); *Weiß*, Pacta sunt servanda im Verwaltungsvertrag, 1999, S. 5 f.; *Weller*, Die Vertragstreue, 2009, S. 37.

3 Vgl. *Bork*, Allgemeiner Teil des Bürgerlichen Gesetzbuchs, 2016, Rn. 11.

4 Vgl. *Ellenberger*, in: *Palandt*, Bürgerliches Gesetzbuch, 2017, Einf v § 145, Rn. 4a; *Philipp*, NVwZ 2013, 911 (912); *Raab*, in: *Konzen/Krebber/Raab/Veit/Waas*, Festschrift für Birk, 2008, 659 (666); *Wolf/Neuner*, Allgemeiner Teil des Bürgerlichen Rechts, 2016, § 43, Rn. 14.

5 Vgl. *Wolf/Neuner*, Allgemeiner Teil des Bürgerlichen Rechts, 2016, § 43, Rn. 14.

Parteien des privatrechtlichen Vertrags muss der öffentliche Träger statt der „autonom definierten Interessen" die Verwirklichung des Gemeinwohls anstreben.[6] So wird seine Handlung von den gesetzlichen Bestimmungen determiniert und dirigiert.[7] Im öffentlich-rechtlichen Bereich steht eher das Prinzip der Gesetzmäßigkeit im Vordergrund als Vertragsfreiheit sowie -treue.[8] Daher wird der Gesetzesmäßigkeit beim öffentlich-rechtlichen Vertrag nach § 59 Abs. 1 VwVfG i. V. m. § 134 BGB der Vorrang gewährt.[9]

Allerdings ist die Rolle des Vertrags als Handlungsform im öffentlich-rechtlichen Bereich nicht völlig verschwunden. Werden die Vorzüge der Vertragsform bei der Durchführung der öffentlichen Aufgaben betrachtet, sind die Vertragsfreiheit sowie -treue im öffentlich-rechtlichen Zusammenhang in einem gewissen Umfang durchzusetzen. Dabei handelt es sich darum zu untersuchen, wie und inwieweit der Satz *„pacta sunt servanda"* bei der Handlung in der Vertragsform des öffentlichen Trägers eingeschränkt wird. In dieser Dissertation ist vor allem der PPP-Vertrag im Infrastrukturbeschaffungswesen von Interesse, der einen neuen Modus der Erfüllung der öffentlichen Aufgaben in der modernen Verwaltung darstellt.

## II. Public Private Partnership als neue Tendenz bei der Erledigung der öffentlichen Aufgaben

### 1. Beteiligung der privaten Hand an der staatlichen Tätigkeit

Die Beteiligung von privaten Personen an der Erfüllung der öffentlichen Aufgaben ist in der Verwaltung immer schon in verschiedenen Formen erfolgt – von der Anhörung im Entscheidungsprozess bis zur Beleihung von Aufgaben. Ein Beliehener stellt ein privates Subjekt dar, das innerhalb der wahrgenommenen Kompetenz zur Realisierung der öffentlichen Aufgaben im „eigenen Namen" tätig ist.[10] Die Beleihung mit staatlichen Funktionen ist als Rechtsinstitut zur

---

6 *Ziekow*, Verwaltungsverfahrensgesetz, 2013, § 59, Rn. 6.

7 *Ziekow*, Verwaltungsverfahrensgesetz, 2013, § 59, Rn. 6.

8 So auch bei *Weiß*, Pacta sunt servanda im Verwaltungsvertrag, 1999, S. 70 f.; *Ziekow*, Verwaltungsverfahrensgesetz, 2013, § 59, Rn. 6.

9 Vgl. *Bonk/Neumann*, in: *Stelkens/Bonk/Sachs*, VwVfG, 2014, § 59, Rn. 4; *Lenz*, in: *Obermayer/Funke-Kaiser*, VwVfG, 2014, § 59, Rn. 6; *Mann*, in: *Mann/Sennekamp/Uechtritz*, VwVfG, 2014, § 59, Rn. 12; *Schliesky*, in: *Knack/Henneke*, VwVfG, 2014, § 59, Rn. 4.

10 *Maurer/Waldhoff*, Allgemeines Verwaltungsrecht, 2017, § 23, Rn. 63; *Ronellenfitsch*, in: *Bader/Ronellenfitsch*, BeckOK VwVfG, 2017, § 1, Rn. 72; Vgl. *Eichhorn*, Verwaltungslexikon, 1991, S. 93 f., mit dem Stichwort „Beliehener"; *Ibler*, in: *Maunz/Dürig*,

Erledigung der Verwaltung früher schon erfasst worden, bei der sowohl staatliche Aufgaben als auch die dafür erforderlichen Befugnisse dem privaten Sektor übertragen werden.[11] Die Beleihung ist nicht nur in der Form der konventionellen Vergabe der öffentlichen Beschaffung oder als Verwaltungshelfer erfolgt, sondern es entwickelte sich daraus sogar eine Privatisierung.[12] Wenn die private Hand bei bestehenden Formen der Beleihung an der staatlichen Tätigkeit beteiligt ist, trägt der Private nur eine funktionell getrennte Verantwortung (bei der Beteiligung als Verwaltungshelfer) oder übernimmt die gesamte Verantwortung der Aufgabe (bei der Privatisierung). Aber es ist eine neue Form der privaten Beteiligung in der modernen Verwaltung entstanden, bei der es eher um eine Partnerschaft zwischen dem öffentlichen und privaten Sektor geht als um eine Trennung und Übertragung der Verantwortung.

## 2. Entwicklung der Public Private Partnership im Beschaffungswesen

Die Public Private Partnership (im folgenden PPP),[13] d. h. die öffentlich-private Partnerschaft, ist eine neue weltweite Tendenz zur Durchführung der öffentlichen Aufgaben, bei der öffentliche und private Sektoren zusammen eine Partnerschaft eingehen.[14] Im Unterschied zum Verwaltungshelfer gehört der private

Grundgesetz, 2016, Art. 87, Rn. 261; *Schmitz*, in: *Stelkens/Bonk/Sachs*, VwVfG, 2014, § 1, Rn. 246; *Steiner*, Öffentliche Verwaltung durch Private, 1973, S. 201 f.

11 Vgl. *Lüke*, DÖV 1955, 432 (435); *Ossenbühl*, Verwaltungsvorschriften und Grundgesetz, 1968, S. 258; *Ronellenfitsch*, in: *Bader/Ronellenfitsch*, BeckOK VwVfG, 2017, § 1, Rn. 71; *Steiner*, Öffentliche Verwaltung durch Private, 1973, S. 14, 106. Allerdings bedarf es eines Gesetzesvorbehalts für die Übertragung der hoheitlichen Befugnisse. Vgl. *Korte*, in: *Wolff/Bachof/Stober/Kluth*, Verwaltungsrecht I, 2017, § 55, Rn. 32.

12 Vgl. *Bauer*, VVDStRL 54, 1995, 243 (256 f.); *Ossenbühl*, VVDStRL 29, 1971, 137 (147 f.); *Osterloh*, VVDStRL 54, 1995, 204 (215 ff.). Zur verfassungsrechtlichen Zulässigkeit der Privatisierung *Burgi*, Funktionale Privatisierung und Verwaltungshilfe, 1999, S. 175 ff.

13 Es ist problematisch zu bestimmen, mit welchem Genus der Terminus „Public Private Partnership" bzw. „PPP" genannt werden soll, da dieses Wort eigentlich aus dem Englischen stammt. In Literatur und Praxis wird das Wort als feminin oder neutral benutzt. Diese Dissertation adaptiert die feminine Benutzung nach dem Hinweis des Duden Rechtschreibwörterbuchs. Dazu Duden | PPP | Rechtschreibung, Bedeutung, Definition <http://www.duden.de/rechtschreibung/PPP> (27.03.2017).

14 Vgl. *Lämmerzahl*, Die Beteiligung Privater an der Erledigung öffentlicher Aufgaben, 2007, S. 63 ff.; *Ziekow*, in: *Sommermann/Ziekow*, Perspektiven der Verwaltungsforschung, 2002, 269 (270).

Beteiligte bei der PPP weder zur Behörde noch übernimmt er im Gegensatz zur Privatisierung die gesamte Verantwortung der Aufgaben.

Es ist zwar möglich, dass in allen Bereichen der staatlichen Tätigkeit die PPP-Formen herangezogen werden.[15] Aber die PPP ist nicht zuletzt bei der Infrastrukturförderung als eine innovative und alternative Beschaffungsvariante angesehen.[16] In Deutschland hat zuallererst eine sog. „Task Force" des Finanzministeriums in Nordrhein-Westfallen seit 2002 die Einführung der PPP im Beschaffungswesen versucht.[17] Durch die Erfahrung mit den Pilotprojekten der Task Force wurden Kriterien und der Ablaufprozess von PPP-Projekten aufgestellt.[18] Ferner wurden die institutionellen Grundlagen für die PPP durch das ÖPP-Beschleunigungsgesetz[19] bundesweit gelegt. Demnach werden verschiedene Projekte in der Gegenwart durchgeführt.[20]

---

15 Z. B. bei der Durchführung der Polizei- sowie Vollzugsverwaltung wird die PPP verwertet. Zur PPP beim Sicherheitsdienst *Stober*, DÖV 2000, 261 (262 ff.); Beim Strafvollzug *Winterhoff*, in: *Grote/Härtel/Hain/Schmidt/Schmitz/Schuppert/Winterhoff*, Festschrift für Starck, 2007, 463 (476 ff.); Zu den vielfältigen Phänomenen der PPP *Ziekow/Windoffer*, NZBau 2005, 665 (665 f.).

16 Vgl. *Alfen/Fischer*, in: *Weber/Schäfer/Hausmann*, Public Private Partnership, 2006, S. 9 f.; Asian Development Bank, Public-Private Partnership Handbook, 2008, S. 3 f.; *Budäus*, in: *Budäus*, Kooperationsformen zwischen Staat und Markt, 2006, 11 (14); *Christen*, in: BMVBS/DSGV, PPP-Handbuch, 2009, S. 9; *Littwin*, in: *Meyer-Hofmann/Riemenschneider/Weihrauch*, Public Private Partnership, 2008, Rn. 2; *Manssen*, in: *Manssen/Himmelreich/Gricenko*, Public-private-Partnership im kommunalen Bereich, 2015, 99 (100 f.); *Theobald/Michaels*, in: *Koenig/Kühling/Theobald*, Recht der Infrastrukturförderung, 2004, Kap. 3, Rn. 1.

17 *Alfen/Fischer*, in: *Weber/Schäfer/Hausmann*, Public Private Partnership, 2006, S. 8 f.; *Littwin*, in: *Meyer-Hofmann/Riemenschneider/Weihrauch*, Public Private Partnership, 2008, Rn. 3; *Ziekow/Windoffer*, NZBau 2005, 665 (668). Siehe auch PPP-Taskforce | Finanzverwaltung <https://www.finanzverwaltung.nrw.de/de/ppp-task-force> (09.10.2017).

18 Dazu eingehend *Littwin*, in: *Meyer-Hofmann/Riemenschneider/Weihrauch*, Public Private Partnership, 2008, Rn. 59 ff.

19 Gesetz zur Beschleunigung der Umsetzung von Öffentlich–Privaten Partnerschaften und zur Verbesserung gesetzlicher Rahmenbedingungen für Öffentlich–Private Partnerschaften, Gesetz vom 01.09.2005, BGBl. I S. 2676.

20 Auf der folgenden Webseite ist der aktuelle Zustand der PPP-Projekte in Deutschland ersichtlich: PPP-Projektdatenbank: Projektsuche <https://www.ppp-projektdatenbank.de/index.php?id=9> (09.10.2017). In Deutschland ist die PPP insbesondere seit 2007 als Mittel für die Überwindung der Finanzkrise zur Beschaffung der Infrastruktur zunehmend eingeführt. Dazu *Sack*, in: *Haus/Kulmann*, Lokale Politik und Verwaltung im Zeichen der Krise?, 2013, 139 (146 ff.).

Regelungen über den öffentlichen Auftrag zur Infrastrukturbeschaffung bestehen aus verschiedenen Rahmenbedingungen. Die rechtlichen Fragen der PPP sind vor allem angesichts der vorhandenen Regelungen zu überprüfen und ihre Spezifität ist dann zu berücksichtigen.

## 3. Problemstellung

Da sich die PPP durch die Zusammenarbeit zwischen dem öffentlichen und privaten Sektor auszeichnet, bleibt die Frage, ob sie im öffentlich-rechtlichen oder privatrechtlichen Bereich geregelt werden muss. Demnach gehen rechtliche Fragen um die PPP davon aus, ob und inwieweit der Satz „pacta sunt servanda" beim PPP-Vertrag durchgesetzt werden kann. Wird der PPP-Vertrag für privatrechtlich gehalten, lässt sich die Vertragsfreiheit zwar in den Vordergrund stellen, folglich muss der vertraglichen Vereinbarung Priorität bei der Durchführung des Projekts eingeräumt werden. Dagegen kann die Vereinbarung zwischen den Parteien aufgrund der öffentlich-rechtlichen Regelungen beschränkt werden, wenn die PPP dem öffentlich-rechtlichen Bereich angehört. Dabei geht die Gesetzmäßigkeit der Privatautonomie vor.

Früher wurde die öffentliche Beschaffung im deutschen Recht privatrechtlich geregelt. Während die materielle Regelung über den Vertrag demnach dem Bürgerlichen Gesetzbuch unterliegt, werden das Vergabeverfahren und die Kriterien des Zuschlags durch Verdingungsordnungen bestimmt, die keine[21] oder eine mittelbare[22] Außenwirkung haben. Darum sind die Zivilgerichte im Streit um den Auftragsvertrag federführend.[23] Darüber hinaus stellt das Ergebnis des

---

21 Vor der Umsetzung des europäischen Vergaberechts wurden sie als behördliches Innenrecht angesehen. Dazu *Grau*, Historische Entwicklung und Perspektiven des Rechts der öffentlichen Aufträge, 2004, S. 186 ff.; *Pietzcker*, Der Staatsauftrag als Instrument des Verwaltungshandelns, 1978, S. 240 ff., 362 ff.; *ders.*, AöR 1982, 61 (73, 77 f.); *Wallerath*, Öffentliche Bedarfsdeckung und Verfassungsrecht, 1988, S. 309 ff., 433 ff.; kritisch *Kopp*, BayVBl 1980, 609 (610 f.).

22 Nach der Umsetzung des europäischen Vergaberechts durch die haushaltsrechtliche Lösung haben die Verdingungsordnungen teilweise die Rechtsnormsqualität erhalten, da die Verwaltung durch die haushaltsrechtlichen Vorschriften selbst gebunden wird. Dazu BVerfGE 116, 135 (153 f.); *Dreher*, NVwZ 1999, 1265 (1266); *Seidel/Mertens*, in: *Dauses/Ludwigs*, Handbuch des EU-Wirtschaftsrechts, Bd. 1, 2017, H, IV, Rn. 370; Vgl. *Zuleeg* äußert dagegen, dass keine Außenwirkung trotz der haushaltsrechtlichen Lösung stattfindet. *Zuleeg*, ZEuP 2004, 636 (639).

23 Soweit der Streitgegenstand „allein" öffentliches Recht betrifft, sei der Rechtsweg zu den Verwaltungsgerichten eröffnet. *Pietzcker*, Der Staatsauftrag als Instrument des Verwaltungshandelns, 1978, S. 396 f.

Zuschlags an sich keinen Gegenstand der Klage dar, weil die Zuschlagskriterien nur im Innenverhältnis der Verwaltung gelten. Für den übergangenen Bewerber ist es aber möglich, den Schadenersatz aus culpa in contrahendo zu beanspruchen.[24] Wenn auch die öffentliche Beschaffung durch die PPP erledigt wird, sollte der PPP-Vertrag nach dem vorherigen Regelungsregime einer solchen Rechtsstruktur unterfallen.

Unter Berücksichtigung des europäischen Rechts und aus funktionaler Sicht ist eine Überprüfung dieses Regulierungsschemas jedoch erforderlich. Die PPP im Unionsraum muss selbstverständlich nach dem Europäischen Recht kontrolliert werden. Verschiedene Rechtsfragen bezüglich der Rahmenbedingungen des Europarechts können zwar bestehen, aber die wichtigsten Regeln bei der Infrastrukturförderung werden aus dem Beihilfen- und Vergaberecht abgeleitet. Zum einen darf eine staatliche Zuwendung in Bezug auf die Durchführung des PPP-Projekts in keiner Weise gegen das EU-Beihilfenrecht verstoßen und zum anderen sollten Regelungen des europäischen Vergaberechts, etwa der Vergaberichtlinien, im deutschen Vergaberecht als gültige Normen funktionieren, die bei der Durchführung des PPP-Projekts einzuhalten sind. Weiterhin ist zu beachten, dass die Beschaffung der Infrastruktur in funktionaler Hinsicht der öffentlich-rechtlichen Kontrolle unterstehen muss, da Aufbau, Erhalt und Betrieb der Infrastruktur mit dem öffentlichen Interesse unzertrennlich sind. Aufgrund der öffentlich-rechtlichen Grundlagen ist der Satz „pacta sunt servanda" beim PPP-Vertrag zu beschränken. Das europäische Beihilfen- und Vergaberecht stellen innerhalb des öffentlichen Rechts die maßgebliche Regelung für die Gestaltung und die Durchführung des PPP-Vertrags dar.

Metaphorisch könnte somit gesagt werden, dass eine Vereinbarung für das PPP-Projekt als Rohstoff, der unter dem früheren Kontrolleregime privatrechtlich geregelt würde, in der Küche namens öffentliches Recht mit dem Filtrierapparat des Europäischen Beihilfen- und Vergaberechts gesiebt wird und ein feines Produkt, d. h. ein beihilfen- und vergaberechtskonformer PPP-Vertrag, hergestellt wird. Diese Dissertation widmet sich diesem Herstellungsprozess des gefilterten PPP-Vertrags. Also geht es in den folgenden Kapiteln darum, wie und inwieweit die PPP aus Sicht des öffentlichen Rechts im Rahmen des Europäischen Beihilfen- und Vergaberechts kontrolliert wird. Im Zusammenhang des Beihilfenrechts sind die Fragen einerseits zu diskutieren, ob und wie staatliche Zuwendungen beim PPP-Projekt, Angebote der durch die PPP eingerichteten Infrastruktur und

24 BVerwGE 14, 65 (72). Vgl. *Pietzcker*, Der Staatsauftrag als Instrument des Verwaltungshandelns, 1978, S. 360.

Erteilungen des Zuschlags für das PPP-Projekt im Rahmen des Europäischen Beihilfenrechts gerechtfertigt werden. Andererseits ist es problematisch hinsichtlich des vergaberechtlichen Aspekts, ob der PPP-Vertrag dem Europäischen Vergaberecht unterliegt, welche Verfahren für das PPP-Projekt herangezogen werden und wie der vergaberechtswidrige PPP-Vertrag zu kontrollieren ist.

## III. Untersuchungsprogramm

Diese Dissertation widmet sich der Diskussion der oben genannten Thematik. Dafür bedarf es vor allem der Schaffung einer Grundlage für den Forschungsgegenstand. Um einen Ausgangpunkt zu bilden, sind erste Anfänge und die Bedeutung der PPP im akademischen Zusammenhang zu erfassen. Daher wird die Entstehung der PPP im ersten Kapitel zunächst vor dem historischen Hintergrund untersucht. Dann wird auf Basis einer historischen Betrachtung ein sinnvoller Begriff der PPP insbesondere im Beschaffungswesen durch die Exploration ihrer einzelnen Begriffsmerkmale und den Vergleich mit anderen Begriffen beleuchtet.

Im zweiten Kapitel wird nicht nur die Zulässigkeit der PPP im Beschaffungswesen durch die Überprüfung der rechtlichen Rahmenbedingungen behandelt, sondern auch ein praktischer Zustand der PPP statistisch festgestellt. Es ist für die Ermittlung des Umfangs der Regelung und ihrer Methoden dienlich, ein tatsächliches Bild der Regelungsgegenstände in der Praxis zu haben. Darüber hinaus werden Beispiele der Entwicklung der PPP im Ausland angeführt, damit die Konstellation der PPP in Deutschland damit verglichen werden kann.

Es geht sodann im dritten Kapitel darum, ob und wieso eine öffentlich-rechtliche Kontrolle des PPP-Vertrags notwendig ist. Die in dieser Dissertation aufgeworfenen Rechtsfragen um PPP ergeben sich daraus, dass die bisherigen Regelungsmodi über das in der Vertragsform durchgeführte PPP-Projekt zweifelhaft sind. So ist die Struktur des PPP-Vertrags zuerst zu analysieren und dann dessen Rechtsnatur aufzuklären. Schließlich wird konkret beleuchtet, warum es einer solchen öffentlich-rechtlichen Kontrolle, insbesondere der europarechtlichen Regelungen, beim PPP-Vertrag bedarf. Damit kann eine Grundlage für die Debatte über das Kontrollregime des PPP-Vertrags geschaffen werden.

Im vierten Kapitel werden Probleme der Anwendung des europäischen Beihilfenrechts hinsichtlich der PPP untersucht. Zunächst werden beihilfenrechtliche Rahmenbedingungen thematisiert, die bei der Durchführung des PPP-Projekts herangezogen werden. Ferner sind Möglichkeiten zu reflektieren, dass beim PPP-Projekt eine Zuwendung einer verbotenen Beihilfe entsprechen oder den Ausnahmefällen unterstehen. Am Ende sollte die Rechtswirkung des unter Verstoß gegen das Beihilfenrecht geschlossenen PPP-Vertrags aufgearbeitet werden.

Das fünfte Kapitel befasst sich mit den Aspekten der vergaberechtlichen Kontrolle des PPP-Vertrags. Vor allem wird eine Übersicht über die Entwicklung des europäischen Vergaberechts und dessen Umsetzung ins deutsche Recht zusammengestellt. Dann bedarf es einer Überprüfung, ob die vergaberechtlichen Regelungen auf die PPP angewandt werden. Diese Frage geht davon aus, dass öffentliche Aufträge i. S. der Art. 2 Abs. 1 Nr. 5 VRL sowie § 103 GWB beim PPP-Projekt vorliegen. Daher ist die Anwendungsmöglichkeit vergaberechtlicher Vorschriften in Bezug auf jede Voraussetzung des öffentlichen Auftrags zu analysieren. Darüber hinaus ist zu beurteilen, ob die PPP-Vergabe einem Ausnahmefall, etwa dem sog. In-house-Geschäft, entspricht. Das vergaberechtliche Verfahren zur Durchführung des PPP-Projekts wird ebenfalls diskutiert. Nicht zuletzt wird der vorhandene Regelungsstand im Rahmen des Vergaberechts vom öffentlich-rechtlichen Blickpunkt aus zu kritisieren sein.

Schließlich werden Wege zur Balance zwischen der effizienten Durchführung des PPP-Projekts und der Bewahrung der öffentlich-rechtlichen Ordnung basierend auf diesen Diskussionen gesucht. Unter Berücksichtigung der öffentlich-rechtlichen Natur und der Besonderheiten des PPP-Vertrags kann eine angemessene Empfehlung zur öffentlich-rechtlichen Kontrolle von PPP ausgesprochen werden, damit bei der PPP Win-Win-Effekte entstehen können.

# Erstes Kapitel Grundlagen von Public Private Partnership

## I. Historische Betrachtung von Public Private Partnership

### 1. Entwicklung der Formen staatlichen Handelns (und neues Paradigma der Verwaltung)

#### *a) Entwicklung der Formen des Verwaltungshandelns*

Um sich dem Phänomen der Public Private Partnership begrifflich zu nähern, ist zunächst auf die allgemeine Entwicklung der Formen des Verwaltungshandelns einzugehen. Seit dem modernen Zeitalter wird das staatliche Verwaltungshandeln von Demokratie und Bürokratie geprägt.

Für die Erfassung der verschiedenen Entwicklungsstufen der Verwaltung eignet sich die von *Gerald E. Frug* klassifizierte vierstufige Staatstätigkeitsformenlehre. Laut *Frug* kann nach der Institutionalisierung der Bürokratie das staatliche Verwaltungshandeln mit folgenden Modellen dargestellt werden.

Zunächst mit dem formalistischen-Modell („formalist model"), in dem auf die Bürokratie im Rahmen der Theorie von der „mitwirkenden Rationalität" (instrumental rationality) und der Auffassung von der „technokratischen Effizienz" (technocratic efficiency) eingegangen wird.[25] Anschließend wird der Verwaltungsträger als eine mechanisierte Organisation dargestellt, die ohne Ermessen förmlich handelt.[26] Dieses Modell geht mit der von *Max Weber* definierten, traditionellen Bürokratie („Bureaukratie" nach *Weber*) konform, die folgende Merkmale aufweist: (1) Die persönliche Freiheit von „sachlichen Amtspflichten", (2) Ordnung „in fester Amtshierarchie", (3) „feste Amtskompetenzen", (4) die Kraft nach Kontrakt, (5) „Fachqualifikationen" aufgrund von „Prüfungen" oder durch Erhalt eines „Diploms", (6) feste Besoldung, die sich „nach dem hierarchischen Rang" und „der Verantwortlichkeit der Stellung" bestimmt, (7) Ausübung „als einzigen Beruf oder Hauptberuf", (8) Aufrücken einer Laufbahn, die „je nach Amtsalter oder Leistungen sowie beiden Punkten, abhängig vom Urteil der Vorgesetzten" ist, (9) Arbeit „in völliger Trennung von den Verwaltungsmitteln" und ohne Aneignung („Appropriation") der Amtsstelle, sowie (10) Erhalt einer

25 *Frug*, Harvard Law Review, 1984, 1276 (1297).
26 *Frug*, Harvard Law Review, 1984, 1276 (1298).

strikten „einheitlichen Amtsdisziplin und Kontrolle".[27] In diesem Modell wird die bürokratische Hierarchie durch die Delegation des Gesetzgebers legitimiert.

Das zweite Modell stellt das sog. Experten-Modell („expertise model") dar. Dieses Modell ist im Ermessen der bürokratischen Operation und sie wird von den Experten effektiv geführt.[28] Dieses Modell stellt eine Alternative dar, weil die bürokratische Organisation im formalistischen-Modell mechanisiert und enthumanisiert wird und sich in der Entwicklung der Gesellschaft nicht flexibel und nicht richtig verhalten kann. Während die Bürokratie im formalistischen-Modell „mechanisch" behandelt wird, wird in diesem Modell auf den Aspekt der Bürokratie „organisch" hingewiesen.[29] Demnach ist die Triebkraft der Bürokratie hier keine „formelle Realisierbarkeit ihrer Satzungen", sondern „die Psychologie ihrer Mitglieder".[30] Mit diesen Eigenschaften kann das Experten-Modell als Spiegelbild des formalistischen-Modells zusammengefasst werden.[31] Unter Berücksichtigung des rechtsstaatlichen Grundsatzes soll das Ermessen durch die gesetzliche Ermessensermächtigung eingeräumt werden.[32] Also bedarf es der sog. Ermessensvorschriften.[33] Diese rechtsstaatliche Voraussetzung geht auch mit dem formalistischen-Modell einher. Denn das Experten-Modell ersetzt nicht das formalistische-Modell, sondern ist vielmehr eine entwickelte Fassung desselben. Abschließend sind beim Experten-Modell die Bedingungen, die eine Legitimation gewährleisten, sowohl das rechtsstaatliche Prinzip als auch die fachgerechte Befähigung der bürokratischen Mitglieder.

---

27 *Weber*, Wirtschaft und Gesellschaft, 1980, S. 126 f.

28 *Frug*, Harvard Law Review, 1984, 1276 (1318).

29 Ibid.

30 Ibid.

31 *Frug*, Harvard Law Review, 1984, 1276 (1321).

32 In der Literatur wird dies wie folgt ausgedrückt: *Bull/Mehde*, Allgemeines Verwaltungsrecht mit Verwaltungslehre, 2009, § 16, Rn. 584: es bedarf „Ermessensvorschriften"; *Detterbeck*, Allgemeines Verwaltungsrecht, 2015, § 8, Rn. 319: „durch bestimmte gesetzliche Umschreibung"; *Erbguth*, Allgemeines Verwaltungsrecht, 2013: „Verwaltungsermessen muss durch Rechtsnorm(en) eröffnet werden"; *Kluth*, in: *Wolff/Bachof/Stober/Kluth*, Verwaltungsrecht I, 2017, § 31, Rn. 38: „der Ermessensbereich beginnt erst, wenn die gesetzlichen Tatbestandsvoraussetzungen erfüllt sind."; *Maurer/Waldhoff*, Allgemeines Verwaltungsrecht, 2017, § 7, Rn. 9: „aus den jeweils einschlägigen Rechtsnormen"; *Peine*, Allgemeines Verwaltungsrecht, 2011, § 4, Rn. 208: „aus dem Gesetz"; *Schmidt*, Allgemeines Verwaltungsrecht, 2017, Rn. 297: „aufgrund gesetzlicher Umschreibung"; *Theisen*, Allgemeines Verwaltungsrecht, 2008, S. 73: durch „die gesetzten Voraussetzungen" wird „die Rechtsgebundenheit der Verwaltung" gelöst.

33 Oder sog. „Kann-Vorschrift"

Drittens lässt sich das sog. „gerichtliche Überprüfungs-Modell" (judicial review model) anführen, bei dem die Quelle der Legitimität der Bürokratie von einer äußeren Macht, d. h. einer gerichtlichen Kontrolle, herrührt, während die zwei oben erwähnten Modelle „durch würdige Organisation" die Bürokratie rechtfertigen.[34] Damit kann gegen das Verwaltungsmonopol der bürokratischen Experten vorgegangen werden. Folglich fällt dem Gericht die Rolle zu, den Missbrauch einer bürokratischen Stellung zu verhindern, die durch das formalistische- und Experten-Modell gebildet wird.[35] Vom Standpunkt des Gesetzgebers aus betrachtet, macht es dieses Modell möglich, dass die fachmännische Idee der Bürokratie mit seinen Willen verbunden wird. In diesem Modell ist es wichtig, „zwischen der Rolle der Bürokratie und der Rolle des Gerichtes eine angemessene Linie" zu ziehen.[36] Wenn das Gericht zu wenig eingreift, kann die Bürokratie außer Kontrolle geraten und sich in eine eigenmächtige Position geraten. Wenn es aber übermäßig eingreift, kann eine adäquate Funktionsweise der Bürokratie vereitelt werden.[37] In diesem Sinn ist die Kritik durchaus angebracht, wonach das gerichtliche Überprüfungs-Modell nichts als „eine Ausdehnung des formalistischen-Modells" ist.[38] Im Gegensatz zum unflexiblen formalistischen-Modell aber kann bei diesem Modell überprüft werden, ob die fachliche Befähigung im Sinne des Experten-Modells gegeben ist. So stellt das gerichtliche Überprüfungs-Modell eine entwickelte Form der beiden oben erwähnten Modelle dar.

In den oberen Modellen spielen die Legislative (formalistisches-Modell), das Ministerium (Experte-Modell) und die Justiz (Gerichtliche Überprüfungs-Modell) jeweils die größte Rolle. Daraus wird ersichtlich, dass bei diesen Modellen die Bürokratie innerhalb der öffentlichen Hand geführt wird.

Jedoch wird im vierten Modell, das „Markt-Pluralismus-Modell (market/pluralist model)", die Kontrolle der Bürokratie durch eine äußere Macht ausgeübt.[39] Die äußere Macht beschreibt dabei den Einfluss der verschiedenen Parteien, die außerhalb der Bürokratie bestehen. Also wirken sich vielfältige Aspekte der Mitglieder der Gesellschaft auf die Verwaltung aus.[40] Nach dieser Theorie wird

34 *Frug*, Harvard Law Review, 1984, 1276 (1334).

35 *Frug*, Harvard Law Review, 1984, 1276 (1334).

36 *Frug*, Harvard Law Review, 1984, 1276 (1335).

37 Ibid.

38 *Frug*, Harvard Law Review, 1984, 1276 (1338).

39 *Frug*, Harvard Law Review, 1984, 1276 (1356).

40 In diesem Aufsatz unterscheidet *Frug* die Market- und Pluralismusversion. Aber die letztere soll dazu geeigneter sein, die Herkunft der PPP zu erklären. vgl. *Frug*, Harvard Law Review, 1984, 1276 (1356 f.).

die Bürokratie durch den Mechanismus des Markts oder den Pluralismus beeinflusst. Deswegen können sich der Mechanismus des Marktes und die Ansichten der verschiedenen Interessensgruppen im Verwaltungshandeln ausdrücken. Es gibt zwei Methoden zur Anwendung des Pluralismus. Einerseits können Repräsentanten der Interessensgruppen an den Entscheidungsprozessen teilnehmen, andererseits lassen sich die verschiedenen Interessenslagen im Verwaltungsverfahren berücksichtigen.[41] Das führt dazu, dass die Entscheidungen der Verwaltung mit den öffentlichen Interessen korrespondieren. Vertreter des pluralistischen-Modells behaupten, dass diese Methoden für die Kontrolle der Bürokratie effektiver sind, als eine Wahl oder die Gesetzgebung.[42] Dieses Modell stellt in der pluralistisch aufgebauten, modernen Gesellschaft eine Anstrengung dar, die in der Staatsverwaltung vielfältige Seiten der Mitglieder widerspiegelt.

Abschließend ist festzustellen, dass das Markt-Pluralismus-Modell den historischen Grundstein für die PPP legt. Denn das Modell setzt die Teilnahme der anderen Beteiligten, d. h. der Bürger, voraus, während bei den vorhergehenden Modellen der öffentliche Träger als einziges Subjekt der Verwaltung angesehen wird.

### *b) Verwandlung der Beziehung zwischen Staat und Bürger in der Verwaltung*

Neben der Betrachtung der Entwicklung der Staatstätigkeitsformen ist es sinnvoll, die Verwandlungstendenz der Beziehung zwischen Staat und Bürgern in einen verwaltungsrechtlichen Zusammenhang zu bringen.

Aus dem Staatsgedanken des Hegelianismus entwickelte *Otto Mayer*, mit der in der zweiten Hälfte des 19. Jahrhunderts gegründeten Rechtsstaatsidee, die Lehre des Verwaltungsrechts, die grundsätzlich auf der Dogmatik des Verwaltungsaktes aufgebaut wurde. Wird von diesem traditionellen Aspekt des Verwaltungsrechts das Verwaltungsrechtsverhältnis gesehen, liegt dem Rechtsverhältnis die Beziehung zwischen dem Staat, dem Subjekt der Handlung, und dem Bürger, dem Gegenstand der Handlung, zugrunde. Wird der Fokus auf die bürgerlichen Rechte gesetzt, stellt sich hauptsächlich die Frage, wie und inwieweit die Rechte und die Interessen der Bürger gegen den rechtswidrigen, unrichtigen Verwaltungsakt geschützt werden können. So legt das traditionelle, aufgrund der Dogmatik des Verwaltungsakts entwickelte Verwaltungsrecht seinen Schwerpunkt

---

41 *Frug*, Harvard Law Review, 1984, 1276 (1359).

42 Ibid.

darauf, ob und in welcher Weise die Freiheit und die Rechte der Bürger geschützt werden können.

Seit der zweiten Hälfte des 20. Jahrhunderts veränderte sich die traditionelle Ordnung, die vertikal hierarchisch organisiert wurde, Schritt für Schritt. Aufgrund der Tatsache, dass ein sogenanntes „Staatsversagen“[43] wiederholt in verschiedenen Ländern erkannt und reflektiert wurde, wurde die Einführung der effektiveren und effizienteren Managementmethoden der privaten Unternehmen in den öffentlichen Bereichen, insbesondere in der Daseinsvorsorge, notwendig. Außerdem wachsen der wirtschaftliche Umfang und die Investitionsbedürfnisse des privaten Sektors schneller als der Staatshaushalt, sodass die Nachfrage nach dem staatlichen Service steigt. Diese kann sich der Staat allerdings nicht mehr leisten, sodass der Staat für die Durchführung seiner Aufgaben das private Kapital und den privaten Akteur mit einbeziehen muss. Dadurch ändert sich allmählich die traditionelle Ordnung, bei der der Staat das Subjekt und der Bürger den Adressaten darstellt, und geht über in die neue Ordnung, bei der der Bürger als Subjekt teilnimmt. Aus dem vertikalen Paradigma der Verwaltung wird folglich ein horizontales. Die Bürger brauchten fortan nicht ständig mehr zur Verwaltung emporzuschauen.[44]

Diese Verwandlungstendenz wird auch als wichtiger historischer Grund für die PPP betrachtet.

## 2. PPP als neue Form des Verwaltungshandelns

In der Verwaltung, insbesondere in den Bereichen der Stadtsentwicklungs- und Wirtschaftsstrukturpolitik, gibt es, erstmals in den USA und Großbritannien, eine Zusammenarbeit zwischen dem Staat und den Privaten.[45] Der Trend zur Privatisierung und Deregulierung im Rahmen der sog. „*Reaganomics*“ und

---

43 Der Begriff „Staatsversagen“, der als „Reflex auf das Marktversagen“ entstand, wurde auf die „Unwirtschaftlichkeit des Staatssektors“ gemünzt. Theoretiker des Staatsversagens behaupten, dass der Staat teuerer und ineffektiver handele als ein privates Unternehmen. Siehe dazu *Jänicke*, Staatsversagen, 1986, S. 50 ff.

44 Vgl. *Ambrosius*, in: *Mühlenkamp*, Öffentlich-Private Partnerschaften, 2016, 14 (24 f.); *Pitschas*, in: *Ziekow*, Wandel der Staatlichkeit und wieder zurück?, 2011, 255 (256 ff.); *Ziekow*, in: Bundesministerium des Innern, Verwaltungskooperationsrecht, 2001, 1 (1 f.); *ders.*, in: *Kühling*, Kooperation im Öffentlichen Immobilien- und Infrastrukturrecht, 2011, 1 (1 f.).

45 *Lämmerzahl*, Die Beteiligung Privater an der Erledigung öffentlicher Aufgaben, 2007, S. 63.

„*Thatcherism*" bezieht sich auch auf die Teilnahme der Privaten zur Erledigung der öffentlichen Aufgaben.

Der Begriff der Public Private Partnership im Sinne dieser Abhandlung deutete sich zunächst 1992 in Großbritannien als „Private Finance Initiative (im folgenden PFI)" an, bei der die private Beteiligung an verschiedenen öffentlichen Projekten eingeleitet wurde. Die PFI kam in Großbritannien bei der Abwicklung von sog. „Small Government" zur Diskussion, um diese zu verwirklichen. Bei der PFI deckt der öffentliche Träger nicht die ganze öffentliche Aufgabe ab, sondern versorgt die privaten Unternehmensbereiche, wie Bau, Finanzierung, Erhaltung und Management der öffentlichen Einrichtung, unter der behördlichen Kontrolle.

Vor der Einführung der PFI war in Großbritannien die Beteiligung der privaten Unternehmen an öffentlichen Infrastrukturprojekten beschränkt. Nach einer Regel, namens „Ryrie Rule", die 1981 eingesetzt wurde und öffentliche Projekte anordnete, handelte es sich nur um finanzierte Vorhaben aus staatlichen Mitteln. Die britische Regierung schaffte im Jahr 1992 die Ryrie Rule ab und erfand das neue PFI-System, um die finanzielle Belastung der öffentlichen Haushalte zu verringern und durch die Beteiligung der Privaten die Effizienz der Durchführung der Aufgaben zu verbessern. Das britische Parlament gab das PFI-System als Politik, nicht aber als ein einheitliches bzw. bestimmtes Gesetz vor.[46] Daher spielen beim britischen PFI-System als Richtlinien, die das zuständige Ministerium veröffentlicht,[47] eine wichtige Rolle. Bei der Einführung der PFI wurde es zwar wegen seines Effekts kritisiert, aber durch die Erledigung der öffentlichen Projekte Schritt für Schritt erweitert.[48] Nicht nur in Großbritannien, sondern auch in verschiedenen Ländern, etwa europäischen Ländern, Japan und Korea sowie in vielen Entwicklungsländern in Asien, werden die öffentlichen Aufgaben durch die PPP erfüllt. Nicht zuletzt für die Entwicklungsländer, die sich schwer mit der Finanzierung für die Infrastrukturförderung tun, sind PPP-Projekte hierfür einsetzbar. In diesem Zusammenhang fungiert in der modernen Verwaltung die PPP als neue Form zur Durchführung von öffentlichen Aufgaben.

---

46 Momentan haben einige Länder, wie Belgien, Finnland, Italien, Japan, Korea, die Philippinen, Polen, Portugal, Spanien, Taiwan, etc. ein einheitliches PPP-Gesetz.

47 Z. B. Code of conduct for operational PFI/PPP contracts v. 7.1.2015, PFI/PPP procurement and contract management guidance v. 25.10.2013, PFI/PPP finance guidance v. 25.7.2013 von Infrastructure UK und HM Treasury and Standardisation of PF2 Contracts v. Dez 2012 von HM Treasury etc.

48 Auch dazu *Lämmerzahl*, Die Beteiligung Privater an der Erledigung öffentlicher Aufgaben, 2007, S. 64 f.

## II. Die Bedeutung der PPP

### 1. Schwierigkeit der Definition der PPP

Wird die PPP einfach definiert, so bedarf es nur eines Satzes: Die PPP ist eine Partnerschaft bzw. eine Kooperation zwischen dem öffentlichen und dem privaten Sektor. Notwendig wäre aber eine Definition unter rechtswissenschaftlichen Gesichtspunkten, um über die verschiedenen Rechtsprobleme zu diskutieren.

Es ist nicht einfach, die PPP rechtswissenschaftlich und exakt zu definieren. Die Sätze, „Definitionsversuche von Public Private Partnership als Versuche, einen Pudding an die Wand zu nageln“[49] oder „jeder ahnt etwas, aber keiner weiß Genaueres“[50] weisen auf die Schwierigkeiten hin. In den deutschen Gesetzen gibt es keinen rechtlichen Begriff der PPP. Durch das ÖPP-Beschleunigungsgesetz (Gesetz zur Beschleunigung der Umsetzung von Öffentlich Privaten Partnerschaften und zur Verbesserung gesetzlicher Rahmenbedingungen für Öffentlich Private Partnerschaften vom 1. September 2005) wird weder der Begriff geregelt, noch die Möglichkeiten und Grenzen der Partnerschaft zwischen der öffentlichen Hand und den Privaten berührt.[51]

Trotz der Schwierigkeit ist es wichtig, wissenschaftlich die PPP zu definieren, um die Diskussion über seine Kontrolle weiterzuführen. Im Weiteren wird versucht, die PPP aufschlussreich zu definieren.

### 2. Der Begriff aus Regelungen sowie aus der Literatur

Für die Definition der PPP werden vorhandene Diskussionen aus verschiedenen Publikationen, Urteilen sowie Richtlinien herangezogen.

Unter Berücksichtigung der Schwierigkeit der genauen, rechtswissenschaftlichen Definition, erklärt die Kommission der Europäischen Union in ihrem Grünbuch[52] im weiteren Sinne den Begriff der PPP. Zuerst bringt das Grünbuch zum Ausdruck, dass es „keine gemeinschaftsweit geltende Definition“ der PPP gibt,[53] und dann wird darin ausgeführt, dass die PPP „Formen der Zusammenarbeit

---

49 *Schuppert*, Grundzüge eines zu entwickelnden Verwaltungskooperationsrechts, 2001, S. 4.

50 *Tettinger*, NWVBl. 2005, 1 (2).

51 Vgl. *Kühling*, in: *Basedow/Kischel/Sieber*, German National Reports to the 18th International Congress of Comparative Law, 2010, 573 (574); *Ramsauer/Tegethoff*, in: *Kopp/Ramsauer*, Verwaltungsverfahrensgesetz, 2017, § 54, Rn. 40c.

52 Grünbuch zu öffentlich-privaten Partnerschaften und den gemeinschaftlichen Rechtsvorschriften für öffentliche Aufträge und Konzessionen, KOM (2004) 327 endg.

53 Grünbuch, KOM (2004) 327 endg., Rn. 1.

zwischen öffentlichen Stellen und Privatunternehmen zwecks Finanzierung, Bau, Renovierung, Betrieb oder Unterhalt einer Infrastruktur oder die Bereitstellung einer Dienstleistung" darstellt.[54]

Die Kommission betrachtet die PPP generell als Zusammenarbeit zwischen der öffentlichen und privaten Hand. Ihre Auffassung kann jedoch nicht akzeptiert werden, solange es für die Diskussion über die Kontrolle der PPP um eine konkrete und rechtswissenschaftliche Definition geht, da sie das Hauptthema dieser Abhandlung ist.

Auch in der Literatur wird der Begriff heterogen verstanden, z. B. wird in einem Aufsatz die PPP als „strategische Allianz" zwischen dem Staat und den Privaten definiert wegen der privaten Finanzierung oder der Verwertung des privaten Know-how.[55] Von anderen wird die PPP als „die Zusammenarbeit der staatlichen Organe mit privaten Investoren zur Verwirklichung eines gemeinsamen Zieles bzw. Projektes" definiert.[56]

In der Regel kann die PPP als die Zusammenarbeit zwischen den Privaten und den Hoheitsträgern zur Erfüllung öffentlicher Aufgaben formuliert werden. In vielen Publikationen liegt also der Schwerpunkt der PPP in der Erfüllung der öffentlichen Aufgaben durch die Zusammenarbeit[57] oder in der Zusammenarbeit an sich.[58] Aber eine Definition, deren Inhalt lediglich die Erfüllung der Aufgaben umfasst, reicht nicht aus, denn die PPP wurde nicht nur zur Akquisition der privaten Finanzierung oder des privaten Know-hows entwickelt, sondern auch für das neue Paradigma der Verwaltung, der sog. „Partizipation und Kooperation". Daher muss die PPP mit allen Elementen in allen Facetten definiert werden.

*Jan Ziekow* hebt ebenfalls die Schwierigkeit einer genauen Definition der PPP hervor, spricht aber davon, dass Staat und Markt „zur Erzielung von Synergieeffekten" kooperieren würden und der Schwerpunkt der PPP „die Verteilung von Verantwortung für die Erfüllung öffentlicher Aufgaben" ist.[59] Nach seiner Meinung ergreift die öffentliche Hand die Initiative des öffentlichen Projekts, während der private Partner sich zur Erledigung der öffentlichen Aufgaben

---

54 Grünbuch, KOM (2004) 327 endg., Rn. 1.

55 *Janning*, in: *Walcha/Hermanns*, Partnerschaftliche Stadtentwicklung, 1996, 40 (47).

56 *Franckenstein*, UPR 2000, 288 (288).

57 Z. B. *Alfen/Fischer*, in: *Weber/Schäfer/Hausmann*, Public Private Partnership, 2006, 1 (3); *Ramsauer/Tegethoff*, in: *Kopp/Ramsauer*, Verwaltungsverfahrensgesetz, 2017, § 54, Rn. 40b; *Tettinger*, DÖV, 1996, 764 (764); *Große-Wilde*, NWVBl, 1994, 165 (165).

58 *Kiethe*, NZG 2006, 45 (46).

59 *Ziekow*, in: Bundesministerium des Innern, Verwaltungskooperationsrecht, 2001, 1 (79); *ders.*, Verwaltungsarchiv, 2006, 626 (627 ff.).

verpflichtet. Demzufolge stellt die PPP eine Kooperation zur Durchführung des gemeinsamen Zieles mit geteilter Verantwortung dar.[60]

Seine Behandlung hat eine wichtige Bedeutung, da diese Definition „die Verteilung" der Verantwortung in den Vordergrund rückt. Unter Mitverantwortung wird die gemeinsame Initiative der öffentlichen Hand und des privaten Teilnehmers begriffen. Die gemeinsame Initiative bedeutet die Partizipation und die Kooperation.

Für die sinnvolle und konkrete Definition geht es also darum, dass der Begriff nicht nur aus einigen Elemente besteht, sondern alle essentiellen Begriffsmerkmale enthalten muss. Dennoch ist es unmöglich, mit einem Satz einschließlich aller Bedeutungen die PPP zu definieren. Sogar ein Kritiker gestand, dass die „Offenheit" des Begriffes anerkannt werden muss und eine pauschale Definition der PPP aufgrund seines Wesens als „Sammelbegriff" schwer ist.[61]

Für die weitere Diskussion bedarf es also einer Klärung der Begriffsmerkmale. Deshalb werden zwei Aspekte im Voraus entwickelt. Zuerst ließe sich der Ursprung der PPP zurückverfolgen. Zusätzlich werden dessen punktuelle Merkmale auf der Basis des Ursprungs durchsucht. Der Hintergrund der Entwicklung der PPP muss geklärt werden, um seine essentiellen Elemente zu finden.

## 3. Der Ursprung der PPP (Zwei Aspekte)

Der ideologische und historische Hintergrund kann aus zweierlei Erwägungen erklärt werden. Erstens beruht die Herkunft der PPP auf der Antithese des sog. Staatsversagens im Rahmen der ökonomischen Analyse des Rechts und zweitens geht die PPP mit der Ideologie der Partizipation und der Kooperation einher.[62]

### *a) Die PPP als Mittel zur Überwindung des sog. Staatsversagens*

Obwohl die Aussage von *Ronald Reagan*, des 40. Präsidenten der USA, „die Regierung ist keine Lösung unserer Probleme",[63] hypertroph ist, scheint es unbestritten, dass das sog. Staatsversagen existieren kann.[64]

---

60 Vgl. *Ziekow*, Verwaltungsarchiv, 2006, 626 (627 ff.).

61 *Tettinger*, NWVBl. 2005, S. 2. Vgl. *Bausback*, DÖV 2006, 901 (902).

62 Vgl. *Ziekow*, in: *Seok/Ziekow*, Die Einbeziehung Privater in die Erfüllung öffentlicher Aufgaben, 2008, 23 (33).

63 „In this present crisis, government is not the solution to our problems", aus seiner ersten Programmrede am 20 Januar 1981 in Washington D.C.

64 Die Reagan-Regierung erhielt während ihrer Zeit in facto die wesentlichen Elemente der Dezentralisierungspolitik aufrecht. Dazu *Fainstein/Fainstein*, in: *Heinz*, Public Private Partnership, 1993, 65 (74 f.).

Die traditionelle Verwaltungstheorie stützt sich auf das Vertrauen zur Regierung. Also wurde in der Staatstheorie die Tätigkeit der Regierung in nächster Zeit als würdig und recht angesehen. Der Staat spielte eine große Rolle, um aufgrund von Marktkonflikten die Legitimation und die Rechtsmäßigkeit zu kontrollieren.

Daraus wird ersichtlich, dass nicht nur die Legitimation und die Rechtsmäßigkeit, sondern auch die Effizienz und die Wirtschaftlichkeit die Voraussetzungen der Tätigkeiten des Staats darstellen. Im Infrastrukturwesen ist es wichtig, dass der Staat die qualitativen und öffentlichen Anlagen als Leistungsverwaltung effizient anbietet. Bekanntlich kann die Staatshandlung irrationell werden.

Das sog. Staatsversagen kann aus verschiedenen Gründen eintreten, wie z. B. aufgrund der Starrheit der bürokratischen Strukturen, wodurch eine effiziente und flexibilisierte Verwaltung behindert werden kann. Auf der Basis der von *Otto Mayer* entwickelten Verwaltungsrechtstheorie spielt das Beamtentum bzw. die Bürokratie eine wichtige Rolle. Die Beamten führen mit der Delegierung, durch das vom Parlament verabschiedete Gesetz, die öffentlichen Aufgaben durch. Bei diesem Vorgang gewinnt die Bürokratie selbstständige Macht und baut damit ihre eigenen Institutionen auf. Im Ergebnis kann ihre Tätigkeit ihrem eigenen Interesse oder dem Profit des mit ihm befreundeten Unternehmens dienen anstelle des Gemeinwohls. Diese Gefahr kann auch als „Capture Theorie", die 1971 von *George Stigler* zunächst vertreten wurde, bezeichnet werden. Nach dieser Theorie wirkt sich die Arbeitsweise der Verwaltung eher für das allgemeine Wohl aus, als für die Nachfrage der einflussreichen Industrien, da schließlich der Verwaltungsträger unter der Macht des Kapitals tatsächlich subordiniert („captured") werden kann.[65]

Zudem ist es möglich, dass der fehlende Wettbewerb das Staatsversagen herbeiführt. Im offenen wettbewerbsorientierten Markt verfolgen private Unternehmen unter dem Wettbewerbsdruck Effizienz und Zuwachs. Da der Staat so gut wie ein Monopol auf die öffentlichen Aufgaben hat, besitzt er kein starkes Motiv, um nach der Ökonomie bzw. Rentabilität zu streben.

Schließlich will jedes Verwaltungsreferat alle möglichen Infrastruktur-Projekte fördern, weil es glaubt, dass viele Projekte ihren Einfluss mehren können. Während einerseits meist die Kosten unterschätzt werden, wird der Vorteil andererseits in der Regel überbewertet. Darüber hinaus kann sich der Zustand der Effizienz bei der Erledigung der öffentlichen Aufgaben verschlechtern.

---

65 Dazu *Posner*, The Bell Journal of Economics and Management Science, 1974, 335 (343); *Stigler*, The Bell Journal of Economics and Management Science, 1971, 3 (3 ff.).

Als gegenläufige Theorie zu der des Staatsversagens werden verschiedene Diskussionen, etwa die um die Public-Choice-Theorie und die New-Governance-Theorie, herangezogen. Die Public-Choice-Theorie ist ein Versuch, mit der ökonomischen Theorie den öffentlichen Entscheidungsprozess zu erklären, und ist seit den fünfziger Jahren von verschiedenen Vertretern, z. B. *Buchanan*, *Tullock* und *Ostrom*, entwickelt worden. Nach dieser Theorie werden alle Handlungen betroffener Einzelakteure aufgrund der wirtschaftlichen Motivation rekonstruiert. In einem Beitrag äußert sich *James M. Buchanan*, dass die Motivation auf dem methodologischen Individualismus („methodological individualism") beruht. Also bestehe die Gesellschaft aus den einzelnen Individuen und es sei nur eine romantische Annahme, dass jede Person in der politischen Rolle eher das Gemeinwohl als sein Eigeninteresse verfolge. Der Akteur einschließlich sogar des Beamtentums wähle mit der rationalen Motivation („rational choice") die für den Eigennutz dienliche Alternative. Daher sei es verständlich, dass die öffentliche Entscheidung dem Profit der Mehrheitsfraktion und der Bürokratie folge.[66] Die New-Governance-Theorie ist ein neues Paradigma, um die Arbeitsweise der öffentlichen Verwaltung umzuformen. Bei dieser Theorie werden verschiedene Mittel („Tools") bei der Erledigung der öffentlichen Aufgaben zur Verfügung gestellt, die die konventionellen Staatshandlungen ersetzen. Also wird ein Kooperationsnetzwerk mit den privaten Personen außerhalb der Bürokratie geschaffen, in dem die Akteure eine eigenständige Rolle spielen. Daher geht es um Verhandlung und Überzeugung statt um Befehlstaktik, um das private Subjekt in die Öffentlichkeitsarbeit mit einzubeziehen. Schließlich erwartet die Theorie den Aufbau von Partnerschaften zwischen der Regierung, der bürgerlichen Gesellschaft und dem Markt.[67]

Beide Theorien haben einen Bezug auf die Motivation der Einführung der PPP. Durch die Beiden versuchten die Vertreter die Effizienz der privaten Hand an der öffentlichen Tätigkeit einzuführen und damit das Staatsversagen zu brechen. Jedoch wird das System des staatlichen Handelns durch diese Theorien ebenso wie Funktionsweise des privaten Akteurs im Markt begriffen, nämlich wird der Zweck des öffentlichen Trägers, d. h. die Verfolgung des öffentlichen Interesses, vielmehr übersehen. Also sollte eine Form der Handlung entwickelt werden, in der einerseits die Idee der Theorien teilweise aufgenommen wird und andererseits die öffentliche Verantwortung bei der Durchführung der öffentlichen Aufgaben nicht verzichtet wird.

---

66 Dazu *Buchanan*, in: *Buchanan/Tollison*, The Theory of Public Choice-II, 1984, 11 (12 ff.).

67 Dazu *Salamon*, Fordham Urban Law Journal, 2000, 1611 (1640 f.).

Die PPP wurde aus diesem Zusammenhang konstruiert[68] und als Synthese zwischen dem Staatsversagen und der Public-Choice-Theorie sowie der New-Governance-Theorie entwickelt.

Durch die Beteiligung von Privaten an der Erfüllung der öffentlichen Aufgaben könnte eine Starrheit der Bürokratie gemildert werden. Die beteiligten Privaten arbeiten nicht nur im wettbewerbsorientierten Markt, sondern in der Regel wird auch der Partner der PPP durch den Wettbewerb ausgewählt. Kommt es zur Förderung eines PPP-Projektes, gibt es bei der Machbarkeitsprüfung bzw. Projektstudie strenge Bedingungen für das Ermessen der Risiken, da das PPP-Projekt das Risiko der Mitverantwortlichkeit beider Parteien voraussetzt. Da solche Prüfungen der „Pareto-Optimalität" unterzogen werden,[69] kann es zur Verbesserung der Effizienz des Projektes kommen.

Sowohl bei der Bewältigung des Staatsversagens als auch bei der Verfolgung der Effizienz wird der Sinn der PPP gefunden. Dabei müssen auch die Begriffsmerkmale, in Anbetracht dieses wirtschaftlichen Aspektes, mit einbezogen werden.

### *b) PPP aus der Motivation der Partizipation und der Kooperation*

Die PPP hat nicht nur einen wirtschaftlichen, sondern auch einen demokratischen Stellenwert. Deshalb ist sie Ausdruck einer Ideologie der Partizipation und der Kooperation, die in der modernen Verwaltungsrechtslehre eine wichtige Rolle spielt.

Obwohl bekanntlich im Verwaltungsrecht das formale Rechtsstaatsprinzip wichtig ist, wurde nach dem Ende des 20. Jahrhunderts das Paradigma des Verwaltungsrechts in seiner Struktur verändert. Die Begriffe „Partizipation und Kooperation" sind maßgeblich an der neuen Systematisierung der Verwaltungsrechtslehre beteiligt.

Einerseits wird Partizipation als die Beteiligung der Betroffenen an einer bestimmten Entscheidung beschrieben.[70] Daher erscheint sie in Form der „Mitwirkung und Mitentscheidung"[71] und so beinhaltet der Ausdruck „bürgerschaftliche

---

68 Zur finanziellen Gründung der PPP *Lämmerzahl*, Die Beteiligung Privater an der Erledigung öffentlicher Aufgaben, 2007, S. 58; Zur Perspektive für die Modernisierung des öffentlichen Sektors *Mühlenkamp*, in: *Mühlenkamp*, Öffentlich-Private Partnerschaften, 2016, 4 (6).

69 Zur Pareto-Optimalität aus wirtschaftswissenschaftlicher Sicht *Lämmerzahl*, 2007, Die Beteiligung Privater an der Erledigung öffentlicher Aufgaben, S. 57.

70 *Schmidt-Aßmann*, Das Allgemeine Verwaltungsrecht als Ordnungsidee, 2004, S. 104.

71 *Schmitt-Glaeser*, VVDStRL 31, 1973, 179 (184).

Partizipation" sowie „organschaftliche Partizipation."[72] Im demokratischen Zusammenhang stellt sie andererseits die Beteiligung der Bürger an den Verwaltungsentscheidungen dar.[73] Als Hintergrund der Entwicklung der PPP ist letzteres wichtiger, da nicht gesagt werden kann, ob die organschaftliche Partizipation ein neues Verwaltungsverhältnis getroffen hat.

Der Begriff „Kooperation" im Sinne des Abbaus der traditionellen Bürokratie wurde in den späten achtziger Jahren entwickelt. In den Veröffentlichungen der Vereinigung der Deutschen Staatsrechtslehrer vom 1989 brachte *Hermann Hill* den Begriff „Kooperation zwischen Verwaltung und Leistungsempfänger" in den Leistungsverwaltungsrechtsbereich ein.[74] Danach wird die Gesetzesanwendung, insbesondere im Leistungsverwaltungsrecht, in der Kooperation mit dem Bürger getroffen.[75] Der Begriff „Kooperation" lässt sich jedoch vielseitig verwenden. „Kooperation" bedeutet in der Verwaltung zwar im weiteren Sinn alle Arten der Zusammenarbeit zwischen dem Staat und dem Bürger, aber im engeren Sinn die Absprache sowie den Vertrag zwischen Verwaltung und Privaten.[76] Für den rechtsdogmatischen Begriff der Verwaltungsrechtslehre ist letzterer geeignet. Der Begriff „Kooperation" im Hinblick auf die Staatsrechtslehre weist also in der Regel auf den Vertrag oder die Absprache hin.[77] Sie kann „als Ausdrucksform des kooperativen Staates" gewertet werden.[78]

Dabei wird die Einsicht von der Beziehung zwischen Staat und Bürger von Grund auf verändert. So ändert sich dadurch allmählich die traditionelle Ordnung, in der der Staat das Subjekt und der Bürger den Rechtsadressaten darstellt, in eine neue Ordnung, in der der Bürger als Subjekt teilnimmt.

In der Leistungsverwaltung soll die PPP ein Beispiel sein, dass die Ideologie „der Partizipation und der Kooperation" am deutlichsten hervortritt. Angesichts dieser demokratischen Bedeutung sind nun die Merkmale von PPP herauszufinden.

---

72 *Schmitt-Glaeser*, VVDStRL 31, 1973, 179 (190).

73 Zur Bürgerbeteiligung als Konkretisierung der allgemeinen Demokratisierungsforderung *Losch/Gottmann*, DÖV 2000, 372 (373). Zur demokratischen Teilhabe *Schmidt*, VVDStRL 33, 1975, 183 (210 ff.).

74 *Hill*, VVDStRL 47, 1989, 172 (193).

75 *Hill*, VVDStRL H. 47, 1989, 172 (192 ff.).

76 Vgl. *Abegg*, in: *Ziekow*, Wandel der Staatlichkeit und wieder zurück?, 2011, 177 (182 ff.).

77 *Krebs*, VVDStRL 52, 1993, 248 (253 ff.).

78 *Krebs*, VVDStRL 52, 1993, 248 (255).

## 4. Die einzelnen Begriffsmerkmale

Wie oben bereits aufgeführt, ist festzustellen, dass beide Parteien, der Staat und die Privaten, für die gemeinsame Aufgabe durch die Partnerschaft einen „synergetischen Effekt" generieren können. Diesbezüglich bedarf es des Beitrags eines privaten Sektors, der ein aus dem wirtschaftlichen Hintergrund herausgezogenes Begriffsmerkmal darstellt. Um diesen Beitrag zu veranlassen, muss dem Privaten ein angemessenes Interesse gegeben werden. Eine Partnerschaft zwischen dem öffentlichen und dem privaten Sektor, die aus der Ideologie „der Partizipation und der Kooperation" stammt, ist ein nötiges Begriffsmerkmal, da der Beitrag der Privaten dadurch auf ein besonderes Projekt angewendet werden kann. Schließlich ist die gemeinsame Verantwortung für die Erfüllung der öffentlichen Aufgaben erforderlich. Gleichwohl bleibt die Endverantwortung der Ausübung der Aufgaben dem öffentlichen Träger vorbehalten, da die gemeinsamen Aufgaben öffentlich sind, die mit der PPP erledigt werden sollten.

### *a) Beitrag des Privaten (durch private Finanzierung oder Organisation)*

Weiterhin von essentieller Bedeutung ist die Bedingung, dass es dem privaten Beteiligten bei der Durchführung der öffentlichen Aufgaben dient. Demnach ist „die Beteiligung Privater an der Erbringung öffentlicher Aufgaben"[79] als Voraussetzung für die Definition der PPP notwendig.

Zuerst ist die private Finanzierung zu berücksichtigen.[80] Wenn ein Staat oder eine Kommune eine Leistung vergeben möchte, sind die dafür erforderlichen Mittel aus dem öffentlichen Haushalt zu finanzieren. Beim PPP-Projekt werden in der Regel die Kosten für das Projekt ganz oder teilweise vom privaten Kapitalgeber finanziert. Die Finanzierung bei der PPP ist mit dem Kauf von Staatsanleihen zu vergleichen. Während der Käufer der Anleihe nur ein Gläubiger des Staates ist, spielt der Beteiligte, als Subjekt, an dem PPP-Projekt eine initiatorische Rolle.

Zwar ist die Finanzierung ein wichtiges Motiv der PPP, aber nicht das Einzige.[81] Eine übertriebene Fokussierung auf dem finanziellen Aspekt kann sogar „in eine gefährliche Schieflage" münden.[82] Also müssen andere Zusammenhänge des Beitrages, z. B. der Planung, der Erstellung, des Betriebs, und der Verwertung, mit einbezogen werden. Die dem privaten Beteiligten

---

79 *Kühling/Schreiner*, ZJS 2011, 112 (113).

80 Der Begriff PFI, d. h. „Private Finance Initiative", legt das Schwergewicht auf die private Finanzierung.

81 *Ziekow*, Verwaltungsarchiv 2006, 626 (630).

82 *Ziekow*, Verwaltungsarchiv 2006, 626 (630).

erteilten Aufgaben sollen häufig ein englischsprachiges Konzept, „Design-Build-Finance-Operate“ (Abk. „DBFO“) darstellen. Das bedeutet, dass das am PPP-Projekt teilnehmende Privatunternehmen bei der Durchführung der Projekte Planen, Bauen, Finanzieren sowie Betreiben betreuend auftreten kann.[83] Es ist zwar, insbesondere beim sog. Betreibermodell bedeutungsvoll, das gesamte DBFO-Konzept heranzuziehen, jedoch ist das in anderen PPP-Modellen auch sinnvoll. Nur wenn der private Beteiligte mindestens einen Teil zum DBFO beiträgt, kann eine Zuordnung als PPP getroffen werden.

### *b) Privates Interesse*

Ein Unternehmen möchte Waren oder Dienstleistungen nur anbieten, wenn eine bestimmte Gegenleistung gewährleistet wird. Da der Private eigentlich „egoistisch“ ist, ist es schwierig, dass das Interesse der Privaten ohne künstliche Ordnungen mit dem öffentlichen Zweck des Staates konvergiert. Die Kooperation zwischen der staatlichen und der privaten Hand bildet sich „nicht bei der Kooperation an sich, (sondern) nur beim materiellen Ergebnis.“[84] Unter Berücksichtigung dessen ist der Bezug des privaten Interesses ein wichtiges Erfordernis für die Veranlassung einer Bewegung des privaten Unternehmens.

Bei der PPP kann die private Partei, im bestimmten Rahmen, ein Nutzungsrecht von der beschafften Anstalt haben, z. B. kann sie die Anstalt für eine bestimmte Frist betreiben und Nutzungsgebühren kassieren. Solche Gegenleistung, z. B. das entsprechende Entgelt, trägt dem privaten Interesse Rechnung, das dem privaten Beteiligten zu seinem Beitrag verleiten kann. Also ist die Bezogenheit des privaten Interesses mit der öffentlichen Aufgabe ein Begriffsmerkmal.

Die Aspekte des Ertrags sind je nach der Ausführungsform des Projekts verschieden. Das kommt auf die Modelle der PPP an. Einerseits kann die private Partei von der öffentlichen Partei direkt eine Gegenleistung erlangen. Beim sog. Betriebsführungsmodell, bei dem ein Betriebsführer durch einen Vertrag bestimmtes Geld „im Namen des öffentlichen Trägers auf dessen Rechnung und Risiko“ erhält,[85] und das sog. Betreibermodell, bei dem ein Betreiber durch den Betreibervertrag mit der öffentlichen Körperschaft eine öffentliche Aufgabe

83 *Michaels*, in: *Koenig/Kühling/Theobald*, Recht der Infrastrukturförderung, 2004, Kap. 5, Rn. 114.

84 *Kämmerer/Starski*, ZG 2008, 227 (234).

85 *Tettinger*, NWVBl. 2005, 1 (3).

versorgt,[86] stellt die Gegenleistung ein Entgelt dar. Bei anderen Finanzierungsmodellen kann der private Beteiligte in Form von Miete eine Gegenleistung empfangen. Andererseits ist es möglich, dass er vom Nutzer eine Gebühr erhebt, beispielsweise kann ein privates Unternehmen (ein Konzessionär) durch einen Konzessionsvertrag mit dem öffentlichen Träger das Recht erhalten, auf sein eigenes Risiko eine öffentliche Straße zu bauen und zu betreiben. Dadurch kann der Konzessionär einen Ertrag erlangen[87] und für den privaten Sektor würde die Möglichkeit bestehen, an einem sog. gemischt-wirtschaftlichen Unternehmen teilzunehmen.

Im PPP-Vertrag ist festgelegt, inwieweit die Gewinnerzielung des Privaten gewährleistet werden kann.

### *c) Partnerschaft, keine Hilfe*

Das englische Wort „Partnership" wird im Deutschen als „Partnerschaft" übersetzt. Die PPP stellt keine reine Marktbeziehung dar, in der der Private dem Staat nur als technische Hilfe beisteht, sondern eine „Kooperation an der Schnittstelle zwischen Markt und Staat".[88] Die PPP hat den Zweck, alle Fähigkeiten vom Staat sowie privaten Sektor auszubeuten und daraus einen Synergieeffekt zu ziehen. Im Hinblick auf diesen Zweck ist auch die Partnerschaft ein wichtiges Begriffsmerkmal.

Partnerschaft i. S. der PPP ist weder eine einfache Zusammenarbeit noch ein technisches Mittel, sondern eine aktive Kooperation mit einem gemeinsamen Ziel. Wichtig ist daher die Mitverantwortung.

Trotz jeder eigenen Handlungsrationalität haben beide Parteien ein gemeinsames Ziel und sind zusammen für die Erzielung verantwortlich.[89] Also kann gesagt werden, dass Partnerschaft i. S. der PPP Mitverantwortung bedeutet. Allerdings stößt die Mitverantwortung an eine Grenze, woraus folgt, dass die endgültige Aufgabenverantwortung der öffentlichen Hand vorbehalten ist.

---

86 Dazu *Michaels*, in: *Koenig/Kühling/Theobald*, Recht der Infrastrukturförderung, 2004, Kap. 5, Rn. 130 ff.

87 Zum Kozessionsmodell *Theobald/Siebeck*, in: *Koenig/Kühling/Theobald*, Recht der Infrastrukturförderung, 2004, Kap. 5, Rn. 199 ff.

88 *Ziekow*, Verwaltungsarchiv 2006, 626 (629).

89 So auch *Ziekow*, Verwaltungsarchiv 2006, 626 (630).

### d) *Verantwortung des öffentlichen Trägers*

Anders als bei der materiellen Privatisierung hat beim PPP-Projekt der Private die Verantwortung für die Durchführung der Aufgaben nicht ganz übergenommen. Ohnehin bedarf es der Verantwortung des öffentlichen Trägers als letzte Bastion für die Öffentlichkeit.

Wenn es auch in der Literatur verschiedene Verwaltungsbegriffe gibt, so ist ein typisches Merkmal der Verwaltung, dass sie „am öffentlichen Interesse orientiert sein muss."[90]

Der öffentliche Träger ist nämlich bei Handlungen verpflichtet, das öffentliche Interesse zu verfolgen. Da die PPP ein wichtiges Mittel für die Erfüllung der Verwaltungsaufgaben darstellt, darf die öffentliche Partei der PPP auf seine Pflicht für die öffentlichen Aufgaben nicht verzichten.

Obwohl der private Beteiligte beim PPP-Projekt eine öffentliche Anstalt tatsächlich aufbauen oder betreiben kann, muss sich der Staat oder müssen sich die Kommunen[91] für die Aufgaben vor den Bürgern verantworten. Daher hat die öffentliche Hand zumindest eine Kontrollbefugnis über das PPP-Projekt. Zwar ist es vertretbar, dass die Aufgabenverantwortung teilweise an einen privaten Partner verteilt wird und die private Körperschaft eine bestimmte Tätigkeit betreut, aber die Initiative des Projekts sowie die „Gewährleistungsverantwortung" muss der öffentlichen Hand gehören.[92]

Dank deren Staatsvorbehalt (oder Kommunenvorbehalt) der Verantwortung kann die öffentlich-rechtliche Natur der PPP gewahrt werden. Damit kann die PPP von einem anderen Begriff, etwa die Privatisierung, unterschieden werden. Also ist die „fortbestehende Aufgabenverantwortung der öffentlichen Hand" ein erforderliches Element von PPP.[93] Allerdings ist es auch ein sinnvolles Begriffsmerkmal, dass die endgültige Verantwortung der Erfüllung der Aufgaben beim öffentlichen Sektor liegt.

---

90 *Maurer/Waldhoff*, Allgemeines Verwaltungsrecht, 2017, § 1, Rn. 10.

91 Zur weitergehenden kommunalen Verantwortung *Große-Wilde*, NWVBl. 1994, 165 (165).

92 *Theobald/Michaels*, in: *Koenig/Kühling/Theobald*, 2004, Kap. 3, Rn. 9; *Ziekow*, in: *Ziekow*, Wandel der Staatlichkeit und wieder zurück?, 2011, 43 (53).

93 *Ziekow*, Verwaltungsarchiv 2006, 626 (631).

### 5. Abgrenzung zu anderen Begriffen

#### *a) Zur Privatisierung, insb. der funktionalen Privatisierung*

Der Begriff „Privatisierung" ist in der Regel in drei Unterbegriffe aufzuteilen: Die Organisationsprivatisierung oder formelle Privatisierung, die Erfüllungsprivatisierung oder funktionale Privatisierung und die Aufgabenprivatisierung oder materielle Privatisierung.[94] Bei der Organisationsprivatisierung lässt sich die Organisationsform bei der Erledigung der Aufgaben in eine privatrechtliche Form umsetzen.[95] Zwar führt die öffentliche Hand die Aufgaben in eigener Verantwortung durch, aber die Handlungsform ist nur formell privatrechtlich. Die funktionale Privatisierung soll eine Teilung der Aufgabenerfüllung ermöglichen. So werden teilweise die öffentlichen Aufgaben von der privaten Hand erledigt.[96] Bei der materiellen Privatisierung bzw. der Aufgabenprivatisierung übernimmt der private Sektor die ganze Verantwortung der Verrichtung der Aufgaben.[97] Bei der Aufgabenprivatisierung kann gesagt werden, dass die staatlichen Aufgaben nicht mehr existieren.[98]

Nach einigen Auffassungen wird die PPP als eine Art der Privatisierung begriffen. Z. B. *Kämmerer* und *Starski* weisen darauf hin, dass die PPP die „Möglichkeit einer Arbeitsteilung" als „funktionale Privatisierung" bedingt. Der Staat

---

94 Ggf. wird die Vermögensprivatisierung, bei der das Vermögen des Staates an Private veräußert wird, als eine zusätzliche Privatisierungsart angeführt. Dazu *Maurer/Waldhoff*, Allgemeines Verwaltungsrecht, 2017, § 23, Rn. 71.

95 *Hünnekens*, Rechtsfragen der wirtschaftlichen Infrastruktur, 1995, S. 222; *Maurer/Waldhoff*, Allgemeines Verwaltungsrecht, 2017, § 23, Rn. 68; *Ramsauer*, in: *Kopp/Ramsauer*, Verwaltungsverfahrensgesetz, 2017, Einführung I, Rn. 87b; *Steiner*, in: *Manssen/Himmelreich/Gricenko*, Public-private-Partnership im kommunalen Bereich, 2015, 15 (19).

96 *Ramsauer*, in: *Kopp/Ramsauer*, Verwaltungsverfahrensgesetz, 2017, Einführung I, Rn. 87c; *Maurer/Waldhoff*, Allgemeines Verwaltungsrecht, 2017, § 23, Rn. 69.

97 *Hünnekens*, Rechtsfragen der wirtschaftlichen Infrastruktur, 1995, S. 222; *Maurer/Waldhoff*, Allgemeines Verwaltungsrecht, 2017, § 23, Rn. 70; *Ramsauer*, in: *Kopp/Ramsauer*, Verwaltungsverfahrensgesetz, 2017, Einführung I, Rn. 88; *Steiner*, in: *Manssen/Himmelreich/Gricenko*, Public-private-Partnership im kommunalen Bereich, 2015, 15 (18 f.).

98 *Burgi*, Funktionale Privatisierung und Verwaltungshilfe, 1999, S. 72. Dagegen gibt es eine Ansicht, dass der öffentliche Träger auch bei der materiellen Privatisierung seine Aufgaben nicht völlig verzichtet, sondern die Durchführung der privaten Hand ggf. steuern und kontrollieren kann. Dazu *Hünnekens*, Rechtsfragen der wirtschaftlichen Infrastruktur, 1995, S. 223.

muss zwar die „grundsätzliche Aufgabenzuständigkeit" übernehmen, aber ein Teil der Aufgaben wird der privaten Partei belassen, wodurch die PPP als „aufgabenbezogene Privatisierung"[99] erachtet wird. *Hünnekens* hat die Wege der privaten Beteiligung zur Infrastrukturbeschaffung, etwa Leasing-, Betreiber- und Konzessionsmodelle, auch als „Teilprivatisierungen" beschrieben.[100] Jedoch ist die PPP aus folgenden Gründen von der funktionalen Privatisierung grundlegend zu unterscheiden.

Zwischen verschiedenen Arten der Privatisierung wird in der Regel die funktionale Privatisierung mit der PPP verglichen, bei der die Erfüllungsverantwortung der öffentlichen Aufgaben zuerst nach der „Leistungsverantwortung" und der „Vorbereitungs- und Durchführungsverantwortung" getrennt wird, sodass erstere bei der öffentlichen Hand verbleibt und letztere verlagert sich zu den Privaten.[101] Demnach wird die Verantwortung zwischen dem Hoheitsträger und der privaten Person „in funktionaler Stufung" geteilt.[102] Bei der Diskussion über die Privatisierung geht es darum, ob die zuständige Behörde das suffiziente Kontrollmittel für den Zwang der privaten Verantwortung hat.[103]

Bei aller Art der Privatisierung, einschließlich einer funktionalen Privatisierung, werden die öffentlichen Aufgaben, die früher von der öffentlichen Hand monopolistisch erledigt wurden, auf verschiedene Weise dem privaten Sektor zugeschrieben. Darum soll der Kernpunkt der funktionalen Privatisierung die Teilung der Funktion darstellen.

Fälle der funktionalen Privatisierung können im Bereich der kommunalen Daseinsvorsorge, etwa bei der Abfallentsorgung sowie der Abwasserbeseitigung, gefunden werden. Obwohl grundsätzlich die öffentlich-rechtlichen Entsorgungsträger[104] i. S. d. § 20 KrWG die Verantwortung der Abfallentsorgung tragen, kann die Pflicht zur Verwertung und Beseitigung nach § 22 KrWG

99 *Kämmerer/Starski*, ZG 2008, 227 (235).

100 *Hünnekens*, Rechtsfragen der wirtschaftlichen Infrastruktur, 1995, S. 225 f. So auch bei *Kramer*, in: *Manssen/Himmelreich/Gricenko*, Public-private-Partnership im kommunalen Bereich, 2015, 63 (65 f.).

101 *Burgi*, Funktionale Privatisierung und Verwaltungshilfe, 1999, S. 158 ff.

102 *Burgi*, Funktionale Privatisierung und Verwaltungshilfe, 1999, S. 65; Vgl. *Ramsauer*, in: *Kopp/Ramsauer*, Verwaltungsverfahrensgesetz, 2017, Einführung I, Rn. 87c.

103 Dazu *Bauer*, VVDStRL 54, 1995, 243 (272 ff.); *Stober*, in: *Tettinger*, Rechtlicher Rahmen für Public Private Partnership auf dem Gebiet der Entsorgung, 1994, 25 (43 ff.).

104 Der öffentlich-rechtliche Entsorgungsträger gehört zwar zur öffentlichen Hand, aber das KrWG bestimmt nicht seine Definition, sondern bezieht sich auf die Bestimmung im jeweiligen Landesrecht. Meistens stellen die Landkreise und kreisfreien Städte den öffentlich-rechtlichen Entsorgungsträger dar. Vgl. *Schoch*, in: *Jarass/Petersen*, KrWG,

einem Dritten einschließlich eines privaten Unternehmens überlassen werden. Also ist die „funktionale Privatisierung" „der technischen Durchführung der Entsorgung" möglich.[105] Daher verpflichtet sich der Auftragnehmer als Verwaltungshelfer im Rahmen der Beauftragung, die Leistungen zu erfüllen. Bei der Abwasserbeseitigung ist die funktionale Privatisierung der technischen Durchführung gleicherweise nach § 56 S. 3 WHG zugelassen.[106]

Auch bei der PPP nimmt der Private am Infrastrukturprojekt teil. Beim PPP-Projekt bleibt jedoch nicht nur die endgültige Leistungsverantwortung, sondern auch die Vorbereitungs- und Durchführungsverantwortung beim öffentlichen Träger. So spielt bei verschiedenen PPP-Projekten der private Beteiligte zwar eine wichtige Rolle in der Kooperation,[107] aber letztlich kommt der öffentliche Träger für die Erledigung der Aufgaben auf.

Für den Unterschied zwischen der funktionalen Privatisierung und der PPP ist am Ende maßgeblich, ob der Private die Verantwortung der Erfüllung der Aufgaben völlig übernimmt oder nicht.

### *b) Zum verwaltungsprivatrechtlichen Handeln*

Die Verwaltungsprivatrechtslehre ist eine Bemühung, die in der privatrechtlichen Form angestellte Leistungsverwaltung der öffentlich-rechtlichen Kontrolle zu unterstellen. Daher soll sie eine Hybridisierung zwischen dem öffentlichen und dem privaten Recht darstellen, womit sie auch mit der PPP-Theorie vergleichbar ist. Die „klassische" Verwaltungsprivatrechtslehre wurde in den fünfziger Jahren von *Wolfgang Siebert* vorgeschlagen und von *H. J. Wolff* benannt.[108]

*Siebert* kam zur Einsicht, dass vor allem im sozialrechtlichen Zusammenhang eine Veränderung der traditionellen Gliederung zwischen dem öffentlichen Recht und dem Privatrecht festzustellen ist und drückte dieses neue Geschehen als „mehr gegenständliche und mehr funktionellsystematische Dreiteilung" aus.[109] Er stellt fest, dass der öffentliche Träger insbesondere im Bereich der

---

2014, § 20, Rn. 27; *Worms*, in: *Jahn/Deifuß-Kruse/Brandt*, Kreislaufwirtschaftsgesetz, 2014, § 20, Rn. 9.

105 *Bell/Rehak*, LKV 2001, 185 (187); *Jahn*, in: *Jahn/Deifuß-Kruse/Brandt*, Kreislaufwirtschaftsgesetz, 2014, § 22, Rn. 10.

106 Vgl. *Zacharias*, DÖV 2001, 454 (455).

107 Vgl. *Kühling*, in: *Basedow/Kischel/Sieber*, German National Reports to the 18th International Congress of Comparative Law, 2010, 573 (575).

108 *Stelkens*, Verwaltungsprivatrecht, 2005, S. 24.

109 *Siebert*, in: Festschrift für Niedermeyer 1953, 215 (216).

Daseinsvorsorge mit der privatrechtlichen Form handeln könnte,[110] während die modernen Staaten verschiedene soziale, ökonomische oder kulturalistische Aufgaben durchführten.[111] Also wurde „die öffentliche Verwaltung mit privatrechtlichen Mitteln geführt."[112] Es sei aber nicht erforderlich, dass die Trennung zwischen dem öffentlichen und dem privaten Recht mit der Abteilung der beiden Bereiche „parallel" zusammenfällt.[113] Eher gehört die Sache, die das öffentliche Interesse betrifft, – nach der sog. Interessens-Theorie – zum öffentlichen Recht, obwohl sie privatrechtlich erfüllt wird.[114]

*Wolff* stimmte zu, dass der öffentliche Träger mit den privatrechtlichen Mitteln, einschließlich des Vermögensvertrags, seine Aufgaben erledigen kann,[115] und nannte diese Beziehung „Verwaltungsprivatrecht".[116] Nach seiner Definition wird das Verwaltungsprivatrecht dann relevant, wenn „ein Subjekt öffentlicher Verwaltung Privatrechtsverhältnisse auf Grund hoheitlicher Entscheidung in Rechtssatz oder Verwaltungsakt eingeht, um in privatrechtlichen Formen nicht-erwerbswirtschaftlich tätig zu werden, sondern unmittelbar öffentliche Verwaltungszwecke zu verfolgen".[117] Auch ist er der Ansicht, dass die mit dem Verwaltungsprivatrecht durchgeführte, öffentliche Verwaltung mit dem öffentlichen Recht zu verbinden ist.[118]

Bekanntlich ist das Verwaltungsprivatrecht am meisten bei der Daseinsvorsorge, der Wirtschaftsförderung, der subventionierenden Verwaltung und des Benutzungsverhältnisses öffentlicher Einrichtungen usw. relevant.[119] Diese Theorie dient der Frage, welche Rechtsfolgen bei solchen Sachverhalten eintreten.[120]

---

110 *Siebert*, in: Festschrift für Niedermeyer, 1953, 215 (219).
111 *Siebert*, in: Festschrift für Niedermeyer, 1953, 215 (218).
112 *Siebert*, in: Festschrift für Niedermeyer, 1953, 215 (219).
113 *Siebert*, in: Festschrift für Niedermeyer, 1953, 215 (219).
114 *Siebert*, in: Festschrift für Niedermeyer, 1953, 215 (219).
115 *Wolff*, Verwaltungsrecht I, 1956, S. 72.
116 *Wolff*, Verwaltungsrecht I, 1956, S. 73.
117 Ibid.
118 Ibid.
119 *Stelkens*, Verwaltungsprivatrecht, 2005, S. 24.
120 Entsprechend fasste *Stelkens* die These des Verwaltungsprivatrechts in drei Fragen zusammen: Wann der Staat und sonstige juristische Personen des öffentlichen Rechts an privatrechtliche Rechtssätze gebunden sind, wann sie von privatrechtlichen Handlungsformen Gebrauch machen können und welche Rechtsfolgen sich aus einer Beteiligung einer juristischen Person des öffentlichen Rechts an einem privatrechtlichen Rechtsverhältnis ergeben. *Stelkens*, Verwaltungsprivatrecht, 2005, S. 23.

Zwar ist die verwaltungsprivatrechtliche Handlung als Verwaltungstätigkeit zu betrachten, aber das Verwaltungsverfahrensgesetz lässt sich grundsätzlich nicht auf sie anwenden. Denn die privatrechtliche Tätigkeit wird nach §1 Abs. 1 VwVfG von dem Anwendungsbereich des VwVfG ausgeklammert. Aber nach h. M. und wie schon erwähnt, muss die Handlung an das Grundrecht des Grundgesetzes sowie die öffentlich-rechtlichen Grundsätze gebunden sein.[121]

Die Verwaltungsprivatrechtslehre ist wertvoll dafür, eine Theorie über die nicht hoheitliche Handlung des Verwaltungsträgers zu entwickeln. Zudem sieht ihre Struktur der Nutzungsbeziehung der PPP ähnlich und mit der PPP zu vergleichen.

Aber während im Beschaffungswesen die PPP ein kollektiver Begriff ist, der die Partnerschaft zwischen der privaten und der öffentlichen Hand und die private Beteiligung an der Erledigung der öffentlichen Aufgaben umfasst, handelt es sich dagegen beim Verwaltungsprivatrecht um die konkrete und besondere Handlung des öffentlichen Trägers, da nämlich beide Lehren jeweils eine einzelne Kategorie haben. Darüber hinaus gibt es bei der PPP ein weiteres Rechtsverhältnis, das zwischen dem öffentlichen Träger und dem privaten Beteiligten gebildet wird und mit den Regelungen des VwVfG, etwa § 54 ff., einhergeht.

### c) *Verwaltungshelfer*

Den Verwaltungshelfer stellt die private Person dar, die nicht zur Beleihung der öffentlichen Kompetenz, sondern nur zur funktionellen Wahrnehmung der Verwaltungsaufgaben bedient wird.[122] Der Verwaltungshelfer kann nicht selbstständig einen Verwaltungsakt erlassen, sondern sein Handeln wird der ihn beschäftigenden Behörde zugerechnet.[123] Dieser Begriff soll aus den Erfüllungsgehilfen

---

121 *Bull/Mehde*, Allgemeines Verwaltungsrecht mit Verwaltungslehre, 2009, § 6, Rn. 254; *Detterbeck*, Allgemeines Verwaltungsrecht, 2015, § 17, Rn. 906; *Ehlers*, in: *Ehlers/Pünder*, Allgemeines Verwaltungsrecht, 2016, § 3, Rn. 86; *Finke/Sundermann/Vahle*, Allgemeines Verwaltungsrecht, 2002, E, Rn. 328; *Maurer/Waldhoff*, Allgemeines Verwaltungsrecht, 2017, § 17, Rn. 1; *Schmidt*, Allgemeines Verwaltungsrecht, 2017, Rn. 1038; Zumindest an das Grundrecht bei *Peine*, Allgemeines Verwaltungsrecht, 2011, § 3, Rn. 198; *Stober*, in: *Wolff/Bachof/Stober/Kluth*, Verwaltungsrecht I, 2017, § 23, Rn. 64; *Theisen*, Allgemeines Verwaltungsrecht, 2008, S. 125.

122 *Ziekow*, Verwaltungsverfahrensgesetz, 2013, § 1, Rn. 36.

123 *Schmitz*, in: *Stelkens/Bonk/Sachs*, VwVfG, 2014, § 1, Rn. 251; *Kluth*, in: *Wolff/Bachof/Stober/Kluth*, Verwaltungsrecht I, 2017, § 59, Rn. 57; *Ziekow*, Verwaltungsverfahrensgesetz, 2013, § 1, Rn. 36.

entwickelt werden. Nach §1 Abs. 4 VwVfG gehört der Verwaltungshelfer auch zur Behörde.[124]

Hierbei handelt es sich um die Rechtsstellung des privaten Trägers der PPP. Im Gegensatz zum Verwaltungshelfer ist er teilweise für die Erfüllung der Aufgaben verantwortlich. Somit ist er ein Teilhaber der Verwaltung.

In der Literatur wird darauf hingewiesen, dass der private „Projektmanager als mildeste Form der Zusammenarbeit" ein „Verwaltungshelfer" sein könnte,[125] aber zwischen den beiden Begriffen muss unterschieden werden, da nur die private Partei der PPP die Verantwortung hat. Während der Abschleppunternehmer im Verhältnis mit der Polizei z. B. ein Verwaltungshelfer ist,[126] stellt die Partei der PPP ein Subjekt zur Erledigung der öffentlichen Aufgaben dar.

## 6. Stellungnahme

Die Idee von Public Private Partnership ist in ihrer Essenz ausgeführt, wenn das öffentliche und das allgemeine Charakteristikum der Durchführung der öffentlichen Aufgaben sowohl beibehalten, als auch ihre Effizienz durch die private Finanzierung und Organisation maximiert und ein Interesse der privaten Beteiligten garantiert wird. Also bedarf es einer Balance zwischen den öffentlichen, effizienten und rentablen Elementen.

Abschließend ist festzustellen, dass das Public Private Partnership eine institutionelle Tendenz ist, bei der der öffentliche Träger bei der Erfüllung seiner Aufgaben ausschließlich mit seiner Verantwortung auf die Garantie des privaten Profits ein privates Kapital sowie eine private Befähigung einführt, damit die Effizienz und das öffentliche Wohl verfolgt werden.

Außerdem gibt es weitere Diskussionen, wie die PPP im Infrastrukturbeschaffungswesen in Gebrauch genommen wird und im Rahmen des europäischen Wirtschaftsrechts, insbesondere des Beihilfen- und Vergaberechts, reguliert wird.

---

124 *Kluth*, in: *Wolff/Bachof/Stober/Kluth*, Verwaltungsrecht I, 2017, § 59, Rn. 57.

125 *Franckenstein*, UPR 2000, 288 (288).

126 Vgl. *Thiele*, in: *Pautsch/Hoffmann*, VwVfG, 2016, § 54, Rn. 54.

# Zweites Kapitel Public Private Partnership im Beschaffungswesen

## I. Vorbemerkung

Soweit eine Idee ohne eine bestimmte Substanz verwirklicht wird, stellt sie keine Institution, sondern nur ein philosophisches Konzept dar. Für die rechtswissenschaftliche Diskussion ist grundsätzlich die Dogmatik der Regelung bei den konkreten Fällen festzuhalten. Im Beschaffungswesen ist die PPP von praktischer Bedeutung für die juristische Behandlung. Da es sich im Beschaffungswesen um verschiedene substantielle Rechtsprobleme handeln kann, sollen die betreffenden Regelungen zum Gegenstand der Untersuchung gemacht werden. Darüber hinaus kommt die PPP im Beschaffungswesen am breitesten und am häufigsten zur Anwendung. Daher ist es sinnvoll, die PPP im Beschaffungswesen ins Zentrum dieses Beitrags zu stellen.

Im folgenden Kapitel wird die rechtliche – insb. verfassungsrechtliche – Zulässigkeit von PPP und der sachliche Zustand von PPP im Beschaffungswesen dargestellt. Das soll als Vorbereitung für die spätere Diskussion der Regelung dienen.

## II. Die rechtliche Zulässigkeit von PPP in Deutschland

Ob der öffentliche Träger durch PPP eine Infrastruktur beschaffen kann, ist eine Frage, die bei der Diskussion der PPP primär aufgeworfen wird. Da die PPP gegenüber traditionellen Formen des Verwaltungshandelns neu entwickelt wird, ist seine Zulässigkeit im Rahmen des Grundgesetzes zu überprüfen. Folgende Paragraphen widmen sich den rechtlichen Rahmenbedingungen der PPP im Hinblick auf die verfassungsrechtlichen Grundsätze.

### 1. Verfassungsrechtliche Rahmenbedingungen von PPP

#### *a) Einführende Hinweise*

Zuerst ist zu erwägen, ob eine Beteiligung des privaten Sektors an der Erfüllung der öffentlichen Aufgaben auf Basis verfassungsrechtlicher Grundsätze zulässig ist, denn jedes staatliche und kommunale Handeln muss unter Beachtung der im Grundgesetz verankerten Prinzipien betrieben werden. Da die Beschaffung der öffentlichen Infrastruktur zur öffentlichen Aufgabe gehört, ist die Verfassung dabei zu berücksichtigen. Nicht zuletzt kommt es in Betracht, ob die öffentliche Beschaffung in Form von PPP mit dem Grundgesetz vereinbar ist.

Die in diesem Zusammenhang betroffenen Prinzipien sind das Demokratieprinzip i. S. des Art. 20 Abs. 2 GG, das Sozialstaatsprinzip i. S. des Art. 20 Abs. 1 und Art. 28 Abs. 1 GG, das Rechtsstaatsprinzip, insb. der Gesetzesvorbehalt sowie der beamtenrechtliche Funktionsvorbehalt i. S. des Art. 33 Abs. 4 GG. Im Folgenden schließt sich daher eine eingehende Besprechung an, die die Anwendbarkeit der erwähnten Prinzipien auf die PPP untersuchen.

### *b) Demokratieprinzip*

In verschiedenen Bestimmungen des Grundgesetzes wird das Demokratieprinzip (z. B. das Wort „demokratisch" i. S. des Art 20 Abs. 1 GG) deklariert und aus dem Art. 20 Abs. 2 GG wird ein konkretes Gebot aus dem Prinzip abgeleitet, nämlich jenes, das „alle Staatsgewalt" dem „Volke" gehört. Das Bundesverfassungsgericht definiert dabei das Gebot des Demokratieprinzips als „eine ununterbrochene Legitimationskette vom Volk zu den mit staatlichen Aufgaben betrauten Organen und Amtswaltern".[127]

Bei der Erledigung der öffentlichen Aufgaben mit und durch PPP kann die Teilnahme einer privaten Partei gegebenenfalls eine Ausübung staatlicher Gewalt bedeuten. Also läuft die Frage, ob die mit der PPP ermöglichte private Teilnahme an der Durchführung der öffentlichen Aufgaben mit dem Demokratieprinzip konform gehen kann, auf eine Untersuchung hinaus, ob die vom Bundesverfassungsgericht definierte ununterbrochene Legitimationskette auch bei der PPP Genüge getan werden kann.

Für die Forschung stellen inhaltliche Elemente des Demokratieprinzips zwar die Volkssouveränität,[128] die politische Freiheit und Gleichheit,[129] eine hinreichende Legitimation[130] und die Öffentlichkeit der staatlichen Beratungs- und Entscheidungsprozesse[131] dar, aber der wichtigste Maßstab im Rahmen der PPP im Beschaffungswesen ist, ob das Staatshandeln sinnvoll legitimiert ist.

127 BVerfGE 93, 37 (67).

128 *Pieroth*, in: *Jarass/Pieroth*, GG, 2016, Art. 20, Rn. 4 ff.; *Sachs*, in: *Sachs*, GG, 2014, Art. 20, Rn. 27 f.; *Schnapp*, in: v. *Münch/Kunig*, Grundgesetz, 2012, Art. 20, Rn. 23 ff.

129 *Pieroth*, in: *Jarass/Pieroth*, GG, 2016, Art. 20, Rn. 8; *Sachs*, in: *Sachs*, GG, 2014, Art. 20, Rn. 16 f.; *Schnapp*, in: v. *Münch/Kunig*, Grundgesetz, 2012, Art. 20, Rn. 21.

130 *Pieroth*, in: *Jarass/Pieroth*, GG, 2016, Art. 20, Rn. 9 ff.; *Sachs*, in: *Sachs*, GG, 2014, Art. 20, Rn. 39 f.; *Schnapp*, in: v. *Münch/Kunig*, Grundgesetz, 2012, Art. 20, Rn. 25 ff.

131 *Pieroth*, in: *Jarass/Pieroth*, GG, 2016, Art. 20, Rn. 4 ff.; *Sachs*, in: *Sachs*, GG, 2014, Art. 20, Rn. 18; *Schnapp*, in: v. *Münch/Kunig*, Grundgesetz, 2012, Art. 20, Rn. 22.

Nach der Rechtsprechung des Bundesverfassungsgerichts bedarf es der demokratischen Legitimation jedenfalls bei „alle[m] amtliche[n] Handeln mit Entscheidungscharakter".[132]

Bei jeder Entscheidung über die Beschaffung der Infrastruktur mit der PPP muss eine hinreichende Legitimation bestehen, weil auch der private Träger im Rahmen des PPP-Vertrags die Staatsgewalt ausübt. Im Rahmen der PPP findet sich eine Teilnahme des Privaten auf zwei Ebenen. Einerseits hat der private Teilnehmer an dem PPP-Projekt gewisse Anteile – z. B. Beteiligung Privater an öffentlich-rechtlichen Einrichtungen sowie Gründung gemischt-wirtschaftlicher Unternehmen. Bei diesem Fall kann die „Stimmenmehrheit" der öffentlichen Partei als „Legitimation" anerkannt werden.[133] Andererseits kann der Private – in der Regel nach dem PPP-Vertrag – mit der Leistung des konkreten Diensts „beliehen" werden. In diesem Zusammenhang können die Aufsicht und die Kontrolle des öffentlichen Trägers als „Kette" der Legitimation gelten.[134]

Maßgebend ist kein Modus des staatlichen Handelns, sondern die Frage, ob er mit der Verantwortung die Aufgabe verrichten kann. Soweit die Letztverantwortung für die Erledigung der Aufgaben dem öffentlichen Träger vorbehalten bleibt, steht der staatlichen Beschaffung mit der PPP das Demokratieprinzip nicht entgegen. Übrigens: Wenn der öffentliche Träger keine solche Verantwortung innehat, so fällt dies nicht unter den Begriff der PPP.

### *c) Sozialstaatsprinzip*

Das Sozialstaatsprinzip ist ein Grundprinzip, das sich aus dem Wort „sozial" in Art. 20 Abs. 1 und Art. 28 Abs. 1 GG ableitet. Nach diesem Prinzip verpflichtet sich der Staat, eine Reihe sozialer Leistungen bereit zu stellen. Zuerst muss der öffentliche Träger Sozialhilfe, öffentliche Fürsorge sowie soziale Hilfe für Personen bieten, „die auf Grund ihrer persönlichen Lebensumstände oder gesellschaftlichen Benachteiligungen an ihrer persönlichen oder sozialen Entfaltung gehindert sind".[135] Nach der Rechtsprechung fallen darunter besonders schwierige Situationen, z. B. „körperliche und geistige Gebrechen",[136] „Arbeitslosigkeit",[137]

---

132 BVerfGE 93, 37 (68); 83, 60 (73).

133 *Schäfer/Thiersch*, in: *Weber/Schäfer/Hausmann*, Public Private Partnership, 2006, S. 87.

134 *Schäfer/Thiersch*, in: *Weber/Schäfer/Hausmann*, Public Private Partnership, 2006, S. 89.

135 BVerfGE 100, 271 (284); 43, 13 (19); 45, 376 (387).

136 BVerfGE 44, 353 (375).

137 BVerfGE 100, 271 (284).

„Pflegebedürftigkeit“[138] oder „Fälle von Krankheit“[139] usw.[140] Ferner erlegt dieses Prinzip dem Staat die Pflicht auf, „soziale Sicherungssysteme gegen die Wechselfälle des Lebens“[141] zu schaffen. Zu den sozialen Sicherungssystemen gehören die Renten-,[142] Unfall-,[143] Kranken-[144] und Pflegeversicherung.[145] Schließlich muss der Staat nach diesem Prinzip die Lasten mittragen, „die aus einem von der Gesamtheit zu tragenden Schicksal entstanden sind und mehr oder weniger zufällig nur einzelne Bürger oder bestimmte Gruppen von ihnen getroffen haben.“[146]

Die Beschaffung der Infrastruktur betrifft eben diese sozialen Leistungen, insb. die oben zuerst genannten Aufgaben. Also gehen z. B. die Schaffung von Verkehrsinfrastrukturen für alte oder behinderte Menschen sowie der Ausbau von Krankenhäusern oder sanitärer Anlagen unmittelbar mit der Leistungspflicht des Staates i. S. des Sozialstaatsprinzips einher.

Die Frage, ob die PPP im Beschaffungswesen mit dem Sozialstaatsprinzip vereinbar ist, ist mit der Grenze des Prinzips zu beantworten. Jede Staatsgewalt – die Legislative, die Judikative sowie die Exekutive – wird zwar mit diesem Prinzip assoziiert,[147] aber dieses Prinzip stellt nur ein Zeichen oder ein Ziel der Staatstätigkeit[148] dar, zwingt also nicht zur Erledigung einer bestimmten Aufgabe. Soweit Handeln des Staates mit dem Prinzip korrespondiert, kann der Träger der öffentlichen Aufgabe die Formenwahlfreiheit haben. Auch das BVerfG hat entschieden, dass „angesichts der Weite und Unbestimmtheit dieses Prinzips sich daraus regelmäßig kein Gebot entnehmen [lässt], soziale Leistungen in einem bestimmten Umfang zu gewähren.“[149] Daher kann der öffentliche Träger bei der Beschaffung der öffentlichen Infrastruktur ein Projekt nicht nur selbst ausführen, sondern

---

138 BVerfGE 103, 197 (221).

139 BVerfGE 115, 25 (43).

140 Auch dazu *Jarass*, in: *Jarass/Pieroth*, GG, 2016, Art. 20, Rn. 114; *Sachs*, in: *Sachs*, GG, 2014, Art. 20, Rn. 46 f.

141 BVerfGE 28, 324 (348); *Jarass*, in: *Jarass/Pieroth*, GG, 2016, Art. 20, Rn. 115.

142 BVerfGE 28, 324 (348).

143 BVerfGE 45, 376 (387).

144 BVerfGE 68, 193 (209).

145 BVerfGE 103, 197 (221).

146 BVerfGE 102, 254 (298); 41, 193 (200); *Jarass*, in: *Jarass/Pieroth*, GG 2016, Art. 20, Rn. 116.

147 *Jarass*, in: *Jarass/Pieroth*, GG, 2016, Art. 20, Rn. 125 f.

148 *Jarass*, in: *Jarass/Pieroth*, GG, 2016, Art. 20, Rn. 112; *Sachs*, in: *Sachs*, GG, 2014, Art. 20, Rn. 48; *Schnapp*, in: v. *Münch/Kunig*, Grundgesetz, 2012, Art. 20, Rn. 52.

149 BVerfGE 110, 412 (445).

auch im Rahmen von PPP oder sogar durch Privatisierung einem privaten Unternehmen die Durchführung auftragen.[150]

### *d) Rechtsstaatsprinzip, insb. Gesetzesvorbehalt*

Aus der Frage, ob die Beschaffung mittels PPP im Rahmen des Rechtstaatsprinzips erlaubt ist, folgt nun, ob die Möglichkeit von PPP im Beschaffungswesen im Gesetz unter Vorbehalt gestellt werden muss.

Nach dem Gesetzesvorbehalt setzt die Tätigkeit der Verwaltung die Ermächtigung durch ein vom Parlament beschlossenes Gesetz voraus.[151] Art. 20 Abs. 3 GG schreibt zwar nur auf Umwegen dieses Prinzip vor,[152] es besteht aber doch als ein allgemeiner Grundsatz der Verwaltung. Zwischen verschiedenen Auslegungsweisen des Gesetzvorbehalts ist es am wichtigsten, dass die Abgeordneten als gewählte Vertreter des Volkes die Entscheidungsgewalt über den politischen und sozialen Kernpunkt besitzen. Also stellt der Gesetzesvorbehalt eine andere Ausprägung des Demokratieprinzips.

Die Frage, ob es für die Durchführung des PPP-Projekts auch einer Ermächtigung durch Gesetz bedarf, muss in diesem Zusammenhang besondere Berücksichtigung erfahren. In der Regel betrifft die PPP den begünstigenden sowie den belastenden Verwaltungsakt. Fraglich ist, ob der Gesetzesvorbehalt auch bei einem solchem Verwaltungsakt durchzusetzen ist. Dieses Problem betrifft speziell die Reichweite des Gesetzesvorbehalts.

Nach der Lehre des sog. Eingriffsvorbehalts geht es bei der Durchführung des PPP-Projekts nicht um den Gesetzesvorbehalt, da die Beschaffung der Infrastruktur der Leistungsverwaltung zugeordnet wird. Aber es reicht nach demokratischer und rechtsstaatlicher Ansicht nicht aus, den Gesetzesvorbehalt auf die Eingriffsverwaltung zu beschränken.[153] Dennoch ist es auch nicht sinnvoll, dass alle Staatshandlungen einschließlich der Weise unter dem Gesetzesvorbehalt stehen müssen. *Ossenbühl* äußert, dass die „vollziehende Gewalt“ nach Art. 20 Abs. 2 GG mit einer eigenen demokratischen Legitimität ausgeübt werde und

150 So auch bei *Kramer*, in: *Manssen/Himmelreich/Gricenko*, Public-private-Partnership im kommunalen Bereich, 2015, 63 (70); *Schäfer/Thiersch*, in: *Weber/Schäfer/Hausmann*, Public Private Partnership, 2006, S. 85.

151 Vgl. *Maurer/Waldhoff*, Allgemeines Verwaltungsrecht, 2017, § 6, Rn. 3.

152 Im Wortlaut „die vollziehende Gewalt an Gesetz und Recht gebunden sind“.

153 Zu dem Eingriffsvorbehalt und der Kritik *Ehlers*, in: *Ehlers/Pünder*, Allgemeines Verwaltungsrecht, 2015, § 2, Rn. 44; *Maurer/Waldhoff*, Allgemeines Verwaltungsrecht, 2017, § 6, Rn. 11; *Stober*, in: *Wolff/Bachhof/Stober/Kluth*, Verwaltungsrecht I, 2017, § 18, Rn. 15 f.

das Parlament daher keinen „Vorrang“ vor der Verwaltung habe.[154] Also ist ein Maßstab zu bestimmen, bei welcher Handlung des Staates eine legislative Ermächtigung erforderlich ist.

Um dieses Problem zu lösen, entwickelte das BVerfG die sog. Wesentlichkeitstheorie, die besagt, dass „alle wesentlichen Entscheidungen“ von der Legislative geregelt werden müssen. Wenn die staatliche Handlung nicht nur für den Bürger „grundrechtsrelevant“,[155] sondern auch für „die Organisation und das Verfahren der Verwaltung“ wesentlich (sog. „institutionell-organisatorischer Gesetzesvorbehalt“) ist,[156] wird eine gesetzliche Grundlage verlangt. Dagegen soll die gesetzliche Regelung nicht erforderlich sein, soweit die Tätigkeit für das Recht der Bürger nicht direkt relevant ist oder nur eine einfache technische Funktion hat.

Stellt eine Tätigkeit den wesentlichen Teil der öffentlichen Aufgaben dar, muss der Träger gesetzlich ermächtigt werden, soweit die staatliche Tätigkeit in allen Bereichen dem Gesetzesvorbehalt unterfällt. Wenn der öffentliche Träger, wie auch bei der funktionalen Privatisierung, die Verantwortung für die Aufgaben der privaten Hand völlig übertragen wollte, bedarf es für die Beleihung einer gesetzlichen Ermächtigung.[157] Solange die zuständige Behörde dagegen die Befugnis zur öffentlichen Beschaffung der Infrastruktur in der Leistungsverwaltung besitzt, ist die legislative Ermächtigung für die PPP nicht nötig. Denn der Beschluss über das Mittel zur Durchführung von Maßnahmen soll der „Wesentlichkeit“ im Sinne der Rechtsprechung des BVerfG nicht entsprechen. Jedoch wird die gesetzliche Regelung für die Übertragung der hoheitlichen Vollmacht, etwa des Gebührenerhebungsrechts sowie des Betriebsrechts der öffentlichen Einrichtung, vorausgesetzt, da die Teilung der Macht im Bereich der Wesentlichkeit liegt.[158] Im Ergebnis kann gesagt werden, dass die öffentliche Beschaffung durch PPP an sich zwar nicht gesetzlich befugt werden muss, aber eine

---

154 *Ossenbühl*, Verwaltungsvorschriften und Grundgesetz, 1968, S. 199.

155 Von folgenden Rechtsprechungen des BVerfG wurde das Anwendungsbereich des Gesetzesvorbehalts erweitert und bestimmt: Zuerst bestätigte BVerfG in der Entscheidung über obligatorische Förderstufe in Hessen, dass nach dem Gebot der Rechtsstaatlichkeit es der gesetzlichen Vorschriften für die Einführung der obligatorischen Förderstufe bedarf. BVerfGE 34, 165 (192 f.). Danach ordnete BVerfG den Begriff „wesentlich“ als Maßstab der Anwendung des Gesetzesvorbehalts ein. BVerfGE, 41, 251 (259 ff.); 45, 400 (417 f.); 47, 46 (78 ff.); 58, 257 (268).

156 *Jarass*, in: *Jarass/Pieroth*, GG, 2016, Art. 20, Rn. 51.

157 Vgl. *Ossenbühl*, VVDStRL 29, 1971, 137 (173).

158 So auch bei *Schäfer/Thiersch*, in: *Weber/Schäfer/Hausmann*, Public Private Partnership, 2006, S. 92.

Forderung nach gesetzlicher Ermächtigung für die die PPP begleitende Übertragung des hoheitlichen Rechts an die private Partei aufgestellt wird. Führend bei dieser Linie begründet das deutsche Recht durch Gesetz (nach Art. 3 des ÖPP-Beschleunigungsgesetzes i. V. m. § 2 Abs. 1 S. 4 FstrPrivFinG) das Mauterhebungsrecht des Privaten und durch die neu hinzugefügten Regelungen der §§ 148 ff. GWB die Konzessionen, mit denen die private Hand durch den Betrieb der öffentlichen Einrichtung Ertrag erzielen kann.

### *e) Beamtenrechtlicher Funktionsvorbehalt*

Art. 33 Abs. 4 GG regelt den sog. beamtenrechtlichen Funktionsvorbehalt. Nach diesem Funktionsvorbehalt ist „die Ausübung hoheitsrechtlicher Befugnisse als ständige Aufgabe in der Regel Angehörigen des öffentlichen Dienstes zu übertragen." Er gilt auch „für die Wahrnehmung hoheitlicher Aufgaben in privatrechtlicher Organisationsform."[159] Also soll seine Funktion nicht nur eine „institutionelle Garantie eines Mindest-Einsatzbereichs des Berufsbeamtentums"[160] und eine „Aufgabenverteilung"[161] zwischen den Beamten und den Privaten sein, sondern auch die Setzung einer „Grenze für die Übertragung hoheitsrechtlicher Befugnisse auf Private."[162]

Im Fokus der Überprüfung steht hier, ob die PPP im Rahmen des beamtenrechtlichen Funktionsvorbehalts erlaubt werden kann und wie dieses Prinzip zu beobachten ist, da bei der PPP der Private an der Erledigung der öffentlichen (ggf. hoheitlichen) Aufgaben teilnehmen kann.

Zuerst gilt es sich vor Augen zu führen, dass dieses Prinzip nur dann angewandt wird, wenn die hoheitsrechtliche Befugnis von der privaten Partei ausgeübt wird. Daher ist es problematisch, ob die Aufgaben, die bei der PPP erbracht werden, ins Gebiet der hoheitsrechtlichen Befugnis fallen. Unstrittig ist, dass dieses Prinzip im Bereich der Eingriffsverwaltung immer anzuwenden ist,[163] dagegen im Bereich

---

159 *Badura*, Staatsrecht, 2012, D, Rn. 102; *Steiner*, in: *Manssen/Himmelreich/Gricenko*, Public-private-Partnership im kommunalen Bereich, 2015, 15 (21).

160 *Jarass*, in: *Jarass/Pieroth*, GG, 2016, Art. 33, Rn. 40.

161 *Schäfer/Thiersch*, in: *Weber/Schäfer/Hausmann*, Public Private Partnership, 2006, S. 93.

162 *Schäfer/Thiersch*, in: *Weber/Schäfer/Hausmann*, Public Private Partnership, 2006, S. 93. Vgl. Burgi, Funktionale Privatisierung und Verwaltungshilfe, 1999, S. 221.

163 *Battis*, in: *Sachs*, GG, 2014, Art. 33, Rn. 55; *Jachmann*, in: *v. Mangoldt/Klein/Starck*, GG, Bd. 2, 2010, Art. 33 Abs. 4, Rn. 31; *Brosius-Gersdorf*, in: *Dreier*, Grundgesetz-Kommentar, Bd. II, 2015, Art. 33, Rn. 152; *Schäfer/Thiersch*, in: *Weber/Schäfer/Hausmann*, Public Private Partnership, 2006, S. 93.

der reinen Fiskal- und erwerbswirtschaftlichen Verwaltung nicht.[164] Fraglich ist dennoch, ob die Leistungsverwaltung dem Funktionsvorbehalt untersteht. Gemäß einigen Publikationen wird die Anwendung des Funktionsvorbehalts im Bereich der Leistungsverwaltung stets ausgeschlossen.[165] Andere hingegen ziehen bei der Leistungsverwaltung dieses Prinzip generell[166] oder teilweise[167] heran.

Wie auch beim Gesetzesvorbehalt muss diese Frage angesichts der Grundrechtsrelevanz beantwortet werden. Wenn die Handlung des öffentlichen Trägers „eingriffsträchtig und grundrechtsrelevant" ist, besteht eine Möglichkeit, dass die Handlung die Ausübung hoheitlicher Befugnisse i. S. d. Art. 33 Abs. 4 GG darstellt.[168] Um ein Bewertungskriterium für eine eingriffsträchtige und grundrechtsrelevante Handlung aufzustellen, kann die vom BVerfG entwickelte eine Wesentlichkeitstheorie des Gesetzesvorbehalts herangezogen werden. Also gilt der Funktionsvorbehalt im Bereich der Leistungsverwaltung, nur wenn „eine wesentliche Berührung von Grundrechten"[169] besteht.[170] Nach anderer Meinung

---

164 *Manssen*, ZBR 1999, 253 (256); *Brosius-Gersdorf*, in: *Dreier*, Grundgesetz-Kommentar, Bd. II, 2015, Art. 33, Rn. 152; *Kunig*, in: *v. Münch/Kunig*, Grundgesetz, 2012, Art. 33, Rn. 49; *Schäfer/Thiersch*, in: *Weber/Schäfer/Hausmann*, Public Private Partnership, 2006, S. 93.

165 *Lehnguth*, ZBR 1991, 266 (268) m. w. N. in dortiger FN. 33; *Leitges*, Entwicklung des Hoheitsbegriffs in Art. 33 Abs. 4 des Grundgesetzes, 1998, S. 199 f.

166 Nach der sog. weitesten Auffassung gilt der Funktionsvorbehalt immer bei der Erfüllung der öffentlichen Aufgaben einschließlich der Daseinsvorsorge. Dazu *Kirchhof*, Der Begriff der hoheitsrechtlichen Befugnisse in Art. 33 Abs. 4 des Grundgesetzes, 1968, S. 127; *Leisner*, Legitimation des Berufsbeamtentums aus der Aufgabenerfüllung, 1988, S. 52 ff.; *Lecheler*, Die Beamtenaufgaben nach dem Funktionsvorbehalt des GG, 1986, S. 35 ff.

167 Ob die Leistungsverwaltung dem Funktionsvorbehalt unterfällt, ist nach einigen Autoren abhängig von der Rechtsform des Handels. Dazu *Lerche*, Verbeamtung als Verfassungsauftrag?, 1973, S. 21 f.; *Rudolf*, VVDStRL 37, 1979, 175 (202 ff.); *Lindgen*, DÖD 1972, 1 (3 f.). Nach anderer Auffassung gilt der Funktionsvorbehalt, wenn die Tätigkeiten „einen Grundrechtseingriff beinhalten oder zur Verwirklichung grundrechtlicher Leistungen notwendig sind." Dazu *Lange*, DÖV 2001, 898 (902). Schließlich soll der Funktionsvorbehalt den intensiven Einfluss auf die Grundrechte voraussetzen. Dazu *Haug*, NVwZ 1999, 816 (818).

168 Vgl. *Jachmann/Strauß*, ZBR 1999, 289 (293); *Schäfer/Thiersch*, in: *Weber/Schäfer/Hausmann*, Public Private Partnership, 2006, S. 94.

169 BVerfGE 90, 286 (322).

170 Dazu *Haug*, NVwZ 1999, 816 (818); *Jachmann/Strauß*, ZBR 1999, 289 (293); *Lange*, DÖV 2001, 898 (902); *Schäfer/Thiersch*, in: *Weber/Schäfer/Hausmann*, Public Private Partnership, 2006, S. 94.

könne die Vereinbarkeit mit der Verfassung in diesem Zusammenhang davon abhängig sein, wie weit sich die Aufgabe „vom Kernbereich staatlicher Verantwortung für das Gemeinwesen" entferne.[171]

Da dieses Kriterium von der Handlungsform unabhängig ist,[172] soll der Funktionsvorbehalt auch bei der Beschaffung mit der PPP angewendet werden. Wenn die Beschaffung mit der PPP einen Einfluss auf das Grundrecht der Bürger nimmt, ist es grundsätzlich zu beachten.[173] Also darf in diesem Fall die Entscheidungsbefugnis über die grundrechtsrelevanten Dinge bei der Durchführung der grundrechtswesentlichen Leistungen mit der PPP nicht in der privaten Hand liegen. Auch verstößt dieses Problem gegen den Grundsatz, dass der öffentliche Träger die endgültige Verantwortung der Erfüllung der öffentlichen Aufgaben übernimmt.

Um im Rahmen des Funktionsvorbehalts die PPP zu rechtfertigen, können trotzdem zwei Ausnahmen aus dem Wortlaut des Art. 33 Abs. 4 GG herangezogen werden. Art. 33 Abs. 4 GG schreibt vor, dass die Ausübung hoheitsrechtlicher Befugnisse „als ständige Aufgabe" „in der Regel" Angehörigen des öffentlichen Dienstes zu übertragen ist. Bei einer Konstellation, die sich auf die ständige Aufgabe nicht bezieht oder keine Regel darstellt, soll es daher möglich sein, dass beim PPP-Projekt der private Teilnehmer die hoheitsrechtlichen Befugnisse wahrnimmt.

Die ständige Aufgabe bedeutet eine Aufgabe, die „nicht nur vorläufig" übertragen wird.[174] Also werden die Aufgaben, die in „absehbarer" Zeit wegfallen, als ständige Aufgabe nicht erfasst.[175] Deshalb kann der privat Beteiligte beim PPP-Projekt, das in einer bestimmten Zeit – wie der Vertragslaufzeit – verrichtet wird, auch die hoheitsrechtlichen Aufgaben wahrnehmen, soweit die Reichweite der übertragenen Tätigkeiten im Vertrag zugewiesen wird.

Gemäß dem Wortlaut „in der Regel" können auch die ständigen Aufgaben unter bestimmten Voraussetzungen ausnahmsweise (sog. „Regel-Ausnahme-Verhältnis"[176]) dem Privaten übertragen werden.[177] Wenn folgende Voraussetzungen erfüllt sind, kann das Regel-Ausnahme-Verhältnis gerechtfertigt werden.

---

171 *Tettinger*, DÖV 1996, 764 (768).

172 *Jachmann/Strauß*, ZBR 1999, 289 (293).

173 So auch bei *Schäfer/Thiersch*, in: *Weber/Schäfer/Hausmann*, Public Private Partnership, 2006, S. 94 f.

174 *Kunig*, in: *v. Münch/Kunig*, Grundgesetz, 2012, Art. 33, Rn. 50.

175 *Jachmann*, in: *v. Mangoldt/Klein/Starck*, GG, Bd. 2, 2010, Art. 33 Abs. 4, Rn. 37.

176 *Schäfer/Thiersch*, in: *Weber/Schäfer/Hausmann*, Public Private Partnership, 2006, S. 97.

177 Vgl. *Brosius-Gersdorf*, in: *Dreier*, Grundgesetz-Kommentar, Bd. II, 2015, Art. 33, Rn. 165; *Schäfer/Thiersch*, in: *Weber/Schäfer/Hausmann*, Public Private Partnership, 2006, S. 97.

Zunächst wird dabei ein „quantitativer Maßstab" angelegt. Wenn der Private an der Erledigung der Aufgaben zwar teilnimmt, es jedoch eine Mehrheit von Beamten gibt, greift der Funktionsvorbehalt nicht ein.[178] Davon abgesehen muss allerdings auch ein „qualitativer Maßstab" berücksichtigt werden. Danach soll der Schwerpunkt der Aufgaben im öffentlichen Sektor liegen, wenn auch zahlenmäßig weniger Beamten die Aufgaben bearbeiten.[179] Dieser Maßstab soll demnach wichtiger sein als der quantitative. Am bedeutendsten aber sind sachliche Gründe. Dies sind beispielsweise Flexibilität, Dezentralisierung oder die Nutzung privater Sachkenntnis.[180] Nur wenn eine dieser Voraussetzungen erfüllt wird, ist es möglich, bei der PPP die hoheitsrechtlichen Befugnisse auf Private zu übertragen.

Da bei der PPP die öffentlichen und privaten Träger nicht nur zusammenarbeiten, sondern auch die Mitverantwortung für die Aufgaben tragen, ist es schwierig, nur mit dem quantitativen und qualitativen Maßstab zu beurteilen, ob die PPP im Rahmen des beamtenrechtlichen Funktionsvorbehalts erlaubt werden kann. Dabei sind vielmehr die sachlichen Gründe sinnvoll. Also können die privaten Teilnehmer nur dann durch die PPP die hoheitsrechtlichen Befugnisse zur Erfüllung der öffentlichen Aufgaben wahrnehmen, wenn beim oben erwähnten Verhältnis das spezielle Bedürfnis besteht. Das verweist auf Grundidee der PPP, nämlich darauf, dass der öffentliche Träger durch das Nutzen der besonderen Fähigkeiten von Privaten eine hohe Effizienz anstrebt.

Wie schon erwähnt bedarf es neben den Voraussetzungen zur Ermächtigung des Gesetzgebers nach dem Gesetzesvorbehalt (z. B. zur Erhebungskompetenz der Maut des Fernstraßenbauprivatfinanzierungsgesetzes) und der besonderen Beleihung (z. B. durch den Konzessionsvertrag). Dann kann die PPP im Rahmen des beamtenrechtlichen Funktionsvorbehalts verfassungsrechtlich gerechtfertigt werden.

---

178 *Haug*, NVwZ 1999, 816 (819); *Schäfer/Thiersch*, in: *Weber/Schäfer/Hausmann*, Public Private Partnership, 2006, S. 97. Ein Kritiker weist auf die Unklarheit der Bezugsgröße bei der Bestimmung des Regelfalls hin. *Gramm*, Privatisierung und notwendige Staatsaufgaben, 2001, S. 372.

179 *Haug*, NVwZ 1999, 816 (819); *Jachmann*, in: *v. Mangoldt/Klein/Starck*, GG, Bd. 2, 2010, Art. 33 Abs. 4, Rn. 37; *Brosius-Gersdorf*, in: *Dreier*, Grundgesetz-Kommentar, Bd. II, 2015, Art. 33, Rn. 166; *Schäfer/Thiersch*, in: *Weber/Schäfer/Hausmann*, Public Private Partnership, 2006, S. 97.

180 *Gramm*, Privatisierung und notwendige Staatsaufgaben, 2001, S. 373.

### *f) Bundeseigene Verwaltung*

Die bundeseigene Verwaltung bedeutet die nach Art. 87 ff. GG vorgeschriebene bundesausschließliche Verwaltung. Also werden der Auswärtige Dienst, die Bundesfinanzverwaltung, die Verwaltung der Bundeswasserstraßen und der Schifffahrt (Art. 87 GG), die Bundeswehrverwaltung (Art. 87b GG), die Luftverkehrsverwaltung (Art. 87d GG) und die Eisenbahnverkehrsverwaltung für Eisenbahnen des Bundes (Art. 87e GG) als bundeseigene Verwaltung angeführt. Es soll nun darum gehen, ob die bundeseigene Verwaltung durch die PPP erledigt werden kann.

Art. 87 ff. GG regeln den Kernbereich der staatlichen Aufgaben, die der Bund selbst oder „mit eigenem Verwaltungsunterbau" die Tätigkeit verrichten muss. Grundsätzlich muss der Bund durch „eigene Organisationseinheiten" solche Aufgaben erledigen. Die eigenen Organisationseinheiten bedeuten, dass die Organisationen „nicht nur formal", sondern auch „substantiell" dem Bund zugerechnet werden.[181] Auch die Verantwortung für die Aufgaben trägt der Bund vollständig.

Auch in Art. 70 ff. und 83 ff. GG werden die öffentlichen Aufgaben vorgeschrieben, die zur Gesetzgebungs- oder Verwaltungskompetenz gehören. Aber diese Regelungen bedeuten nicht, dass der Staat die öffentlichen Aufgaben selbst erledigen muss.[182] Vielmehr kann er einen anderen Träger einschließlich der Privaten mit der Aufgabe beleihen. Also ist der Begriff der öffentlichen Aufgaben im Sinne der Art 70 ff. GG sowie Art. 83 ff. GG nicht gleichbedeutend mit der Bedeutung der Staatsaufgaben im Sinne der Art. 87 ff. GG.

*Schäfer* und *Thiersch* erwähnen, dass die Beleihung mit einem Teilbereich der Aufgaben möglich sei, obwohl die Aufgabe eine bundeseigene Verwaltungsangelegenheit darstellt.[183] Aber es ist zweifelhaft, ob es mit dem Begriff der PPP korrespondiert, wenn keine Mitverantwortung für die Aufgaben besteht, sondern die Tätigkeit nur teilweise wahrgenommen wird. Vielmehr ist die Möglichkeit der PPP bei der bundeseigenen Verwaltung davon abhängig, ob die Verantwortung dem Bund zukommt. Soweit bei der Erledigung der bundeseigenen Verwaltung

---

181 *Burgi*, in: *v. Mangoldt/Klein/Starck*, GG, Bd. 3, 2010, Art. 86, Rn. 44.

182 Vgl. *Kühling*, in: *Basedow/Kischel/Sieber*, German National Reports to the 18th International Congress of Comparative Law, 2010, 573 (584); *Theobald/Michaels*, in: *Koenig/Kühling/Theobald*, Recht der Infrastrukturförderung, 2004, Kap. 3, Rn. 16.

183 *Schäfer/Thiersch*, in: *Weber/Schäfer/Hausmann*, Public Private Partnership, 2006, S. 100.

der Bund dem privaten Sektor seine Verantwortung nicht überträgt, ist die PPP im Bereich der bundeseigenen Verwaltung grundsätzlich zulässig.[184]

## 2. Verfolgung der Wirtschaftlichkeit im Sinne des Art. 114 Abs. 2 GG

Nach dem Art. 114 Abs. 2 GG überprüft der Bundesrechnungshof „die Rechnung sowie die Wirtschaftlichkeit und Ordnungsmäßigkeit der Haushalts- und Wirtschaftsführung." Daraus wird das Gebot der Wirtschaftlichkeit der Verwaltung hergeleitet.[185] Während die oben erwähnten Grundsätze die verfassungsrechtlichen Gebote darstellen, soll die Wirtschaftlichkeit der Verwaltung mit dem „haushaltsrechtlichen" Gebot einhergehen.[186] Dieses Gebot wird durch Gesetze und Verordnungen geregelt. Z. B. nach § 6 Abs. 1 HGrG verpflichten sich der Bund und die Länder bei der Aufstellung und Ausführung des Haushaltsplans, die „Grundsätze der Wirtschaftlichkeit und Sparsamkeit" zu beachten. Darüber hinaus wiederholt § 7 Abs. 1 S. 1 BHO den Grundsatz und S. 2. schreibt vor, dass eine Prüfung nach dem Grundsatz der Wirtschaftlichkeit zu vollziehen ist. In der Prüfung geht es vor allem darum, „inwieweit staatliche Aufgaben oder öffentlichen Zwecken dienende wirtschaftliche Tätigkeiten durch Ausgliederung und Entstaatlichung oder Privatisierung erfüllt werden können." Daneben sind gemäß § 7 Abs. 2. S. 1 BHO „angemessene Wirtschaftlichkeitsuntersuchungen" für alle finanzwirksamen Maßnahmen durchzuführen. Also ist es die rechtliche Pflicht des öffentlichen Trägers, die öffentlichen Aufgaben wirtschaftlich zu erledigen.

Wenn sich herausstellt, dass die Anwendung einer PPP die Verwaltung effizienter gestaltet, ist die Verfolgung der Wirtschaftlichkeit beim PPP-Projekt die logische Konsequenz. Selbstverständlich kann die PPP der „Ausgliederung" der staatlichen Aufgaben i. S. des § 7 Abs. 1 S. 2 BHO impliziert werden. So ist die Wirtschaftlichkeitsuntersuchung auch beim PPP-Projekt anzustellen.[187] Problematisch ist, wie das Wirtschaftlichkeitsgebot der Verwaltung und die PPP bei der

---

184 In der Praxis finden sich aber kaum PPP-Projekte zur Erledigung der bundeseigenen Verwaltung i. S. der Art. 87 ff. GG außer den Bundesfernstraßenaufbauprojekten (A-, F- und V-Modelle). Siehe zum Verzeichnis der PPP-Projekte in Deutschland folgende Webseite: PPP-Projektdatenbank: Projektsuche <https://www.ppp-projektdatenbank.de/index.php?id=9> (30.03.2017).

185 *Weber*, in: *Budäus*, Kooperationsformen zwischen Staat und Markt, 2006, 139 (140).

186 *Weber*, in: *Budäus*, Kooperationsformen zwischen Staat und Markt, 2006, 139 (140).

187 So auch bei *Mühlenkamp*, in: *Ziekow*, Wandel der Staatlichkeit und wieder zurück?, 2011, 67 (80 f.); *Theobald/Michaels*, in: *Koenig/Kühling/Theobald*, 2004, Kap. 3, Rn. 40 f.

Durchführung der öffentlichen Aufgaben in Übereinstimmung gebracht werden können. Zwar erlegen HGrG und BHO dem öffentlichen Träger die Pflicht der „angemessenen“ Wirtschaftlichkeitsuntersuchungen auf, aber die Regelungen sehen keine konkreten Maßstäbe oder Methoden vor. So werden die Wirtschaftlichkeitsuntersuchungen in der Praxis anhand der Leitfäden und Gutachten der Bundes- und Landesregierung eingeleitet.

Bei der Ausführung des PPP-Projekts ist es das Ziel der Wirtschaftlichkeitsuntersuchung zu ermitteln, ob die PPP bei der Beschaffung im Vergleich zu den verschiedenen Beschaffungsvarianten wirtschaftlicher ist.[188] Die Wirtschaftlichkeitsuntersuchungen bei den PPP-Projekten werden im Beschaffungsverfahren mehrstufig durchgeführt.[189] Nicht nur vor der Ausschreibung hat eine vorläufige Wirtschaftlichkeitsuntersuchung zu erfolgen, sondern auch in der Vertragsabschlussphase muss die Angemessenheit des Angebots durch die abschließende Wirtschaftlichkeitsuntersuchung bewertet werden. Während in der erstgenannten Prüfung die Wirtschaftlichkeit des Infrastrukturprojekts untersucht wird, wird der Vergleich zwischen der PPP und der konventionellen Beschaffung in der letzteren angestellt.[190]

Nach der Bedarfsfeststellung des Objekts der Beschaffung ist der PPP-Eignungstest in der ersten Phase vorgenommen. Dieser Eignungstest dient einer vorläufigen Beurteilung, ob die PPP beim Projekt wirtschaftlich und tatsächlich möglich ist.[191] Für den PPP-Eignungstest werden z. B. durch einen Leitfaden[192] die folgenden Prüfkriterien vorgelegt:

---

188 Rechnungshöfe, Gemeinsamer Erfahrungsbericht zur Wirtschaftlichkeit von ÖPP-Projekten, 2011, S. 15; *Kanthak/Lenzen*, in: *Meyer-Hofmann/Riemenschneider/Weihrauch*, Public Private Partnership, 2008, Rn. 797; *Kühling*, in: *Basedow/Kischel/Sieber*, German National Reports to the 18th International Congress of Comparative Law, 2010, 573 (586); *Mühlenkamp*, in: *Ziekow*, Wandel der Staatlichkeit und wieder zurück?, 2011, S. 88.

189 Zur Grundstruktur der Wirtschaftlichkeitsuntersuchungen beim PPP-Projekt *Mühlenkamp*, in: *Ziekow*, Wandel der Staatlichkeit und wieder zurück?, 2011, S. 83 ff.; *Rauschenbach/Gottschling*, in: BMVBS/DSGV, PPP-Handbuch – Leitfaden für Öffentlich-Private Partnerschaften, 2009, S. 300 ff.

190 Zur Wirtschaftlichkeitsuntersuchung im Bundesfernstraßenbau-PPP-Projekt BMVI – Wie läuft Vergabeverfahren ab? <http://www.bmvi.de/SharedDocs/DE/Artikel/StB/oepp-wie-laeuft-vergabeverfahren-ab.html?nn=216352> (25.07.2017).

191 *Kanthak/Lenzen*, in: *Meyer-Hofmann/Riemenschneider/Weihrauch*, Public Private Partnership, 2008, Rn. 817; *Ziekow/Windoffer*, NZBau 2005, 665 (670).

192 Beratergruppe PPP im öffentlichen Hochbau, Band III: Wirtschaftlichkeitsuntersuchung, 2003, S. 9 ff.

- Leistungsumfang: Ob ein Unternehmen die Planungs-, Bau-, Finanzierungs- und Betreiberleistungen (sog. „DBFO") integriert verrichten kann,
- Risikoverteilung: Ob die PPP die optimale Risikoverteilung bietet,
- Leistungsbeschreibung: Ob die funktionale Leistungsbeschreibung für die Ausschöpfung des privaten Know-hows geliefert werden kann,
- Projektvolumen: Ob das Projektvolumen dazu ausreicht, die Transaktionskosten aufzurechnen,
- Interesse der Bieterseite und Marktstruktur: Ob der Wettbewerb auf Bieterseite besteht, damit der öffentliche Träger den wirtschaftlichen Gewinn einbringen kann,
- Vergütungsmechanismus: Ob der Vergütungsmechanismus Anreize zur privaten Beteiligung schaffen kann.

Nur wenn sich die Eignung für eine PPP gemäß einer Prüfung anhand jener Kriterien herausstellt, wird die PPP weitergeführt.

In der zweiten Phase der Wirtschaftlichkeitsuntersuchung wird der Beschaffungsvariantenvergleich durchgeführt.[193] In dieser Phase werden die konventionelle Beschaffungsvariante und die Beschaffung mit der PPP gegenübergestellt. Es handelt sich bei diesem Vergleich darum, bei welcher Form der Beschaffung der öffentliche Träger größere wirtschaftliche Vorteile erhält. Für den Vergleich mit der PPP wird das Modell „Public Sector Comparator (PSC)" herangezogen, bei dem der öffentliche Träger in der konventionellen Beschaffungsvariante selbst das Objekt, etwa die Infrastruktureinrichtung, beschafft.[194] Hierfür werden alle wirtschaftlichen Werte der beiden Formen, etwa die Bau-, Betriebs- und Finanzkosten, der Vermögenswert der aufgebauten Einrichtung, das Betriebseinkommen sowie das Risiko des Projekts berechnet und verglichen.[195] Ist die PPP wirtschaftlicher als PSC, ist es zulässig.

---

193 Rechnungshöfe, Gemeinsamer Erfahrungsbericht zur Wirtschaftlichkeit von ÖPP-Projekten, 2011, S. 18: *Kanthak/Lenzen*, in: *Meyer-Hofmann/Riemenschneider/Weihrauch*, Public Private Partnership, 2008, Rn. 821 ff.

194 Dazu *Bernstein/Friedrich*, in: *Mühlenkamp*, Öffentlich-Private Partnerschaften, 2016, S. 86 ff.; Deutsches Institut für Urbanistik, PPP – Wirtschaftlichkeit, Qualitäten, Beratung, Partnerschaft, Berlin 2008, S. 11; Beratergruppe, PPP im öffentlichen Hochbau, Band III: Wirtschaftlichkeitsuntersuchung, 2003, S. 13 f.; Finanzministerium des Landes Nordrhein-Westfalen, Leitfaden „Wirtschaftlichkeitsuntersuchungen bei PPP-Projekten", 2006, S. 22 ff.

195 Beratergruppe, PPP im öffentlichen Hochbau, Band III: Wirtschaftlichkeitsuntersuchung, 2003, S. 14 ff.; Finanzministerium des Landes Nordrhein-Westfalen, Leitfaden „Wirtschaftlichkeitsuntersuchungen bei PPP-Projekten", 2006, S. 28 ff. In den Ländern,

Schließlich wird beim Wirtschaftlichkeitsnachweis, d. h. einem entscheidenden Nachweis im Ausschreibungsprozess, bestätigt, dass das vorgelegte PPP-Angebot einen signifikanten wirtschaftlichen Vorteil hat.[196] Einem entsprechenden Angebot eines privaten Unternehmens könnte also genau dann der Zuschlag gegeben werden, wenn durch den Wirtschaftlichkeitsnachweis festgestellt wird, dass das Angebot „wirtschaftlicher" ist als die konventionelle Beschaffungsvariante.

Die Verfolgung der Wirtschaftlichkeit ist ein wesentliches Element der PPP. Um mit der PPP die Infrastruktur zu beschaffen, muss die Wirtschaftlichkeit des Projekts vorausgesetzt werden. Gesetzlich werden die Wirtschaftlichkeitsuntersuchungen also nur allgemein verpflichtend vorgeschrieben, die konkreten Methoden und Kriterien können jedoch in Leitfäden der Ministerien vorgeschrieben werden.

## III. Zustand von PPP im Beschaffungswesen

### 1. Einleitung

Bereits oben wurden der Begriff, die Entwicklung und die Zulässigkeit von PPP festgestellt. Abgesehen von der philosophischen Diskussion werden in der Praxis die vielfältigen PPP-Projekte weltweit aktiv ausgeführt. In dieser Dissertation kommt es darauf an, wie die PPP im Rahmen des europäischen Beihilfen- und Vergaberechts kontrolliert wird. Daher ist es sinnvoll, vor der Erörterung der Kontrolle den Zustand der PPP einzusehen.

Dieser Paragraph widmet sich Regelungen, Modellen und den aktuellen Statistiken zur deutschen PPP. Dazu noch werden die Art und Weise des Vorhandenseins von PPP in Großbritannien und Korea zum Vergleich vorgestellt.

---

wo das PPP früher entwickelt wurde, etwa Großbritannien und Korea, wird diese Phase VfM (Value for Money)-Test genannt. Also wird jedes Preis-Leistungs-Verhältnis von dem PFI (Private Finance Initiative) und PSC eingeschätzt. The World Bank, Public-Private Partnerships Reference Guide, 2012, S. 138 ff.; HM Treasury, Value for Money Assessment Guidance, 2006, S. 5 ff.

196 *Bernstein/Friedrich*, in: *Mühlenkamp*, Öffentlich-Private Partnerschaften, 2016, S. 91; *Kanthak/Lenzen*, in: *Meyer-Hofmann/Riemenschneider/Weihrauch*, Public Private Partnership, 2008, Rn. 882.

## 2. Deutschland

### *a) Gesetzgebungsstand*

#### *aa) Überblick*

Bekanntlich hat Deutschland kein einheitliches Bundesgesetz, das allgemein die PPP regeln würde.[197] Jedoch gibt es in verschiedenen Gesetzen und Verordnungen auf den Ebenen des Bundes, der Länder sowie der Kommunen Bestimmungen, die je nach Objekt und Inhalt der Regelung die PPP unterschiedlich regulieren.

Im Weiteren werden Regelungen für die PPP genannt und erläutert.

#### *bb) ÖPP-Beschleunigungsgesetz*

Auch früher wurde die PPP zwar als eine Handelsform der Verwaltung betrachtet, jedoch war es vor 2004 in Deutschland noch nicht institutionalisiert. Als die Europäische Kommission 2004 das Grünbuch zur PPP veröffentlichte, war der Versuch zur Institutionalisierung der PPP gestartet.

Die Bundesregierung überprüfte Inhalte und Vorschläge des Grünbuchs im Rahmen der rechtlichen Lage in Deutschland und befand dann, dass es wegen der fehlenden Gesetzgebung auf den vergabe-, haushalts- sowie steuerrechtlichen Ebenen noch Schwierigkeiten gab, PPP-Projekte durchzuführen.[198] Um die gesetzliche Lücke zu schließen, wurden 2005 die betroffenen Gesetze und Ordnungen durch das Gesetz zur Beschleunigung der Umsetzung von öffentlich-privaten Partnerschaften und zur Verbesserung gesetzlicher Rahmenbedingungen für öffentlich-private Partnerschaften[199] (kurz „ÖPP-Beschleunigungsgesetz") geändert.

Das ÖPP-Beschleunigungsgesetz gibt statt des englischen Wortes „PPP" den Terminus „Öffentlich-Private Partnerschaften" (ÖPP) an.[200] Es regelt folgende Fälle:

Zuerst führte Art. 1 des ÖPP-Beschleunigungsgesetzes die „Beschaffung von Dienstleistungen" zum Gegenstand des öffentlichen Auftrags durch die Änderung des § 99 des Gesetzes gegen Wettbewerbsbeschränkungen (GWB) an. Aber

---

197 Dieser Gesetzgebungsstand sei positiv, weil eine einheitliche Regelung „die Flexibilität und Dynamik" der PPP-Modelle konterkarieren könne. *Bausback*, DÖV 2006, 901 (901).

198 Stellungnahme der Regierung der Bundesrepublik Deutschland zu dem Grünbuch der EU Kommission zu öffentlich-privaten Partnerschaften und den gemeinschaftlichen Rechtsvorschriften für öffentliche Aufträge und Konzessionen v. 16.8.2004. S. 12, 14 und 19 f.

199 BGBl. 2005 Teil I Nr. 56, S. 2676 ff.

200 *Uechtritz/Otting*, NVwZ 2005, 1105 (1106).

diese Vorschrift wurde durch das Vergaberechtsmodernisierungsgesetz 2009 als § 99 Abs. 7 GWB aufgenommen und 2016 in § 103 Abs. 1 GWB integriert. Also definiert § 103 Abs. 1 GWB den öffentlichen Auftrag als den entgeltlichen Vertrag zwischen Auftraggeber und -nehmer „über die Beschaffung von Leistungen, die die Lieferung von Waren, die Ausführung von Bauleistungen oder die Erbringung von Dienstleistungen zum Gegenstand haben".

Gemäß Art. 2 des ÖPP-Beschleunigungsgesetzes wurde § 6a der Verordnung über die Vergabe öffentlicher Aufträge (VgV) auch neu geregelt, damit eine rechtliche Grundlage für den wettbewerblichen Dialog bei der Auswahl des Auftragnehmers der öffentlichen Beschaffungen einschließlich der PPP-Projekte geschaffen wird. Diese Vorschrift wurde 2010 allerdings aufgehoben.[201]

Unter den Änderungen gesetzlicher Rahmenbedingungen durch das Gesetz soll die Einführung des sog. wettbewerblichen Dialogs am wichtigsten sein. Nach dem bisherigen § 101 Abs. 5 GWB konnte so der wettbewerbliche Dialog „zur Vergabe besonders komplexer Aufträge" stattfinden.[202] In der neuen Fassung des GWB bleibt der wettbewerbliche Dialog zwar als eine von mehreren möglichen Verfahrensarten erhalten, aber seine Definition wird entsprechend Art. 30 Abs. 3 der Richtlinie 2014/24/EU neu formuliert. Also schreibt § 119 Abs. 6 S. 1 GWB vor, dass er „ein Verfahren zur Vergabe öffentlicher Aufträge mit dem Ziel der Ermittlung und Festlegung der Mittel, mit denen die Bedürfnisse des öffentlichen Auftraggebers am besten erfüllt werden können", darstellt.[203]

Darüber hinaus wird gemäß Art. 3 das sog. „F-Modell" als LKW-Mautsystem im Fernstraßenbauprivatfinanzierungsgesetz (FStrPrivFinG) eingeführt. Das F-Modell ist ein Typ der deutschen PPP im Fernstraßenbau. Bei diesem Modell verpflichtet sich der Auftragnehmer mit einem bestimmten Ablauf im Rahmen der Konzession, eine von dieser eingesetzten Strecke zu finanzieren, aufzubauen sowie zu betreiben, und soll sich ausschließlich durch die Nutzergebühr amortisieren.[204] Weiterhin werden die Regelungen der Bundeshaushaltsordnung (BHO) durch Art. 4 des ÖPP-Beschleunigungsgesetzes revidiert, sodass es möglich wird, zwecks Durchführung der staatlichen Aufgaben die bundeseigenen Liegenschaften zu

---

201 Art. 1 Abs. 7 der Verordnung zur Anpassung der Verordnung über die Vergabe öffentlicher Aufträge (Vergabeverordnung – VgV) sowie der Verordnung über die Vergabe von Aufträgen im Bereich des Verkehrs, der Trinkwasserversorgung und der Energieversorgung (Sektorenverordnung – SektVO) vom 7. Juni 2010.

202 Zum wettbewerblichen Dialog *Pünder*, in: *Pünder/Schellenberg*, Vergaberecht, 2011, § 101 GWB, Rn. 43 ff.

203 Vgl. *Kulartz*, in: *Kulartz/Kus/Portz/Prieß*, GWB-Vergaberecht, 2016, § 119, Rn. 42.

204 Dazu *Kupjetz/Eftekharzadeh*, NZBau 2013, 142 (143).

veräußern, soweit die überlegene Wirtschaftlichkeit dieses Vorgehen nachgewiesen wird. Schließlich machen die steuer- und investmentrechtlichen Revisionen den Inhalt des ÖPP-Beschleunigungsgesetzes aus (Art. 5 ff.).

Das ÖPP-Beschleunigungsgesetz wird als politische Stellungnahme bewertet, dass die deutsche Regierung die PPP als einen Pfeiler zur Erfüllung der öffentlichen Aufgaben übernehmen wollte.[205] Das Gesetz regelt nicht alle Aspekte der Rechtsprobleme, die sich bei der Durchführung des PPP-Projekts einstellen können.[206] Aber eine solche Tendenz darf nicht zum Schluss führen, die Projektierung der PPP vollständig dem freien Ermessen des Auftraggebers zu überlassen. Vielmehr ist die Gesetzmäßigkeit auch beim PPP-Projekt zu beachten. Obwohl einige Vorschriften schon aufgehoben oder geändert wurden, sollten Regelungen des ÖPP-Beschleunigungsgesetzes für die Entwicklung der PPP in Deutschland eine hochbedeutsame Rolle spielen.

### *cc) Regelungen im Rahmen des Vergaberechts*

Auch wenn die Infrastruktur durch die PPP beschafft wird, fällt die Beschaffung grundsätzlich in den Anwendungsbereich des Vergaberechts.[207] Daher sollen die vergaberechtlichen Regelungen auch Bestandteil der Regelungen der PPP sein. Nicht zuletzt nehmen die Vorschriften über die Ausschreibung und das Auswahlverfahren des Auftragnehmers bei der Durchführung des PPP-Projekts die wesentliche Stelle ein. Es handelt sich bei den vergaberechtlichen Regelungen um die Durchsetzung des unbeschränkten Wettbewerbs im Sinne des Europarechts im Beschaffungswesen,[208] die Regeln des freien Wettbewerbs müssen also beim PPP-Projekt eingehalten werden.

Das deutsche Vergaberecht wird durch die europäischen Vergaberichtlinien geprägt, obwohl seine Regelung nach dem sog. Schwellenwert geteilt wird. Während im sog. Unterschwellenbereich die reinen innerstaatlichen Regelungen angewandt werden, kommen im sog. Oberschwellenbereich die von der europäischen Richtlinie beeinflussten Vorschriften zur Anwendung. Bislang waren im Oberschwellenbereich die §§ 97 ff. GWB, die entsprechend der Richtlinie 2004/18/EG umgesetzt

---

205 *Uechtritz/Otting*, NVwZ 2005, 1105 (1111).

206 *Uechtritz/Otting*, NVwZ 2005, 1105 (1111).

207 Schon längere Zeit spricht der EuGH, dass das europäische Vergaberecht auf die Beschaffung mit dem PPP anzuwenden ist. Auch siehe dazu EuGH, Rs. C-107/98, Slg. 1999, I-8121 – Teckal.

208 Das deutsche Vergaberecht stellt eine Umsetzung der europäischen Richtlinien im Bereich des Vergaberechts dar. *Maurer/Waldhoff*, Allgemeines Verwaltungsrecht, 2017, § 17, Rn. 34.

wurden, und die Bestimmungen der Verordnung über die Vergabe öffentlicher Aufträge (VgV), der Vertragsordnung für Bauleistungen (VOB/A), der Verdingungsordnung für Leistungen (VOL/A) sowie der Verwaltungsvorschrift zur Musterkommunalhaushaltsverordnung jeweils anwendbar.[209]

Die bisherige Struktur des deutschen Vergaberechts wurde 2016 durch die Umsetzung der neuen europäischen Vergaberichtlinien, d. h. der Richtlinie 2014/24/EU,[210] der Richtlinie 2014/23/EU (sog „Konzessionsrichtlinie“)[211] und der Richtlinie 2014/25/EU,[212] reformiert. Zwar bleibt die Separation der Regelung nach dem Schwellenwert, aber die wesentlichen Vorgaben im Vergabeverfahren wurden durch diese Reform grundlegend umgestaltet.

Einerseits wird der 4. Teil des GWB erweitert, indem mehre Vorschriften hinzugefügt werden. Auch beim PPP-Projekt sollen die neuen Bestimmungen über die Grundsätze der Vergabe i. S. d. § 97 GWB, das Vergabeverfahren nach §§ 119 ff. GWB und das Nachprüfungsverfahren nach §§ 155 ff. GWB gelten. Besonders erwähnenswert sind die Vorschriften über die Vergabe von Konzessionen nach § 105 und gemäß den §§ 148 ff. GWB, die sich nach der Konzessionsrichtlinie bestimmen, da die PPP im Konzessionsmodell ein zentrales Beispiel der Vergabe von Konzessionen i. S. d. § 105 GWB darstellt.

Andererseits werden die Regelungen des GWB durch eine sog. „Mantelverordnung“ ergänzt. Die Bundesregierung erließ im April 2016 die Verordnung zur Modernisierung des Vergaberechts, die aus der neuen Vergabeverordnung (VgV), der erweiterten Sektorenverordnung (SektVO), der neu erlassenen Konzessionsvergabeverordnung (KonzVgV), der Vergabestatistikverordnung (VergStatVO) und der geänderten Vergabeverordnung Verteidigung und Sicherheit besteht. Bei PPP-Projekten sollen die nach den Verordnungen bestimmten Verfahren herangezogen werden. Nicht zuletzt regelt die KonzVgV die Spezialität der Vergabe von Konzession und das Verfahren ihrer Bekanntmachung sowie

---

209 Zur bisherigen Struktur des Vergaberechts *Hailbronner*, in: *Byok/Jaeger*, Vergaberecht, 2011, § 97 GWB Rn. 61; *Ziekow*, Öffentliches Wirtschaftsrecht, 2016, § 9, Rn. 8 ff.

210 Richtlinie 2014/24/EU des europäischen Parlaments und des Rates vom 26. Februar 2014 über die öffentliche Auftragsvergabe und zur Aufhebung der Richtlinie 2004/18/EG.

211 Richtlinie 2014/23/EU des Europäischen Parlaments und des Rates vom 26. Februar 2014 über die Konzessionsvergabe.

212 Richtlinie 2014/25/EU des Europäischen Parlaments und des Rates vom 26. Februar 2014 über die Vergabe von Aufträgen durch Auftraggeber im Bereich der Wasser-, Energie- und Verkehrsversorgung sowie der Postdienste und zur Aufhebung der Richtlinie 2004/17/EG.

Unternehmensauswahl. Also ist es bei dieser Reform angebracht, für die Kontrolle der PPP im Konzessionsmodell im Rahmen des Vergaberechts neue Normen festzusetzen.[213]

#### *dd) Haushaltsrechtliche Normen*

Daneben liegen noch weitere Regelungen des Haushaltsrechts vor, deren Einfluss sich in Verbindung mit dem Gebot der Wirtschaftlichkeit i. S. d. Art. 114 Abs. 2 GG bei der Durchführung des PPP-Projekts bemerkbar macht.

Nach § 6 Abs. 1 HGrG muss der öffentliche Träger bei Aufstellung und Ausführung des Haushaltsplans die Grundsätze der Wirtschaftlichkeit und Sparsamkeit beachten. Diese Pflicht wird nach § 7 Abs. 1 S. 2 BHO konkretisiert, so ist zu überprüfen, inwieweit staatliche Aufgaben oder öffentlichen Zwecken dienende wirtschaftliche Tätigkeiten durch Ausgliederung und Entstaatlichung oder Privatisierung erfüllt werden können. Außerdem verpflichtet sich der öffentliche Träger nach § 6 Abs. 2 HGrG, für jede finanzwirksame Maßnahme eine angemessene Wirtschaftlichkeitsuntersuchung durchzuführen. Dabei sollen die privaten Anbieter gemäß § 7 Abs. 2 S. 3 BHO in geeigneten Fällen eine Möglichkeit erhalten, darzulegen, ob und inwieweit sie staatliche Aufgaben oder öffentlichen Zwecken dienende wirtschaftliche Tätigkeiten nicht ebenso gut oder besser erbringen können als die öffentliche Hand selbst.

Darüber hinaus sollen die Regelungen der Landeshaushaltsgesetze auch die Haushaltsgrundsätze festlegen. Z. B. schreibt Art. 61 Abs. 2 S. 1 BayGO vor, dass die Haushaltswirtschaft sparsam und wirtschaftlich zu planen und zu führen ist. Also unterliegen die Gemeindehandlungen den Grundsätzen der Sparsamkeit und der Wirtschaftlichkeit.

Bei der Planung des PPP-Projekts werden diese Pflichten als PPP-Wirstschaftlichkeitsuntersuchung verwirklicht. Also stellen die Vorschriften des HGrG, des BHO und ggf. des Landeshaushaltsrechts die rechtliche Grundlage der Wirtschaftlichkeitsuntersuchung des PPP-Projekts dar.[214]

---

213 Zur neuen Struktur des Vergaberechts *Baumann*, Die Vergabenovelle 2016, GWR 2016, 159 (160 f.); *Byok*, NJW 2016, 1494 (1494 ff.); *Knauff*, NZBau 2016, 195 (195 ff.); *Ley/Wankmüller*, Das neue Vergaberecht 2016, 2016, S. 4 ff.

214 Vgl. *Rauschenbach/Gottschling*, in: BMVBS/DSGV, PPP-Handbuch, 2009, S. 299; *Theobald/Michaels*, in: *Koenig/Kühling/Theobald*, Recht der Infrastrukturförderung, 2004, Kap. 3, Rn. 40.

### b) *Die verschiedenen Typen des PPP-Projekts in Deutschland*

#### *aa) Überblick*

Wie schon dargelegt, gibt es in Deutschland kein Gesetz, das alle Aspekte der PPP einheitlich regelt. Also werden die Typen des PPP-Projekts durch das Gesetz nicht bestimmt. Hingegen werden im koreanischen[215] und philippinischen[216] PPP-Gesetz die Formen des PPP-Projekts ausdrücklich vorgeschrieben. In der Praxis und der Literatur wird das PPP-Projekt nach verschiedenen Kategorien[217] eingeteilt. Allgemein ist die PPP nach dem Hauptzweck des Vertrags entweder in das sog. Finanzierungsmodell oder in das sog. Organisationsmodell zu zuordnen.[218] Beim Finanzierungsmodell handelt es sich darum, wer mit den Kosten für den Aufbau, Erhalt und Betrieb des Projektgegenstands belastet wird. Das Finanzierungsmodell wird nach der Form der Finanzierung in verschiedene Modelle nochmals eingeteilt. Dagegen kommt es beim Organisationsmodell darauf an, dass die beschaffte Einrichtung von der privaten Hand betrieben wird. Der private Teilnehmer kann seinen Aufwand durch das Entgelt für die Leistung amortisieren. Nach der Form der Vergütung wird das Organisationsmodell in mehrere Unterbegriffe aufgegliedert.

Nach dem Modell bestehen unterschiedliche Methoden der Durchführung sowie der Regelung. Allerdings kann eine modifizierte oder eine gemischte Form verwirklicht werden.

---

215 Nach Art. 4 des „Act on Public Private Partnerships in Infrastructure (PPP Act)" werden die Methoden des Projekts auf fünf Arten praktisch limitiert.

216 Gemäß Art. 2 des „Act Authorizing the Financing, Construction, Operation and Maintenance of Infrastructure Projects by the Private Sector and Other Purposes (BOT Act)" sind neun Formen des PPP-Projekts vorgesehen.

217 Z. B. die Europäische Kommission teilt die Typen der PPP in die PPP auf Vertragsbasis und die institutionalisierte PPP auf. Dazu Grünbuch, KOM (2004) 327 endg., Rn. 20. *Gebhardt* teilt nach den „vertraglichen Leistungsbeziehungen" alle PPP-Vertragstypen in vier Typen, d. h. Inhaber-, Erwerber-, Leasing- und Miet-Vertragstyp, ein. *Gebhardt*, Zweckzuweisungen als Barriere für Public Private Partnership (PPP), 2009, S. 109 ff.

218 *Bonk/Neumann*, in: *Stelkens/Bonk/Sachs*, VwVfG, 2014, § 54 Rn. 43 ff.; *Haubner*, Public Private Partnership (PPP) und das Unionsrecht, 2013, S. 81 ff.; *Theobald/Michaels*, in: *Koenig/Kühling/Theobald*, Recht der Infrastrukturförderung, 2004, Kap. 3, Rn. 52 ff.; *Ziekow*, Öffentliches Wirtschaftsrecht, 2016, § 8, Rn. 7.

### *bb) Finanzierungsmodelle*

Das Finanzierungsmodell betrifft alle möglichen Gestaltungen der PPP, bei denen die Kosten für den Aufbau, die Erweiterung, die Sanierung oder das Betreiben der Infrastruktureinrichtung im Ganzen oder nur zum Teil auf das private Kapital umgelegt werden.[219] Also handelt es sich in diesem Modell um die Sicherung der Finanzmittel zur Beschaffung der Infrastruktur. Das Finanzierungsmodell gliedert sich entlang des konkreten Aspektes der Projekterfüllung in die folgenden verschiedenen Unterkategorien.

#### 1) Leasing-, Miet- und Ratenkaufmodelle

Im Leasing-, Miet- und Ratenkaufmodell soll der private Teilnehmer die Baukosten der Einrichtung finanzieren und vom betreffenden Gegenstand der öffentlichen Hand Gebrauch machen, während sich der Auftraggeber verpflichtet, als Gegenleistung das von der Laufzeit abhängige „Nutzungsentgelt" zu zahlen.[220] Die Struktur der in jedem Modell gesetzten Rechtsbeziehung ist einerseits ähnlich dem Rechtsverhältnis des Leasing- und Mietvertrags, bei dem die Sache mit der Zahlung des Entgelts zur Verfügung gestellt wird. Andererseits weist es eine Analogie zum Ratenkaufvertrag auf, weil der Gegenstand nach der laufenden Zahlung in das Eigentum des öffentlichen Trägers übergeht. Davon erhalten das Leasing-, Miet- und Ratenkaufmodell auch ihre Bezeichnung.

Zwischen diesen Modellen gibt es nun eine wichtige Parallele. Der öffentliche Träger hat beide Male den Vorteil des Krediteffekts, da er die Beschaffungskosten der Einrichtung über einen langen Zeitraum abschläglich zahlen kann.[221] Doch die Modelle differieren bezüglich des Merkmals des Entgelts. Im Leasingmodell soll der öffentliche Träger die „Leasingrate" regelmäßig zahlen,[222] während im

---

219 *Hummel*, in: *Koenig/Kühling/Theobald*, Recht der Infrastrukturförderung, 2004, Kap. 4, Rn. 1.

220 *Bonk/Neumann*, in: *Stelkens/Bonk/Sachs*, VwVfG, 2014, § 54 Rn. 43k; *Eschenbruch*, in: *Kulartz/Kus/Portz/Prieß*, GWB-Vergaberecht, 2016, § 103 GWB, Rn. 516; *Haubner*, Public Private Partnership (PPP) und das Unionsrecht, 2013, S. 100; *Hummel*, in: *Koenig/Kühling/Theobald*, Recht der Infrastrukturförderung, 2004, Kap. 4, Rn. 2; *Schede/Pohlmann*, in: *Weber/Schäfer/Hausmann*, Public Private Partnership, 2006, S. 116; *Tettinger*, NWVBl 2005, 1 (3); Ziekow, Öffentliches Wirtschaftsrecht, 2016, § 8, Rn. 7.

221 *Hummel*, in: *Koenig/Kühling/Theobald*, 2004, Kap. 4, Rn. 3.

222 BMVBS, Gutachten „PPP und Förderrecht", 2006, S. 20; *Haubner*, 2013, S. 100.

Mietmodell die „Miete" bezahlt wird.[223] Selbstverständlich soll das Entgelt im Ratenkaufmodell die ratenweise gezahlte Kaufsumme darstellen.

In diesen Modellen werden die Risiken grundsätzlich gemäß der Struktur jedes Vertrags verteilt. Z. B. wird im Leasingmodell die Risikoverteilung analog zum klassischen Immobilienleasing bestimmt. Also trägt der private Partner nach dem Leasingerlass des Bundesministers der Finanzen vom 23.12.1991 das Risiko der allgemeinen Sach- und Preisgefahr, etwa der „plötzlichen Verschlechterung bzw. des plötzlichen Untergangs des Objektes", einschließlich des Finanzierungsrisikos.[224] Wie bei anderen PPP-Modellen, sollen die politischen Risiken bei der öffentlichen Hand liegen.

Als Beispiel der Leasing-, Miet- und Ratenkaufmodelle dient das Projekt, bei dem der öffentliche Träger für die vertraglich bestimmte Frist gegen regelmäßiges Entgelt die durch das private Finanzierungsmittel neu eingerichteten Amtsgebäude benutzt. In Deutschland werden 9% der gesamten PPP-Projekte von 2002 bis 2014 als Leasing- bzw. Mietmodell durchgeführt.[225] Vor allem bei Projekten für Verwaltungsgebäude ist das Mietmodell überwiegend in Gebrauch.[226]

2) Fondsmodell

Im Fondsmodell gründet der private Teilnehmer einen Fonds, der den Zweck verfolgt, die neue Infrastruktureinrichtung zu bauen oder die vorhandene Einrichtung zu erwerben. Also stellt die private Fondsgesellschaft der öffentlichen Körperschaft den Gebrauch der Einrichtung zur Verfügung.

Das Fondsmodell kann wiederum in zwei Unterbegriffe unterteilt werden. Beim „Fondsleasingmodell" wird die Sache „aufgrund langfristiger entgeltlicher Nutzungsverträge in Form von Leasing oder leasingähnlichen Verträgen" dem öffentlichen Träger überlassen.[227] Beim „Fondsbetreibermodell" benutzt die

---

223 BMVBS, Gutachten „PPP und Förderrecht", 2006, S. 20; *Haubner* verwendet nur die Bezeichnung „ein periodisches Entgelt". *Haubner*, Public Private Partnership (PPP) und das Unionsrecht, 2013, S. 95.

224 *Gatzke*, Public Private Partnerships und öffentliche Verschuldung, 2010, S. 43; *Schede/Pohlmann*, in: *Weber/Schäfer/Hausmann*, Public Private Partnership, 2006, S. 119.

225 Partnerschaften Deutschland, Öffentlich-Private Partnerschaften in Deutschland, 2014, S. 18.

226 Partnerschaften Deutschland, Öffentlich-Private Partnerschaften in Deutschland, 2014, S. 17.

227 *Tettinger*, NWVBl 2005, 1 (3); *Theobald/Siebeck*, in: *Koenig/Kühling/Theobald*, Recht der Infrastrukturförderung, 2004, Kap. 4, Rn. 115.

öffentliche Hand die Einrichtung nicht ausschließlich, sondern der Betrieb der Einrichtung wird dem privaten Partner „gegen ein Entgelt“ aufgetragen.[228]

Für die Beschaffung der Einrichtungen in den verschiedenen Bereichen, etwa der Umweltanlagen, Stadthallen, Parkhäuser sowie Verwaltungs- und Schulgebäude, kann dieses Modell erfolgreich angewandt werden.[229] Aber es hat sowohl Vorteile als auch Nachteile. Von dem Standpunkt des öffentlichen Trägers aus ist der wesentliche Vorteil, dass beim Fondsmodell die Kosten der Beschaffung gespart werden können.[230] Jedoch zählen Kontrollschwierigkeiten ganz klar als Nachteil. Also werden die „Zweckzuweisungen“ oder „Zuwendungen“ vom öffentlichen Träger nur dann gewährt, wenn das Objekt dem öffentlichen Sektor gehört oder eine Genehmigung der zuständigen Behörde zur Durchführung des Projekts notwendig ist.[231] Darüber hinaus ist es eine der Widrigkeiten beim Fondsmodell, dass schwere Belastungen aufgrund der Kosten für den erhöhten Zeitaufwand von der Gründung der Fondsgesellschaft bis hin zur Erfüllung des Projekts bestehen.[232]

### 3) Sale and Lease Back

Im „Sale and Lease Back“-Modell veräußert der öffentliche Träger („Leasingnehmer“) sein Immobilienvermögen an den privaten Partner („Leasinggeber“), um die Sache dann wieder von ihm zurückzuleasen („Lease Back“).[233] In diesem Modell sollen Kauf- und Mietvertrag nämlich kombiniert werden. Dieses Modell wird als neues Finanzierungmodell betrachtet, das „ohne Steuererhöhung“ das Haushaltsproblem lösen können.[234] Dieses Modell kann als Unterbegriff des Leasingmodells aufgefasst,[235] weil zwischen beiden Modellen offenbar eine Ähnlichkeit

---

228 *Theobald/Siebeck*, in: *Koenig/Kühling/Theobald*, Recht der Infrastrukturförderung, 2004, Kap. 4, Rn. 117.

229 *Theobald/Siebeck*, in: *Koenig/Kühling/Theobald*, Recht der Infrastrukturförderung, 2004, Kap. 4, Rn. 125.

230 *Theobald/Siebeck*, in: *Koenig/Kühling/Theobald*, Recht der Infrastrukturförderung, 2004, Kap. 4, Rn. 121.

231 *Theobald/Siebeck*, in: *Koenig/Kühling/Theobald*, Recht der Infrastrukturförderung, 2004, Kap. 4, Rn. 122.

232 *Krähmer*, Private Finanzierung kommunaler Infrastrukturinvestitionen, 1992, 241 (243); *Theobald/Siebeck*, in: *Koenig/Kühling/Theobald*, Recht der Infrastrukturförderung, 2004, Kap. 4, Rn. 122.

233 *Böcking/Gros*, in: *Ebenroth/Boujong/Joost/Strohn*, HGB, Bd. 1, 2014, § 246, Rn. 41; *Eschenbruch*, in: *Kulartz/Kus/Portz/Prieß*, GWB-Vergaberecht, 2016, § 103 GWB, Rn. 519; *Jung*, in: *Koenig/Kühling/Theobald*, 2004, Kap. 4, Rn. 171 ff.

234 *Kirchhof*, DÖV 1999, 242 (242).

235 *Haubner*, Public Private Partnership (PPP) und das Unionsrecht, 2013, S. 102.

besteht, außer dass das Eigentum der Einrichtung in diesem Modell eigentlich dem öffentlichen Sektor gehört.

Durch das „Sale and Lease Back"-Modell kann der öffentliche Träger einerseits mit seinem Immobilienvermögen „einen hohen Liquiditätsvorteil" verzeichnen. Gewissermaßen „ohne Steuererhöhung" kann er „die Liquidität des Gesamthaushalts" erhöhen.[236] Andererseits kann der private Investor dadurch eine „Erhöhung der Eigenkapitalquote" erwarten, indem er ein meist lukratives Immobilienvermögen erwirbt.[237]

Hieraus ist die Rechtsnatur des Leasingvertrags im Rahmen dieses Modells zu beachten. Beim Leasingvertrag zwischen Leasinggeber und -nehmer verhält es sich anders als beim Mietvertrag im Sinne der §§ 535 ff. BGB.[238] Während bei Mietverträgen im BGB der Vermieter nach § 536 BGB das Risiko der Sach- und Rechtsmängel trägt, verbleibt das Risiko im Sale and Lease Back beim Leasingnehmer. Beim Leasingvertrag ist die Zuordnung des Sach- oder Preisrisikos abhängig davon, wem das „wirtschaftliche Eigentum" gehört. Im Leasingvertrag im Rahmen der PPP steht das wirtschaftliche Eigentum noch dem Leasingnehmer, d. h. dem öffentlichen Träger, zu, da es sich um die Beschaffung der Liquidität handelt.[239] Folglich werden solche Risiken auch auf ihn umgewälzt.

#### 4) Cross Border Leasing

Das „Cross Border Leasing"-Modell stellt eine Form des Leasingmodells dar, bei dem das PPP-Projekt mit einer Off-Shore-Company bzw. einem Investmentfonds durchgeführt wird.[240] Das Modell umfasst drei Stufen. Es wird zunächst ein „Trust" genau dort im Ausland gegründet, wo der steuerrechtliche Vorteil besteht (zumeist in den USA) und danach schließt der Trust mit den deutschen Kommunen den Hauptmietvertrag (sog „Head Lease") ab, damit das der Kommune gehörende Objekt, etwa die Amtsgebäude, jenem zur Verfügung steht.

---

236 *Jung*, in: *Koenig/Kühling/Theobald*, Recht der Infrastrukturförderung, 2004, Kap. 4, Rn. 175; Kirchhof, DÖV 1999, 242 (243).

237 *Jung*, in: *Koenig/Kühling/Theobald*, Recht der Infrastrukturförderung, 2004, Kap. 4, Rn. 178.

238 *Jung*, in: *Koenig/Kühling/Theobald*, Recht der Infrastrukturförderung, 2004, Kap. 4, Rn. 194.

239 *Böcking/Gros*, in: *Ebenroth/Boujong/Joost/Strohn*, HGB, Bd. 1, 2014, § 246, Rn. 41.

240 Vgl. *Jung*, in: *Koenig/Kühling/Theobald*, Recht der Infrastrukturförderung, 2004, Kap. 4, Rn. 248 ff.

Schließlich benutzt die Kommune das Objekt durch den Rückmietvertrag (sog. „Sub-Lease") weiter.[241]

Dieses Modell kann für den öffentlichen Träger zwar Gewinne abwerfen. Doch problematisch ist, ob ein solcher Liquiditätsvorteil unbedingt für die Herabsetzung der Nutzergebühren erschlossen werden muss.[242] Zur Beantwortung dieser Frage kann das Urteil des VG Gelsenkirchen vom 27.11.2003 über die Gebührenkalkulation weiterhelfen. Das Gericht befand, dass die Kommune nicht verpflichtet sei, die Einnahmen aus dem Cross Border Leasing-Geschäft „zur Verminderung des Gebührensatzes der Entwässerungsgebühren" zu verwenden.[243] Vielmehr soll der Vorteil im allgemeinen Haushalt verbucht werden.

Zwar nutzten deutsche Kommunen damals dieses Modell. In den Jahren zwischen 1995 und 2003 wurden in Deutschland ca. 150 bis 200 Verträge für das Cross Border Leasing geschlossen, deren Investitionsvolumen maximal 100 Milliarden Euro betrug.[244] Seit 2004 wird dieses Modell aber als gescheitert angesehen.[245] Denn einerseits besteht wegen des Erlasses des amerikanischen Jobs Creation Act 2004 kein Steuerschlupfloch mehr in den USA. Nach dieser Änderung können die US-Inverstoren keine Steuervorteile haben, soweit sie ein „Eigentum für US-Steuerzwecke" erhalten.[246] Andererseits erfuhren nach der Finanzmarktkrise Kapitalanleger, z. B. „American International Group" (AIG), die bislang an vielen Verträgen für das Cross Border Leasing teilgenommen haben, eine Bonitätsverschlechterung. Die Investoren und die Kommunen halten sich vom Kreditrisiko fern. Daher wird dieses Modell nicht mehr genutzt.[247]

### 5) Contracting-Modell

Im Contracting-Modell übernimmt der private Partner („Contractor") dem Begriff „Contracting" entsprechend beim Betrieb der öffentlichen Anlagen die

---

241 *Jung*, in: *Koenig/Kühling/Theobald*, Recht der Infrastrukturförderung, 2004, Kap. 4, Rn. 257 ff.; *Lenk*, in: *Budäus*, Kooperationsformen zwischen Staat und Markt, 2006, 217 (219 f.).

242 *Jung*, in: *Koenig/Kühling/Theobald*, Recht der Infrastrukturförderung, 2004, Kap. 4, Rn. 304 ff.

243 VG Gelsenkirchen, Urteil v. 27.11.2003 – 13 K 1626/03, BeckRS 2006, 22049; Vgl. *Lenk*, in: *Budäus*, Kooperationsformen zwischen Staat und Markt, 2006, 217 (234).

244 *Weber*, NJW 2009, 2927 (2932).

245 Vgl. *Bauer*, DÖV 2012, 329 (333).

246 *Weber*, NJW 2005, 2195 (2200).

247 Dazu *Lenk*, in: *Budäus*, Kooperationsformen zwischen Staat und Markt, 2006, S. 240; *Weber*, NJW 2009, 2927 (2932 f.).

Aufgaben zur technischen Optimierung bzw. effizienteren Versorgung.[248] Am häufigsten wird das Modell zur Verbessrung der Effizienz beim Verwalten des Amtsgebäudes verwandt. Z. B. richtet er, wenn die Erneuerung der Heizung dem Contractor aufgetragen wird, Erneuerbare-Energien-Anlagen ein und betreibt sie in seinem „eigenen Namen" und auf seine „eigene" Rechnung, damit die Betriebskosten gesenkt werden.[249]

Der private Auftragnehmer muss durch das Entgelt sämtliche Kosten für die Planung, die Herstellung, den Betrieb sowie die Finanzierung abdecken. Beim Contracting Modell ist die Kalkulation des Leistungsentgelts abhängig von den bisherigen Energiekosten des öffentlichen Auftraggebers.[250] Also kann der Contractor durch die gesparten Beträge aufgrund der effizienteren Technologien den angepeilten Ertrag erzielen. Z. B. kann er die Effizienzgewinne erwirtschaften, solange der Contractor erfolgreich die Heizungskosten vermindert.

So lastet die „Leistungsverantwortung" für den Betrieb im Rahmen der Anwendung der neuen Technologie auf dem Contractor.[251] Ein solches Risiko hat dieser zu tragen.

#### *cc) Organisationsmodelle*

Während es in den Finanzierungsmodellen um die private Finanzierung der Erfüllung der öffentlichen Aufgaben geht, kommt es in den Organisationsmodellen darauf an, die Effizienz und die Originalität des privaten Beteiligten zu nutzen. Folglich stellt das Organisationsmodell eine Form der PPP dar, bei der sich die öffentliche Hand „nicht nur privaten Kapitals" bei der Beschaffung der Infrastruktur bedient, „sondern auch [von] dessen Erfahrung" profitiert.[252]

---

248 *Eschenbruch*, in: *Kulartz/Kus/Portz/Prieß*, GWB-Vergaberecht, 2016, § 103 GWB, Rn. 524; *Haubner*, Public Private Partnership (PPP) und das Unionsrecht, 2013, S. 106; *Schede/Pohlmann*, in: *Weber/Schäfer/Hausmann*, Public Private Partnership, 2006, S. 137 f.; *Starke*, in: *Koenig/Kühling/Theobald*, Recht der Infrastrukturförderung, 2004, Kap. 4, Rn. 358; *Ziekow*, Öffentliches Wirtschaftsrecht, 2016, § 8, Rn. 7.

249 *Haubner*, Public Private Partnership (PPP) und das Unionsrecht, 2013, S. 106 f.; *Starke*, in: *Koenig/Kühling/Theobald*, Recht der Infrastrukturförderung, 2004, Kap. 4, Rn. 359.

250 *Haubner*, Public Private Partnership (PPP) und das Unionsrecht, 2013, S. 107; *Schede/Pohlmann*, in: *Weber/Schäfer/Hausmann*, Public Private Partnership, 2006, S. 140.

251 *Starke*, in: *Koenig/Kühling/Theobald*, Recht der Infrastrukturförderung, 2004, Kap. 4, Rn. 372.

252 *Theobald/Michaels/Richter/Siebeck*, in: *Koenig/Kühling/Theobald*, Recht der Infrastrukturförderung, 2004, Kap. 5, Einführende Hinweise.

Auch im Organisationsmodell bestehen verschiedenen Varianten, die hier nach der Methode der Beteiligung und der Amortisation aufgeteilt werden sollen.

### 1) Gemischt-wirtschaftliche Unternehmen

Das gemischt-wirtschaftliche Unternehmen- bzw. Gesellschaftsmodell[253] wird als „Klassiker" unter den PPP-Modellen im Infrastrukturwesen betrachtet.[254] In diesem Modell gründet die öffentliche Hand zusammen mit dem privaten Sektor eine Gesellschaft, das sog. gemischt-wirtschaftliche Unternehmen, damit dem Unternehmen das Infrastruktur-projekt aufgetragen werden kann.[255]

Da das Unternehmen in privatrechtlicher Form gegründet wird, muss der öffentliche Träger bei der Durchführung des Projekts auf eine öffentlich-rechtliche Kontrolle achten. Für die Kontrolle ist es nötig, dass ein angemessener Einfluss und Zugriff des öffentlichen Teilnehmers gewährleistet wird.[256] In der Regel hat die öffentliche Hand die Mehrheit der Stimmrechte in den Aktien- oder Geschäftsanteilen des gemischt-wirtschaftlichen Unternehmens.[257]

Zudem soll der Besonderheit des Modells Rechnung getragen werden. Die Gründung eines gemischt-wirtschaftlichen Unternehmens soll zwar der PPP im weiteren Sinne zuzurechnen sein, aber ist vom Gesichtspunkt der Beschaffung mit den anderen vertraglichen PPP-Modellen zu unterscheiden. Während die Kooperation zwischen der öffentlichen und privaten Partei die Gründung der Gesellschaft bezweckt, ist dies keine Durchführung der öffentlichen Aufgaben selbst. Die Europäische Kommission definiert durch sein Grünbuch die Formen,

---

253 Diese Form wird auch als „Organisations-Modell" genannt. *Tettinger*, NWVBl 2005, 1 (4). Zur Terminologie „organisatorische PPP" *Sack*, in: *Haus/Kuhlmann*, Lokale Politik und Verwaltung im Zeichen der Krise?, 2013, S. 145.

254 *Dreher*, NZBau 2002, 245 (247); *Grziwotz*, NZG 1999, 55 (56); *Theobald/Siebeck*, in: *Koenig/Kühling/Theobald*, Recht der Infrastrukturförderung, 2004, Kap. 5, Rn. 1.

255 Vgl. *Kim*, Die Verwirklichung der Staatszwecke in öffentlichen Unternehmen unter Beachtung des Wirtschaftlichkeitsprinzips nach deutschem und koreanischem Recht, 2011, S. 18; *Papenfuß/Schaefer*, in: *Mühlenkamp*, Öffentlich-Private Partnerschaften, 2016, 190 (191); *Ruthig/Storr*, Öffentliches Wirtschaftsrecht, 2011, § 8, Rn. 690; *Theobald/Siebeck*, in: *Koenig/Kühling/Theobald*, Recht der Infrastrukturförderung, 2004, Kap. 5, Rn. 2; *Schede/Pohlmann*, in: *Weber/Schäfer/Hausmann*, Public Private Partnership, 2006, S. 146; *Ziekow*, in: Bundesministerium des Innern, Verwaltungskooperationsrecht, 2001, 1 (76); *ders.*, Öffentliches Wirtschaftsrecht, 2016, § 8, Rn. 7.

256 *Theobald/Siebeck*, in: *Koenig/Kühling/Theobald*, Recht der Infrastrukturförderung, 2004, Kap. 5, Rn. 54.

257 *Schede/Pohlmann*, in: *Weber/Schäfer/Hausmann*, Public Private Partnership, 2006, S. 151; *Ziekow*, Öffentliches Wirtschaftsrecht, 2016, § 8, Rn. 7.

„bei denen die Zusammenarbeit zwischen öffentlichem und privatem Sektor innerhalb eines eigenständigen Rechtssubjekts erfolgt", als „institutionalisierte ÖPP [PPP]", die von der „ÖPP [PPP] auf Vertragsbasis" differenziert wird.[258] Auch in Ländern, in deren Gesetzen die Formen der PPP vorgeschrieben werden, etwa in Korea[259] und auf den Philippinen, ist das gemischt-wirtschaftliche Unternehmen kein gesetzliches Modell von PPP.

2) Betreibermodell

Im Betreibermodell bzw. Erwerbermodell übernimmt der private Auftragnehmer („Betreiber" bzw. „Erwerber") Planen, Bauen, Finanzieren und Betreiben (sog. DBFO-Leistungen) der Infrastruktureinrichtung, während der öffentliche Träger als Gegenleistung für die vertragliche Laufzeit[260] ein bestimmtes regelmäßiges Entgelt („Betreiberentgelt") zahlt.[261] Der Projektgegenstand gehört auch dem Betreiber.[262] Der Betreiber handelt zuallererst in der eigenen Verantwortung. Wichtig ist dabei aber, dass er „im einvernehmlichen Zusammenwirken" die Leistungen erbringt.[263] Also trägt er nur das Leistungsrisiko bzw. muss für die tatsächliche Erfüllung des Projekts sorgen, während die öffentliche Hand die endgültige Aufgabenverantwortung hat. Daneben hat der Betreiber kein Nachfragerisiko zu tragen.

Dagegen betreibt der private Partner („Betriebsführer") im sog. „Betriebsführungsmodell" die Infrastruktureinrichtung „im Namen und auf Rechnung und Risiko" des öffentlichen Trägers.[264] Die Leistungsverantwortung, die im

---

258 Grünbuch, KOM (2004) 327 endg., Rn. 20.

259 Das koreanische PPP-Gesetz erlaubt dem gemischt-wirtschaften Unternehmen, die Stellung des Auftragnehmers einzunehmen (Art. 2 Nr. 11 und 12 des PPP Act). Jedoch stellt die Gründung eines solchen Unternehmens kein Modell des PPP-Projekts im Sinne des Gesetzes dar.

260 In der Regel beträgt die Laufzeit 20 bis 30 Jahre. BMVBS, Gutachten „PPP und Förderrecht", 2006, S. 19.

261 *Haubner*, Public Private Partnership (PPP) und das Unionsrecht, 2013, S. 87; *Michaels*, in: *Koenig/Kühling/Theobald*, 2004, Kap. 5, Rn. 114, 118; *Schede/Pohlmann*, in: *Weber/Schäfer/Hausmann*, Public Private Partnership, 2006, S. 104; *Tettinger*, NWVBl 2005, 1 (3); *Ziekow*, Öffentliches Wirtschaftsrecht, 2016, § 8, Rn. 7.

262 *Haubner*, Public Private Partnership (PPP) und das Unionsrecht, 2013, S. 87; *Schede/Pohlmann*, in: *Weber/Schäfer/Hausmann*, Public Private Partnership, 2006, S. 104.

263 *Michaels*, in: *Koenig/Kühling/Theobald*, Recht der Infrastrukturförderung, 2004, Kap. 5, Rn. 116; Tettinger, NWVBl 2005, 1 (3).

264 *Haubner*, Public Private Partnership (PPP) und das Unionsrecht, 2013, S. 84; *Michaels*, in: *Koenig/Kühling/Theobald*, Recht der Infrastrukturförderung, 2004, Kap. 5, Rn. 114; *Tettinger*, NWVBl 2005, 1 (3).

Betreibermodell getrennt wird, soll die öffentliche Hand im Außenverhältnis tragen. Also hat der Betriebsführer keine direkten Rechtsbeziehungen gegenüber dem Nutzer, sondern es besteht vielmehr eine Vertragsbeziehung im Innenverhältnis zwischen dem öffentlichen und dem privaten Partner. In dieser Beziehung nennt sich das Betriebsführungsmodell „das einfachste PPP-Modell."[265]

Das Betreibermodell ist besonders für ein Projekt geeignet, in dem ein bestimmtes Leistungsniveau langfristig zu gewährleisten ist. Dieses Modell kann praktisch angewandt werden, um den öffentlichen Hochbau oder Umweltanlagen zu beschaffen. In Deutschland wurde von 2002 bis 2014 jedoch lediglich 1% aller Projekte in dieser Art durchgeführt.[266]

### 3) Inhabermodell

In Deutschland kommt das Inhabermodell vorwiegend zum Tragen.[267] Die Grundstruktur des Inhabermodells ist zwar ähnlich der des Betreibermodells, der private Partner verpflichtet sich also dazu die Leistungen (etwa Planung, Herstellung bzw. Sanierung und Betrieb des Gegenstandes) gegen das vereinbarte regelmäßige Entgelt zu erfüllen. Der Unterschied liegt lediglich darin, dass beim Inhabermodell der öffentliche Träger der Eigentümer des Grundstücks ist, auf dem das Projekt durchgeführt wird.[268]

In manchen Fällen kann es erforderlich sein, dass nur ein Teil des öffentlichen Gebäudes saniert wird oder die Einrichtung auf dem zur öffentlichen Hand gehörenden Grundstück neu errichtet wird. Bei einem solchen Projekt ist der neu sanierte oder gebaute Gegenstandsteil nach § 946 BGB eigentlich dem öffentlichen Träger zugehörig. In dieser Hinsicht birgt das Inhabermodel einen klaren Vorteil.

Der Hauptzug der Risikoverteilung des Inhabermodells ergibt sich aus der Übergabe des Eigentums. Der Auftragnehmer trägt während der Betriebsphase

---

265 *Haubner*, Public Private Partnership (PPP) und das Unionsrecht, 2013, S. 85.

266 Partnerschaften Deutschland, Öffentlich-Private Partnerschaften in Deutschland, 2014, S. 18.

267 Von 2002 bis 2014 wurden 76% der gesamten Projekte qua Inhabermodell erfüllt und 82% der Investitionsvolumina der PPP als Inhabermodell-Projekte angelegt. Partnerschaften Deutschland, Öffentlich-Private Partnerschaften in Deutschland, 2014, S. 17 f.

268 Vgl. BMVBS, Gutachten „PPP und Förderrecht", 2006, S. 20; *Eschenbruch*, in: *Kulartz/Kus/Portz/Prieß*, GWB-Vergaberecht, 2016, § 103 GWB, Rn. 514; *Haubner*, Public Private Partnership (PPP) und das Unionsrecht, 2013, S. 92; *Schede/Pohlmann*, in: *Weber/Schäfer/Hausmann*, Public Private Partnership, 2006, S. 130 f.

demnach kein Risiko für eine etwaige „Zerstörung oder die ausgeschlossenen Nutzungsmöglichkeiten bzw. die Verschlechterung" des Zustandes des Projektgegenstandes.[269] Auch am Ende der Vertragslaufzeit gibt es keine Pflicht zur Rückgabe, folglich übernimmt der Auftraggeber „das wirtschaftliche Verwertungsrisiko" des Gegenstandes.[270]

Da bei der Sanierung oder der Teilerrichtung die Leistungen des Auftragnehmers abnehmen, wird die Vertragslaufzeit des Inhabermodells kürzer angesetzt als beim Betreibermodell. In der Regel beträgt sie 15 bis 20 Jahre.[271]

#### 4) Konzessionsmodell

Das Konzessionsmodell soll ein PPP-Modell sein, das bei der Beschaffung von großer und kostenintensiver Infrastruktur zum Einsatz kommt und die Ideen der PPP im großen Stil anwendet. In der letzten Zeit konnte eine zunehmende Häufigkeit dieses Modells in verschiedenen Bereichen beobachtet werden.[272] Infolge dieser Entwicklung sollten das Europäische Parlament und der Rat die Konzessionsrichtlinie erlassen.

Im Konzessionsmodell übernimmt der private Partner („Konzessionär") einerseits das Planen, Bauen, Finanzieren und den Betrieb („DBFO") der Infrastruktureinrichtung und erhält andererseits als Gegenleistung statt des regelmäßigen Entgelts eine Konzession vom Auftraggeber, die ihm das Recht einräumt, das Nutzungsentgelt zu erheben.[273] Während der Auftragnehmer beim Betreibermodell und Inhabermodell durch das vertragliche Entgelt sein Investment wieder einbringt, soll sich die Investition beim Konzessionsmodell grundsätzlich nur durch die unmittelbare Erhebung der Gebühren von Drittnutzern amortisieren

---

269 *Schede/Pohlmann*, in: *Weber/Schäfer/Hausmann*, Public Private Partnership, 2006, S. 131.

270 *Schede/Pohlmann*, in: *Weber/Schäfer/Hausmann*, Public Private Partnership, 2006, S. 131.

271 *Schede/Pohlmann*, in: *Weber/Schäfer/Hausmann*, Public Private Partnership, 2006, S. 132.

272 *Tettinger*, NWVBl 2005, 1 (3 f.).

273 *Drömann*, NordÖR 2013, 404 (405); *Eschenbruch*, in: *Kulartz/Kus/Portz/Prieß*, GWB-Vergaberecht, 2016, § 103 GWB, Rn. 526; *Haubner*, 2013, S. 115; *Schede/Pohlmann*, in: *Weber/Schäfer/Hausmann*, Public Private Partnership, 2006, S. 143; *Theobald/Siebeck*, in: *Koenig/Kühling/Theobald*, Recht der Infrastrukturförderung, 2004, Kap. 5, Rn. 199; *Ziekow*, Öffentliches Wirtschaftsrecht, 2016, § 8, Rn. 7.

(sog. „Drittnutzerfinanzierung").[274] Daher trägt der private Teilnehmer auch das Nachfragerisiko.

Bei Projekten, die in hohem Maße Kosten verursachen, wird das Modell vordringlich gebraucht.[275] Es ist dennoch wichtig, zu überprüfen, ob der öffentliche Träger durch das Modell mit einem wirtschaftlichen Vorteil rechnen kann. Denn die Konzession kann einen Verzicht auf den Profit bedeuten, den er ansonsten durch die Erhebung der Nutzergebühren erzielen würde.[276] Um Pro und Contra des PPP-Modells abzuwägen, kann die sog. „Value for Money" (VfM)-Prüfung herangezogen werden. Somit stellt eine Abwägung dieser Art einen quantitativen Beschaffungsvariantenvergleich dar, bei dem die Bilanz einer konventionellen Beschaffung der Bilanz der PPP gegenübergestellt wird.[277] Allerdings gilt dies auch für andere PPP-Modelle.

Auch wenn die VfM-Prüfung Einsatz findet, bedarf es noch einsichtiger Kontrolle, ob das Projekt durch ein Konzessionsmodell durchgeführt werden kann. Zum einen ist fraglich, auf welchem rechtlichen Grund die private Person die Berechtigung zur Erhebung der Gebühren für die Benutzung der öffentlichen Einrichtung erwerben kann. Zum anderen ist auch die öffentlich-rechtliche Eigenschaft der Einrichtung problematisch, deren Gebühren der privaten Hand zufließen. Nicht zuletzt im Bereich der Abfall- und Abwasserversorgung sticht diese Frage heraus, weil dabei eine direkt privatrechtliche Beziehung zwischen dem privaten Unternehmen und den Nutzern bestehen kann.[278] Zwar soll es möglich sein, das Projekt der Abwasserentsorgung im Konzessionsmodell zu erfüllen, aber es gibt unterschiedliche Urteile darüber, welche Rechtsstellung der private Teilnehmer hat. Einerseits urteilte das OVG Sachsen, dass der Auftragnehmer

---

274 BMVBS, Gutachten „PPP und Förderrecht", 2006, S. 20; *Schede/Pohlmann*, in: *Weber/Schäfer/Hausmann*, Public Private Partnership, 2006, S. 143.

275 Konzessionsmodelle kommen am meisten bei Freizeitprojekten und Bundesfernstraßen zur Anwendung. Partnerschaften Deutschland, Öffentlich-Private Partnerschaften in Deutschland, 2014, S. 17.

276 *Theobald/Siebeck*, in: *Koenig/Kühling/Theobald*, Recht der Infrastrukturförderung, 2004, Kap. 5, Rn. 206.

277 Die konventionelle Beschaffungsalternative wird „Public Sector Comparator (PSC)" genannt. Dazu ausführlich *Alfen/Daube*, in: *Littwin/Schöne*, Public Private Partnership im öffentlichen Hochbau, 2006, Rn. 322 ff.; *Bernstein/Friedrich*, in: *Mühlenkamp*, Öffentlich-Private Partnerschaften, 2016, S. 90 ff.; *Kühling/Beckers/Ryndin/Bäuml*, IR 2014, 101 (102); World Bank Institute/PPIAF, Public-Private Partnerships Reference Guide, 2012, S. 138 f.

278 *Theobald/Siebeck*, in: *Koenig/Kühling/Theobald*, Recht der Infrastrukturförderung, 2004, Kap. 5, Rn. 208.

„im Außenverhältnis absprachegemäß als Vertreter der Gemeinde" fungiert, also als Erfüllungshilfe bzw. Verwaltungshelfer der Gemeinde tätig ist.[279] Andererseits befand das OLG Dresden, dass bei der Abwasserbeseitigung die Verwaltung „zur Erfüllung ihrer Pflichten" privatrechtliche juristische Person einsetzen kann, damit die Verwaltung sie ermächtigen kann, „mit den Benutzern im eigenen Namen Verträge abzuschließen."[280]

Im Hinblick auf den rechtlichen Grund ermöglicht das oben bereits erwähnte ÖPP-Beschleunigungsgesetz durch die Änderung des FStrPrivFinG, dass der private Betreiber beim festgelegten Fernstraßenbauprojekt die Maut direkt erheben kann. Im Weiteren wird klargestellt, in welcher Form die deutschen PPP-Straßenbauprojekte durchgeführt werden.

#### *dd) Exkurs: Arten von PPP-Straßenbauprojekte in Deutschland*

Es kann zwar theoretisch gesagt werden, dass die meisten PPP-Straßenbauprojekte in Deutschland in eines der oben erläuterten Modelle fallen. Aber in der Praxis der Straßenbau-PPP sind die folgenden besonderen Modelle nach dem Modus der Mauterhebung und der Zuteilung des Profits gängig.

#### 1) A-Modell (Ausbau-Modell)

Beim A-Modell (Ausbau-Modell) hat der private Teilnehmer das Recht und die Pflicht, bei bestehenden Bundesautobahnen und -straßen weitere Fahrstreifen hinzuzubauen, alle bestehenden und neuen Fahrstreifen zu betreiben und nach der Vertragslaufzeit (in der Regel ca. 30 Jahre) den Gegenstand wieder an die öffentlichen Hand zu übergeben.[281] Der Ertrag des privaten Auftragnehmers wird durch „die auf der Strecke anfallende streckenbezogene Lkw-Maut" ggf. zuzüglich einer Anschubfinanzierung[282] erzielt.[283] Im A-Modell kann der private

---

279 SächsOVG, Urteil v. 22.11.2002 – 4 BS 341/02, in: BeckRS 2002, 15010.

280 OLG Dresden, Urteil v. 24.6.2003 – 9 U 2015/02, in: BeckRS 2003, 16187, Rn. 23.

281 *Byok/Jansen*, NZBau 2005, 241 (241); *Kupjetz/Eftekharzadeh*, NZBau 2013, 142 (143); *Weisheit*, Privatisierung von Bundesautobahnen, 2011, S. 181 f.

282 Anschubfinanzierung ist eigentlich ein sozialrechtlicher Begriff und stellt eine stützende finanzielle Maßnahme dar, mit den Anfangsschwierigkeiten eines Projekts überwunden und eine schnellere günstige Entwicklung herbeigeführt werden soll. Im A-Modell können sie bis zu 50% der erwarteten Baukosten gewährt werden. Dazu *Felix/Brockmann*, NZS 2007, 623 (624 ff.); *Kupjetz/Eftekharzadeh*, NZBau 2013, 142 (144); *Weisheit*, Privatisierung von Bundesautobahnen, 2011, S. 183.

283 *Kupjetz/Eftekharzadeh*, NZBau 2013, 142 (143).

Auftragnehmer die Lkw-Maut nicht selbst – z. B. durch Toll-Gate – eintreiben, sondern sie wird zuerst von der „zwischengeschalteten" Betreibergesellschaft, nämlich der Toll Collect GmbH, erhoben (sog. „shadow toll"). Dann werden die gesamten Erträge pauschal dem allgemeinen Bundeshaushalt zugeschlagen. Der Bund verteilt die Mauteinnahmen über die VIFG (Verkehrsinfrastrukturfinanazierungsgesellschaft mbH) an die Betreiber jeder Strecke.[284]

Im A-Modell werden die Risiken nach den Eigenschaften des Risikos zugeteilt. Die politischen Risiken, etwa „das Planungs-, Grunderwerbs-, Mautverordnungs-, Mauterfassungs-, Einnahme- und Weiterleitungsrisiko", bleiben beim öffentlichen Träger, während der private Partner die unternehmerischen Risiken, etwa „das Entwurfs-, Technologie-, Betriebs-, Verkehrs- und Insolvenzrisiko, weiterhin auch das Risiko der Änderung der allgemeinen Gesetze sowie das Risiko der höheren Gewalt" trägt.[285]

Bei der Risikoverteilung im A-Modell ist es wichtig, dass sich Auftraggeber und -nehmer das Verkehrsmengenrisiko teilen. Der private Betreiber trägt das Risiko, soweit er durch die Mauteinnahmen das Einkommen erhält. Folglich ist dieses Modell im Hinblick auf die Risikoverteilung eine gemischte Form, bei der sowohl Elemente des Betreibermodells als auch des Konzessionsmodells zusammenwirken. Dass das private Unternehmen die Aufgabe von Planen, Bauen, Finanzieren sowie Betreiben (DBFO) übernimmt und vom öffentlichen Träger sein Entgelt erhält, ist charakteristisch für das Betreibermodell. Jedoch erfolgt die Finanzierung des A-Modells in der Weise des Konzessionsmodells teilweise auch durch eine „verkehrsmengenabhängige" Vergütung.[286]

Die folgende Tabelle zeigt den Zustand der im A-Modell betriebenen oder geplanten Bundesfernstraßen.

---

284 *Byok/Jansen*, NZBau 2005, 241 (242); *Kühling*, in: *Basedow/Kischel/Sieber*, German National Reports to the 18th International Congress of Comparative Law, 2010, 573 (591); *Kupjetz/Eftekharzadeh*, NZBau 2013, 142 (144); *Weisheit*, Privatisierung von Bundesautobahnen, 2011, S. 182 f.

285 *Kupjetz/Eftekharzadeh*, NZBau 2013, 142 (145).

286 *Kupjetz/Eftekharzadeh*, NZBau 2013, 142 (143).

*Tabelle 2-1 Projekte im A-Modell in Deutschland.*[287]

| Projektname | Abschnitt | Vertragslaufzeit | Strecke | Status |
|---|---|---|---|---|
| BAB A8 | AS Augsburg-West - AD München-Allach | 30 Jahre vom 1.5.2007 | 52km | unter Verkehr |
| BAB A4 | Landesgrenze Hessen/ Thüringen - AS Gotha | 30 Jahre vom 16.10.2007 | 44,4km | unter Verkehr |
| BAB A1 | AD Buchholz - AK Bremen | 30 Jahre vom 16.8.2008 | 72,5km | unter Verkehr |
| BAB A5 | Malsch - Offenburg | 30 Jahre vom 1.4.2009 | 59,8km | unter Verkehr |

Stand: Februar 2018

### 2) F-Modell (Fernstraßenbauprivatfinanzierungsgesetz-Modell)

Wie schon erwähnt, wurde die rechtliche Grundlage des F-Modells (Fernstraßenbauprivatfinanzierungsgesetz-Modell) nach dem FStrPrivFinG gebildet: Folglich ist dieses Modell auch nach dem Gesetz benannt.[288] Im F-Modell erhält der private Auftragnehmer eine Konzession, eine bestimmte Strecke („Konzessionsstrecke") zu bauen, für die vertragliche Laufzeit („Konzessionslaufzeit") die Strecke zu betreiben und nach dem Ende der Laufzeit den Gegenstand wieder an die öffentliche Hand zu übergeben. Er hat sich darüber hinaus „vollständig aus den Mautgebühren" zu finanzieren.[289]

Gemäß § 2 Abs. 1 S. 1 FStrPrivFinG steht es dem privaten Unternehmen durch Rechtsverordnung zu, die Maut zu erheben. Nach § 2 Abs. 1 S. 3 FStrPrivFinG müssen die Mauteinnahmen der „Refinanzierung der Investition" für die Erfüllung der Aufgaben zuzüglich eines projektangemessenen Unternehmergewinns dienen.[290]

287 BMVI – ÖPP-Projekte der 1. Staffel (A-Modell), <http://www.bmvi.de/SharedDocs/DE/Artikel/StB/oepp-projekte-1-staffel-a-modell.html> (5.2.2018); A-Modell – VIFG, <http://www.vifg.de/de/projekte/a-modell/index.php> (18.5.2016); PPP-Projektdatenbank: Projektsuche, <http://www.ppp-projektdatenbank.de/index.php?id=9> (18.5.2016).

288 *Weisheit*, Privatisierung von Bundesautobahnen, 2011, S. 172.

289 *Beckers/Hirschhausen*, Konzessionsmodelle für Fernstraßen in Deutschland, 2003, S. 4 f.; *Kupjetz/Eftekharzadeh*, NZBau 2013, 142 (143); *Weisheit*, Privatisierung von Bundesautobahnen, 2011, S. 172.

290 *Kupjetz/Eftekharzadeh*, NZBau 2013, 142 (143).

Das F-Modell soll eine typische Form des Konzessionsmodells sein. Zwar ist es möglich, eine Anschubfinanzierung in Höhe von bis zu 20% der geschätzten Investitionskosten zu leisten,[291] die Refinanzierung ist aber grundsätzlich auf den erwirtschafteten Gewinn, nämlich den Mautertrag, umzulegen. Folglich wird das Verkehrsmengenrisiko vom Auftragnehmer zur Gänze getragen. Neben dem Nachfragerisiko wird das Baurisiko dem privaten Teilnehmer aufgebürdet.[292] Darüber hinaus wird die Maut im Unterschied zum A-Modell vom Betreiber unmittelbar eingetrieben.

Momentan werden nur zwei kommunale Tunnel-Projekte im F-Modell betrieben[293] und daneben zwei Bundesfernstraßenbauprojekte als F-Modell angekündigt.[294]

---

291 *Horn*, ZfBR 2004, 665 (670); *Weisheit*, Privatisierung von Bundesautobahnen, 2011, S. 172.

292 *Weisheit*, Privatisierung von Bundesautobahnen, 2011, S. 179.

293 Das Projekt zur Strelasundquerung wurde 2001 eigentlich als F-Modell ausgeschrieben, aber nach dem zweijährigen Ausschreibungs- und Vergabeverfahren wurde die Ausschreibung widerrufen und das Projekt wurde im konventionellen Beschaffungsverfahren des Landes Mecklenburg-Vorpommern mit Unterstützung des Bundes und der EU durchgeführt. *Kupjetz/Eftekharzadeh*, NZBau 2013, 142 (143).

294 Die angekündigten Projekte sind das BAB A20 Projekt zur Elbquerung und das BAB A26 Projekt zur Strecke von Hamburg nach Lübeck. Siehe dazu A-Modell – VIFG, <http://www.vifg.de/de/projekte/a-modell/index.php#Projekte> (18.5.2016).

*Tabelle 2-2 Die im F-Modell betriebenen Projekte.*[295]

| Projektname | Vertragslaufzeit | Strecke | Maut (Barpreis) | | |
|---|---|---|---|---|---|
| | | | | Sommer (01. 11. ~ 30. 04.) | Winter (01. 05. ~ 31. 10.) |
| Warnowquerung in Rostock | 50 Jahre vom 1.7.2006 | 800m | Motorrad und Pkw | 3,7 € | 3,0 € |
| | | | Pkw mit hohem Anhänger, Kleintransporter und Wohnmobil | 4,7 € | 3,5 € |
| | | | Lkw klein | 10,4 € | 7,9 € |
| | | | Lkw mit 3 Achsen | 14,6 € | 10,9 € |
| | | | Lkw mit Hänger, Sattelzug und Busse | 15,8 € | 14,2 € |
| Herrentunnel in Lübeck | 30 Jahre vom 1.9.2005 | 900m | Motorrad und Pkw : 1,5 €<br>Lkw klein : 2,7 €<br>Lkw mit 3 Achsen : 7,2 €<br>Lkw mit 4 und mehr Achsen : 11,5 € | | |

Stand: Oktober 2015

In der Durchführung der Projekte im F-Modell besteht eine Diskrepanz zwischen den vorher berechneten und den tatsächlichen Verkehrsmengen. Beim Projekt Warnowquerung beispielsweise werden etwa 9.500 Fahrzeuge pro Tag abgefertigt, während etwa 20.000 bis 25.000 Fahrzeuge pro Tag geplant waren. Im Angesicht eines solchen Planungsproblems verlängerte die Stadt Rostock die Vertragslaufzeit auf 50 Jahre. Und die Banken setzten nicht nur den Zinssatz herab, sondern auch den Tilgungszeitraum.[296]

---

295 BMVI – ÖPP im Fernstraßenbau – Die F-Modell-Projekte, <http://www.bmvi.de/SharedDocs/DE/Artikel/StB/oepp-einzelprojekte-f-modell.html?nn=36122> (18.5.2016).

296 Beim Projekt Herrentunnel steht der Betreiber vor dem gleichen Problem. Es passieren nur 20.000 Fahrzeuge pro Tag den Tunnel, obwohl 37.000 Fahrzeuge veranschlagt wurden. Dazu *Kupjetz/Eftekharzadeh*, NZBau 2013, 142 (143); *Weisheit*, Privatisierung von Bundesautobahnen, 2011, S. 180.

3) V-Modell (Verfügbarkeitsmodell)

Das V-Modell (Verfügbarkeitsmodell) wird zurzeit in Deutschland und Europa neu implementiert. Das V-Modell ist als neue Alternative bei den PPP-Modellen im Fernstraßenbau zu betrachten, weil es nicht nur die vollständige Refinanzierung des privaten Teilnehmers ermöglicht, sondern auch der öffentlichen Hand eine „realistische Haushaltsplanung" zusichert.[297]

In diesem Modell hat der private Auftragnehmer wie im A- und F-Modell zwar die vertragliche Pflicht zu Finanzierung, Bau, Unterhalt und Betrieb. Jedoch ist die Vergütung des Privaten nicht abhängig von den Verkehrsmengen, sondern von der „Verfügbarkeit" der Strecke.[298] Der Auftraggeber bewertet also die Verfügbarkeit bzw. das Leistungsniveau der betreffenden Strecke und schätzt den Betrag des Entgelts ab.

Daher trägt der private Betreiber das Baurisiko und das Verfügbarkeitsrisiko. Das Nachfragerisiko übernimmt grundsätzlich der öffentliche Träger.[299] Daneben kann eine Anschubfinanzierung von bis zu 85% der Baukosten gewährt werden. Zudem ist die Vertragslaufzeit kürzer als im A- und F-Modell: Sie beträgt in der Regel 20 Jahre.[300]

Das erste im V-Modell ausgeschriebene Projekt in Deutschland ist das Projekt BAB A9 von Lederhose zu Landesgrenze Thüringen/Bayern. Ursprünglich war dieses Projekt als A-Modell geplant, aber ist nun als Pilotprojekt des V-Modells vom 1.5.2012 unter Verkehr.[301] Im Übrigen werden neue Projekte, sog. ÖPP-Projekte der 2. Staffel, wie in der folgenden Tabelle im V-Modell geplant, ausgeschrieben oder durchgeführt.

297 *Kupjetz/Eftekharzadeh*, NZBau 2013, 142 (148).

298 *Kupjetz/Eftekharzadeh*, NZBau 2013, 142 (144); *Weisheit*, Privatisierung von Bundesautobahnen, 2011, S. 189.

299 *Kupjetz/Eftekharzadeh*, NZBau 2013, 142 (144); *Weisheit*, Privatisierung von Bundesautobahnen, 2011, S. 191 f.; *Weisheit* bewertet diese Struktur der Risikoverteilung im V-Modell positiv, „da die Verwirklichung des Verkehrsmengenrisikos durch den Privaten kaum beeinflussbar" sei. *Weisheit*, Privatisierung von Bundesautobahnen, 2011, S. 192.

300 *Kupjetz/Eftekharzadeh*, NZBau 2013, 142 (144); *Weisheit*, Privatisierung von Bundesautobahnen, 2011, S. 189.

301 *Linke*, Verfügbarkeitsmodelle im Europäischen Vergleich, 2012, S. 4; *Weisheit*, Privatisierung von Bundesautobahnen, 2011, S. 188 f.

*Tabelle 2-3 Projekte im A-Modell in Deutschland.*[302]

| Projektname | Abschnitt | Vertragslaufzeit | Strecke | Status |
|---|---|---|---|---|
| BAB A8 II | AK Ulm/Elchingen – AS Augsburg-West | 30 Jahre vom 1.6.2011 | 58km | unter Verkehr |
| BAB A9 | AS Lederhose - Landesgrenze Thüringen/ Bayern | 20 Jahre vom 1.10.2011 | 46,5km | unter Verkehr |
| BAB A7 | AS Neumünster-Nord – südlich AD HH-Nordwest | 30 Jahre vom 1.9.2014 | 65km | in Bau |
| BAB A94 | AS Forstinning – AS Marktl | 30 Jahre vom 1.2.2016 | 77km | in Bau |
| BAB A7 | AD Salzgitter - AS Göttingen | - | 72km | Ausschreibung |
| BAB A6 | Wiesloch-Rauenberg - Weinsberg | - | 47km | Ausschreibung |
| BAB A1 / BAB A30 | Lotte - Münster / Rheine - Lotte | - | 91km | Angekündigt |
| BAB A44 | Diemelstadt – Kassel-Süd | - | - | Angekündigt |
| BAB A61 / BAB A650, A65 | Worms – Landesgrenze Rheinland-Pfalz/Baden-Württemberg | - | - | Angekündigt |

Stand: Oktober 2015

### *c) Statistische Beschreibung zu den deutschen PPP-Projekten*

Die Geschichte der PPP im deutschen Beschaffungswesen lässt sich bis zur „Gründung der PPP-Task Force Nordrhein-Westfalen" im April 2002 zurückverfolgen.[303] Mit der Unterstützung der Task Force wurden sieben kommunale PPP-Projekte als Pilotprojekte durchgeführt, bei denen Bau und Betrieb der öffentlichen Gebäude, wie etwa Verwaltungsgebäude und Schulen, der privaten Hand aufgetragen wurden.[304] Weiterhin erschienen verschiedene PPP-Projekte für die Beschaffung des öffentlichen Hochbaus auch in anderen Kommunen und Bundesländern. Darüber hinaus wurden, wie oben bereits thematisiert, Erweiterungs- sowie Sanierungsprojekte der Bundesautobahnen seit 2007 im A-Modell verwirklicht. Zurzeit werden vielfältige PPP-Projekte in ganz Deutschland auf

302 BMVI – ÖPP-Projekte der 2. Staffel, <http://www.bmvi.de/SharedDocs/DE/Artikel/StB/oepp-projekte-der-2-staffel.html?nn=12830> (5.2.2018).

303 *Jacob/Stuhr*, in: *Littwin/Schöne*, 2006, Rn. 679.

304 *Jacob/Stuhr*, in: *Littwin/Schöne*, 2006, Rn. 679 f.

Bundes- und Landesebene sowie auch auf kommunaler Ebenen gefördert. Bei Hochbau-Projekten begleitet die ÖPP Deutschland AG (sog. „Partnerschaften Deutschland") die Förderung und die Unterstützung.[305] Solche Aufgaben bei Bundesstraßenbahnen-Projekten nimmt das Bundesministerium für Verkehr und digitale Infrastruktur (BMVI) wahr.

In Dezember 2014 wurden 211 Hochbau-Projekte und 14 Verkehrsprojekte betrieben und 24 Projekte angekündigt. Die kumulativen Investitionen betragen für die PPP-Hochbauprojekte insgesamt 6,515 Milliarden Euro und für das Verkehrswesen 2,9 Milliarden Euro.[306] Die folgende Tabelle zeigt den Stand der von 2002 bis 2014 finanzierten Projekte.

*Tabelle 2-4 Die Zahl und die Investitionsvolumina der PPP-Projekten in Deutschland.*[307]

| | Hochbau | | Verkehr | |
|---|---|---|---|---|
| | Zahl von Projekten | Investitionsvolumen (Millionen Euro) | Zahl von Projekten | Investitionsvolumen (Millionen Euro) |
| 2002/03 | 2 | 65 | - | - |
| 2004 | 12 | 345 | - | - |
| 2005 | 14 | 455 | - | - |
| 2006 | 21 | 570 | - | - |
| 2007 | 32 | 865 | 4 | 650 |
| 2008 | 24 | 715 | 1 | 650 |
| 2009 | 27 | 760 | 3 | 475 |
| 2010 | 25 | 510 | 1 | 20 |
| 2011 | 17 | 665 | 2 | 540 |
| 2012 | 14 | 540 | 1 | 10 |
| 2013 | 12 | 305 | 1 | 10 |
| 2014 | 11 | 720 | 1 | 325 |
| Summa | 211 | 6.515 | 14 | 2.900 |

305 Diese Organisation, die als „unabhängiges Beratungsunternehmen für öffentliche Auftraggeber bei der Beratung und Begleitung Öffentlich-Privater Partnerschaften sowie bei der Verwaltungsmodernisierung" fungiert, wurde im November 2008 vom Bund gegründet. Siehe dessen Website <https://www.pd-g.de/home/> (31.3.2018)

306 Die deutsche Bauindustrie, Öffentlich Privaten Partnerschaften (ÖPP) Marktupdate, Dezember 2014.

307 Ibid.

Ferner liegen ca. 100 neue Projekte in der Ausschreibungs-, Vorbereitungs- oder Prüfungsphase. Darunter sind rund 85% kommunale Projekte und 10% solche der Länder. Die Projekte auf Bundesebene konzentrieren sich auf Bundesfernstraßenprojekte, etwa das A-Modell.[308]

Zum 31.12.2013 betreibt Nordrhein-Westfalen die meisten PPP-Projekte, d. h. 50 Projekte und eine Investitionssumme von 909 Millionen Euro. In Hessen werden 765 Millionen Euro für 13 Projekte angelegt und in Bayern 325 Millionen Euro für 11 Projekte. Darüber hinaus werden in Schleswig-Holstein, Baden-Württemberg und Niedersachsen je mehr als 200 Millionen Euro für verschiedene PPP-Projekte investiert. Bisher besteht kein PPP-Projekt in Berlin, Bremen, Hamburg und dem Saarland.[309] Die Projektanzahl kann nach den Beschaffungssektoren gemessen werden. Die meisten Projekte, d. h. rund 39% aller Projekte, widmen sich Bildungseinrichtungen. Daneben beträgt der Prozentsatz der Freizeit- sowie Kulturprojekte 22%, der Verwaltungsgebäude 15%, der Straßen 8%, der Sicherheit 5% und des Gesundheitswesens 5%.[310]

Bislang macht der deutsche PPP-Markt einen großen Teil am europäischen PPP-Markt aus, obwohl sein Anteil seit der Finanzkrise geringer wird.[311] Im Jahre 2009 wurden 22% der gesamten Projekte im europäischen PPP-Markt in Deutschland abgewickelt. Aber der Anteil war 2010 auf 13,4%, 2011 auf 19%, 2012 auf 12,2% und 2013 auf 12,5% gesunken.[312]

### *d) Bewertung des PPP-Stands in Deutschland*

In den letzten Jahren wurde die PPP in Deutschland für die Beschaffung der verschiedenen Infrastrukturen intensiv genutzt. Die PPP wird voraussichtlich ihr Gewicht im öffentlichen Beschaffungswesen nicht verlieren, soweit die PPP vom EU-Recht nachhaltig gefördert wird und das deutsche Vergaberecht dem Europarecht unterliegt.

---

308 Partnerschaften Deutschland, Öffentlich-Private Partnerschaften in Deutschland, 2014, S. 6.

309 Zum Zustand jedes Bundeslandes Partnerschaften Deutschland, Öffentlich-Private Partnerschaften in Deutschland, 2014, S. 9.

310 <http://www.ppp-projektdatenbank.de/fileadmin/user_upload/Downloads/140630_Projektdatenbank_Projekte_Anwendgebiet.png> (18.05.2016).

311 Vgl. *Ziekow*, in: *Kühling*, Kooperation im Öffentlichen Immobilien- und Infrastrukturrecht, 2011, 1 (6 f.).

312 Partnerschaften Deutschland, Überblick zu ÖPP-Projekten im Hoch- und Tiefbau in Deutschland, 2014, S. 27.

Trotz der hohen Nutzung der PPP wird das PPP-Projekt in Deutschland nicht mit einem einzelnen PPP-Gesetz, sondern im Rahmen des Vergaberechts geregelt. Eine solche Modalität der Regelung befindet sich nicht nur im Einklang mit dem europäischen Vergaberecht, das die Regelung der PPP beinhaltet, sondern auch unter dem Übereinkommen über das Öffentliche Beschaffungswesen (Agreement on Government Procurement: GPA)[313] im Rahmen der WTO. Unter dem GPA gibt es zwar keine ausdrücklichen Vorschriften über die PPP, aber die Regelungen des GPA sollen auch auf die öffentliche Beschaffung durch die PPP angewandt werden, da es die PPP nicht ausklammert. Es ist zu beachten, dass die Modalität kaum maßgeblichen Einfluss auf die Regelung hat. Bei der Kontrolle der PPP handelt es sich nicht darum, ob die einzelnen Vorschriften über die PPP bestehen oder die Regelungen mit dem Vergaberecht synchronisiert werden. Daher soll sich kein Problem bei einer solchen Struktur der PPP-Regelung von Deutschland einstellen, obwohl spezielle Fragen der PPP bei der Anwendung der Regelung (siehe dazu viertes und fünftes Kapitel) zu berücksichtigen sind.

In Deutschland wurden mehr PPP-Projekte im Vergleich zu anderen europäischen Staaten durchgeführt. Hochbau-Projekte, die von der Kommune im Inhabermodell erfüllt werden, sind der größte Teil des deutschen PPP-Markts. Im Gegensatz zu den Entwicklungsländern ist das Bedürfnis nach der weiteren Bereicherung der industriellen Infrastruktur in Deutschland nicht so groß. Also geht es in der deutschen PPP-Praxis um die Daseinsvorsorge der Kommunen statt der großen Infrastruktur. Darüber hinaus wurden die Projekte, bei denen die bestehenden Einrichtungen erweitert oder renoviert werden, mit einer relativ hohen Frequenz durchgeführt.[314] Es ist zu erwarten, dass eine solche Form des PPP-Projekts in Zukunft einen starken Aufschwung nimmt.

313 Das GPA von WTO wurde eigentlich vom 15. April 1994 (ABl. 1994 L 336, 273) erlassen und die geänderte Fassung in April 2014. Fünfzehn EU-Mitgliederstaaten einschließlich Deutschland traten vom 1.1.1996 das GPA in Kraft und vom 6.4.2014 die geänderte Fassung. Momentan gilt das GPA in 47 WTO-Mitgliederstaaten und weitere 28 Mitgliederstaaten nehmen als „Observer" am GPA-Komitee teil. Zur Geschichte des GPA WTO | Government procurement – The plurilateral Agreement on Government Procurement (GPA) <https://www.wto.org/english/tratop_e/gproc_e/gp_gpa_e.htm> (15.09.2016).

314 Z. B. beim A-Modell A 8 II Projekt (AK Ulm/Elchingen – AS Augsburg-West) verpflichtet sich der private Partner, einerseits die Konzessionsstrecke zu erweitern und zu betreiben, und andererseits erhält er als Gegenleistung das Erhebungsrecht der Lkw-Maut. Daneben handelt es sich auch beim Schulen-PPP-Projekt der Stadt Bergneustadt darum, nicht die neue Schule aufzubauen, sondern das gesamte Schulgebäude und die Außenanlagen zu sanieren und modernisieren. Auf folgenden Webseiten

Im Hinblick auf ihr Modell sind die deutschen PPP-Projekte auch zu bewerten. Zwar hat jedes PPP-Modell eigene Vor- und Nachteile, aber die Kreativität und Effizienz der Privaten könnten beim Konzessionsmodell maximiert werden, da der Auftragnehmer kein festes Entgelt, sondern die von seinem eigenen Geschäftsergebnis abhängige Vergütung empfängt. Bislang ist das Inhabermodell in der deutschen PPP von großer Bedeutung. In Anbetracht der neuen Konzessionsrichtlinie der EU und ihrer Umsetzung ins deutsche Recht dürfte das Konzessionsmodell im deutschen PPP-Markt voraussichtlich an Bedeutung gewinnen. Nicht zuletzt könnte die Motivation des Konzessionsmodells im Bereich der Bundesautobahnen größer werden, wenn die umstrittene Pkw-Maut wirklich eingeführt würde.[315]

## 3. Beispiele anderer Länder

### *a) Überblick*

Die PPP sind mittlerweile als eine weltweit beliebte Lösung der Beschaffung der Infrastruktur positioniert. Seit den neunziger Jahren wurden viele Infrastrukturprojekte in verschiedenen Bereichen mit der PPP durchgeführt.[316]

Die Regelungsformen werden in unterschiedlichen Aspekten entwickelt. Während einige Länder ein besonderes Gesetz für die PPP haben, wird es in anderen Ländern statt des speziellen PPP-Gesetzes nach der konventionellen Vergaberechtsordnung geregelt.[317]

---

können die weiteren Informationen über die Projekte erhalten werden: <http://www.vifg.de/de/projekte/a-modell/A8-II-Bayern.php> (18.09.2016); <http://www.stadt-bergneustadt.de/172.0.html?&tx_ttnews[tt_news]=56&cHash=f9442a15afac26caf141d84dfd89d017> (18.09.2016).

315 Dazu eingehend *Kruhl*, NZV 2017, 167 (167 ff.).

316 Zu den Erfahrungen mit der PPP seit 1990 Asian Development Bank, Public-Private Partnership Handbook, 2008, S. 7 ff.; World Bank Institute/PPIAF, 2012, S. 41 ff.

317 Nach der Weltbank haben folgende Länder ein eigenes PPP-Gesetz: Ägypten, Angola, Argentinien, Australien, Benin, Brasilien, Bulgarien, Chile, Fidschi, Frankreich, Ghana, Griechenland, Guatemala, Honduras, Indien, Irland, Kamerun, Kanada, Kenia, Kolumbien, Korea, Kosovo, Kroatien, Kuwait, Lettland, Malawi, Madagaskar, Marokko, Mauretanien, Mauritius, Mexiko, Moldawien, Mosambik, Nordirland, Osttimor, Peru, die Philippinen, Polen, Portugal, Puerto Rico, Rumänien, Sambia, Slowenien, Spanien, Südafrika, Tansania, Uganda und Uruguay. Siehe folgende Website zum derzeitigen Gesetzgebungszustand des jeweiligen Landes: Public-Private Partnerships Laws / Concession Laws | Public Private Partnerships | World Bank,

Es ist sinnvoll, die Struktur der PPP in den Ländern zu berücksichtigen, in welchen die PPP im Beschaffungswesen schon verwendet wird. Unter den Ländern führte Großbritannien erstmals die PPP ein und in der Republik Korea entwickelt es sich zur Beschaffung der Infrastruktur am dynamischsten. Im Weiteren werden Beispiele in beiden Ländern aufgeführt.

### *b) Großbritannien*

#### *aa) Die Erfindung und die Entwicklung der PPP*

Großbritannien ist der Staat, der im Bereich der Stadtentwicklung mit privaten Investoren zum ersten Mal Kontakt aufnahm.[318] Schon in den späten Achtziger Jahren wurde die private Beteiligung an der Erledigung der öffentlichen Aufgaben als ein wichtiger Punkt auf der Politikagenda angesehen. Jahrzehntelang wurde dort das PPP im Beschaffungswesen der Infrastruktur namens „Private Finance Initiative" (Abk. PFI) entwickelt. Die PFI wurde 1992 als Teil der Haushaltserklärung der konservativen Regierung von John Major erst offiziell vorgestellt.[319]

In der PFI-Form setzt die zuständige Behörde durch die „Ausgabespezifikation (Output Specification)" den Rahmen und die Eckdaten des Projekts. Auf der Grundlage der Ausgabespezifikation versorgt der private Auftragnehmer „Design-Build-Finance-Operate" (Planen, Bauen, Finanzieren sowie Betreiben) des Projekts. In der PFI trägt der Private alle Risiken, auf die die Politik keinen unmittelbaren Einfluss ausübt, etwa das Betriebs-, Finanzierungs-, Entwurfs- sowie Insolvenzrisiko.[320] Somit kann der öffentliche Träger die Wirtschaftlichkeit des Haushalts (sog. „Value for Money", Abk. „VfM"), das Ziel des PFI-Systems, erreichen, damit er bei der Erfüllung der öffentlichen Aufgaben auch die Effizienz steigern kann.

Schon seit Langem ist die Beschaffung der Infrastruktur mittels der PPP in Großbritannien weit verbreitet. Nach der Benachrichtigung von HM Treasury (das britische Finanz- und Wirtschaftsministerium) wurden von 1992 bis März

---

<http://ppp.worldbank.org/public-private-partnership/legislation-regulation/laws/ppp-and-concession-laws#examples> (18.5.2016).

318 *Lämmerzahl*, Die Beteiligung Privater an der Erledigung öffentlicher Aufgaben, 2007, S. 63; *Lawless*, in: *Heinz*, Public Private Partnership, 1993, 199 (203).

319 *Van den Hurk/Liyanage*, in: *Verhoest/Carbonara/Lember/Petersen/Scherrer/van den Hurk*, Public Private Partnerships in Transport, 2013, 246 (249).

320 Vgl. *Bing/Akintoye/Edwards/Hardcastle*, International Journal of Project Management, January 2005, 25 (29 ff).

2014 728 PPP-Verträge abgeschlossen, bei denen insgesamt 56,6 Milliarden GBP (ca. 72,1 Milliarden Euro) investiert wurden.[321]

In letzter Zeit plante die britische Regierung die Einführung einer neuen Form von PFI namens „Private Finance 2: PF2". Das Modell PF2 ist in einem Grundsatzpapier als „ein neuer Approach (engl. a new approach to Public Private Partnerships)", das am 5. Dezember 2012 von der Regierung veröffentlicht wurde, vorgestellt worden. PF2 wurde zwecks der Lösung der Probleme der bisherigen PFI-Projekte und als Reaktion auf die jüngste Änderung der Wirtschaftslage entwickelt.[322] Im bestehenden PFI-System wurden die folgenden Probleme gefunden: Zuerst wird auf das zu langsame Durchführungsverfahren und auf die zu hohen Kosten hingewiesen. Außerdem ist es wegen der fehlenden Flexibilität in der Betriebsfrist schwierig, für die Änderung der Serviceanforderungen des Auftraggebers vorzusorgen. Darüber hinaus kann die Transparenz der künftigen Belastungen aus dem PFI-Projekt auf Seiten des Steuerzahlers insuffizient sein. Weiterhin wird VfM durch die unangemessene Risikoverteilung und durch die Möglichkeit eines ungeahnten „Fallobsts" der privaten Investoren verhindert.[323] Das PF2-Modell stellt eine Reform dar, die bei der Durchführung des Projekts die Effizienz, die Flexibilität sowie die Transparenz verbessert, damit die vorhandenen Probleme ausgeräumt werden.[324] Beim PF2 werden folgende sieben Reform-Maßnahmen herausgestellt.

- Die Struktur des Kapitalanteils wird für die Verstärkung der Partnerschaften verändert. Einerseits nimmt der öffentliche Träger am Projekt als Minderheitsbeteiligung teil, damit die verbesserte Transparenz und die Balance des Gewinns im PF2-Projekt heranreifen können. Andererseits wird der Förderwettbewerb („funding competition") durch die Diversifikation des Kreditgebers eingeführt, um in das Projekt die langfristigen Investoren heranzuführen.
- Die Maßnahmen für die Verbesserung der Transparenz werden eingeleitet. Also kommt es der Regierung zu, alle außerbilanzmäßigen Verpflichtungen aus dem vertragabgeschlossenen PF2-Projekt zu kontrollieren. Der private Sektor soll nicht nur die gesamten Eigenkapitalrenditen, sondern auch Projektdetails sowie finanzielle Informationen publik machen.
- Beschleunigte Bereitstellung soll den schnellen und kostensparenden Prozess ermöglichen. Dafür wird die Kapazität des öffentlichen Sektors dadurch

321 HM Treasury, Private Finance Initiative projects: 2014 summary data, 2014, S. 10.
322 HM Treasury, A new approach to public private partnerships, 2012, S. 27.
323 HM Treasury, A new approach to public private partnerships, 2012, S. 6.
324 Dazu HM Treasury, A new approach to public private partnerships, 2012, S. 5 ff.

verbessert, indem das Mandat von Infrastructure UK verstärkt und die Unterstützung für die Beschaffungsstelle jedes Ministeriums erweitert wird. Daneben bereitet die Regierung eine standardisierte und effiziente Arbeitsweise vor und führt eine Serie der Standarddokumentationen ein. In die Vor-Beschaffungsphase wird die zusätzliche Finanzprüfung eingelegt.

- Auch der Versuch der Flexibilisierung des Projekts befindet sich in dieser Reform. Also werden sog. weiche Leistungen („soft services"), etwa Reinigung sowie Catering, aus dem Bereich des Projekts ausgeschlossen. Außerdem stellt PF2 es in das Ermessen der zuständigen Behörde, ob sich eine Leistung auf das Projekt erstreckt.
- Im Rahmen der Reformation der Risikoverteilung trägt der öffentliche Partner beim PF2 die Risiken aus der unvorhersehbaren allgemeinen Gesetzesänderung, der Nebenkosten der Anlagen, der kontaminierten Standorte und der Versicherungen.
- In Bezug auf der Finanzierungsstruktur weitet PF2 durch die Förderung der Partizipation der internationalen Anleger die alternativen Finanzierungsarten aus, um die langfristige Finanzierung einzuleiten.
- Für die Verbesserung von VfM bietet die Regierung den neuen VfM-Leitfaden.

*bb) Rechtliche Rahmenbedingungen*

Bekanntlich unterliegt das britische Recht dem sog. „common law"-System. Während das kodifizierte Gesetz im sog. „civil law"-System der deutschen Tradition die Hauptrolle spielt, geht es im „common law"-System um das Fallrecht (case law) auf der Basis der im Ermessen stehenden Entscheidung.[325] Zwar erhöht sich zurzeit die Bedeutung der parlamentarischen Legitimierung auch in Großbritannien, aber das traditionelle „common law"-System bleibt noch erhalten. Die Lücke der Gesetzgebung wird neben dem Fallrecht durch Verordnungen (sog. „by-laws") ergänzt, die die Verwaltung nach der Ermächtigung der Legislative erlässt.[326] In diesem Zusammenhang kann die Abwesenheit eines einheitlichen PPP-Gesetzes verstanden werden.

---

325 Zum Begriff des Common Law Systems *Lepsius*, Verwaltungsrecht unter dem Common Law, 1997, S. 32; *Slapper/Kelly*, The English Legal System, 2016, S. 4.

326 Z. B. während 2013 das UK-Parlament nur 33 Gesetze verabschiedete, wurden 3.318 Verordnungen von der Verwaltung erlassen. *Slapper/Kelly*, The English Legal System, 2016, S. 116.

Die PPP ist auch unter dem common-law System geregelt. Das bedeutet aber nicht, dass in Großbritannien keine Regeln über PPP bestehen.[327] Vielmehr gibt es verschiedene Regelungen in der Form von by-laws. Auch für die PPP fungieren diese by-law-Regelungen als Regeln.[328]

Unter den Regelungen wird die „Standardisierung der PFI Verträge" (engl. „Standardisation of PFI Contracts") von HM Treasury am häufigsten angewandt.[329] In diesen Musterverträgen geht es darum, eine Leitlinie zu bieten, die den Beamten der zuständigen Behörde die Vorschläge für im PFI-Projekt entstehenden Probleme unterbreitet. Dessen Zwecke sind nicht nur das Erreichen eines rentablen Vertragsabschlusses, sondern auch die Erfüllung des allgemeinen Interesses.

Also in der Standardisierung werden Überlegungen über die Bestimmung der Vertragsfrist, das Eigenkapital des öffentlichen Sektors, die Übereinigung des Eigentums, die Überwachung der Leistungen, die Vertragsauflösung, die Deckung der Wiedergutmachung von Schäden, die Versicherung gegen die Risiken, den Informationsaustausch zwischen beiden Parteien und anderen Rollen des öffentlichen Trägers beim PF2-Projekt beinhaltet. Zur Standardisierung wird eine detaillierte Leitlinie angegeben. Durch solche Standardisierung der britischen PPP wird eine „schnelle Beschaffungsphase" ermöglicht.[330]

Zudem wurde die „Verordnung für den öffentlich-rechtlichen Vertrag (Public Contract Regulation)" entsprechend der europäischen Vergaberichtlinie geschaffen, um auf das Verfahren der öffentlichen Beschaffung einschließlich der PPP Vorgaben zu machen. Nach dieser Verordnung werden allgemeine Grundsätze und Verfahren des Vertrags vorgeschrieben, bei dem der öffentliche Träger

---

327 Vielmehr bestehen die folgenden drei öffentlich-rechtlichen Maßstäbe, die beim Vertrag zwischen dem öffentlichen und privaten Sektor beobachtet werden müssen.
- Garantie der sozialen Gerechtigkeit (engl. „Guarantee of social equity")
- Sicherstellung von Value for Money (engl. „Delivering value for money")
- Angemessene Verantwortlichkeit (engl. „Must be properly accountable")

Dazu *Gosling/Brooks*, in: *Gosling*, 3 Steps Forward, 2 Steps Back, 2004, 3 (9).

328 Die Rechtsnatur solcher Regelungen soll als „suggestive guideline" angesehen werden. Die Guideline wird im anglo-amerikanischen Rechtssystem am häufigsten angewandt, die Begrenzungen des Anwendungsraums angibt. Wenn triftige Gründe bestehen, kann die Guideline ausgeschlossen werden. *Sunstein*, California Law Review, 1995, 953 (965).

329 Die jüngste SoPC wurde 2012 als Standardisierung von PF2-Verträgen (engl. „Standardisation of PF2 Contracts") veröffentlicht.

330 *Van den Hurk/Liyanage*, in: *Verhoest/Carbonara/Lember/Petersen/Scherrer/van den Hurk*, Public Private Partnerships in Transport, 2013, 246 (259).

eine Partei ist. Die jüngste Novelle von 2015 enthält Bestimmungen zur Förderung der Präqualifikation sowie des Marktzugangs des öffentlichen Sektors.[331]

*cc) Der institutionelle Rahmen: PPP-Units*

In der Regel wird das PPP-Projekt zwar von der Gebietskörperschaft gelenkt, aber auch die sog. PPP-Units, d. h. Beratungsunternehmen, spielen in Großbritannien die wichtige Rolle. Unter den verschiedenen PPP-Units werden insbesondere „Partnership UK" („PUK"), „Infrastructure UK" („IUK") und „Local Partnerships" als wesentlich betrachtet.[332]

PUK, das berühmteste PPP-Beratungsunternehmen, war eigentlich ein Arbeitskreis („Task Force") von HM Treasury, der drei Jahre vor Einführung des PFI-Systems seine Arbeit aufnahm. 1997 wurde dieser Arbeitskreis als unabhängige GmbH,[333] also PUK, reformiert und trug so zur Förderung des frühen PFIs bei. Es handelt sich bei den Aufgaben von PUK um das Vorgeben der Leitlinie für die Politik und die Durchführung technischer Beratungen für den öffentlichen Sektor. 2011 wurde PUK abgewickelt. Seine Aufgaben wurden dabei an folgende zwei Organisationen abgegeben:[334]

Das erste Organ, das die Aufgaben von PUK übernimmt, ist Local Partnerships. Es wurde 2009 als Beratungsunternehmen im Kommunalwesen gebildet. Die PFI-Förderungen für die subzentrale Regierung, etwa die Veröffentlichung der Leitlinien oder die technischen Hilfen, stellen dessen Aufgaben dar.[335]

IUK, der zweite Nachfolger von PUK, ist das Beratungsunternehmen im Beschaffungswesen für die zentrale Regierung. IUK wurde im Gegensatz zu PUK nur mit öffentlichem Zuschuss instituiert.[336]

---

331 Siehe dazu Crown Commercial Service, Public Contracts Regulations 2015 – New requirements relating to Pre-Qualification Questionnaires to help businesses access Public Sector contracts, 2015.

332 Dazu *van den Hurk/Liyanage*, in: *Verhoest/Carbonara/Lember/Petersen/Scherrer/van den Hurk*, Public Private Partnerships in Transport, 2013, 246 (256 f.).

333 HM Treasury hielt 49 Prozent der Anteile und private Beteiligte 51 Prozent.

334 *Van den Hurk/Liyanage*, in: *Verhoest/Carbonara/Lember/Petersen/Scherrer/van den Hurk*, Public Private Partnerships in Transport, 2013, 246 (257).

335 *Van den Hurk/Liyanage*, in: *Verhoest/Carbonara/Lember/Petersen/Scherrer/van den Hurk*, Public Private Partnerships in Transport, 2013, 246 (257).

336 *Van den Hurk/Liyanage*, in: *Verhoest/Carbonara/Lember/Petersen/Scherrer/van den Hurk*, Public Private Partnerships in Transport, 2013, 246 (257). Zur dessen Aufgaben ausführlich EPEC, United Kingdom – England – PPP Units and Related Institutional Framework, 2012, S. 15 f.

### c) *Die Republik Korea*

#### aa) *Einführung und Entwicklung der PPP in Korea*

Bis Anfang der Neunziger Jahre wurde die PPP im Beschaffungswesen von Korea nicht willkommen geheißen, da damals weder eine rechtliche noch eine institutionelle Grundlage bestand. 1991 versuchte die koreanische Regierung eine Gesetzgebung für die Förderung der privaten Beteiligung am Aufbau der großen Infrastruktur. Aber der Versuch scheiterte im Streit um einen unlauteren Vorteil für den großen Konzern. Also bestanden Bedenken, dass einige große Familenunternehmen[337] auf unfaire Weise bei den meisten großen PPP-Projekten Auftragnehmer werden. Doch die Regierung betonte nachdrücklich sowohl das Erfordernis der Infrastrukturförderung als auch das Beenden der Verbindungen zwischen Politik und Handel. Daraufhin flaute die soziale Ablehnung der privaten Beteiligungen an der Erfüllung der öffentlichen Aufgaben ab.

Seit August 1993 schrieb die „SOC Task Force" der Regierung eine Gesetzgebung für die Beschleunigung des PPPs wieder fort. Folglich konnte am 3. August 1994 das erste PPP-Gesetz namens „Gesetz für die Förderung des privaten Kapitals zur Infrastrukturinvestition" (engl. the Promotion of Private Capital into Infrastructure Investment Act) erlassen werden. Dieses Gesetz wurde 2005 durch das jüngste Gesetz, „Gesetz für Public-Private Partnerships in der Infrastruktur" (im Folgenden PPP-Gesetz) ersetzt. Durch die Novelle 2005 wurden die Gegenstände des PPP-Projekts erweitert, damit nicht nur Infrastrukturen als industrielle Basis, etwa Schienen, Fernstraßen und Häfen, sondern auch andere Lebenseinrichtungen, etwa Schulen und Krankenhäuser, mittels PPP durchgeführt werden können. Darüber hinaus wurden die Formen des Projekts durch das neue Gesetz diversifiziert.[338]

Neben dem PPP-Gesetz gibt es viele Bestimmungen über die Partnerschaften zwischen öffentlichen und privaten Sektoren zur Durchführung der öffentlichen Aufgaben in verschiedenen Gesetzen. Art. 3 des PPP-Gesetzes verweist auf seinen Vorrang beim PPP-Projekt. Eine Rechtsverordnung für den Vollzug des

---

337 Das große Familie Unternehmen wird als sog „*Chaebol*" genannt. Die *Chaebol* stellt einen Konzern dar, die durch die Holding-Gesellschaft im Nezwerk der Gründerfamilie verbunden wird. Obwohl sie bei der schnellen wirtschaftlichen Entwicklung in Korea die bedeutende Rolle spielen, stehen sie auch in der Kritik, dass der unlautere Wettbewerb im Markt durch die Kollusion zwischen den Machthabern und der *Chaebol* hervorruft wird. Dazu *Pohlmann,* in: *Kern/Köllner*, Südkorea und Nordkorea, 2005, 121 (127 ff.).

338 Z. B. Einführung des sog. „Build-Transfer-Lease" Modells.

PPP-Gesetzes (im Folgenden PPP-Verordnung) und der nach Art. 7 des PPP-Gesetzes jährlich bekanntgemachte Masterplan für die PPP gehören zur Regelung für die PPP.

In Korea verrichtet eine gesetzliche Institution namens PIMAC (Public and Private Infrastructure Investment Management Center)[339] das zentrale Management für die PPP. Also entfaltet sie nach Art. 23 des PPP-Gesetzes i. V. m. Art. 20 der PPP-Verordnung die Tätigkeiten der PPP, z. B. die Machbarkeitsprüfung für große Infrastrukturprojekte, die Beratung für den öffentlichen Sektor und die Forschung für die Verbesserung des Systems im Beschaffungswesen usw.

#### *bb) Grundstruktur des PPP-Projekts*

Art. 4 des PPP-Gesetzes stellt zwar verschiedene Formen der Durchführung des Projekts zur Verfügung, aber die meisten PPP-Projekte werden in der Tat durch die folgenden zwei Modelle erledigt:

Beim Build-Transfer-Operate („BTO") Modell werden die Anlagen nach Abschluss der Erstellung in das Eigentum des Staates oder der Kommunen übergehen und der Konzessionär wird für eine bestimmte Frist zur Führung der Einrichtung berechtigt (Art. 4 Nr. 1 des PPP-Gesetzes). Also erhält der Konzessionär, der die Leistung von Planen, Bauen, Finanzieren und Betreiben der Infrastruktureinrichtung trägt, wie im Konzessionsmodell, als Gegenleistung die Genehmigung, die Anlage zu benutzen, aber nicht das Eigentum daran. Durch die Erhebung des Entgelts kann sich seine Investition amortisieren. Hauptsächlich werden große Infrastrukturprojekte, etwa Fernstraßen, Schienen oder Umweltanlagen, mit diesem Modell beschafft.

Das Build-Transfer-Lease („BTL")-Modell, bei dem das Eigentum der Anlagen wie auch beim BTO nach dem Ausbau dem öffentlichen Sektor zukommt, gibt den privaten Beteiligten die Konzession, für die vertragliche Frist an den öffentlichen Partner die Einrichtung zu vermieten (Art. 4 Nr. 2 des PPP-Gesetzes). Also trägt der Konzessionär die Verpflichtung von Planen, Bauen, Finanzieren und Betreiben und erhält die regelmäßige Vergütung der Tätigkeiten vom Auftraggeber.

Eine Spezifik des BTL Modells besteht im Rahmen des Haushaltsrechts. Das regelmäßige Entgelt stellt eine Belastung der öffentlichen Haushalte dar, sodass das PPP-Gesetz vorschreibt, dass die Regierung bis mindestens 120 Tage vor

339 PIMAC ist nach Art. 20 Abs. 1 des PPP-Gesetzes eine Abteilung des Korea Development Institute (KDI), das ein vom Ministerpräsidenten kontrolliertes Institut darstellt und auf wirtschaftlichem und sozialem Gebiet forscht.

Beginn des nächsten Haushaltsjahres die Obergrenze des jährlich zu zahlenden Betrags für alle BTL-Projekte im Parlament einreichen soll und das Parlament diese bis 30 Tage vor Beginn des nächsten Haushaltsjahres verabschieden soll (Art. 7-2 Abs. 1 des PPP-Gesetzes). Das folgende Bild zeigt die Grundstruktur von BTO- und BTL-Modell.

*Bild 2-1 Grundstruktur von BTO- und BTL-Modell.*

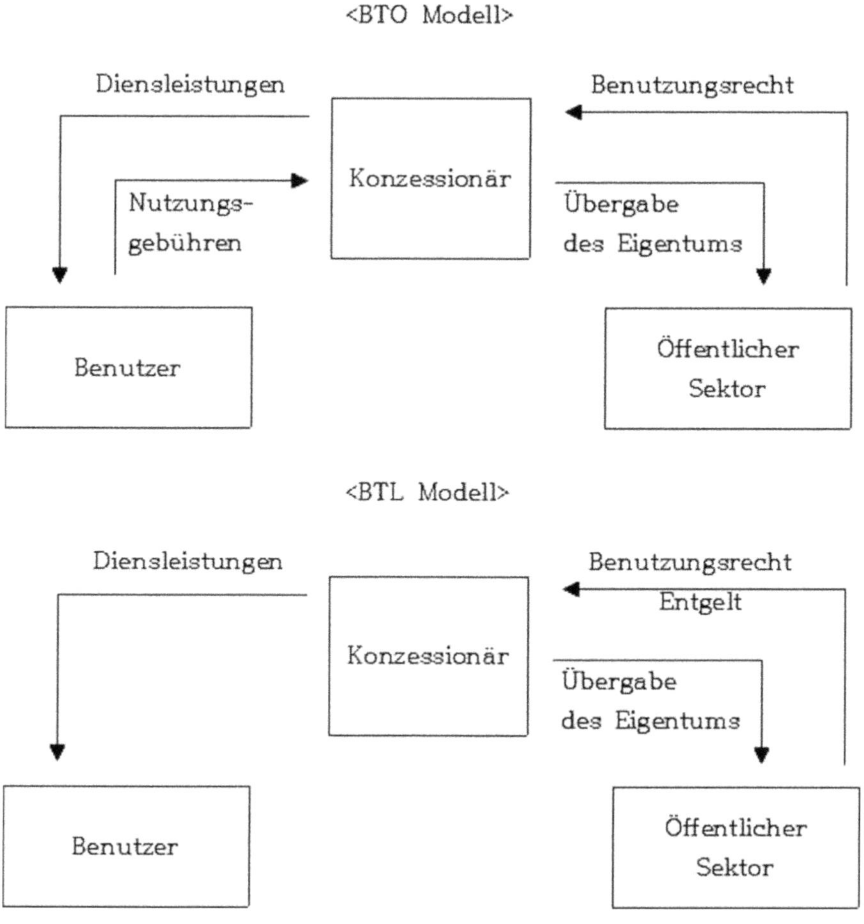


Bei koreanischen PPP-Modellen ist der sog. unaufgeforderte Vorschlag (engl. unsolicited Proposal) zulässig. Art. 9 Abs. 1 des PPP-Gesetzes schreibt vor, dass der private Sektor ein PPP-Projekt vorschlagen darf. Jemand, der ein Projekt vorschlagen will, muss dabei einen schriftlichen Antrag[340] an die zuständige Behörde vorlegen. Nach Machbarkeits- sowie Wirtschaftlichkeitsprüfungen durch PIMAC (Art. 7 Abs. 3, 5, 6 der PPP-Verordnung) verfügt die Behörde darüber, ob sie das Projekt weiter vorantreibt. Nach Art. 7 Abs. 8 der PPP-Verordnung soll das festgelegte Projekt die Behörde allgemein ausschreiben. Bei der Auswahl des Auftragnehmers kann der Proponent innerhalb eines gewissen Bereiches günstiger behandelt werden (Art. 7 Abs. 8 der PPP-Verordnung i. V. m. Art. 9 Abs. 4 S. 2 des PPP-Gesetzes). Nicht zuletzt die aktuellen BTO-Projekte wurden meist auf privaten Vorschlag hin durchgeführt.[341]

### *cc) Stand der PPP-Projekte*

Über 662 PPP-Projekte wurde bis Ende 2014 ein Vertrag geschlossen und deren gesamtes Investitionsvolumen beläuft sich auf 99,4 Billionen KRW (ca. 75,1 Milliarden Euro).[342] Nachdem 1994 die PPP im Beschaffungswesen gesetzlich eingeführt wurde, stiegen die Projektanzahl und die Investmentvolumen im Beschaffungswesen ständig. Die Zahl der Projekte wurde 2005 aufgrund des Beginns des BTL-Modells signifikant erhöht und erreichte 2007 einen Höhepunkt.[343] Im Weiteren geht es um die Details der koreanischen PPP im Hinblick auf Modelle des Projekts, Typen der Anlagen und dessen Akteure im öffentlichen Sektor.

66,5% der gesamten Projekte wurden durch das BTL-Modell durchgeführt, aber 70,2% des investierten Betrags für das BTO-Modell ausgegeben. Dabei wurden inzwischen 440 BTL-Projekte, 211 BTO-Projekte und 11 anderweitige Projekte erledigt. Die Investitionsvolumen beim BTO-Modell betragen 69,8 Billionen

---

340 Nach Art. 7 Abs. 1 der PPP-Verordnung muss der Antrag folgende Punkte beinhalten:
1. Ergebnis der Machbarkeitsprüfung für das vorgeschlagene Projekt;
2. Details des Projektantrags;
3. Details der gesamten Projektkosten und des Finanzierungsplans;
4. Details über die Berechnung der Konzessionsfrist (nur für das Projekt, bei dem öffentlichen Sektor das Eigentum der Anlage übergeben wird);
5. Managements- und Betriebsplan der Anlage;
6. Einnahmen- und Ausgabenrechnung einschließlich der Nutzungsgebühren;
7. Details und Grund bei der Durchführung des zusätzlichen Projekts;
8. andere Punkte, die nach der Auffassung des Proponenten für notwendig zur Erledigung des Projekts erachtet werden.

341 KDI, Annual Report 2014, 2015, S. 73.

342 KDI, Annual Report 2014, S. 85.

343 KDI, Annual Report 2014, S. 89.

KRW (ca. 53,3 Milliarden Euro), beim BTL-Modell 27,7 Billionen KRW (ca. 21,2 Milliarden Euro).[344]

Nach Art. 2 Nr. 2 des PPP-Gesetzes können verschiedene Infrastrukturanlagen, etwa Bildungsanstalten, Verkehrsanlagen, Umwelt- sowie Energieanlagen, militärische Anlagen, Kulturanlagen, Telekommunikationsanlagen usw. mit dem PPP beschafft werden. Unter den Typen der Anlagen wurden die Bildungsanstalten am meisten via PPP erfüllt, d. h. 223 Projekte. Die höchsten Investitionen wurden jedoch bei Verkehrsprojekten getätigt. Für die 84 Straßenausbauprojekte wurde 42,4 Billionen KRW (ca. 32,4 Milliarden Euro) investiert. Für den Schienenausbau wurden zwar nur 13 Projekte mit dem PPP durchgeführt, aber 17,3 Billionen KRW (ca. 13,2 Milliarden Euro) wurden dafür verwandt, also in jedes Projekt wurden durchschnittlich 1,3 Billionen KRW (ca. 993 Millionen Euro) gesteckt.[345]

Das PPP-Projekt kann nicht nur in die Zuständigkeit des Staates, sondern auch in die einer Kommune fallen. Im Hinblick auf die Anzahl der Projekte hatten die Kommunen zwar mehr Projekte (321) als der Staat (173 Projekte), aber die des Staates waren mit mehr Kapital ausgestattet. So beträgt das gesamte Investitionsvolumen der staatlichen Projekte 60,5 Billionen KRW (ca. 46,2 Milliarden Euro), während 15 Billionen KRW (ca. 11,5 Milliarden Euro) für die kommunalen Projekte investiert wurden.[346] Es soll sich beim staatlichen Projekt hauptsächlich um das große BTO-Projekt handeln.

### *d) Vergleich zur deutschen PPP*

Über die Konstellation bzw. den Grund der Einführung der PPP scheinen große Unterschiede zwischen den drei Ländern zunächst nicht vorhanden zu sein. Deren Ausschreibungsverfahren sind auch sehr verwandt, da Regelungen der europäischen Richtlinie sowie des WTO-Übereinkommens auf das inländische Recht einen unmittelbaren Einfluss ausüben. Dennoch gibt es erhebliche Abweichungen im Zustand ihrer PPP-Projekte.

Am frühesten setzte Großbritannien (1992) die PPP im Beschaffungswesen ein. Korea nahm sich das britische Modell zum Vorbild und führte es 1994 gesetzlich ein. Schließlich wurde in Deutschland die PPP erst 2005 gesetzlich formiert. Im Hinblick auf die Projektzahl wurde der PPP-Vertrag bis März 2014 in Großbritannien bei 728 Projekten geschlossen, während bis Dezember 2014

344 KDI, Annual Report 2014, S. 85 f.

345 KDI, Annual Report 2014, S. 86 f.

346 KDI, Annual Report 2014, S. 93.

662 PPP-Projekte in Korea und 225 Projekte in Deutschland bestehen. Jedoch wurde das größte Kapital in Korea, wo große Infrastruktureinrichtungen mit der PPP beschafft werden, für PPP investiert. Die folgende Tabelle zeigt den Zustand der PPP in den drei Ländern.

*Tabelle 2-5 Vergleich vom Zustand der PPP in den drei Ländern.*

| | Großbritannien | Korea | Deutschland |
|---|---|---|---|
| Einführungszeitpunkt | 1992 | 1994 | 2005 |
| PPP-Gesetz | Nein | Ja | Nein |
| Projektsanzahl | 728 (bis März 2014) | 662 (bis Dezember 2014) | 225 (bis Dezember 2014) |
| Investitionsvolumen | 56,6 Milliarden GBP ≒ 72,1 Milliarden Euro (bis März 2014) | 69,8 Billionen KRW ≒ 75,1 Milliarden Euro (bis Dezember 2014) | 9,4 Milliarden Euro (bis Dezember 2014) |

Das soll auf der Differenz der wirtschaftlichen Situation, des Vollendungsniveaus der vorhandenen Infrastrukturen, der rechtlichen Zulässigkeit und des bürgerlichen Vetos gegen die private Durchführung der öffentlichen Aufgaben beruhen. In Korea beispielsweise, wo es des Ausbaus der industriellen Infrastrukturen noch bedarf, verläuft das große PPP-Projekt für den Straßen- sowie Schienenausbau relativ lebhaft. Aufgrund der Ungleichheit der rechtlichen Zusammenhänge, etwa der verfassungsrechtlichen Regelungen über die Zuweisung der staatlichen Aufgaben,[347] wird der Zustand maßgeblich verändert. In Deutschland kann sich der Widerstand gegen die private Ausübung bei der Infrastrukturbeschaffung daraus ergeben, dass der Staat herkömmlich solche Aufgaben trägt.

Neben dem statistischen Zustand liegen die Unterschiede zwischen den drei Ländern im Rahmen der rechtlichen Struktur, der Form des Projekts und des Förderungs- sowie Kontrollsystems.

Unter den drei Ländern hat nur Korea ein einheitliches PPP-Gesetz, das konkrete Regelungen für PPP-Projekte enthält. In Großbritannien unterliegt die PPP selbstverständlich den Verordnungen oder Leitfäden, nicht dem Gesetz. In Deutschland fällt die PPP zwar unter gesetzliche Überwachung, aber es besteht kein einheitliches Gesetz über die PPP, sondern es befinden sich die Bestimmungen in den unterschiedlichen Gesetzen und Verordnungen.

347 Z. B. die Eisenbahnverkehrsverwaltung i.S.d. Art. 87e GG.

Auf den ersten Blick könnte die britische PPP mangels der gesetzlichen Kontrolle mehr Flexibilität haben. Vielmehr wird aber die Tendenz beobachtet, dass die konkreten Richtlinien, z. B. Musterverträge, in der Praxis von den PFI-Projekten gleichgeschaltet werden. Auch die koreanische Regierung versucht sich in der Standardisierung des Projekts. Obwohl das Gesetz den Vorrang vor solchen Akten hat, veröffentlicht das zentrale und gesetzliche PPP-Institut, d. h. PIMAC, verschiedene Projektmuster. Da die von PIMAC geschriebenen Muster die meisten Bereiche abdecken, sollten die Bedingungen jedes Projekts de facto Ähnlichkeiten haben. Darüber hinaus wirkt es insofern umso mehr auf eine Standardisierung hin, als das eigene PPP-Institut eine wichtige Rolle bei entscheidenden Prozessen übernimmt, etwa im Hinblick auf die Prüfung der Machbarkeit des Projekts, die Vertretung der Verhandlung und expost-Bewertung usw. Jedoch finden sich in Deutschland beschränkte gesetzliche Regelungen ebenso wie daher noch ungenügende Leitfäden, die für alle Bereiche der Infrastrukturbeschaffung gelten.[348] Bekanntlich wird das PPP-Projekt in Deutschland durch einen Vertrag zwischen öffentlichem Träger und privatem Teilnehmer im Rahmen der vorhandenen verschiedenen Regelungen geregelt. Also sollte der Vertrag so flexibler sein als in Großbritannien und Korea. Die Behörden dürften somit einen größeren Spielraum haben.

In der Regel soll ein fester gesetzlicher Rahmen zwar das enge Ermessen herstellen. Aber es ist dann nicht einfach, die Kausalität zwischen dem Grad des Ermessens und der gesetzlichen Rahmenbedingung zu finden, wenn es im Beschaffungswesen konkrete Musterverträge und Leitfäden gibt. Ob solche Standardisierung vorteilhaft ist, kann hieran nicht bestimmt werden.

348 Momentan ist ein Mustervertrag für das Inhabermodell im Hochbau verfügbar und die Leitfäden für die Wirtschaftlichkeitsuntersuchung sowie Vergütungs- und Controllingsysteme wurden veröffentlicht. Dazu Partnerschaften Deutschland | Standardisierung, <http://www.partnerschaften-deutschland.de/grundlagenarbeit/standardisierung> (18.5.2016).

# Drittes Kapitel Notwendigkeit der Kontrolle über Public Private Partnership

## I. Vorbemerkung

In Deutschland wurde der Vergabebereich bzw. das fiskalische Hilfsgeschäft bislang dem privatrechtlichen Bereich zugeordnet. Aufgrund der Tatsache, dass man sich nicht auf das Ziel der Handlung, d. h. auf die Erfüllung der Staatsaufgabe, konzentriert hat, sondern auf den Aspekt der Handlung, d. h. auf die Tatsache, dass der Staat in der „privaten Position" handelt, ist die Vergabe sowohl im materiellen Recht als auch im Prozessrecht privatrechtlich verstanden worden.

Weil die Beschaffung der Infrastruktur, insbesondere durch Public Private Partnership (PPP), keinen einfachen Akt für die Vorbereitung der Verwaltung darstellt, sondern ein wichtiges Mittel für die Erfüllung der öffentlichen Aufgaben, ist ein solches Verständnis zu verändern. Da die Verwaltung eine starke Machtposition innehat, sollte ihre Tätigkeit angemessen kontrolliert werden. Im Beschaffungswesen werden die öffentlichen Aufgaben in der Regel durch den Vertrag erfüllt, so dass es fraglich ist, ob der öffentliche Träger auch hier eine ähnliche starke Machtposition besitzt. In diesem Zusammenhang zeichnet sich die Spezifik des Vergabevertrages im Gegensatz zum traditionellen Verwaltungsakt i. S. d. § 35 VwVfG deutlich ab.

Problematisch ist, ob die Beschaffung der Infrastruktur durch die PPP in der gleichen Art und Intensität wie beim traditionellen Verwaltungsakt kontrolliert werden soll. Die Beschaffung durch PPP wird dadurch gekennzeichnet, dass sich öffentliche Interessen einerseits durch die Vergabe bedienen lassen und gleichzeitig der Gewinn eines privaten Unternehmens in gewissem Maße garantiert wird.

Von der sog. institutionellen PPP abgesehen, etwa dem gemischt-wirtschaftlichen Unternehmen, besteht die Durchführung des PPP-Projekts in jedem Modell auf der Basis vertraglicher Form.[349] Daher ist es sinnvoll, die Rechtsnatur des PPP-Vertrags und das Bedürfnis der Kontrolle anzuerkennen. Es handelt sich demnach um die öffentlich-rechtliche Eigenschaft des PPP-Vertrags und die damit einhergehende Notwendigkeit der Kontrolle.

---

349 *Kim*, in: *Seok/Ziekow*, Die Einbeziehung Privater in die Erfüllung öffentlicher Aufgaben, 2008, 37 (47); *Schede/Pohlmann*, in: *Weber/Schäfer/Hausmann/Alfen/Drömann*, 2006, S. 102.

Die öffentlich-rechtliche Natur der Regelung im öffentlichen Beschaffungswesen wird in Deutschland durch die Umsetzung des Unionsrechts entwickelt. Daher kommt das Europarecht für die öffentlich-rechtliche Kontrolle in Betracht. Nicht zuletzt werden die Regelungen des europäischen Beihilfen- und Vergaberechts beim Beschaffungsprozess großgeschrieben. In diesem Zusammenhang ist die zentrale Frage, wie die Durchführung des PPP-Projekts im Rahmen des europäischen Beihilfen- und Vergaberechts geregelt wird. Darum bedarf es zuerst einer Analyse der Struktur und Rechtsnatur der Handlungen im Zusammenhang mit dem PPP-Vertrag.

Im Weiteren widmet sich die Arbeit also der Struktur und Rechtsnatur des PPP-Vertrags im Hinblick auf die öffentlich-rechtliche Regelung. Dann soll dargelegt werden, ob die PPP europarechtskonform ist und wieso sie europarechtlich zu kontrollieren ist.

## II. Explikation auf die PPP-Vertragsbeziehung

### 1. Struktur des PPP-Vertrags

#### *a) Begriff*

Weder gibt es eine gesetzliche Definition der PPP, noch wird der Begriff des PPP-Vertrags gesetzlich beschrieben. Darum bedarf es einer Explikation vorhandener Erfahrungen im Beschaffungswesen, um den PPP-Vertrag zu definieren.

Einerseits ist zu betrachten, was der PPP-Vertrag regelt. In der Regel schreibt der PPP-Projektvertrag das Ziel und die Struktur des Projekts fest. Im konkreten Fall erklärt z. B. der Vertrag des PPP-Projekts „Erweiterung der Conrad-von-Ense-Schule“ der Gemeinde Ense[350] in der Präambel das Projektziel. Und in den weiteren sieben Teilen sind allgemeine Vertragsgrundlagen, Regelungen zur Planungs- und Bauphase, Betriebsphase, Beendigungsphase, Vergütung sowie zu Risiken und Sicherheiten und sonstige allgemeine Vertragsregelungen umrissen. Neben dem Projektvertrag besteht der gesamte PPP-Vertrag aus z. B. dem Gesellschaftsvertrag, dem Pachtvertrag, dem Mietvertrag mit Sanierungs- oder Bauverpflichtung, Dienstleistungsverträgen mit Bonus-Malus-Regelung, Schlichtungs- und Schiedsvereinbarung sowie Schiedsgutachtenabrede und weiteren

350 Das PPP-Projekt bezweckt die Erweiterung sowie die Sanierung der Schulgebäude und die Aufrechterhaltung bzw. Gewährleistung der Funktionalität des Gegenstands sowie der Qualität der Bewirtschaftung. Der zugehörige Vertrag wurde am 12.11.2009 zwischen der Gemeinde Ense und der PPP Conrad-von-Ense-Schule GmbH geschlossen.

Direktvereinbarungen.[351] Also dient der PPP-Vertrag dazu, Rechte und Pflichten jedes Vertragsteils zu bestimmen, Risiken zu verteilen und so auf weitere Inhalte des Projekts hinzuweisen.[352] Es ist unerheblich, ob die Form des Vertrags einheitlich oder in mehrfachen Verträgen konstruiert ist. Wichtig ist, dass nach dem PPP-Vertrag dem privaten Partner eine Konzession erteilt und selbiges auch entsprechend geregelt wird. Im Unterschied zum herkömmlichen Vergabevertrag bestimmt der PPP-Vertrag die gesamten Aspekte des Projekts.

Andererseits ist es erforderlich, zwischen dem PPP-Vertrag und den Nebenverträgen zu differenzieren. In der Regel wird der Nebenvertrag zwischen dem Auftragnehmer und einer dritten Partei geschlossen. Dabei handelt es sich nicht um die direkte Regelung des PPP-Projekts an sich, sondern um die Regelung der mittelbar relevanten Tatsachen, etwa für den Betrieb der Einrichtung verwandte Dienstleistungen. Der Finanzierungsvertrag stellt einen Darlehensvertrag zwischen dem Auftragnehmer und dem Finanzierungsinstitut für die Bereitstellung der Bau- und Betriebskosten dar. *Weihrauch* sieht den Finanzierungsvertrag auch als Teil des PPP-Vertrags an, da der PPP-Vertrag eine Gesamtheit der das Projekt betreffenden Verträge darstelle.[353] Aber der Finanzierungsvertrag soll ein gesonderter Vertrag sein, der zwischen dem Auftragnehmer und dem Kreditgeber geschlossen wird. Unter Berücksichtigung des Begriffs der PPP (vgl. Kapitel 1) werden die Aufgaben der Finanzierung vom privaten Partner getragen. Also soll die Finanzierung mit einer vertraglichen Pflicht des privaten Teilnehmers einhergehen. Diese gilt auch für anderweitige Nachunternehmerverträge zwischen dem Auftragnehmer und den Nachunternehmern.[354]

Abschließend wird der PPP-Vertrag als Vertrag zwischen der öffentlichen und privaten Hand definiert, durch den Rechte und Pflichten jeder Partei im Hinblick auf das PPP-Projekt vorgeschrieben werden.

---

351 *Weihrauch*, in: *Meyer-Hofmann/Riemenschneider/Weihrauch*, Public Private Partnership, 2008, S. 183 ff.

352 *Horn/Peters*, BB 2005, 2421 (2422 f.); *Schweiger*, Malus-Regelung in PPP-Verträge, NZBau 2011, 137 (138); *Weihrauch*, in: *Meyer-Hofmann/Riemenschneider/Weihrauch*, Public Private Partnership, 2008, S. 188 ff.

353 *Weihrauch*, in: *Meyer-Hofmann/Riemenschneider/Weihrauch*, Public Private Partnership, 2008, S. 187.

354 Dazu gehören die Verträge für die „projektabhängigen Dienstleistungen“, etwa Reinigung, Instandhaltung, Außenanlagenpflege und Bewachung. Vgl. *Weihrauch*, in: *Meyer-Hofmann/Riemenschneider/Weihrauch*, Public Private Partnership, 2008, S. 187.

### b) *Struktur des PPP-Vertrags*

#### aa) *Zwei Aspekte der Struktur des PPP-Vertrags*

Wie auch beim privat-rechtlichen Vertragsschluss, kommt der PPP-Vertrag durch das Angebot und die Annahme zustande. Bei der Struktur des PPP-Vertrags kommen folgende zwei Aspekte zum Tragen: Einerseits wird eine Entscheidung über den Vertrag vor dem Vertragsschluss innerhalb des öffentlichen Sektors getroffen, andererseits tritt eine öffentlich-rechtliche Rechtsfolge durch den Vertrag ein.

#### bb) *Entscheidung über den Abschluss des Vertrags*

Um das PPP-Projekt durchzuführen, soll der öffentliche Träger im Voraus den Plan verabschieden und die Machbarkeit des Projekts überprüfen. Außerdem muss er verschiedene Aspekte für die Auswahl des Auftragnehmers erwägen, damit er durch das vergaberechtliche Verfahren einen privaten Partner auswählt. In der Vorbereitungsphase befinden sich folglich verschiedene Entscheidungen beim öffentlichen Träger. Hierbei ist eine, welche Rechtsnatur die Entscheidung für oder gegen einen Vertragsschluss hat. Im Hinblick auf das private Recht soll sie nur ein internes Vorgehen sein, das keine Außenwirkung hat. Aber fraglich ist, ob sie in öffentlich-rechtlicher Beziehung einen Verwaltungsakt darstellt.

Nach h. M.[355] und Rechtsprechung[356] ist die behördliche Entscheidung über den Vertragsschluss kein Verwaltungsakt, sondern nur eine „schlichthoheitliche" Handlung.[357] Dagegen besteht auch eine Gegenmeinung, zwischen der Entscheidungsfindung und der Umsetzung der Entscheidung, d. h. dem Abschluss des Vertrags, zu differenzieren und die Entscheidungsfindung als Verwaltungsakt zu qualifizieren, über das sich die Beteiligten vor dem Gericht beschweren können.[358] Nach der sog. „Zweiphasen- bzw. Zweistufenlehre"[359] wird die Möglichkeit des Rechtsschutzes des Beteiligten der Beachtung der Dogmatik des § 9 VwVfG übergeordnet.

---

355 *Hettich*, in: *Obermayer/Funke-Kaiser*, VwVfG, § 54, Rn. 8; *Ramsauer*, in: *Kopp/Ramsauer*, Verwaltungsverfahrensgesetz, 2017, § 54, Rn. 17; *Krebs*, VVDStRL 52, 1993, 248 (261).

356 VGH München, Urteil v. 21.3.1977 – Nr. 36 IX/74, BeckRS 9998, 105404; OVG Münster, Urteil v. 22.9.1982 – 4 A 989/81, BeckRS 9998, 90585.

357 *Ramsauer*, in: *Kopp/Ramsauer*, Verwaltungsverfahrensgesetz, 2017, § 54, Rn. 17.

358 *Harries*, NJW 1984, 2190 (2191); *Kopp*, BayVBl. 1980, 609 (611 f.).

359 *Harries*, NJW 1984, 2190 (2190); *Kopp*, BayVBl. 1980, 609 (611).

Die Zweistufenlehre kann auf folgende Kritik stoßen. Erstens ist es wider den Begriff des Verwaltungsakts, dass die Entscheidung zum Vertragsabschluss darunter fällt. Nach § 35 S. 1 VwVfG stellt der Verwaltungsakt jede Verfügung, Entscheidung oder andere hoheitliche Maßnahme dar, die eine Behörde zur Regelung eines Einzelfalls auf dem Gebiet des öffentlichen Rechts trifft und die auf unmittelbare Rechtswirkung nach außen gerichtet ist. Also bedarf es für die Erfüllung der Voraussetzungen des Verwaltungsakts nicht nur der „hoheitliche[n] Regelung eines Einzelfalls", sondern auch „unmittelbarer Außenwirkung."[360] Aber die Entscheidung ist eine interne Beschlussfassung innerhalb der Behörde. Sie fällt nämlich nicht gegenüber den Betroffenen und hat durch den Abschluss des Vertrags erst eine qualifizierte Rechtswirkung. Also hat sie weder die hoheitliche Natur noch die unmittelbare Außenwirkung. Weiterhin läuft die Struktur der Zweistufenlehre § 9 VwVfG zuwider, die die Vorschriften über den Verwaltungsakt mit dem Abschluss eines öffentlich-rechtlichen Vertrags gleichstellt. Der Abschluss des öffentlich-rechtlichen Vertrags ist eine selbst ausgeführte Form der nach außen wirkenden Tätigkeit im Sinne des § 9 VwVfG. Hierfür besteht keine Notwendigkeit, Merkmale des Verwaltungsakts aus der Form des Vertrags künstlich zu ziehen. Schließlich kommt der Rechtsschutz der Beteiligten nicht in Betracht, da gemäß § 40 Abs. 1 S. 1 VwGO der Verwaltungsrechtsweg in allen öffentlich-rechtlichen Rechtsstreitigkeiten nicht verfassungsrechtlicher Art gegeben ist. Also soll es auch möglich sein, dass sich der Betroffene direkt über den Vertrag auf dem Verwaltungsrechtsweg beschwert.[361] Obwohl *Harries* anführt, dass die Devise „doppelt genäht hält besser" hier nützlich sei,[362] sollte doch eine einzige solide Näharbeit genug sein.

---

360 *Maurer/Waldhoff*, Allgemeines Verwaltungsrecht, 2017, § 9, Rn. 5. Vgl. OVG Münster, Urteil v. 22.9.1982 – 4 A 989/81, BeckRS 9998, 90585.

361 Der Betroffene kann die Klage auf Erfüllung einer Vertragspflicht als Verpflichtungsklage i. S. d. § 42 Abs. 1 VwGO oder allgemeine Leistungsklage, auf Feststellung des Nichtbestehens oder Bestehens des Vertrags als Feststellungsklage i. S. d. § 43 VwGO, auf Abschluss eines Vertrags als allgemeine Leistungsklage, auf Zustimmung gemäß § 58 VwVfG als allgemeine Leistungsklage und gegen die Vollstreckung eines vertraglichen Anspruchs als Vollstreckungsabwehrklage i. S. d. § 767 ZPO i. V. m. § 167 Abs. 1 S. 1 VwVO erheben. Auch der betroffene Dritte kann bei der Anfechtungs- sowie Feststellungsklage seine Rechtsverletzung geltend machen, da der Rechtsschutz eines Dritten beim öffentlich-rechtlichen Vertrag nach § 58 Abs. 1 VwVfG zu gewährleisten ist. Siehe dazu *Schlette*, Die Verwaltung als Vertragspartner, 2000, S. 646 ff.

362 *Harries*, NJW 1984, 2190 (2192).

### *cc) Ergebnis des Zuschlags des öffentlichen Auftrags als Rechtsfolge des Vertrags*

Durch den Abschluss des PPP-Vertrags tritt eine Rechtsfolge des Zuschlags des öffentlichen Auftrags ein. Der private Teilnehmer erhält eine öffentlich-rechtliche Befugnis, durch die er die betroffene öffentliche Anlage betreiben kann. Denkbar ist, diese Folge unter eine besondere öffentlich-rechtliche Regelung zu bringen. Z. B. ist es zu überprüfen, ob und wie diese Rechtsfolge auf dem Verwaltungsrechtsweg anfechtbar ist.

Der öffentliche Auftrag stellt nach § 103 Abs. 1 GWB den entgeltlichen Vertrag zwischen öffentlichen Auftraggebern oder Sektorenauftraggebern und Unternehmen über die Beschaffung von Leistungen dar, die die Lieferung von Waren, die Ausführung von Bauleistungen oder die Erbringung von Dienstleistungen zum Gegenstand haben. Also ist eine Vertragsnatur gesetzlich vorgeschrieben. Daher sind die Vorschriften über den öffentlich-rechtlichen Vertrag im VwVfG anzuwenden. Der Vertrag ist eine der Handlungsformen, die das VwVfG zubilligt. Es kann sogar beobachtet werden, dass sich der öffentlich-rechtliche Vertrag gemäß §§ 9 und 62 S. 1 VwVfG dem Verwaltungsakt schon annähert.[363] Denn § 9 VwVfG ordnet neben dem Erlass eines Verwaltungsakts auch den Abschluss eines öffentlich-rechtlichen Vertrags in das Verwaltungsverfahren ein.[364] Die Vorschriften über den Verwaltungsakt können nach § 62 S. 1 VwVfG auf einen Fall des öffentlich-rechtlichen Vertrags angewandt werden, soweit sich aus den §§ 54 bis 61 VwVfG nichts Abweichendes ergibt.[365] Darüber hinaus sind Rechte des Dritten gemäß § 58 Abs. 1 VwVfG bei der Erfüllung der öffentlichen Aufgaben durch den Vertrag zu gewährleisten, weil bei dem Eingriff in sein Recht seine Zustimmung vorausgesetzt wird.[366] Schließlich gibt es im Hinblick auf den Rechtsschutz des Dritten keinen Vorteil, aus dem Abschluss des Vertrags selbst seine Rechtsfolge, d. h. den Zuschlag des Auftrags, abstrakt herauszuschneiden, da – wie schon oben erwähnt – sich der Dritte durch die Anfechtungs- sowie Feststellungsklage über den Abschluss des Vertrags beschweren kann.

Im Ergebnis soll der PPP-Vertrag als eine einheitliche Vertragsstruktur qualifiziert werden. Problematisch ist, ob der Vertrag nach dem öffentlichen Recht kontrolliert werden kann. Dazu wird auf die nachfolgende Passage verwiesen.

363 *Krebs*, VVDStRL 52, 1993, 248 (260).
364 *Krebs*, VVDStRL 52, 1993, 248 (260).
365 *Krebs*, VVDStRL 52, 1993, 248 (260).
366 *Krebs*, VVDStRL 52, 1993, 248 (261 f.).

### c) *Regelungsgegenstände des PPP-Vertrags*

Der PPP-Vertrag besteht aus verschiedenen Bedingungen des PPP-Projekts. Im Weiteren werden die wesentlichen Inhalte des PPP-Vertrags auf Basis der Leitfäden über die PPP-Praxis und des von Partnerschaften Deutschland veröffentlichten Mustervertrags für ein Inhabermodell im Hochbau erläutert.[367]

In der Regel werden die faktische Projektbeschreibung und -zielsetzung in der Präambel oder im allgemeinen Teil beschrieben. Hinzu kommen die Artikel über die Vertragsgrundlage, den Vertragsgegenstand, allgemeine Pflichten sowie Rechte und das Ziel des Projekts. Das BMVBS schlug durch den 2007 von seiner PPP Task Force veröffentlichten Mustervertrag des Inhabermodells vor, in der Präambel den Auftraggeber und -nehmer zu nennen, das Fundament der Maßnahme klarzustellen und auf Grundsätze des Projekts hinzuweisen.[368]

Zuerst werden Leistungen der beiden Parteien im Projektvertrag beschrieben. Einerseits trägt der private Partner beim PPP-Projekt bekanntlich das Planen, Bauen, Betreiben und Finanzieren. Der Mustervertrag empfiehlt, den Umfang und das Verfahren der Finanzierung im Vertrag vorzuschreiben.[369] Bezüglich der Planung und des Baus stellt der Gegenstand der vertraglichen Regelung ihren Umfang, den Modus der Modifizierung und die Termine dar.[370] In der Betriebsphase handelt es sich um den Gegenstand und Ziele der Betriebsleitungen, das Optimierungs- und Anreizsystem, das Betriebsentgelt und die Modifizierung der Betriebsleistungen.[371] Andererseits ist der Auftraggeber verpflichtet, die Vergütung zu zahlen oder die Konzession für das Benutzungsrecht zu erteilen. Über die Vergütung sind der gesamte Betrag, die besonderen Kostenpositionen und Zahlungsbedingungen (z. B. monatlich oder quartalsweise) zu bestimmen.[372]

---

367 Vgl. *Kühling*, in: *Basedow/Kischel/Sieber*, German National Reports to the 18th International Congress of Comparative Law, 2010, 573 (590 f.).

368 BMVBS, Möglichkeiten und Grenzen des Einsatzes von Public Private Partnership Modellen im kommunalen Hoch- und Tiefbau (PPP-Schulstudie) – Leitfaden V: PPP-Mustervertrag Inhabermodell, 2007, S. 13 ff.

369 Partnerschaften Deutschland, ÖPP-Mustervertrag für ein Inhabermodell im Hochbau, 2014, S. 158 ff.

370 Partnerschaften Deutschland, ÖPP-Mustervertrag für ein Inhabermodell im Hochbau, 2014, S. 209 ff.

371 Partnerschaften Deutschland, ÖPP-Mustervertrag für ein Inhabermodell im Hochbau, 2014, S. 230 ff.

372 Partnerschaften Deutschland, ÖPP-Mustervertrag für ein Inhabermodell im Hochbau, 2014, S. 167 ff.

Bei jedem Projektvertrag soll das wichtigste Element die Risikoverteilung zwischen beiden Parteien sein, da Risiken bei der Durchführung jeder Maßnahme bestehen. Daher werden Risiken eines PPP-Projekts in der Regel a priori durch den Projektvertrag verteilt.[373] Wesentliche Risiken, die beim PPP-Projekt entstehen können, sind Planungs-, Bau-, Betriebs-, Finanzierungs- und Verwertungsrisiken. Grundsätzlich trägt jede Partei Risiken, die „sie am besten beherrschen" oder „zumindest am besten beeinflussen" kann.[374] Jedes Risiko soll in der Vorschrift jeder Leistung beschrieben werden.

Das Sicherheitenkonzept ist auch ein erforderlicher Faktor, da das PPP-Projekt generell das große Investitionsvolumen, die langfristige Laufzeit und die enge Verknüpfung mit der gesamten wirtschaftlichen Entwicklung hat.[375] Beim Mustervertrag kommen die Sicherheiten in den Vorschriften über die Vertragserfüllungsbürgschaft zum Ausdruck.[376]

Außerdem besteht der PPP-Projektsvertrag aus den Regelungen über das Bonus-Malus-System, das Vertragsanpassungsverfahren, Sanktionen, Informations-, Mitwirkungs- sowie Entscheidungsrechten des Auftraggebers und die Änderung oder Kündigung des Projekts.[377]

## 2. Der öffentlich-rechtliche Charakter des PPP-Vertrags

### a) *Theorien zur Abgrenzung von öffentlichem Recht und Privatrecht*

Beim Thema zur öffentlich-rechtlichen Kontrolle von PPP geht es darum, ob die Erfüllung des PPP-Projekts eine öffentlich-rechtliche Handlung ist. Diese Frage läuft auf die Abgrenzung des öffentlich-rechtlichen Vertrags vom privatrechtlichen Vertrag hinaus. Es ist zwar strittig, ob der PPP-Vertrag als öffentlich-rechtlicher Vertrag im Sinne der §§ 54 ff. VwVfG vollends kategorisiert werden kann.[378] Mit dem Musterentwurf 2004 der §§ 54 ff. VwVfG wurde die gesetzliche Institutionalisierung eines „Kooperationsvertrags" als „Rechtsform

373 *Kühling*, in: *Basedow/Kischel/Sieber*, German National Reports to the 18th International Congress of Comparative Law, 2010, 573 (592).

374 *Hoppenberg/Dinkhoff/Schäller*, in: BMVBS/DSGV, PPP-Handbuch, 2009, S. 80 ff.

375 *Hoppenberg/Dinkhoff/Schäller*, in: BMVBS/DSGV, PPP-Handbuch, 2009, S. 88.

376 Partnerschaften Deutschland, ÖPP-Mustervertrag für ein Inhabermodell im Hochbau, 2014, S. 180 ff.

377 Vgl. *Hoppenberg/Dinkhoff/Schäller*, in: BMVBS/DSGV, PPP-Handbuch, 2009, S. 69.

378 Vgl. *Kühling/Schreiner*, ZJS 2011, 112 (113 f.); *Ramsauer/Tegethoff*, in: *Kopp/Ramsauer*, Verwaltungsverfahrensgesetz, 2017, § 54, Rn. 40b f.; *Thiele*, in: *Pautsch/Hoffmann*, VwVfG, 2016, § 54, Rn. 51.

des öffentlich-rechtlichen Vertrags" versucht, durch den die „Mitverantwortung" zwischen dem Bürger und dem öffentlichen Träger bei der Erfüllung der öffentlichen Aufgaben geregelt wird. Also schrieb § 54 Abs. 3 VwVfG-ME vor, dass „die Behörde einen öffentlich-rechtlichen Vertrag auch schließen [kann], um Private an der Erfüllung ihrer öffentlichen Aufgaben zu beteiligen". Ebenso regelte § 56a VwVfG-ME mit dem Titel „Kooperationsvertrag", „ein öffentlich-rechtlicher Vertrag im Sinne des § 54 Abs. 3 kann geschlossen werden, wenn die Behörde sicherstellt, dass ihr ein hinreichender Einfluss auf die ordnungsgemäße Erfüllung der öffentlichen Aufgaben verbleibt." Obwohl der Versuch gescheitert ist, kann dies als Bestrebung bewertet werden, die PPP von der Regelung des VwVfG zu erfassen.[379]

Es ist zweifellos, dass der statt des Verwaltungsakts geschlossene Vertrag i. S. d. § 54 S. 2 VwVfG öffentlich-rechtlich ist. Aber der PPP-Vertrag soll sich auf der Basis partnerschaftlicher Beziehung zwischen dem öffentlichen und privaten Sektor zusammensetzen. Das gesetzlich vorgeschriebene Kriterium zur Abgrenzung ergibt sich nur aus der Phrase „ein Rechtsverhältnis auf dem Gebiet des öffentlichen Rechts" aus § 54 S. 1 VwVfG. Darum bedarf es eines konkreten Maßstabs, damit die Bedeutung des „Gebiets des öffentlichen Rechts" einleuchten kann. Zwar werden unterschiedliche Kriterien zur Abgrenzung zwischen dem öffentlich-rechtlichen und privatrechtlichen Vertrag dargelegt, aber die bedeutenden Theorien werden im Weiteren ausgeführt.[380]

Zunächst kommt es nach der sog. Subjektstheorie darauf an, wer die Vertragsparteien sind. Soweit eine von den Parteien den öffentlichen Träger darstellt, soll der Vertrag grundsätzlich als öffentlich-rechtlich qualifiziert werden. Auf die Rechtsbeziehung, die durch den Vertrag entsteht, sind daher die öffentlich-rechtlichen Vorschriften anzuwenden, sofern die einschlägigen Vorschriften bestehen.[381] Bei der Subjektstheorie befindet sich ein Vorzug, dass eine klare Entscheidung ermöglicht wird. Aber es ist zu naiv und einfach, dass das Subjekt der Handlung als einziges Kriterium aufgestellt wird, da verschiedene Rechtsbeziehungen in der staatlichen Tätigkeit bestehen. Und zwar wird es auch möglich, z. B. sogar Realakte bzw. schlichtes Verwaltungshandeln, die überhaupt keine öffentlich-rechtlichen Elemente enthalten, als öffentlich-rechtlich zuzuordnen.

---

379 Vgl. *Reicherzer*, DÖV 2005, 603 (603 f.); *Schliesky*, in: *Knack/Henneke*, VwVfG, 2014, Vor § 54 Rn. 85 ff.

380 Zu einzelnen Kriterien der öffentlichen Verwaltung *Stober*, in: *Wolff/Bachof/Stober/Kluth*, Verwaltungsrecht I, 2017, § 3, Rn. 20.

381 *Pestalozza*, Formenmißbrauch des Staates, 1973, S. 181. Vgl. *Lange*, NVwZ 1983, 313 (314); *Maurer/Waldhoff*, Allgemeines Verwaltungsrecht, 2017, § 3, Rn. 10.

Außerdem versuchen die Vertreter der Interessentheorie, die sich bis in die römische Zeit zurückverfolgen lassen,[382] den öffentlich-rechtlichen Charakter in der Verfolgung der öffentlichen Interessen zu finden. Wenn das Rechtsverhältnis dem Gemeinwohl dient, wird es als öffentlich-rechtlich eingeordnet.[383] Die Interessentheorie wird kritisiert, weil der Begriff des Gemeinwohls in der modernen Zeit diversifiziert ist und die persönliche Agenda auch die gesamte Gemeinschaft betrifft. Demnach wollte jede Rechtsnorm einschließlich des Privatrechts auf ein Gemeingut hinaus. Deshalb hat die ältere Interessentheorie keine hohe Priorität mehr.[384]

Nach der herrschenden Meinung wird die Subjektstheorie durch die sog. Sonderrechtstheorie präzisiert. Demnach soll der Träger der öffentlichen Gewalt im öffentlich-rechtlichen Rechtsverhältnis nach den Rechtssätzen, d. h. den entscheidungsleitenden Vorschriften oder dem Sachzusammenhang, berechtigt oder verpflichtet werden. Also wenn der Vertrag eine Rechtsbeziehung betrifft, woran der öffentlichen Träger „notwendigerweise“ beteiligt ist, kann der Vertrag als öffentlich-rechtlich gelten.[385]

In der modernen Verwaltung, insbesondere im Bereich der PPP, soll sich die beherrschende Sonderrechtstheorie durch die Interessentheorie ergänzen. In der letzten Zeit handelt es sich bei der Verwaltung eher um ihren Zweck und Inhalt, als Formen und Mittel in der Rechtsnorm. In der ersten Zeit des Rechtsstaats geht es darum, die Form der staatlichen Handlung festzusetzen, damit der effektive Rechtsschutz gegen in die Rechte eingreifende Maßnahmen ermöglicht wird. Jedoch nimmt die Bedeutsamkeit der substantiellen Aspekte öffentlich-rechtlicher Tätigkeit nun wirklich zu, soweit die Idee des Rechtsstaats in alle Bereiche des Staats universal eingeht. Im Rahmen des öffentlichen Rechts soll der öffentliche

382 Der weit bekannte Satz von *Domitius Ulpianus* artikuliert diese Theorie: „publicum ius est quod ad statum rei Romanae spectat, privatum quod ad singulorum utilitatem“.

383 Vgl. *Maurer/Waldhoff*, Allgemeines Verwaltungsrecht, 2017, § 3, Rn. 11; *Ramsauer*, in: *Kopp/Ramsauer*, Verwaltungsverfahrensgesetz, 2017, § 1, Rn. 13; *Ziekow*, Verwaltungsverfahrensgesetz, 2013, § 1, Rn. 23.

384 Dazu *Broß*, VerwArch 1988, 97 (100); *Ramsauer*, in: *Kopp/Ramsauer*, Verwaltungsverfahrensgesetz, 2017, § 1, Rn. 13; *Ziekow*, Verwaltungsverfahrensgesetz, 2013, § 1, Rn. 23.

385 Vgl. *Lange*, NVwZ 1983, 313 (316); *Maurer/Waldhoff*, Allgemeines Verwaltungsrecht, 2017, § 3, Rn. 13; *Ramsauer*, in: *Kopp/Ramsauer*, Verwaltungsverfahrensgesetz, 2017, § 1, Rn. 15; *Schönenbroicher*, in: *Mann/Sennekamp/Uechtritz*, Verwaltungsverfahrensgesetz, 2014, VwVfG § 1, Rn. 31; *Stober*, in: *Wolff/Bachof/Stober/Kluth*, Verwaltungsrecht I, 2017, § 22, Rn. 29; *Ziekow*, Verwaltungsverfahrensgesetz, 2013, § 1, Rn. 24.

Träger als substantielle Kernaufgabe auf eine Verwirklichung des Gemeinwohls hinzielen. Sinnvoll ist, dass sich das Kriterium der öffentlich-rechtlichen Handlung auf diese Hauptaufgabe bezieht. Nämlich muss es maßgeblich zur Abgrenzung der öffentlich-rechtlichen Handlung von der privaten sein, ob die Tätigkeit dem Gemeinwohl dient. In Anbetracht der Kritik an der Interessentheorie darf jede gemeinwohlbezogene Tätigkeit in das öffentlich-rechtliche Wesen nicht unbedenklich eingeordnet werden. Also ist der Bezug auf das öffentliche Interesse mit der funktionalen Sichtweise einzuschränken. Nur diejenigen Handlungen, die der Funktion des Staats oder der Kommunen für das Gemeinwohl dienen, könnten dem öffentlichen Recht zugeordnet werden. Hierzu gehören sowohl die vom öffentlichen Träger selbst verrichteten Tätigkeiten als auch die an die private Hand beliehenen Aufgaben.

Im Rahmen des Europarechts ist die funktionale Sicht umso wichtiger, als der Gegenstand der öffentlich-rechtlichen Regelung in den unterschiedlichen Rechtsstrukturen jedes Mitgliedstaats ausgelesen werden muss. Der sinnvolle Maßstab ist darum eher die Erfüllung der Funktion, die mit dem öffentlichen Interesse verbunden ist, als die Natur oder Form der Handlung in den Rechtssätzen.

Unter dem Strich ist die Bedeutung des Gebiets des öffentlichen Rechts nicht nur nach der einschlägigen Rechtsnorm, sondern auch nach dem Zweck und dem Inhalt der betroffenen Handlung zu beurteilen. Demnach soll der Bereich des öffentlichen Rechts einigermaßen erweitert werden. Führend bei dieser Linie wird weiter ausgeführt, welche inhaltlichen Merkmale des öffentlichen Rechts der PPP-Vertrag enthält.

### *b) Die Merkmale der öffentlich-rechtlichen Natur des PPP-Vertrags*

Die typischen Merkmale der öffentlich-rechtlichen Natur sind daher darzulegen, die sich bei der Durchführung des PPP-Projekts abzeichnen.

Eines ihrer Kennzeichen ist es, dass der Gegenstand des Projekts eine öffentliche Einrichtung darstellt, die im „Gebiet des öffentlichen Rechts" im Sinne des § 54 VwVfG eingeordnet werden kann.[386] Dabei kommt es auf folgende zwei Faktoren an: In der Regel ist das PPP-Projekt mit einem politischen Zweck seitens des Staates verbunden. Da die Bewerkstelligung des Zwecks innerhalb

386 *Baller* hat dies als entscheidendes Kriterium für die Beurteilung der Rechtsnatur des PPP-Vertrags angesehen. Demnach kann es darauf ankommen, ob der „Inhalt bzw. Vertragsgegenstand" einen „öffentlich-rechtlich zu beurteilenden Sachverhalt" darstellt. *Baller*, in: *Manssen/Himmelreich/Gricenko*, Public-private-Partnership im kommunalen Bereich, 2015, 183 (189 f.).

des öffentlich-rechtlichen Bereichs zustande kommen kann, soll der Gegenstand der PPP auch dazu gehören. Daneben ist es zu berücksichtigen, dass die durch die PPP aufgebaute Infrastruktur dem Bürger öffentlich und allgemein zur Verfügung steht.[387] Laut der PPP-Projektdatenbank werden die öffentlichen Einrichtungen, etwa Schulen, Alten- und Pflegeheime, öffentliche Kliniken, Justiz- und Verwaltungsgebäude, Freizeitparks und öffentliche Straßen, in Deutschland durch die PPP beschafft.[388] Dieses Merkmal weist darauf hin, dass der PPP-Vertrag funktionell das öffentliche Interesse betrifft.

Das zweite Merkmal ist aus dem Begriff der PPP hergeleitet. Wie schon erwähnt, wird die Verantwortung für die Durchführung des Projekts letztendlich vom öffentlichen Träger getragen[389] und sie ergibt sich aus der öffentlich-rechtlichen Norm. Denn der öffentliche Träger ist laut diesem Begriff ein Subjekt des Projekts. Wenn sich die öffentliche Hand federführend an einer Handlung beteiligt, soll die Handlung grundsätzlich nach dem öffentlichen Recht geregelt werden.[390]

Drittens handelt es sich bei der PPP nicht um eine schlichte synallagmatische Rechtsbeziehung zwischen dem Auftraggeber und -nehmer, sondern um ein Dreiecksverhältnis einschließlich der Bürger, d. h. Nutzer der Einrichtungen. Daher ist das Interesse der Bürger in der durch den PPP-Vertrag entwickelten Gestaltung zu beachten. So stellt die Auswirkung auf das allgemeine Interesse ein weiteres Merkmal dar.

Schließlich darf das Merkmal nicht übersehen werden, dass hoheitliche Befugnisse dem Privaten übertragen werden. Beim PPP-Projekt behält der private Teilnehmer das Recht zur Führung der öffentlichen Einrichtung und ggf. das Erhebungsrecht der Nutzungsgebühren. Da dieses Recht des privaten Partners einen Gegenstand des Vertrags darstellt, soll der vertragliche Inhalt die Verrichtung der öffentlich-rechtlichen Funktion betreffen.

### *c) Stellungnahme*

Im Hinblick auf das moderne Verwaltungsrecht und das Europarecht ist eine funktionale Grenze zur Abgrenzung zwischen dem öffentlichen und privaten

---

387 Vgl. *Ramsauer/Tegethoff*, in: *Kopp/Ramsauer*, Verwaltungsverfahrensgesetz, 2017, § 54, Rn. 27.

388 Dazu PPP-Projektdatenbank: Projektsuche, <https://www.ppp-projektdatenbank.de/index.php?id=9> (18.7.2016).

389 Dazu bereits Kapitel. 1, II, 4, d).

390 Doch die Beteiligung ist keine notwendige Anforderung für die Öffentlichrechtlichkeit. Vgl. BVerwGE 37, 243 (245); *Ramsauer/Tegethoff*, in: *Kopp/Ramsauer*, Verwaltungsverfahrensgesetz, 2017, § 54, Rn. 28.

Recht zu ziehen. In Betracht muss gezogen werden, dass durch den PPP-Vertrag die Einrichtungen im öffentlich-rechtlichen Bereich beschafft werden, dass die durch die PPP erfüllten Aufgaben zur Verantwortung des öffentlichen Trägers gehören und dass bei der Durchführung des PPP-Vertrags die hoheitliche Gewalt ausgeübt wird. Daraus ergeben sich mehre Merkmale, die im Rahmen sowohl der Sonderrechtstheorie als auch der Interessentheorie als öffentlich-rechtlich klassifiziert werden können.

Im Ergebnis ist es nicht zu verneinen, dass der PPP-Vertrag gewissermaßen eine öffentlich-rechtliche Natur aufweist und die öffentlich-rechtliche Kontrolle erforderlich ist.[391] Bei der Kontrolle der PPP ist ihre Spezialität allerdings auch zu berücksichtigen.

### 3. Spezialität des PPP-Vertrags

Wie bereits erwähnt im Kapitel 1, stellt die PPP ein neues Paradigma der Verwaltung dar, folglich bedarf es einer angemessenen Berücksichtigung. Bezüglich der Kontrolle über den PPP-Vertrag sind folgende Faktoren zu erfassen:

> Zunächst ist zu beachten, dass das Subjekt der Handlung grundsätzlich der öffentliche Sektor bzw. die Behörde ist, obwohl das private Unternehmen sich teils am öffentlichen Projekt durch die Vergabe beteiligt. Folglich handelt es sich bei der Vergabe durch die PPP um die Verwaltungshandlung. Daher müssen sowohl die beteiligten Parteien als auch der Dritte geschützt werden.

Zudem sind die Grundsätze des Haushaltsrechts zu beachten, wenn der Haushalt des Staates aufgrund des Abschlusses des PPP-Vertrages belastet wird. Es tritt der Fall ein, dass nicht nur der private Partner das Entgelt für seine Leistungen erhält, sondern dass auch der öffentliche Träger beim Konzessionsmodell auf den erwirtschafteten Gewinn verzichtet.

Weiterhin ist es wichtig, dass der private Teilnehmer im PPP-Vertrag kein Verwaltungshelfer, sondern ein Subjekt der Vergabe darstellt, wobei er kein einziges Subjekt ist. Daher geht es darum, welche rechtlichen Eigenarten die

---

391 Auch bei *Massen* lässt sich die PPP im „verwaltungsrechtlichen Problemfeld" legen. *Manssen*, in: *Manssen/Himmelreich/Gricenko*, Public-private-Partnership im kommunalen Bereich, 2015, 99 (102). Allerdings ist diese Notwendigkeit unabhängig davon, ob die äußere Form des Vertrags öffentlich- oder privatrechtlich eingeordnet wird. Wenn auch der PPP-Vertrag für einen privatrechtlichen Vertrag gehalten wird, wird die Notwendigkeit der öffentlich-rechtlichen Regelung z. B. mittels der Verwaltungsprivatrechtslehre meistenteils akzeptiert. Dazu *Bonk/Neumann*, in: *Stelkens/Bonk/Sachs*, VwVfG, § 54, Rn. 431.

Handlung des privaten Beteiligten hat und wie und inwieweit seine Handlung geregelt werden soll.

Somit besteht ein dreieckiges Rechtsverhältnis in der Beschaffung durch die PPP. In dieses involviert sind der Staat, das private Unternehmen und der Bürger, d. h. der Verbraucher bzw. der Benutzer. In der Kontrolle des PPP-Vertrags ist es notwendig, dass der Bürger als Benutzer berücksichtigt wird. Also liegt der Schwerpunkt der Regelung darin, ob er die betroffene Sache der Beschaffung mit der angemessenen Gebühr verwenden kann.

Schließlich ist der PPP-Vertrag aufgrund der Eigenschaft der privaten Partei speziell zu behandeln. Da das private Unternehmen ständig im eigenen Interesse handelt, kann der Vertrag nicht abgeschlossen werden, ohne dem Interesse des Unternehmens zu entsprechen. Bei der Beschaffung durch die PPP ist es notwendig, die richtige Balance zu finden, in welcher der öffentliche Träger nicht nur die Erfüllung des öffentlichen Interesses und einen fundamentalen Zweck des Staats verfolgt, sondern auch mehr oder weniger das private Interesse garantiert. Die Kontrolle über den PPP-Vertrag soll auch diesem Blickpunkt unterliegen.

## III. Die PPP im Rahmen des Europarechts

### 1. Die europarechtlichen Rahmenbedingungen der PPP

Die Rechtsquellen für die deutsche PPP bestehen auch aus den europarechtlichen Regelungen in den verschiedenen Bereichen. Wegen der Europäisierung des deutschen Rechts spielt das Europarecht in bestimmten Bereichen eine verfassungsrechtliche Rolle. Im Besonderen enthalten das europäische Beihilfen- und Vergaberecht die Rechtsnormen, die sich auf die PPP vorrangig beziehen.[392]

Oft werden Beihilfen zur Verfügung des PPP-Projekts geleistet. Auf die zur PPP gewährten Beihilfen werden die Bestimmungen der Art. 107 ff. AEUV angewendet, die allgemeine Regelungen über die Beihilfen darstellen. Demnach werden Beihilfen zur PPP auch nach „einem präventiven Verbot mit Genehmigungsvorbehalt“[393] kontrolliert. Unlängst veröffentlichte die Kommission ein neues Regelwerk namens „Almunia-Paket“, das die bestehenden Regelungen[394] ersetzt. Nach den

392 Vgl. *Kramer*, in: *Manssen/Himmelreich/Gricenko*, Public-private-Partnership im kommunalen Bereich, 2015, 63 (69).

393 *Koenig/Kühling*, NJW 2000, 1065 (1065).

394 Mitteilung der Kommission über die Anwendung von Beihilfevorschriften der Europäischen Union auf Ausgleichsleistungen für die Erbringung von Dienstleistungen von allgemeinem wirtschaftlichen Interesse (ABl. 2012 C 8, 4); Mitteilung der Kommission: Rahmen der Europäischen Union für staatliche Beihilfen in Form von

Rechtsnormen des Almunia-Pakets wird die Angemessenheit der Vergütung einschließlich des Erhebungsrechts der Nutzerbeiträge geregelt.

Für die Ausschreibung und das Auswahlverfahren des Auftragnehmers beim PPP-Projekt fungierte die europäische Richtlinie 2004/18/EG (sog. „Vergaberichtlinie")[395] als rechtliche Orientierung.[396] Am 28. März 2014 wurden die neuen Richtlinien veröffentlicht,[397] um derjenigen von 2014/24/EU[398] in der vergaberechtlichen Regulierung in Europa eine tragende Rolle zukommen zu lassen. Die Konzessionsvergabe, bei der dem Auftragnehmer als Gegenleistung für die Bauleistung oder die Dienstleistung das Recht zur Nutzung des vertraglichen Gegenstandes erteilt wird, regelt die am 26.2.2014 neu erlassene Richtlinie 2014/23/EU (sog. „Konzessionsrichtlinie").[399] Die Richtlinie 2004/17/EG[400] wurde demnach durch die Richtlinie 2014/25/EU[401] ersetzt.

---

Ausgleichsleistungen für die Erbringung öffentlicher Dienstleistungen (ABl. 2012 C 8, 4); Beschluss der Kommission v. 20.12.2012 über die Anwendung von Art. 106 II AEUV auf staatliche Beihilfen in Form von Ausgleichsleistungen zu Gunsten bestimmter Unternehmen, die mit der Erbringung von Dienstleistungen von allgemeinem wirtschaftlichen Interesse betraut sind (ABl, 2012 L 7, 3); Verordnung (EU) Nr. 360/2012 der Kommission v. 25.4.2012 über die Anwendung der Art. 107 und 108 AEUV auf De-minimis-Beihilfen an Unternehmen, die Dienstleistungen von allgemeinem wirtschaftlichen Interesse erbringen (ABl. 2012 L 114, 8).

395 Richtlinie 2004/18/EG des Europäischen Parlaments und des Rates v. 31.3.2004 über die Koordinierung der Verfahren zur Vergabe öffentlicher Bauaufträge, Lieferaufträge und Dienstleistungsaufträge.

396 In Deutschland wurde die Vergaberichtlinie im GWB, in VgV, VOL/A, VOB/A und der früheren VOF umgesetzt.

397 ABl. 2014 L 94, 1.

398 Richtlinie 2014/24/EU des europäischen Parlaments und des Rates v. 26.2.2014 über die öffentliche Auftragsvergabe und zur Aufhebung der Richtlinie 2004/18/EG.

399 Richtlinie 2014/23/EU des Europäischen Parlaments und des Rates v. 26.2.2014 über die Konzessionsvergabe.

400 Richtlinie 2004/17/EG des Europäischen Parlaments und des Rates v. 31.3.2004 zur Koordinierung der Zuschlagserteilung durch Auftraggeber im Bereich der Wasser-, Energie und Verkehrsversorgung sowie der Postdienste.

401 Richtlinie 2014/25/EU des Europäischen Parlaments und des Rates v. 26.2.2014 über die Vergabe von Aufträgen durch Auftraggeber im Bereich der Wasser-, Energie- und Verkehrsversorgung sowie der Postdienste und zur Aufhebung der Richtlinie 2004/17/EG.

## 2. Bedürfnis einer objektiven Betrachtung des Europarechts

Bei der Kontrolle der Beschaffung durch die PPP sind die Regelungen des Europarechts über die Grenze des deutschen Rechts hinaus objektiv zu betrachten. Wie schon erwähnt, ist der Abschluss des PPP-Vertrags keine einfache Zubereitung der Verwaltung, sondern eine Form der Tätigkeit des öffentlichen Trägers, die ebenso wie ein Verwaltungsakt nach außen wirkt. Wenn auch die Tätigkeit vertragsweise zustande kommt, bleibt deren Natur als staatliche Handlung unberührt. Daher muss der öffentliche Träger die Grundsätze über die Grundfreiheiten einschließlich der Wettbewerbsfähigkeit beim PPP-Vertrag erreichen, um die Regelungen des Primär- sowie Sekundärrechts (ggf. durch die Umsetzung in das inländische Recht) beim PPP-Projekt zu beachten. Unter den Regelungen sind Beihilfen- und Vergaberecht im Beschaffungswesen am wichtigsten.

Die PPP ist im Vergleich zur konventionellen Beschaffungsvariante eine neue Form der staatlichen Handlung, folglich muss es weiter untersucht werden, wie und inwieweit die europarechtlichen Vorschriften angewandt werden. Da die europäischen Regelungen eigentlich basierend auf der konventionellen Beschaffung eingeführt wurden, muss die Signifikanz solcher Regelungen beim PPP-Projekt kritischer Analyse unterzogen werden. Im beihilfenrechtlichen Zusammenhang ist es zu berücksichtigen, wie unterschiedliche Formen der staatlichen Finanzierung bei der PPP bewertet werden. Im Vergaberecht geht es darum, ob und inwieweit Normen des Vergabeverfahrens bei der Durchführung des PPP-Projekts zu beachten sind. Dabei sind Fragen des Rechtsschutzes sowie der gerichtlichen Kontrolle beim Verstoß gegen die Regelungen zu behandeln.

Führend bei dieser Linie sind unterschiedliche Aspekte der Regelung des europäischen Beihilfen- und Vergaberechts nach vielfältigen PPP-Modellen in Betracht zu ziehen. Daneben ist es auch sinnvoll, zu betrachten, welche Auswirkungen die neuen Tendenzen des europäischen Beihilfen- und Vergaberechts auf die PPP haben.

# IV. Zwischenergebnis: Notwendigkeit und Zweck der Kontrolle der PPP

Der Vertrag soll grundsätzlich durch gegenseitige Willenserklärungen zustande kommen, denn es geht um die Wirkung zwischen jeder Partei. Dagegen übt der Vertrag für die Beschaffung der Infrastruktur auf die gesamten Bürger einen großen Einfluss aus. Das wirkt sich nicht nur auf die Nutzer der Einrichtungen direkt aus, sondern auch auf alle Bürger: Steuergelder zur Durchführung des Projekts werden immerhin benötigt.

In Deutschland wurde der öffentliche Beschaffungsauftrag für lange Zeit als ein privatrechtlicher Vertrag angesehen. Bekanntlich hat der PPP-Vertrag für die Beschaffung der Infrastruktur eine öffentlich-rechtliche Natur. Soweit selbst der PPP-Vertrag im Beschaffungswesen als staatliche Handlung für die Erfüllung des Staatszwecks gehalten wird, soll das Rechtsverhältnis materiell unter den öffentlichen Regelungen – von den Ordnungen der Gemeinde bis zum Europarecht – geregelt werden. Daneben soll die Kontrolle über den PPP-Vertrag aber auch über den Rahmen des traditionellen deutschen Verwaltungsrechts – z. B. nach der Theorie des subjektiven öffentlichen Rechts – hinausgedacht werden. Aufgrund ihrer Spezialität bedarf es einer europarechtlichen Berücksichtigung der Beschaffung durch die PPP. Maßgebend ist, wie und inwieweit die Vornahme des PPP-Projekts bzw. -vertrags unter den europarechtlichen Grundsätzen, etwa der Grundfreiheiten, geregelt werden muss.

In diese Richtung weisen die weiteren Kapitel über die Kontrolle der PPP im Rahmen des europäischen Beihilfen- und Vergaberechts.

# Viertes Kapitel Kontrolle über PPP im Rahmen des europäischen Beihilfenrechts

## I. Einführung

Beihilfen haben im politischen und ökonomischen Feld eine wichtige Bedeutung, da in der modernen Gesellschaft die wirtschaftliche Tätigkeit nicht nur in der privaten Hand liegt. Daraus ergeben sich viele Streitfragen, ob und inwieweit die Beihilfen geleistet werden können. Nicht zuletzt im Beschaffungswesen der Infrastruktur, das mit der Wirtschaftspolitik ineinandergreift, soll das Problem bezüglich der Beihilfen vornehmlich verortet werden, weil bei der Gewährung von Beihilfen die wirtschaftspolitischen Elemente zu beachten sind.[402] Aufgrund der großen Investitionsvolumina bei der Beschaffung der Infrastruktur und der hohen Relevanz für andere industrielle Branchen kann das Risiko eines Konflikts um die Beihilfen im Beschaffungswesen entstehen.

Dies gilt auch bei der Beschaffung von Infrastruktur durch die PPP. Da verschiedene Formen der Beihilfen bei der PPP auftreten, ist das Problem der Beihilfen hier von größerer Bedeutung.

Die Kontrolle der Beihilfen beim PPP-Projek erfolgt grundsätzlich auf der Basis europäisches Rechts Problematik. So unterstehen sie einerseits dem primären Europarecht und werden andererseits von den Vorschriften des Sekundärrechts ergänzt, etwa den Verordnungen sowie den Mitteilungen. Daher geht es angesichts dieses Themas um die Fragen, ob und wie verschiedene Formen der Beihilfen bei den PPP-Projekten den Verbots- und Ausnahmetatbeständen des Primärrechts unterfallen und in welchem Zusammenhang die Vorschriften des Sekundärrechts angewandt werden.

In diesem Kapitel werden die Grundstruktur des europäischen Beihilfenrechts in den Art 107 ff. AEUV und anderen sekundärrechtlichen Regelungen vorgestellt und Aspekte der europarechtlichen Beihilfenkontrolle bei der PPP beleuchtet.

402 Vgl. *Cremer*, in: *Calliess/Ruffert*, EUV/AEUV, 2016, AEUV Art. 107, Rn. 24; *Dörr/Heinemann*, KommJur 2006, 41 (41); *Kaltenborn/Nobis*, NZBau 2008, 681 (684); *Koenig/Kühling*, NJW 2000, 1065 (1065); *Pünder*, NZBau 2003, 530 (533).

## II. Grundlagen des europäischen Beihilfenrechts

### 1. Bedeutung der Beihilfen und Grundstruktur der Beihilfenregelung im Europarecht

Im Allgemeinen kann der Begriff der Beihilfe als direkte oder indirekte Zuwendung für die im öffentlichen Interesse liegenden Zwecke bestimmt werden.[403] Demnach umfassen Beihilfen bzw. Subventionen im Sinne des öffentlichen Rechts alle vermögenswerten Zuwendungen, die von dem Staat oder einem anderen Verwaltungsträger an Privatpersonen ohne marktgerechte Gegenleistungen zur Förderung eines im öffentlichen Interesse liegenden Zweckes gegeben werden.[404] Um die beihilfenrechtliche Lage der PPP in Deutschland zu diskutieren, bedarf es eher einer Definition, die auf die europarechtliche Bedeutung Gewicht legt, als allgemeiner Konzeptionen.[405] Also ist ein Konzept der Beihilfe zu bestimmen, das dem Aspekt der europäischen Beihilfenregelung Rechnung trägt.

Der Regelungszweck des europäischen Beihilfenrechts kann in der „Festlegung der für das Funktionieren des Binnenmarkts erforderlichen Wettbewerbsregeln" des Art. 3 Abs. 1 lit. b) AEUV gefunden werden. Dieses „Binnenmarktkonzept" soll im Rahmen des Beihilfenrechts zwei Anwendungsgebiete haben. Einerseits kann dies als Maßstab zur Beurteilung der Rechtmäßigkeit der Beihilfen unmittelbar ausgespielt werden. Steht die Zuwendung der Beihilfen dem Binnenmarkt entgegen, wird sie in sich als unstatthaft betrachtet. Andererseits kann das Binnenmarktkonzept ein Bezugspunkt zur Auslegung der Regelungen der Art. 107 ff.

---

403 *Ziekow*, Öffentliches Wirtschaftsrecht, 2016, § 6, Rn. 1.

404 *Cremer*, in: *Calliess/Ruffert*, EUV/AEUV, 2016, AEUV Art. 107, Rn. 10; *Maurer/Waldhoff*, Allgemeines Verwaltungsrecht, 2017, § 17, Rn. 5 ff.; *Ziekow*, Öffentliches Wirtschaftsrecht, 2016, § 6, Rn. 5; *Ruthig/Storr*, Öffentliches Wirtschaftsrecht, 2011, § 9, Rn. 770; *Erbguth*, Allgemeines Verwaltungsrecht, 2013, § 29, Rn. 5.

405 Z. B. die Subvention im Sinne des Subventionsbetrugs nach § 264 StGB stellt „eine Leistung aus öffentlichen Mitteln nach Bundes- oder Landesrecht an Betriebe oder Unternehmen, die wenigstens zum Teil ohne marktmäßige Gegenleistung gewährt wird und der Förderung der Wirtschaft dienen soll, sowie eine Leistung aus öffentlichen Mitteln nach dem Recht der Europäischen Gemeinschaften, die wenigstens zum Teil ohne marktmäßige Gegenleistung gewährt wird", dar. Da das StGB in größerem Umfang den Begriff der Beihilfe festsetzt, soll diese Definition für die Diskussion im Rahmen des öffentlichen Rechts sowie des Europarechts ohne oder von nur geringem Belang sein. Vgl. *Bungenberg/Motzkus*, in: *Birnstiel/Bungenberg/Heinrich*, Europäisches Beihilfenrecht, 2013, Kapitel 5, Rn. 42 ff.; *Ruthig/Storr*, Öffentliches Wirtschaftsrecht, 2011, § 9, Rn. 767.

AEUV sein.[406] Also bezwecken die Regeln der Art. 107 ff. AEUV und der davon abgeleiteten Sekundärrechtsvorschriften, die Beeinträchtigung des Wettbewerbs im Binnenmarkt zu vermeiden, die durch die von den Mitgliedstaaten an bestimmte Unternehmen gewährten wirtschaftlichen Vorteile entsteht, und letzten Endes die ökonomische Prosperität der Europäischen Union zu heben.[407]

Die Bedeutung der Beihilfen im Sinne der Art. 107 ff. AEUV muss in diesem Zusammenhang angewandt werden. Art. 107 Abs. 1 AEUV schreibt Voraussetzungen für Beihilfen vor, die im Binnenmarkt grundsätzlich nicht erlaubt sind. Daher ist die in diesem Kapitel angeschnittene Konzeption der Beihilfen begrenzt, welche solche Tatbestände enthält.

Nach Art. 107 Abs. 2 und 3 AEUV werden die Ausnahmen geregelt. Einerseits sind die Arten der Beihilfen, die Art. 107 Abs. 2 AEUV vorsieht, gerechtfertigt. Andererseits kann die Kommission nach Art. 107 Abs. 3 AEUV einen Ermessungsspielraum haben, ob eine Art von Beihilfen mit dem Binnenmarkt vereinbar ist. Nach Art. 108 AEUV werden Maßnahmen der Kommission oder des Rates vorgeschrieben, die auf unerlaubte Beihilfen angewandt werden. Nach Art. 109 AEUV hat der Rat eine Befugnis zum Erlass der sog. Durchführungsverordnungen. Die Kommission kann im Rahmen der Ermächtigung der Durchführungsverordnungen des Rates die Freistellungsverordnung festsetzen, die Kriterien zur Anwendung der Art. 107 Abs. 2 und 3 AEUV konkretisiert. Das europäische Beihilfenrecht wird neben den Vorschriften der Art. 107 ff. AEUV von den gemäß Art. 109 AEUV erlassenen sekundärrechtlichen Verordnungen gebildet.

Im Weiteren werden die Grundlagen des europäischen Beihilfenrechts auf Basis dieser Grundstruktur beschrieben.

## 2. Grundsätzliches Verbot der Beihilfen mit Genehmigungsvorbehalt

### *a) Voraussetzungen der verbotenen Beihilfen im Rahmen des Art. 107 Abs. 1 AEUV*

Nach Art. 107 Abs. 1 AEUV sind „staatliche oder aus staatlichen Mitteln gewährte Beihilfen gleich welcher Art, die durch die Begünstigung bestimmter Unternehmen oder Produktionszweige den Wettbewerb verfälschen oder zu verfälschen

---

406 Vgl. *Cremer*, in: *Calliess/Ruffert*, EUV/AEUV, 2016, AEUV Art. 107, Rn. 5.

407 Vgl. *Bungenberg*, in: *Birnstiel/Bungenberg/Heinrich*, Europäisches Beihilfenrecht, 2013, Kapitel 1, Rn. 3; *Ziekow*, Öffentliches Wirtschaftsrecht, 2016, § 6, Rn. 2, 17; *Koenig/Kühling*, NJW 2000, 1065 (1065).

drohen", grundsätzlich nicht erlaubt, „soweit sie den Handel zwischen Mitgliedstaaten beeinträchtigen." Aus dieser Vorschrift können fünf kumulative Voraussetzungen der im Binnenmarkt unstatthaften Beihilfen abgeleitet werden: (1) Begünstigung, (2) staatliche oder aus staatlichen Mitteln gewährte Zuwendung, (3) Bestimmtheit der Beihilfenempfänger, (4) bestehende oder drohende Wettbewerbsverfälschung und (5) Beeinträchtigung des zwischenstaatlichen Handels.[408]

In diesem Kapitel wird jedes Tatbestandsmerkmal der Beihilfen in Bezug auf die PPP-Modelle überprüft.

### *b) Die Erlaubnis der Beihilfen*

#### *aa) Überblick*

Die Stellung des Europarechts zu Beihilfen kann als „präventives Verbot mit Genehmigungsvorbehalt" charakterisiert werden.[409] Während Art. 107 Abs. 1 AEUV das grundsätzliche Verbot der Beihilfen vorschreibt, werden Ausnahmen nach Abs. 2 und 3 zugelassen. Art. 107 Abs. 2 AEUV führt Rechtfertigungsgründe für Beihilfen auf. Wenn die im Absatz aufgezählten Voraussetzungen erfüllt werden, werden die genannten Zuwendungen ohne weitere Maßnahmen als statthaft im Binnenmarkt betrachtet. Dagegen wird nach Art. 107 Abs. 3 AEUV der Kommission ein Ermessensspielraum für die Beurteilung der Rechtmäßigkeit der bestimmten Arten der Beihilfen belassen. Dazu bedarf es einer sekundärrechtlichen Konkretisierung der Zulassungskriterien. Nach Art. 109 AEUV wird der Rat ermächtigt, Durchführungsverordnungen zu erlassen.

#### *bb) Ausnahmetatbestände nach Art. 107 Abs. 2 AEUV*

Drei Ausnahmen werden gemäß Art. 107 Abs. 2 AEUV aufgeführt, damit solche Arten der Beihilfen mit dem Binnenmarkt vereinbar sind. Erstens sind ohne Diskriminierung bezüglich der Herkunft der Waren an einzelne Verbraucher gewährte Beihilfen sozialer Art (lit. a) vom Beihilfenverbot im Sinne des Art. 107 Abs. 1 AEUV ausgenommen. Zweitens werden Beihilfen zur Beseitigung von

---

408 Es gibt auch die Auffassung, dass die „Begünstigung" und die „Bestimmtheit" vereinheitlicht werden, damit nur vier Tatbestandsmerkmale im Sinne des Art. 107 Abs. 1 AEUV bestehen. Vgl. *Bär-Bouyssière*, in: *Schwarze*, EU-Kommentar, 2012, Art. 107 AEUV, Rn. 23; *Bultmann*, Beihilfenrecht und Vergaberecht, 2004, S. 26.

409 *Koenig/Kühling*, NJW 2000, 1065 (1065); *Kühling*, in: *Streinz*, EUV/AEUV, 2012, Art. 107 AEUV, Rn. 4. Vgl. *Schwalbe*, in: *Säcker/Montag*, European State Aid Law, 2016, I, Rn. 13 ff.

Schäden,[410] die durch Naturkatastrophen oder sonstige außergewöhnliche Ereignisse entstanden sind (lit. b),[411] auch zugelassen. Drittens legitimiert die sog. Deutschlandklausel (lit. c) die Gewährung der Beihilfen zum Ausgleich der durch die Teilung verursachten wirtschaftlichen Nachteile für betroffene Gebiete in Deutschland.

Nach Art. 107 Abs. 2 lit. c) S. 2 kann die „Deutschlandklausel" fünf Jahre nach dem Inkrafttreten des Vertrags von Lissabon auf Vorschlag der Kommission vom Rat aufgehoben werden. Eigentlich wurde Buchstabe c) in Anbetracht der rückständigen Gebiete in Deutschland, etwa Saarland und (West) Berlin, festgelegt. Nach der Wiedervereinigung Deutschlands entstand eine Diskussion, ob neue Bundesländer im Anwendungsbereich des Buchstaben c) liegen. Das EuG hat im sog. Sachsen-Urteil entschieden, dass Beihilfen an die neuen Bundesländer keinen Gegenstand des Art. 107 Abs. 2 S. 1 lit. c) AEUV darstellen, da „die unterschiedliche Entwicklung der alten und der neuen Bundesländer" auf dem „unterschiedlichen politisch-wirtschaftlichen System" beruht.[412] Also ist es sinnvoll, dass die Frage der Vereinbarkeit der Beihilfen zur wirtschaftlichen Förderung der neuen Bundesländer im Zusammenhang mit den allgemeinen Regionalbeihilfen im Sinne des Art. 107 Abs. 3 lit. a) AEUV behandelt wird.[413]

Zwar werden Beihilfen nach dieser Vorschrift pro forma unmittelbar gerechtfertigt, aber der Kommission bleibt eine Befugnis zur Beurteilung vorbehalten, ob die Voraussetzungen des Art. 107 Abs. 2 AEUV erfüllt werden. Bei unklaren Fällen darf der Mitgliedstaat gemäß Art. 108 Abs. 3 S. 3 AEUV die Zuwendungsmaßnahme nicht durchführen, bevor nicht ein Bescheid über die Tatbestandmäßigkeit der Ausnahme von der Kommission ergangen ist. Die Kommission muss nach Art. 108 Abs. 4 AEUV die konkreten Kriterien für die Auslegung der Legalausnahmen i. S. des Art. 107 Abs. 2 AEUV bekanntmachen. Daher erließ die Kommission die „allgemeine Gruppenfreistellungsverordnung" (im Folgenden

---

410 Der Schaden in diesem Sinne umfasst nur diejenigen aus Krieg oder Terrorismus. Dafür soll z. B. der wirtschaftliche Nachteil aus der Kunjunturkrise nicht gelten. Vgl. *Fehling*, EuR 2010, 598 (607); *Oppermann/Classen/Nettesheim*, Europarecht, 2016, § 21, Rn. 15.

411 Beihilfen für die Vorsorge des Schadens sollen aus dem Anwendungsbereich des Abs. 2 ausgenommen sein. *Koenig/Kühling*, in: *Koenig/Kühling/Theobald*, Recht der Infrastrukturförderung, 2004, Kap. 1, Rn. 72.

412 EuG, Rs. T-132/96 und 143/96, Slg. 1999, II-3663, Rn. 137. – Freistaat Sachsen u. a.

413 Vgl. *Cremer*, in: *Calliess/Ruffert*, EUV/AEUV, 2016, Art. 107 AEUV, Rn. 45 f.; *Oppermann/Classen/Nettesheim*, Europarecht, 2016, § 21, Rn. 16.

AGVO),[414] in der sie Arten der ausnahmsweise zugelassenen Beihilfen ausweist. Z. B. wird die Liste bestimmter Naturkatastrophen i. S. des Art. 107 Abs. 2 lit. b) AEUV durch Art. 50 AGVO bestimmt und Voraussetzungen zur Gewährung solcher Beihilfen auch vorgeschrieben. Nach Art. 51 AGVO wird der zulässige Bereich der Sozialbeihilfen für die Förderung von Einwohnern entlegener Gebiete i. S. des Art. 107 Abs. 2 lit. a) AEUV festgesetzt. Dieser Regelungsstand kann in der Literatur auch im Satz ausgedrückt werden, dass Legalausnahmen der Art. 107 Abs. 2 AEUV gewissermaßen „lediglich deklaratorischer Natur" sind.[415]

### *cc) Entscheidungsspielraum nach Art. 107 Abs. 3 AEUV*

Art. 107 Abs. 3 AEUV regelt Ausnahmen, die die Kommission unter bestimmten Voraussetzungen nach ihrem Ermessen[416] erlaubt oder über die der Rat entscheidet. Natürlich muss das Ermessen im Hinblick auf den sozialen und wirtschaftlichen Wert der Beihilfen für die „Union als Ganzes" ausgeübt werden.[417] In lit. a) - d) werden Ziele der Beihilfen genannt, bei denen die Kommission die Rechtmäßigkeit der Beihilfen anerkennen kann,[418] während nach lit. e) der Rat

---

414 Verordnung (EU) Nr. 651/2014 der Kommission vom 17. Juni 2014 zur Feststellung der Vereinbarkeit bestimmter Gruppen von Beihilfen mit dem Binnenmarkt in Anwendung der Artikel 107 und 108 des Vertrags über die Arbeitsweise der Europäischen Union.

415 *Cremer*, in: *Calliess/Ruffert*, EUV/AEUV, 2016, Art. 107 AEUV, Rn. 42; *Rengeling*, in: *Börner/Neundörfer*, Recht und Praxis der Beihilfen im gemeinsamen Markt, 1984, 23 (33 f.).

416 Beim Europäischen Gerichtshof werden der unbestimmte Rechtsbegriff und das Ermessen nicht gegeneinandergesetzt, während beide im deutschen Verwaltungsrecht von einem Problem der Tatbestandserkenntnis und der Rechtsfolge streng getrennt sind. EuGH, Rs. 183/84, Slg. 1985, 3351, Rn. 23 f. – Rheingold. Vgl. *Cremer*, in: *Calliess/Ruffert*, EUV/AEUV, 2016, Art. 107 AEUV, Rn. 49; *Schweda*, in: *Heidenhain*, European State Aid Law, 2010, § 14, Rn. 5; *Maurer/Waldhoff*, Allgemeines Verwaltungsrecht, 2017, § 7, Rn. 29.

417 *Cremer*, in: *Calliess/Ruffert*, EUV/AEUV, 2016, Art. 107 AEUV, Rn. 51. Vgl. *Rusche*, in: *Immenga/Mestmäcker*, Wettbewerbsrecht Band 3, 2016, Art. 107 Abs. 3 AEUV, Rn. 21 ff.

418 Die einzelnen Ausnahmetatbestände stellen sich, wie folgt, dar: a) Beihilfen zur Förderung der wirtschaftlichen Entwicklung von Gebieten, in denen die Lebenshaltung außergewöhnlich niedrig ist oder eine erhebliche Unterbeschäftigung herrscht, sowie der in Art. 349 genannten Gebiete unter Berücksichtigung ihrer strukturellen, wirtschaftlichen und sozialen Lage; b) Beihilfen zur Förderung wichtiger Vorhaben von gemeinsamem europäischem Interesse oder zur Behebung einer beträchtlichen

berechtigt wird, sonstige Ausnahmen durch einen Beschluss auf Vorschlag der Kommission zu bestimmen.

Also hat die Kommission gemäß Art. 107 Abs. 3 AEUV einen Entscheidungsspielraum zur Erlaubnis der Gewährung der Beihilfen, der sowohl auf der Tatbestandsseite als auch auf der Rechtsfolgeseite gilt. Der Mitgliedstaat darf einschlägige Beihilfen nur dann gewähren, wenn die Kommission durch Verordnungen, Leitlinien, Gemeinschaftsrahmen oder Mitteilungen die Kriterien der Ausnahmen verabschiedet.[419]

Im Weiteren werden die sekundärrechtlichen Regelungen ausgeführt, die detailliert die Kriterien zur Anwendung der Art. 107 Abs. 2 und 3 AEUV vorschreiben.

### c) *Sekundärrechtliche Regelungen zur Beihilfenfreistellung*

Wie oben erwähnt, bedarf es nicht nur der Auslegungskriterien der Ausnahmen im Sinne des Art. 107 Abs. 2 AEUV, sondern auch einer Ergänzung des Freistellungsregimes des Abs. 3 durch die sekundärrechtlichen Verordnungen.

Zunächst wird der Rat nach Art. 109 AEUV ermächtigt, Durchführungsverordnungen zur Anwendung der Art. 107 und 108 AEUV zu erlassen. Der Rat schuf aber bis 1998 außer den Verordnungen im Verkehrsbereich sowie für Schiffbaubeihilfen keine auf Art. 109 AEUV beruhenden Verordnungen.[420] Erst 1998, als der Rat die auf Art. 109 AEUV gestützte Verordnung über die Anwendung der damaligen Art. 92 und 93 EGV[421] erließ, wurden auf dessen Ermächtigung verschiedene Gruppenfreistellungsverordnungen durch die Kommission verabschiedet, etwa für Ausbildungsbeihilfen,[422] Beschäftigungsbeihilfen,[423]

---

Störung im Wirtschaftsleben eines Mitgliedstaats; c) Beihilfen zur Förderung der Entwicklung gewisser Wirtschaftszweige oder Wirtschaftsgebiete, soweit sie die Handelsbedingungen nicht in einer Weise verändern, die dem gemeinsamen Interesse zuwiderläuft; d) Beihilfen zur Förderung der Kultur und der Erhaltung des kulturellen Erbes, soweit sie die Handels- und Wettbewerbsbedingungen in der Union nicht in einem Maß beeinträchtigen, das dem gemeinsamen Interesse zuwiderläuft.

419 Vgl. *Oppermann/Classen/Nettesheim*, Europarecht, 2016, § 21, Rn. 21 ff.

420 Vgl. *Cremer*, in: *Calliess/Ruffert*, EUV/AEUV, 2016, Art. 109 AEUV, Rn. 1.

421 Verordnung (EG) Nr. 994/98 des Rates, ABl. 1998 L 142, 1.

422 Verordnung (EG) Nr. 68/2001 der Kommission v. 12.1.2001 über die Anwendung der Art. 87 und 88 EGV auf Ausbildungsbeihilfen, ABl. 2001 L 10, 20.

423 Verordnung (EG) Nr. 2204/2002 der Kommission v. 12.12.2002 über die Anwendung der Art. 87 und 88 EGV auf Beschäftigungsbeihilfen, ABl. 2002 L 337, 3.

De-minimis-Beihilfen[424] und KMU-Beihilfen.[425] Aber diese Verordnungen exklusive De-minimis-Verordnung wurden inzwischen außer Kraft gesetzt und durch die AGVO 2008 ersetzt. Jetzt gilt die 2014 zuletzt geänderte AGVO, nach der 43 zugelassene Beihilfengruppen im Zusammenhang mit Art. 107 Abs. 2 und 3 AEUV eingebracht werden. Neben der AGVO und der De-minimis-Verordnung spielen verschiedene Leitlinien, Unionsrahmen, Mitteilungen sowie Kodices der Kommission eine sekundäre Rolle für die Regelung der Beihilfen. Obwohl solches sog. „Soft Law“[426] von seiner Natur her nicht als Rechtsnorm gelten soll, sind sie in der Entscheidungspraxis der Kommission über die Zulässigkeit der Beihilfen de facto verbindlich. Daher ist es vor dem Gericht zu überprüfen, ob die Kommission bei der Ausübung ihres Ermessens einschlägige Vorschriften der Veröffentlichungen beachtet.[427] Also werden sie als „Innenrechtssätze“[428] zur Beschränkung des Ermessens der Kommission verwendet.

Unter den sekundärrechtlichen Regelungen sind die folgenden vertieft zu behandeln, welche Kriterien der Ausnahmen nach Art. 107 Abs. 3 AEUV konkretisieren:

---

424 Verordnung (EG) Nr. 69/2001 der Kommission v. 12.1.2001 über die Anwendung der Art. 87 und 88 EGV auf „De-Minimis-Beihilfen“, ABl. 2001 L 10, 30. Die De-minimis-Verordnung soll „keine echte Freistellung“, sondern eine „Klarstellung“ darstellen, da De-minimis-Beihilfen eigentlich die Tatbestandsmerkmale der Beihilfen i. S. d. Art. 107 Abs. 1 AEUV nicht erfüllen. Also wird sie besonders auf Art. 2 der Verordnung (EG) Nr. 994/98 des Rates gestützt. Dazu *Sinnaeve*, EuZW 2001, 69 (75).

425 Verordnung (EG) Nr. 70/2001 der Kommission v. 12.1.2001 über die Anwendung der Art. 87 und 88 EGV auf staatliche Beihilfen an kleine und mittlere Unternehmen, ABl. 2001 L 10, 33.

426 *Graevenitz*, EuZW 2013, 169 (169); *Rusche*, in: *Immenga/Mestmäcker*, Wettbewerbsrecht Band 3, 2016, Art. 107 Abs. 3 AEUV, Rn. 9.

427 EuG, Rs. T-380/94, Slg. 1996, II-2169, Rn. 57 – AIUFFASS; Rs. T-149/95, Slg. 1997, II-2031, Rn. 61 – Ducros; Rs. T-214/95, Slg. 1998, II-717, Rn. 89 – Vlaams Gewest; Rs. T-16/96, Slg. 1998, II-757, Rn. 57 – Cityflyer Express Ltd.; EuGH, Rs. C-169/95, Slg. 1997, I-135, Rn. 19 – Spanien. In „begründeten“ Einzelfällen darf die Kommission jedoch von dieser Veröffentlichung abweichen. Z. B. EuGH, Schlussantrag v. 6.9.2012, Rs. C-226/11, BeckRS 2012, 81830, Rn. 30 – Expedia. Vgl. *Graevenitz*, EuZW 2013, 169 (172).

428 Dazu *Maurer/Waldhoff*, Allgemeines Verwaltungsrecht, 2017, § 24, Rn. 3.

Die zulässigen Regionalbeihilfen i. S. d. Art. 107 Abs. 3 lit. a) AEUV regeln die Art. 14 ff. AGVO. Daneben hat die Kommission zwar verschiedenen Mitteilungen veröffentlicht, aber die Leitlinien für Regionalbeihilfen 2014–2020[429] gelten erst seit 1.7.2014. Demnach werden Regionalbeihilfen, die die wirtschaftliche Förderung der sog. Fördergebiete bezwecken und von der Kommission genehmigt werden, als mit dem Binnenmarkt vereinbar betrachtet. Die Leitlinien weisen Voraussetzungen der Fördergebiete aus.

Vorher hat die Kommission durch mehre Entscheidungen[430] oder Leitlinien[431] die Kriterien der Beihilfenausnahmen des Art. 107 Abs. 3 lit. b) Alt. 1 AEUV konkretisiert und bekanntgemacht. Nun werden sie durch die Mitteilung über Kriterien für die Würdigung der Vereinbarkeit von staatlichen Beihilfen zur Förderung wichtiger Vorhaben von gemeinsamem europäischen Interessen mit dem Binnenmarkt[432] vereinigt. Problematisch sind Ausnahmenkriterien von Art. 107 Abs. 3 lit. b) Alt. 2 AEUV, die eine Zulassung der Beihilfen zur Behebung wirtschaftlicher Störungen vorsieht. Hier geht es darum, ob die 2007 begonnene weltweite Finanzkrise[433] einen Tatbestand solcher Ausnahmen darstellen kann. Damals legte die Kommission einen zeitbestimmten Gemeinschaftsrahmen[434] fest, der die Gewährung der Beihilfen von bis zu 500.000 € zur Unterstützung des Finanzsektors rechtfertigt.

Unter den Beihilfenausnahmen werden Beihilfen zur wirtschaftlichen Förderung i. S. von Art. 107 Abs. 3 lit. c) AEUV am häufigsten herangezogen.[435] Daher handelt es sich bei den meisten Vorschriften der AGVO um solche Ausnahmen.

---

429 Leitlinien für Regionalbeihilfen 2014–2020, ABl. 2013 C 209, 1.

430 Z. B. zur Energieeinsparungsbeihilfen Entscheidung der Kommission v. 15.12.1981, ABl. 1982 L 37, 29; zur Umweltschutzbeihilfen Kommission, 16. Bericht über die Wettbewerbspolitik 1986, 1987, Ziff. 259. Vgl. *Cremer*, in: *Calliess/Ruffert*, EUV/AEUV, 2016, Art. 107 AEUV, Rn. 57; *Rusche*, in: *Immenga/Mestmäcker*, Wettbewerbsrecht Band 3, 2016, Art. 107 Abs. 3 AEUV, Rn. 9 ff., 37.

431 Z. B. Leitlinien der Gemeinschaft für staatliche Umweltschutzbeihilfen, ABl. 2008 C 82, 1.

432 ABl. 2014 C 188, 2.

433 Zu den Diskussionen über die Entwicklung des Beihilfenrechts aufgrund der Finanzkrise *Kühling*, in: *Streinz*, EUV/AEUV, 2012, Art. 107 AEUV, Rn. 9; *Schmidt*, EuZW 2014, 49.

434 Mitteilung der Kommission – Vorübergehender Gemeinschaftsrahmen für staatliche Beihilfen zur Erleichterung des Zugangs zu Finanzierungsmitteln in der gegenwärtigen Finanz- und Wirtschaftskrise, ABl. 2009 C 83, 1.

435 *Cremer*, in: *Calliess/Ruffert*, EUV/AEUV, 2016, Art. 107 AEUV, Rn. 59; *Rusche*, in: *Immenga/Mestmäcker*, Wettbewerbsrecht Band 3, 2016, Art. 107 Abs. 3 AEUV, Rn. 42.

Ihre einzelnen Ausnahmetatbestände werden zunächst in Kapitel III der AGVO ausgeführt. Auch in verschiedenen Unionsrahmen, Leitlinien und Mitteilungen werden deren Kriterien in Parenthesen vorgestellt.

Voraussetzungen zur Gewährung der Beihilfen für Kultur und die Erhaltung des kulturellen Erbes i. S. von Art. 107 Abs. 3 lit. d) AEUV sind nach Art. 53 und 54 AGVO konkretisiert.

## III. Die beihilfenrechtlichen Rahmenbedingungen angesichts des PPP-Projekts

### 1. Bedürfnis nach beihilfenrechtlicher Betrachtung von PPP im Beschaffungswesen

Da die Beschaffung der Infrastruktur im Rahmen einer PPP große Volumina hat und zu anderen Wirtschaftssektoren enge Bezüge hat, können dabei viele Interessensparteien involviert sein. Daher können Beihilfen für das PPP-Projekt in Bezug auf den Wettbewerbsschutz (ein Ziel des Binnenmarkts) zur Diskussion stehen, obwohl das Bedürfnis der Beihilfen, so paradox es klingt, hierfür zu erhöhen ist.

Die Tätigkeit um die Infrastruktur kann sich auf Dienste von allgemeinem wirtschaftlichen Interesse i. S. des Art. 14 AEUV oder auf weitere wirtschaftliche Förderungen beziehen. Folglich ist es möglich, dass Beihilfen für das PPP-Projekt aufgrund der fehlenden Tatbestandsmäßigkeit oder aus Ausnahmegründen gerechtfertigt werden. Also ist es sinnvoll zu überprüfen, ob solche Zuwendungen bei der PPP dem Konzept der Beihilfen i. S. des Art. 107 Abs. 1 AEUV entsprechen und Ausnahmetatbestände von Abs. 2 oder 3 erfüllen können.

Das europäische Beihilfenrecht wird grundsätzlich auf die vom Mitgliedstaat gewährten Beihilfen bei den „gesamten wirtschaftlichen Tätigkeiten aller Unternehmen und Produktionszweige" angewandt. Wenn auch das begünstigte Unternehmen eigentlich außerhalb der Union liegt, untersteht die Zuwendungstätigkeit des Mitgliedstaates immer dem europäischen Beihilfenrecht.[436] Dies gilt für Beihilfen bei jedem PPP-Projekt, soweit der Mitgliedstaat eine leitende Stellung für die Durchführung des PPP-Projekts hat.

---

436 *Cremer*, in: *Calliess/Ruffert*, EUV/AEUV, 2016, Art. 107 AEUV, Rn. 6; *Koenig/Kühling/Ritter*, EG-Beihilfenrecht, 2005, Rn. 16; *Schwab*, in: *Säcker/Montag*, European State Aid Law, 2016, II, Rn. 4.

In Anbetracht der Eigenschaft der PPP können verschiedene Modi der Beihilfen in Betracht gezogen werden. Beihilfen können nicht nur direkt dem Auftragnehmer des PPP-Projekts gewährt werden, sondern auch die durch die PPP beschaffte Infrastruktur kann durch eine Beihilfe für den Dritten gefördert werden. Bei der Gründung des gemischt-wirtschaftlichen Unternehmens für die Beschaffung der Infrastruktur kann das Beihilfenproblem ebenso entstehen. Nach den in Kapitel 2 schon dargelegten PPP-Modellen sind unterschiedliche Aspekte der Beihilfen berücksichtigt worden.

Im Weiteren werden Fragen im Zusammenhang mit der Tatbestandsmäßigkeit des Art. 107 Abs. 1 AEUV und den verschiedenen Ausnahmen nach den Formen der Beihilfen und den PPP-Modellen betrachtet.

## 2. Beihilfen für den privaten Teilnehmer des PPP-Projekts

### *a) Problematik*

Das Rechtsproblem um Beihilfen im Hinblick auf PPP soll eingehender dann thematisiert werden, wenn der Staat dem Auftragnehmer des PPP-Projekts einen Vorteil gewährt. Neben den direkten Subventionen können Beihilfen beim PPP-Projekt in mehreren Formen gestattet werden. Es ist üblich, dass ein privates Unternehmen aufgrund der hohen Volumina von PPP-Projekten nicht in der Lage ist, für die gesamten Kosten aufzukommen. Daher können staatliche Mittel im PPP-Projekt in gewissem Maße für die Beschaffung der Infrastruktur investiert werden. Zudem bedarf es wesensmäßig einer Zuwendung des Ertrags für die Veranlassung des privaten Beteiligten.[437]

In dieser Beziehung kommt es darauf an, wie die finanzielle Förderung des Staates hinsichtlich der Investition oder der Vergütung im Rahmen des europäischen Beihilfenrechts geregelt wird. Nicht zuletzt werden die folgenden Fragen zu überprüfen sein: 1) ob solche Zuwendungen die Voraussetzungen der Beihilfen i. S. des Art. 107 Abs. 1 AEUV erfüllen, 2) ob die speziellen Ausnahmevorschriften der Art. 42 Abs. 1, Art. 93 sowie Art. 106 Abs. 2 S. 1 AEUV angewandt werden und die Tatbestände der Beihilfen damit entfallen und 3) ob trotz der Tatbestandsmäßigkeit der Beihilfen die Zuwendungstätigkeit als Ausnahme von Art. 107 Abs. 2 und 3 AEUV gerechtfertigt werden kann. Darüber hinaus ist ein besonderes Problem bei der Ausschreibung zu bedenken.

437 Dazu Kapitel 1, II, 4, b).

### *b) Überprüfung des Vorliegens der Begünstigung*

#### *aa) Überblick*

Begünstigung ist ein Tatbestand, der nach Art. 107 Abs. 1 AEUV geregelt wird, und soll bei der PPP vor allen Dingen beachtet werden. Denn während andere Tatbestandsmerkmale der Beihilfen unabhängig von PPP-Modellen gemeinsam erklärt werden können, bestehen verschiedene Typen der Begünstigung nach den Modellen. Im Weiteren werden allgemeine Voraussetzungen der Begünstigung zunächst aus der Literatur und Rechtsprechung herangezogen und dann auf jede begünstigende staatliche Tätigkeit bei allen PPP-Modellen jeweils angewandt, um die Beihilfetatbestandsmäßigkeit jedes Typs zu prüfen.

#### *bb) Allgemeine Voraussetzungen*

Der Begriff „Begünstigung" umfasst alle Maßnahmen der Gewährung eines „wirtschaftlichen Vorteils" ohne „angemessene marktgerechte Gegenleistung", den das Unternehmen unter gewöhnlichen Marktbedingungen nicht erhalten könnte.[438] Der wirtschaftliche Vorteil macht nicht nur positive Leistungen aus, etwa eine direkte finanzielle Zuwendung, sondern auch Maßnahmen der Verringerung der Belastungen in allen Formen, die es in der Regel oder „normalerweise zu tragen" hätte.[439]

Bei der Beurteilung der Begünstigung kommt es darauf an, ob eine angemessene Gegenleistung vorliegt. Die Angemessenheit der Gegenleistung soll nach dem Marktpreis unter den normalen Bedingungen bewertet werden.[440] In der Forschung wird der Maßstab des Marktpreises mit dem Terminus „marktrelative Günstigkeit" ausgedrückt.[441] Also sei der wirtschaftliche Vorteil nicht nach dem der Norm entsprechenden Vergleichsmaßstab, sondern nach dem im Markt

---

438 *Cremer*, in: *Calliess/Ruffert*, EUV/AEUV, 2016, Art. 107 AEUV, Rn. 10; *Koenig/Kühling*, NJW 2000, 1065 (1066); *Oppermann/Classen/Nettesheim*, Europarecht, 2016, § 21, Rn. 6; *Pache/Pieper*, in: *Birnstiel/Bungenberg/Heinrich*, Europäisches Beihilfenrecht, 2013, Kapitel 1, Rn. 89; *Ziekow*, Öffentliches Wirtschaftsrecht, 2016, § 6, Rn. 23.

439 Vgl. EuGH, C-143/99, Slg. 2001, I-8365, Rn. 38 – Adria-Wien Pipeline und Wietersdorfer & Peggauer Zementwerke; C-501/00, Slg. 2004, I-6717 Rn. 90 – Spanien/Kommission; C-256/97, Slg. 1999, I-3913, Rn. 19 – Déménagements-Manutention Transport SA [DMT]; C-222/04, Slg. 2006, I-289, Rn. 131 – Ministero dell'Economia e delle Finanze/Casa di Risoarmio di Firenze SpA; C-78–80/08, Slg. 2011, I-7641, Rn. 45 – Paint Graphos; C-399/10 P, BeckRS 2013, 805, BeckRS 2013, 80588, Rn. 101 – Bouygues SA mit Sitz in Paris.

440 Vgl. *Koenig/Kühling*, NJW 2000, 1065 (1066).

441 *Müller-Graff*, ZHR 1988, 403 (418).

tatsächlich erheblichen Maßstab zu beurteilen.[442] Um die marktgerechte Gegenleistung zu berechnen, wird der sog. Private-Investor-Test von der Gerichtsbarkeit und Kommission herangezogen.[443] Demnach soll die Begünstigung i. S. des Tatbestandsmerkmals der Beihilfen festgestellt werden, wenn vor dem Hintergrund des sog. „Market Economy Investor Principle" der Fall gesetzt wird, dass ein privater Investor dem Unternehmen einen solchen wirtschaftlichen Vorteil nicht geben würde.[444] Hierfür ist eher eine Berücksichtigung materieller Beziehungen als äußerer Formen maßgeblich, da der Gegenstand, der Kontext sowie das Ziel der Maßnahmen und dafür angewandte Normen zu beachten sind.[445] Diese Beurteilung ist nicht nur nach direkten „Vorteilseffekten", sondern auch in Anbetracht der „langfristigen Rentabilität" durchzuführen,[446] da die Investition für die Infrastruktur nach langfristigen Gesichtspunkten eingeschätzt werden muss. Demnach sind die gesamten Lebenzyklusansätze des PPP-Projekts als Bewertungskriterien der Begünstigung zu berücksichtigen.

Beim Private-Investor-Test kann der „regionalökonomische Rentabilitätseffekt" auch problematisch sein, bei deren Erwägung der gemeinwirtschaftlichen Vorteile durch die Erfüllung der Gemeinwohlpflichten zu berücksichtigen ist, obwohl das Unternehmen durch die Erbringung solcher Dienstleistungen keinen Profit erhalten könnte.[447] Für das PPP-Projekt zur Beschaffung der Infrastruktur können die Kosten auf der Grundlage des öffentlichen Diensts entstehen, an die sich der reine private Investor nicht halten würde. Da solche Kosten im PPP-Projekt essentiell sein sollen, sind sie bei der Rentabilitätsberechnung auch einzubeziehen. Im Ferring- und Altmark-Trans-Urteil hat der EuGH darauf verwiesen, dass die

442 *Müller-Graff*, ZHR 1988, 403 (418).

443 EuGH, Rs. C-303/88, Slg. 1991, I-1433, Rn. 21 ff. – Italien; C-305/89, Slg. 1991, I-1603, Rn. 19 ff. – Alfa Romeo; C-482/99, Slg. 2002, I-4397, Rn. 68 ff. – Frankreich; EuG, Rs. T-358/94, Slg. 1996, II-2109, Rn. 70 f. – Air France; Entscheidung der Kommission v. 16.6.2004, ABl. 2005, L 311, 22; v. 19.7.2006, ABl. 2006 L 383, 61.

444 Dazu *Cremer*, in: *Calliess/Ruffert*, EUV/AEUV, 2016, Art. 107 AEUV, Rn. 11; *Koenig/Kühling*, NJW 2000, 1065 (1066); *Haberkamm/Kühne*, EuZW 2010, 734 (735); *Kühling*, in: *Streinz*, EUV/AEUV, 2012, Art. 107 AEUV, Rn. 33; *Mestmäcker/Schweitzer*, in: *Immenga/Mestmäcker*, Wettbewerbsrecht Band 3, 2016, Art. 107 Abs. 1 AEUV, Rn. 85 ff.; *Risch*, KommJur 2015, 10 (11).

445 *Cremer*, in: *Calliess/Ruffert*, EUV/AEUV, 2016, Art. 107 AEUV, Rn. 11.

446 *Kühling*, in: *Streinz*, EUV/AEUV, 2012, Art. 107 AEUV, Rn. 33.

447 Vgl. *Koenig/Kühling*, NJW 2000, 1065 (1067); *Kühling*, in: *Streinz*, EUV/AEUV, 2012, Art. 107 AEUV, Rn. 34.

Kosten „zur Erfüllung gemeinwirtschaftlicher Verpflichtungen“ kompensationsfähig sind.[448]

### *cc) Dienstleistungen von allgemeinem wirtschaftlichem Interesse*

#### 1) Problematik

Es ist üblich, dass die PPP zur Erledigung der Dienstleistungen von allgemeinem wirtschaftlichen Interesse (im Folgenden „DAWI“) verwandt wird. So bedarf es einer Überprüfung der Möglichkeit, ob die Beihilfentatbestandsmäßigkeit des Ausgleichs für die DAWI nach Art. 106 Abs. 2 AEUV entfällt.

Zwar stellt ein solcher Ausgleich eine Form der Zubilligung wirtschaftlicher Vorteile dar, aber Art. 106 Abs. 2 S. 1 AEUV regelt, dass die Wettbewerbsregeln des AEUV für Unternehmen, die mit DAWI betraut sind, nur bedingt gelten. Seit dem Urteil „Ferring“[449] hat die Rechtsprechung jedenfalls Art. 106 Abs. 2 S. 1 AEUV als Ausnahme zu Art. 107 Abs. 1 AEUV angesehen,[450] obwohl nach der Entwicklung der Rechtsprechung die rechtliche Konfiguration des Ausnahmegrunds mehrmals geändert wurde.

Wichtig bei dieser Linie ist es, die Angemessenheit zwischen dem Ausgleich und der Leistung des privaten Partners beim PPP-Projekt zur DAWI zu überprüfen. Eventuell kann die Zuwendung als Gegenleistung gegenüber DAWI die Anwendung der Beihilfenregelungen der Art. 107 ff. AEUV umgehen, soweit ihre Angemessenheit anerkannt wird. Die Kriterien für die angemessene Gegenleistung sind durch Rechtsprechung und Leitfäden der Kommission gestaltet und konkretisiert worden.

Wenn der bestimmte wirtschaftliche Wert im PPP-Projekt zur Erledigung der DAWI[451] in der Form der Vergütung dem Auftragnehmer gegeben wird, kann

---

448 EuGH, Rs. C-53/00, Slg. 2001, I-9067, Rn. 29 – Ferring; Rs. C-280/00, Slg. 2003, I-7747, Rn. 87 – Altmark-Trans.

449 EuGH, Rs. C-53/00, Slg. 2001, I-9067 – Ferring.

450 Vgl. *Kühling*, in: *Streinz*, EUV/AEUV, 2012, Art. 107 AEUV, Rn. 15; *Quardt*, EuZW 2002, 424 (426); *Dietmar/Helios*, PharmR 2002, 174 (176).

451 Die meisten PPP-Projekte sollen die Einrichtung sowie den Betrieb der Infrastrukturen bezwecken, die ohne „staatliche Eingriffe“ in den Markt schwierig zu beschaffen sind. Tatsächlich werden in Deutschland Projekte für den öffentlichen Hochbau und der Straße bekanntlich durch die PPP durchgeführt. Zu den Grundlagen der DAWI gilt die Vorschrift des Protokolls (Nr. 26) über die Dienste von allgemeinem Interesse, ABl. 2008 C 115, 308. Weiterhin veröffentlichte die Kommission einen detaillierten Kommentar über den Begriff. Dazu Mitteilung der Kommission an das europäische Parlament, den Rat, den europäischen Wirtschafts- und Sozialausschuss

die Zubilligung demnach erlaubt werden. Im Weiteren werden von der Rechtsprechung sowie der Kommission entwickelte Kriterien für die Angemessenheit des Ausgleichs beschrieben.

### 2) Kriterien nach der Rechtsprechung vor dem Altmark-Trans-Urteil

Wenn sich die Angemessenheit nach dem bestimmten Marktpreis[452] oder dem formalen Kriterium[453] herausstellt, wurde die Zahlung namens der Vergütung der DAWI früher nach der Auffassung der Kommission zwar zunächst als Begünstigung i. S. des Art. 107 Abs. 1 AEUV erachtet, dennoch nach Art. 106 Abs. 2 AEUV gerechtfertigt.[454] Liegen besondere Lasten beim öffentlichen Träger und die finanzielle Besserung beim Empfänger vor, soll die Begünstigung dagegen auch bestehen. Das EuG hat dieser Auffassung auch zugestimmt.[455]

Aber diese sog. Rechtfertigungslösung wurde, wie oben schon erwähnt, im Ferring-Urteil des EuGH[456] revidiert. Einerseits zog der EuGH ein substantielles Kriterium, das sog. „Nettomehrkosten-Prinzip", heran, nach dem der Ausgleich zur DAWI als gerecht betrachtet wird, soweit sein Betrag die tatsächlichen Kosten zur Abdeckung des Projekts nicht überwiegt. Andererseits bestätigte der EuGH, dass a priori kein Begünstigungstatbestand vorliegen soll, wenn die Gegenleistung als angemessen erachtet wird.[457]

Der Maßstab des Ferring-Urteils zog folgende Kritik in der Literatur auf sich. Zuerst ist die Beschaffung der Infrastruktur nicht „marktgängig" und damit ist es schwierig, deren Wert genau zu berechnen. Zudem steht die Infrastruktur langfristig für Bürger zur Verfügung, folglich bedarf es einer weiteren Beachtung der

---

und den Ausschuss der Regionen – Ein Qualitätsrahmen für Dienstleistungen von allgemeinem Interesse in Europa, KOM (2011) 900 endg., S. 3 f.

452 Vgl. *Kühling*, in: *Streinz*, EUV/AEUV, 2012, Art. 107 AEUV, Rn. 35.

453 Der Vorfall der Begünstigung werde indiziert, sofern die Entscheidung über die „Höhe der Gegenleistung im objektiven Verfahren" fallen würde, dem ein gerechtes Ausschreibungsverfahren entspricht und das ein objektives „Wertgutachten" gewährleistet. *Kühling*, in: *Streinz*, EUV/AEUV, 2012, Art. 107 AEUV, Rn. 36; Vgl. *Cremer*, in: *Calliess/Ruffert*, EUV/AEUV, 2016, Art. 107 AEUV, Rn. 14.

454 Z. B. Entscheidung der Kommission (1999/133/EG) v. 10.6.1998 über die staatliche Beihilfe zugunsten der Coopérative d'exportation du livre français (CELF), ABl. 1998 L 44, 37; Vgl. *Cremer*, in: *Calliess/Ruffert*, EUV/AEUV, 2016, Art. 107 AEUV, Rn. 16; *Kühling*, in: *Streinz*, EUV/AEUV, 2012, Art. 107 AEUV, Rn. 36.

455 EuG, Rs. T-106/95, Slg. 1997, II-229, Rn. 167 ff. und 199 – FFSA; Rs. T-46/97, Slg. 2000, II-2125, Rn. 84 – SIC.

456 EuGH, Rs. C-53/00, Slg. 2001, I -9067 – Ferring.

457 EuGH, Rs. C-53/00, Slg. 2001, I-9067, Rn. 32 f. – Ferring.

„neutralen geschäftlichen Transaktion" neben den sichtbaren Kosten.[458] Außerdem ist eine Umgehungsgefahr der Beihilfenregelung nicht zu übersehen. Da die Aufgabe von DAWI „kostenträchtig" ist, kann der Auftragnehmer lediglich mit dem Zuschlag des Projekts einen wirtschaftlichen Vorteil erhalten. Also besteht die Möglichkeit, dass der öffentliche Träger einem bestimmten Unternehmen die Einrichtung der Infrastruktur aufträgt, die künftig nicht nötig werden könnte, und ihm laut der Vergütung einen geldwerten Vorteil gewährt, um die europäische Beihilfenregelung zu umgehen.[459] Weiterhin wird darauf hingewiesen, dass trotz des fehlenden Nettogewinns eine Begünstigung gegebenfalls vorliegen kann. Durch den Zuschlag des Projekts und die Kompensation der Kosten kann die Substanz des Unternehmens zumindest erhalten werden, damit ein Verlust verhindert wird.[460] Obwohl ein Unternehmen aus dem Auftrag ohne Nettogewinn einen kurzfristigen Profit nicht zu erwirtschaften vermag, kann sein Unternehmenswert auf die Dauer gesehen verbessert werden.

Nicht zuletzt beim PPP-Projekt ist eine Besonderheit zu berücksichtigen. Während der private Teilnehmer der PPP eine Gewinnerzielungsabsicht hat, muss der öffentliche Träger durch die PPP die beste Effizienz verfolgen.[461] Also sind bei der Berechnung der Vergütung sowohl private als auch öffentliche Interessen neben den Nettokosten einzukalkulieren. Das Kriterium ist nicht durch den reinen Kostenvergleich, sondern mehrdimensional zu erstellen. Daher sollen unterschiedliche Kriterien im Hinblick auf die Objektivität, die Transparenz, den Wettbewerb und die Effizienz des Projekts erfasst werden.

Das im folgenden analysierte Altmark-Trans-Urteil gibt zur Ergänzung dieser Mängel neben dem Nettomehrkosten-Prinzip weitere Kriterien an.

### 3) Maßstäbe des Altmark-Trans-Urteils

Zur Beurteilung der Angemessenheit der Gegenleistung im DAWI-Projekt ist als maßgebendes Urteil „Altmark-Trans"[462] des EuGH zu nennen. Die Altmark-Trans GmbH ist ein Verkehrsunternehmen in Sachsen-Anhalt und finanziert sich nicht nur aus Nutzungsgebühren, sondern auch aus öffentlichen Mitteln, die die Gemeinde zur Kompensation der Kosten bezahlt. Ein Konkurrent in demselben Kreis behauptete, dass die Entscheidung der Gemeinde über die Kostenbezuschussung

458 *Gundel*, RIW 2002, 222 (224).
459 *Gundel*, RIW 2002, 222 (225).
460 *Gundel*, RIW 2002, 222 (225 f.).
461 Siehe dazu Kapitel 1, II, 3, a).
462 EuGH, Rs. C-280/00, Slg. 2003, I-7747 – Altmark-Trans.

mit dem Gemeinschaftsrecht nicht vereinbar sei, und reichte eine Beschwerde ein. Das BVerwG legte dann dem EuGH eine Vorlage vor. Darauf entschied der EuGH, dass die Ausgleichzahlung als Gegenleistung der DAWI keine Beihilfe i. S. des Art. 107 Abs. 1 AEUV darstellt. Da in diesem Fall eine solche Kostenzahlung den Betrieb im lokalen Verkehr ermögliche, werde sie als angemessene Gegenleistung gegenüber der Durchführung der DAWI betrachtet.

Der EuGH entwickelt in diesem Urteil vier kumulative Voraussetzungen für die Angemessenheit der Gegenleistung. In den weiteren Entscheidungen hat der EuGH auch diese Kriterien fortentwickelt.[463] Sie sollen als maßgebliche Regelungen des europäischen Beihilfenrechts anerkannt werden. Dies lauten, wie folgt:

> Erstens muss das begünstigte Unternehmen „tatsächlich" die bestimmten Dienstleistungen von allgemeinem Interesse wahrnehmen.[464] Zweitens soll der Parameter zur Berechnung des Ausgleichs „objektiv und transparent" vorher aufgestellt werden.[465] Drittens darf der Ausgleich den Betrag nicht überschreiten, der zur Durchführung der DAWI erforderlich ist. Hierfür kann der angemessene Profit des Unternehmens beachtet werden.[466] Schließlich ist die Höhe des Ausgleichs aufgrund der Kosten, die ein „durchschnittliches, gut geführtes Unternehmen" zur Erledigung solcher Pflichten brauchen würde, d. h. der „hypothetischen Nettomehrkosten", zu bestimmen.[467]

### 4) Entwicklung der Maßstäbe nach Altmark-Trans und das Almunia-Paket

Die von dem Altmark-Trans-Urteil aufgestellten Kriterien wurden von der europäischen Gerichtsbarkeit weiter entwickelt und durch das Maßnahmenpaket der Kommission konkretisiert.

Zunächst wurde der objektive Kostenmaßstab, d. h. das dritte Kriterium von Altmark-Trans, im BUPA-Urteil des EuG modifiziert. Um den Ausgleich „objektiv und transparent" zu berechnen, wird ein „Gegenseitigkeitsverhältnis" zwischen der Zuwendung und der Leistung vorausgesetzt. In diesem Fall verneinte das EuG

463 Z. B. EuGH, Rs. C-140/09, Slg. 2010, I-5243 – Fallimento Traghetti.

464 EuGH, Rs. C-280/00, Slg. 2003, I -7747, Rn. 89 – Altmark-Trans; C-140/09, Slg. 2010, I-5243, Rn. 37 – Fallimento Traghetti.

465 EuGH, Rs. C-280/00, Slg. 2003, I-7747, Rn. 90 – Altmark-Trans; C-140/09, Slg. 2010, I-5243, Rn. 38 – Fallimento Traghetti.

466 Also soll der EuGH auch das Nettomehrkosten-Prinzip noch erhalten. EuGH, Rs. C-280/00, Slg. 2003, I-7747, Rn. 92 – Altmark-Trans; C-140/09, Slg. 2010, I-5243, Rn. 39 – Fallimento Traghetti.

467 EuGH, Rs. C-280/00, Slg. 2003, I-7747, Rn. 93 – Altmark-Trans; C-140/09, Slg. 2010, I-5243, Rn. 40 – Fallimento Traghetti.

unter Berücksichtigung des reibungslosen Betriebs des Krankenversicherungssystems die Notwendigkeit der unmittelbaren Konnexität.[468] Also milderte das EuG die Objektivität des Kriteriums.[469] Stattdessen zog das EuG das Effizienzkriterium heran, nach dem die Ausgleichszahlung durch den Marktvergleich zulässig wäre, soweit der Betrag dem bei der effizienten Tätigkeit verbrauchten Kosten entsprechen würde.[470] Die Kommission hat einerseits die Position der Rechtsprechung bestätigt, andererseits mit ihrem Maßnahmenpaket die Kriterien spezifiziert.

Durch die Freistellungsentscheidung 2005/842/EG[471] und einen Gemeinschaftsrahmen,[472] die im sog. Monti-Paket bestimmt wurden, verdeutlichte die Kommission den Anwendungsbereich des Art. 106 Abs. 2 AEUV. Während im Altmark-Trans-Urteil die Kosten mit der Maßgabe eines durchschnittlichen, gut geführten Unternehmens begrenzt werden, erließ die Kommission durch Art. 5 der Freistellungsentscheidung einen Bescheid, dass alle entstehenden Kosten zur Erbringung von DAWI kompensiert werden können. Der begleitende Gemeinschaftsrahmen stellt die Voraussetzungen für die Rechtfertigung der Ausgleichzahlung im Rahmen des Art. 106 Abs. 2 AEUV auf.

Die aktuelle Position der Kommission wird im sog. Almunia-Paket[473] verdeutlicht. Dieses Maßnahmenpaket enthält vereinfachte Regelungen zur Förderung der DAWI der Mitgliedstaaten. Es bezweckt, die relevanten Prinzipien über staatliche

---

468 EuG, Rs. T-289/03, Slg. 2008, II-81, Rn. 240 – BUPA u. a.

469 Vgl. *Cremer*, in: *Calliess/Ruffert*, EUV/AEUV, 2016, Art. 107 AEUV, Rn. 22; *Kühling*, in: *Streinz*, EUV/AEUV, 2012, Art. 107 AEUV, Rn. 49; *Storr*, in: *Birnstiel/Bungenberg/Heinrich*, Europäisches Beihilfenrecht, 2013, Kapitel 1, Rn. 2457.

470 EuG, Rs. T-289/03, Slg. 2008, II-81, Rn. 245 ff. – BUPA u. a.

471 Entscheidung der Kommission (2005/842/EG) v. 28.11.2005 über die Anwendung von Artikel 86 Absatz 2 EG-Vertrag auf staatliche Beihilfen, die bestimmten mit der Erbringung von Dienstleistungen von allgemeinem wirtschaftlichem Interesse betrauten Unternehmen als Ausgleich gewährt werden, ABl. 2005 L 312, 67.

472 Gemeinschaftsrahmen für staatliche Beihilfen, die als Ausgleich für die Erbringung öffentlicher Dienstleistungen gewährt werden, ABl. 2005 C 297, 4.

473 Das Almunia-Paket besteht aus:
- der Mitteilung der Kommission über die Anwendung von Beihilfevorschriften der Europäischen Union auf Ausgleichsleistungen für die Erbringung von Dienstleistungen von allgemeinem wirtschaftlichem Interesse, ABl. 2012 C 8, 4,
- der Mitteilung der Kommission: Rahmen der Europäischen Union für staatliche Beihilfen in Form von Ausgleichsleistungen für die Erbringung öffentlicher Dienstleistungen, ABl. 2012 C 8, 15,
- dem Beschluss der Kommission v. 20.12.2012 über die Anwendung von Art. 106 II AEUV auf staatliche Beihilfen in Form von Ausgleichsleistungen zu Gunsten bestimmter Unternehmen, die mit der Erbringung von Dienstleistungen von

Beihilfen zu konkretisieren und die Überkompensation bei der Ausgleichzahlung gegenüber den DAWI abzuwehren, um damit den Wettbewerb im Binnenmarkt zu schützen und öffentliche Finanzmittel in effiziente Investition zu überführen.[474]

Zunächst stellt die Kommission durch die Mitteilung 2012/C8/02 verschiedene Begriffe bezüglich der Beihilfenvorschriften des AEUV und die Voraussetzungen für die zulässigen Beihilfen an DAWI-Unternehmen klar.[475] Obwohl solche Veröffentlichungen keine Rechtsverbindlichkeit haben, soll die Begriffsbestimmung der Kommission der Sicherheit und der Vereinfachung der Entscheidung jedes Mitgliedstaates dienen.

Des Weiteren nimmt die Kommission zum vierten Kriterium des Altmarkt-Trans-Urteils Stellung. Sie unterscheidet zwischen dem Fall, in dem der Auftrag im Wege einer öffentlichen Ausschreibung erfolgt, und demjenigen, in dem nicht im Wege einer öffentlichen Ausschreibung vorgegangen wird.[476] Wenn „eine offene, transparente und diskriminierungsfreie öffentliche Ausschreibung", d. h. ein Vergabeverfahren im Sinne des europäischen Vergaberechts, zum Auftrag der DAWI durchgeführt wird, ist die Erfüllung der Voraussetzung ebenso wie ihre vorhandene Position selbst zu präsumieren.[477] Bei der Übertragung der DAWI, die nicht im Wege der dem Europarecht entsprechenden Ausschreibung erfolgt, sind jedoch die Kosten, die das effizienteste Unternehmen im Markt für dieselben Dienste verbrauchen würde, als Anhaltspunkt heranzuziehen, um die Vergütung zu akzeptieren.[478]

Außerdem setzte die Kommission nach Art. 2 Abs. 1 lit. a) des Freistellungsbeschlusses 2012/21/EU im Paket die Grenze von jährlich 15 Millionen Euro für die aus der Beihilfenregelung ausgeschlossenen Ausgleichsvolumina zur Erbringung der DAWI ausschließlich der Dienste im Verkehrsbereich fest. Hinzu wird die Ausgleichszahlung der Dienstleistungen „zur Deckung des sozialen

---

allgemeinem wirtschaftlichen Interesse betraut sind (2012/21/EU), ABl. 2012 L 7, 3 und
- der Verordnung (EU) Nr. 360/2012 der Kommission v. 25.4.2012 über die Anwendung der Art. 107 und 108 AEUV auf De-minimis-Beihilfen an Unternehmen, die Dienstleistungen von allgemeinem wirtschaftlichen Interesse erbringen (Nr. 360/2012), ABl. 2012 L 114, 8.

474 Vgl. *Cremer*, in: *Calliess/Ruffert*, EUV/AEUV, 2016, Art. 107 AEUV, Rn. 25; *Haubner*, EuZW 2013, 816 (817); *Wüstneck*, EWeRK 2012, 116 (116).

475 ABl. 2012 C 8, 4, Rn. 8 ff. und 42 ff.

476 ABl. 2012 C 8, 4, Rn. 62 ff.

477 ABl. 2012 C 8, 4, Rn. 63.

478 ABl. 2012 C 8, 4, Rn. 69 ff.

Bedarfs im Hinblick auf Gesundheitsdienste und Langzeitpflege, Kinderbetreuung, den Zugang zum und die Wiedereingliederung in den Arbeitsmarkt, den sozialen Wohnungsbau sowie die Betreuung und soziale Einbindung sozial schwacher Bevölkerungsgruppen" nach lit. c) unabhängig von der Höhe des Betrags freigestellt.

Darüber hinaus bestätigt die Kommission durch den EU-Rahmen (Mitteilung 2012/C8/03), dass der Ausgleichsbetrag die „Nettokosten für die Erfüllung der Verpflichtungen zur Erbringung von öffentlichen Dienstleistungen einschließlich eines angemessenen Gewinns" nicht überschreiten darf.[479] Darum wird eine neue Methode namens „Net-avoided-cost-Methode" (d. h. Methode zur Berechnung der vermeidbaren Nettokosten) zur Berechnung der Nettokosten herangezogen, nach der die Kosten als Differenz zwischen „den Nettokosten des Dienstleistungserbringers aus der Erfüllung der Verpflichtung zur Erbringung von öffentlichen Dienstleistungen und den Nettokosten desselben Dienstleistungserbringers ohne eine solche Verpflichtung" berechnet werden.[480]

Schließlich werden Beihilfen zur Erbringung der DAWI, die 500.000 Euro in drei Steuerjahren nicht übersteigen, nach Art. 2 der sog. De-minimis-Verordnung (Verordnung Nr. 360/2012) der Kommission von der Anmeldepflicht nach Art. 108 Abs. 3 AEUV freigestellt. Also betreffen die Beihilfenregelungen der Art. 107 ff. AEUV nicht die sog. De-minimis-Beihilfen.[481]

### 5) Auswirkung der DAWI-Regelung auf die PPP

Diese besondere Einbeziehung der Beihilfen zur Erbringung der DAWI übt auch einen Einfluss auf die PPP aus.

Zuerst kann das DAWI-Regelwerk den Rechtfertigungsgrund für die Vergütung im PPP-Projekt darstellen, da sich die durch die PPP beschafften Einrichtungen meistens auf das allgemeine Interesse beziehen. Folglich soll die Gewährung im Rahmen des Entgelts bei einem solchen PPP-Projekt aus dem Anwendungsbereich der europarechtlichen Beihilfenregelung ausgeklammert werden, soweit die Höhe der Bezahlung als angemessen anzusehen ist.

Zweitens kann die Sonderregelung bei den DAWI auf den gesamten Vertragsinhalt des PPP-Projekts einwirken. Im PPP-Vertrag handelt es sich nicht nur um

---

479 ABl. 2012 C 8, 3, Rn. 21.

480 *Haubner*, EuZW 2013, 816 (818).

481 Vgl. *Cremer*, in: *Calliess/Ruffert*, EUV/AEUV, 2016, Art. 107 AEUV, Rn. 25; *Mestmäcker/Schweitzer*, in: *Immenga/Mestmäcker*, Wettbewerbsrecht Band 3, 2016, Art. 107 Abs. 1 AEUV, Rn. 327; *Risch*, KommJur 2015, 10 (11); *Wüstneck*, EWeRK 2012, 116 (117).

einen einfachen geldwerten Ausgleich. Die Gegenleistung besteht vielmehr aus den gesamten vertraglichen Rechten des privaten Partners. Zu berücksichtigen sind sowohl der Betrag des Entgelts als auch Einzelheiten des Betriebsrechts und der Umfang sowie der Zeitraum der Konzession. Daher dient der Maßstab zur Berechnung des Ausgleichs der DAWI als Hinweis im PPP-Vertrag, den gesamten Inhalt des Projekts zu regeln. Die im Altmark-Trans-Urteil und Almunia-Paket entwickelten Kriterien sind beim Abschluss des PPP-Vertrags zu beachten, um Rechtswidrigkeit im Rahmen des Beihilfenrechts zu vermeiden.

Drittens kann sich die von der Kommission vorgeschlagene Methode bei der Berechnung des Ausgleichs positiv auf die Effizienz der PPP auswirken. Während nach der reinen Kostenallokationsmethode das ineffiziente Unternehmen, das kostenaufwendiger als nötig ist, paradoxerweise einen wirtschaftlichen Vorteil erhalten kann, wird ein effizientes Unternehmen nach der net-avoided-cost-Methode im Almunia-Paket bevorzugt.[482] Da eine Grundlage für die PPP die Konzeption der privaten Effizienz darstellt, können die Vorteile der PPP unter den verschiedenen Beschaffungsvarianten bei einer solchen Methode in den Vordergrund gestellt werden. Zudem ist das Vorliegen des Effizienzgewinns[483] konsistent mit der Verfolgung der Effizienz beim PPP-Projekt. Beispielsweise entspricht dies dem sog. „Bonus-Malus-System" in der Entgeltvereinbarung des PPP-Vertrags.[484] Auch im V-Modell[485] des PPP-Fernstraßenbauprojekts wird dieses System verwirklicht, da der Ausgleich nach der Verfügbarkeit des beschafften Gegenstands bestimmt wird.

Schließlich kann die Auswirkung der DAWI-Regelung im Hinblick auf das Vergabeverfahren des PPP-Projekts ausgemacht werden. Nach Auffassung der Kommission kann die Beachtung des vergaberechtlichen Verfahrens bei der Erbringung der DAWI ein Indiz des angemessenen Ausgleichs im Rahmen des Beihilfenrechts sein. Diese Tendenz soll beim PPP-Projekt die Annahme eines offenen Verfahrens unter den Vergabeverfahren der europäischen Vergaberichtlinie beschleunigen. Die Kommission schließt dagegen das Verhandlungsverfahren in das offene Verfahren nicht ein, welches das Vorliegen der Begünstigung ausschließen kann,[486] da der Auftraggeber beim Verhandlungsverfahren über mehr Ermessensspielraum verfügt. Folglich kann die freie Teilnahme von Interessierten

---

482 Vgl. *Haubner*, EuZW 2013, 816 (818).
483 Dazu ABl. 2012 C 8, 3, Rn. 23.
484 *Haubner*, EuZW 2013, 816 (819).
485 Siehe dazu Kapitel 2, III, 2, b), dd), 3).
486 ABl. 2012 C 8, 4, Rn. 66.

beschränkt werden.[487] Zwar gibt es im Almunia-Paket keine Erwähnung des wettbewerblichen Dialogs, aber es könnte schwierig sein, ihn im offenen Verfahren zu verwirklichen, da auch beim wettbewerblichen Dialog der weite Ermessensspielraum des öffentlichen Trägers geltend gemacht werden kann. Problematisch ist, dass das Verhandlungsverfahren und der wettbewerbliche Dialog bei der PPP als geeignet bewertet werden. Infolge dieses Primats des offenen Verfahrens könnte die PPP jedenfalls schrumpfen. Im Zusammenhang mit dem Vergabeverfahren haben die Kriterien des Almunia-Pakets auf die PPP einen Schatten geworfen. Daher ist die Rechtsmäßigkeit der Vergütung besonders zu beachten, wenn das PPP-Projekt durch das Verhandlungsverfahren oder den wettbewerblichen Dialog durchgeführt wird.[488] Z. B. der Maßstab und der Prozess zur Berechnung müssen nicht nur in der Ausschreibung enthalten sein, sondern auch im Inhalt des Vertrags.

#### *dd) Anwendung auf potenzielle Typen der Begünstigung beim PPP-Projekt*

##### 1) Allgemeines

Wie oben angesprochen, ist das europäische Beihilfenrecht auf jede Zuwendungstätigkeit des Mitgliedstaates unabhängig von deren Form anwendbar. So ist es sinnvoll, sich vor Augen zu führen, in welcher Form nach den PPP-Modellen Beihilfen beim PPP-Projekt vergeben werden können. Neben direkter finanzieller Subvention können verschiedene weitere Arten der Begünstigung beim PPP-Projekt betrachtet werden.

In jedem Modell kann der Zuschlag des PPP-Projekts unabhängig vom vergaberechtlichen Problem selbst einem wirtschaftlichen Interesse entsprechen. Da ein privates Unternehmen durch den Abschluss des PPP-Vertrags im Hinblick auf die „ökonomische Wirkung"[489] einen Profit erhalten könnte, besteht die Notwendigkeit, die Tatbestandsmäßigkeit der Beihilfen, insbesondere das Vorliegen der Begünstigung, zu prüfen. Die meisten wirtschaftlichen Vorteile des privaten Teilnehmers im PPP-Projekt können durch die Vergütung in den unterschiedlichen Formen erhalten werden, da die Kriterien zur Beurteilung des angemessenen Ausgleichs auch in diesem Fall gelten. Daher können die Altmark-Trans-Kriterien

---

487 Ibid.

488 Nach den Art. 29 f. der Richtlinie 2014/24/EU ist die Einführung solcher Verfahren unter bestimmten Kriterien noch möglich. Vgl. European PPP Expertise Centre (EPEC), PPPs and State aid, 2016, S. 17. Zur negativen Stelle *Haubner*, EuZW 2013, 816 (820).

489 *Kühling*, in: *Streinz*, EUV/AEUV, 2012, Art. 107 AEUV, Rn. 30.

und weiter entwickelte Methoden beim PPP-Projekt zur Erbringung der DAWI angewandt werden.

Ein weiteres Beispiel, das allen Modellen gemeinsam ist, soll die Befreiung oder die Ermäßigung von Abgaben sein.[490] Bei der Durchführung des PPP-Projekts hat der Auftragnehmer jedenfalls mehre Abgaben, etwa die Umsatzsteuer und die Grund- sowie Grunderwerbsteuer, zu zahlen. Der EuGH hat zudem entschieden, dass der Begriff der Beihilfen i. S. des Art. 107 Abs. 1 AEUV die Vergünstigung der Abgaben an bestimmte Unternehmen einbezieht.[491] Zu den zu befreienden Abgaben sollen nicht nur verschiedene Steuern, sondern auch Beiträge, Gebühren, Sonderabgaben und Sozialversicherungsbeiträge gehören. Das soll auch für den PPP-Fall gelten. Die finanziell berechnete und damit in einen Geldwert umgekehrte Wirkung der Befreiung von Abgaben im PPP-Projekt soll mit den Kriterien zur Angemessenheit des Ausgleichs beurteilt werden.

Außerdem kann die Befreiung von der Pflicht zur Befolgung allgemeiner Rechtsvorschriften einer Begünstigung unterfallen.[492] Beim PPP-Projekt ist das der Fall, wenn der private Partner beim Betrieb der Infrastruktur aus seiner gesetzlichen Verpflichtung, etwa der Pflicht zur Durchführung von Maßnahmen für den Naturschutz i. S. der §§ 135a ff. BauGB oder der Beleuchtungs-, Reinigungs-, Räum- und Streupflicht i. S. des Art. 51 BayStrWG, entlassen wird. Zunächst muss der wirtschaftliche Gegenwartswert aus der Befreiung berechnet werden. Dann wird der Wert zur Beurteilung der Angemessenheit des Ausgleichs herangezogen. Hierfür kann die „Net-avoided-cost-Methode" im Almunia-Paket nützlich verwendet werden.

Daneben können viele Tätigkeiten des Staates, die die Belastung des privaten Partners mindern, als Beihilfen fungieren. Im Weiteren werden Typen der möglichen Begünstigung erläutert, die in jedem PPP-Modell jeweils üblich sind.

---

490 Vgl. *Haberkamm/Kühne*, EuZW 2010, 734 (737); *Soltész/Hellstern*, EuZW 2013, 489 (490).

491 EuGH, Rs. C-6/97, Slg. 1999, I-2981, Rn. 23 ff. – Italien; Rs. C-156/98, Slg. 2000, I-6857, Rn. 22 ff. – Bundesrepublik Deutschland; Rs. C-172/03, Slg. 2005, I-1627, Rn. 50 f. – Heiser.

492 Der EuGH entschied, dass die Freistellung der Großhändler von der Pflicht der Vorzugsbehandlung Beihilfen betrifft. EuGH, Rs. C-143/99, Slg. 2001, I-8365, Rn. 41 – Adria-Wien Pipeline. Vgl. *Heidenhain*, in: *Heidenhain*, European State Aid Law, 2010, § 4, Rn. 27.

### 2) Im Finanzierungsmodell

In PPP-Finanzierungsmodellen ist das wichtigste Element die private Finanzierung. Eventuell kann der öffentliche Träger zur Unterstützung der Finanzierung des privaten Partners eine Rolle spielen. Die staatliche Garantie bzw. Bürgschaft stellt eine typische Form einer solchen Aushilfe dar.

Das EuGH hat bereits eine staatliche Bürgschaft als Form einer Begünstigung i. S. des Art. 107 Abs. 1 AEUV angesehen.[493] Diese Auffassung des EuGH soll auf einen Fall der PPP angewandt werden.[494] Vor allem könnte die staatliche Garantie in der PPP eine Rolle für die Vermeidung der Risiken spielen. Die Kommission stellte durch ihre Mitteilung[495] vier Anforderungen an die Exklusion der Form von Haftungsverpflichtungen und Bürgschaften aus dem Begriff der Begünstigung i. S. des Art. 87 Abs. 1 EGV (jetzt Art. 107 Abs. 1 AEUV): a) keine finanziellen Schwierigkeiten der Kreditnehmer, b) zeitliche Beschränkung der Garantie, c) Deckung von höchstens 80% des ausstehenden Kreditbetrags, d) Vorliegen des marktüblichen Entgelts, etwa der marktgerechten Prämie. Werden die Voraussetzungen der Kommission erfüllt, sollen überhaupt keine wirtschaftlichen Vorteile bestehen. In diesem Fall bedarf es keiner Beurteilung der Angemessenheit des Ausgleichs.

Durch die staatlich geleistete Bürgschaft kann der Auftragnehmer des PPP-Finanzierungsmodells die Kosten für die Finanzierung senken, indem er einen wirtschaftlichen Vorteil erhält. Würde der Vorteil ohne angemessene Gegenleistung gewährt, wäre das als eine Begünstigung zu erachten. Im Finanzierungsmodell wird die staatliche Garantie für die Projektfinanzierung als Ausgleich der DAWI dann gerechtfertigt, wenn die aufgrund der Garantie gesparten Finanzierungskosten die Kosten nicht überschreiten, die zur Durchführung der Dienste aufgewandt werden sollten. Also sollte der Vergleich im Zusammenhang des dritten Altmark-Trans Kriteriums zwischen den Finanzierungskosten.

---

493 EuGH, Rs. C-329/93, C-62/95 und C-63/95, Slg. 1996, I-5151, Rn. 15, 23 ff. – Deutschland u. a. Vgl. *Cremer*, in: *Calliess/Ruffert*, EUV/AEUV, 2016, Art. 107 AEUV, Rn. 11 und 40; *Kühling*, in: *Streinz*, EUV/AEUV, 2012, AEUV Art. 107, Rn. 52; *Risch*, KommJur 2015, 10 (11); *Steindorff*, EuZW 1997, 7 (7).

494 Vgl. EPEC, PPPs and State aid, 2016, S. 23.

495 Mitteilung der Kommission über die Anwendung der Artikel 87 und 88 des EG-Vertrags auf staatliche Beihilfen in Form von Haftungsverpflichtungen und Bürgschaften, ABl. 2008 C 155, 2.

In den Fällen staatlicher Darlehen ist dies auch geltend zu machen.[496] Nicht zuletzt ist das Darlehen mit den verlorenen Zinsen problematisch. Wenn das Darlehen aus öffentlichen Mitteln für den privaten Investor des PPP-Projekts ohne oder mit geringen Zinsen erfolgt, kann der private Partner einen wirtschaftlichen Vorteil verzeichnen. Nicht nur Zinsen, sondern auch alle Finanzierungskonditionen, z. B. die weitere Kreditmarge neben dem Zins, der Liquiditätsaufschlag und die Erstattungsfrist, sind zu berücksichtigen.[497] Es kommt bei der Beurteilung der Begünstigung darauf an, ob ein solcher Vorteilseffekt angesichts des Private-Investor-Tests angemessen ist.

### 3) Im Organisationsmodell

Im Betreiber- oder Inhabermodell stellt das regelmäßige Betreiberentgelt die Grundform der Vergütung dar. Beim PPP-Projekt zur Erbringung der DAWI ist es keine komplizierte Frage, ob das gewöhnliche Entgelt eine Begünstigung i. S. des Beihilfenrechts darstellt. Wenn die Altmark-Trans-Kriterien erfüllt werden, kann der öffentliche Auftraggeber der Beihilfenregelung ausweichen. Der Betrag des Entgelts ist so mit den Kosten einschließlich des angemessenen Gewinns zu vergleichen, die bei der Selbstdurchführung des öffentlichen Trägers gebraucht würden.

Fraglich sind aber vielmehr die Fälle, in denen weiteres Geld neben dem regelmäßigen Entgelt, eine nichtmonetäre Vergütung oder weitere Arten des Vorteils zur Verfügung gestellt wird.

Die Anschubfinanzierung ist ein Beispiel für die nicht-reguläre Entgeltzahlung im PPP-Organisationsmodell. Sie stellt eine einmalige stützende finanzielle Maßnahme dar, die die Anfangsschwierigkeiten des Projekts zu entlasten sucht und eine schnellere Entwicklung anstoßen möchte. Diese ist größtenteils bei großen Infrastrukturprojekten vorzufinden, wie im A-, F- und V-Modell im Bundesfernstraßenbau.[498] Um die Anschubfinanzierung im PPP-Projekt aus

---

496 Der EuGH hat bemerkt, dass „die zinsverbilligten Darlehen“ eine einzelne Form der Begünstigung i. S. des Art. 92 Abs. 1 EWGV (jetzt Art. 107 Abs. 1 AEUV) darstellen. EuGH, Rs. C-301/87, Slg. 1990, I-307, Rn. 41 – Frankreich. Dagegen liege keine Begünstigung vor, wenn das Darlehen das angemessene Marktzins begleite. EuGH, Rs. T-16/96, Slg. 1998, II-757, Rn 51 ff. – Cityflyer Express.

497 Dazu *Hopfe/Nopp/Bergmann/Keckeis*, in: BMVBS/DSGV, PPP-Handbuch, 2009, S. 160 f.

498 Zur Anschubfinanzierung im PPP-Projekt *Diederichs*, NZBau 2009, 547 (548); *Fabian/Farle*, DStR 2004, 929 (929): *Horn*, ZfBR 2004, 665 (665 f.); *Kupjetz/Eftekharzadeh*, NZBau 2013, 142 (144 f.).

der Beihilfenregelung auszuschließen, sind zwei Voraussetzungen zu erfüllen: Zum einen soll der Zweck der Finanzierung in Betracht gezogen werden. Es ist demnach zu berücksichtigen, ob jene für den Aufbau der wesentlichen Grundlagen des Projekts erforderlich ist. Zum anderen soll die Angemessenheit des Ausgleichs überprüft werden. Hierfür wird der gesamte Wert der Vergütung einschließlich der Anschubfinanzierung und des nachher berichtigten Entgelts der Beurteilung unterzogen. Es sollte auch geprüft werden, ob die gesamte Vergütung in Anbetracht des Betrags der Anschubfinanzierung berechnet wird.

Weiterhin kann die Überlassung oder Vermietung der staatlichen oder kommunalen Immobilien unter dem marktüblichen Preis als Begünstigung betrachtet werden.[499] Die Kommission ist hier der Ansicht, dass Verkäufe von Gebäuden oder Grundstücken unter dem marktüblichen Preis durch den öffentlichen Träger einer Begünstigung entsprechen können.[500] Dasselbe gilt für die Vermietung zum Marktpreis.[501] Beim PPṔ-Projekt, insbesondere im Inhabermodell, bei dem die Infrastruktureinrichtung auf dem von der öffentlichen Hand beigesteuerten Grundstück ausgebaut wird,[502] soll es um die Höhe der Miete für das Grundstück gehen. Wenn die Miete niedriger als der Marktpreis ist, kann der private Partner einen wirtschaftlichen Vorteil erhalten, da er die Kosten sparen würde, die für den Verbrauch desselben Grundstücks verwendet werden sollten. Allerdings sind die eingesparten Kosten für die Immobilien zusammen mit dem regelmäßigen Entgelt zu berücksichtigen.

Schließlich kann die Begünstigung durch die Bündelung des Projekts vorliegen, die bei vielen Projekten des Inhabermodells oft gewählt wird. Bei der Bündelung (engl. Bundling) werden die „verbundenen und zusammenhängenden“ Verträge zwecks einer „vorteilhaften Preisgestaltung“, sog. Bündel, in einem Paket pauschal geschlossen, bei denen es um sachlich separate Produkte oder Leistungen geht.[503]

---

499 Vgl. EPEC, PPPs and State aid, 2016, S. 28 f.; *Lübbig/Martín-Ehlers*, Beihilfenrecht der EU, 2009, Rn. 470; *Soltész*, EuZW 2016, 87 (88).

500 Mitteilung der Kommission betreffend Elemente staatlicher Beihilfen bei Verkäufen von Bauten oder Grundstücken durch die öffentliche Hand, ABl. 1997 C 209, 3.

501 Aufforderung zur Abgabe einer Stellungnahme gemäß Artikel 88 Absatz 2 (ex Artikel 93 Absatz 2) EG-Vertrag zur Beihilfe C 13/99 (ex NN 78/98) – Deutschland –Tätigkeiten der Landesentwicklungsgesellschaft Thüringen mbH im Bereich Industrieanlagen, ABl. 1999 C 280, 4.

502 Dazu Kapitel 2, III, 2, b), cc), 3).

503 Zum Begriff der Bündelung *Antweiler*, in: *Burgi/Dreher*, Vergaberecht: GWB 4. Teil, 2017, GWB § 97 Abs. 4, Rn. 67; *Jung*, in: *Grabitz/Hilf/Nettesheim*, Das Recht der Europäischen Union, Bd. II, 2017, Art. 102 AEUV, Rn. 295; *Klocke*, JuS 2016, 875 (875).

Beispielsweise werden beim Projekt der Schulen Bergneustadt Sanierungs- sowie Erweiterungsarbeiten der sieben Schulen in einem PPP-Vertrag gebündelt.[504] Obwohl sich kein Bescheid der Kommission oder der europäischen Gerichtsbarkeit über die Bündelung im Zusammenhang des Beihilfenrechts findet, ist es offensichtlich, dass der Auftragnehmer im PPP-Projekt durch den gebündelten Vertrag wegen des vereinfachten Vertragsprozesses einen wirtschaftlichen Vorteil bekommen kann. Die durch die Bündelung gesparten Kosten können eventuell zur Begünstigung i. S. des Art. 107 Abs. 1 AEUV führen. Sogar besteht ein Risiko einer aufgrund der Bündelung herbeigeführten Marktverschließung, damit das beteiligte Unternehmen eine marktbeherrschende Stellung einnehmen kann.[505] Der daraus gezogene wirtschaftliche Vorteil kann nicht nur aus einer wettbewerbsrechtlichen Perspektive, sondern auch im beihilfenrechtlichen Zusammenhang als rechtswidrig gehalten werden. Um die Beihilfenregelung zu vermeiden, ist die Vergütung im Vergleich zum Fall des einzelnen Projekts herabzusetzen. Sofern die Höhe der Vergütung nicht unter Berücksichtigung der Kosteneinsparungen berechnet wird, soll die Angemessenheit der Gegenleistung nicht anerkannt werden.

#### 4) Die Spezifik im Konzessionsmodell

Unter den verschiedenen PPP-Modellen soll das Konzessionsmodell besondere Betrachtung erfahren. Beim PPP-Konzessionsmodell übernimmt der private Partner die Aufgaben für die Einrichtung und den Betrieb der Infrastruktur und erhält als Gegenleistung die Konzession, Nutzungsgebühren zu verlangen.[506] Während der Auftragnehmer in anderen Organisationsmodellen das regelmäßige Entgelt empfängt, kann er im Konzessionsmodell von den Nutzern Gebühren erheben und damit seine Aufwendungen amortisieren.

Im Hinblick auf das Beihilfenrecht kommt es darauf an, ob die Erteilung einer Konzession eine Begünstigung i. S. des Art. 107 Abs. 1 AEUV darstellt, da das Betriebsrecht der Infrastruktur selbst einen wirtschaftlichen Vorteil bringen kann.[507]

---

504 Siehe folgende Webseite zu diesem Projekt: PPP-Projektdatenbank: Projekt – Detail <https://www.ppp-projektdatenbank.de/index.php?id=27&tx_ppp_controller_searchmap%5BprojectId%5D=40&tx_ppp_controller_searchmap%5Baction%5D=showProject> (1.12.2016).

505 Vgl. *Jung*, in: *Grabitz/Hilf/Nettesheim*, Das Recht der Europäischen Union, Bd. II, 2017, Art. 102 AEUV, Rn. 298.

506 Siehe dazu Kapitel 2, III, 2, b), cc), 4).

507 Das Vorliegen der Begünstigung soll bei einer „Seehafenkonzession" denkbar sein, obwohl es im Konzessionsmodell der PPP nicht direkt angewandt werden kann. Dazu *Eitner/Jennert*, EuZW 2014, 172 (173).

Soweit der Auftragnehmer den Vorteil nimmt, geht es um die Angemessenheit der Gegenleistung. Im PPP-Konzessionsmodell sollen die Leistung der Einrichtung sowie des Betriebs von Infrastruktur und die gesamten Vertragsbedingungen im Synallagma stehen, während in anderen PPP-Modellen das geldwerte Entgelt an sich den Gegenstand der Beurteilung darstellt.

Darum soll der wirtschaftliche Wert der Konzession zunächst dadurch berechnet werden, dass die Kosten zur Deckung der Einrichtung und des Betriebs vom erwarteten Ertrag für die vertraglich bestimmte Frist abgezogen werden. Dann sind die gesamten Vertragsbedingungen einschließlich der Anschubfinanzierung und der Vertragsfrist auf Basis des Werts der Konzession zu berücksichtigen.

Darüber hinaus ist die Möglichkeit der Nachfragesteuerung zu beachten.[508] Nach Auffassung der Kommission kann ein unmittelbarer Zuschuss für den Verbraucher des bestimmten Bereichs als mittelbare Begünstigung für das Unternehmen angesehen werden.[509] Das gilt auch für das Konzessionsmodell der PPP. Im Konzessionsmodell ist die Höhe des Ausgleichs abhängig von den Nachfragemengen. Demnach soll der Anstieg der Nachfrage auch die voraussichtlichen Einnahmen erhöhen. Abgesehen von der Rechtswidrigkeit der Beihilfengewährung an die einzelnen Verbraucher soll die Gewährung des Vorteils beim Vorliegen eines solchen Verbraucherzuschusses von den Vertragsbedingungen des Konzessionsmodells gespiegelt werden.

Weiterhin ist der sekundäre wirtschaftliche Effekt angesichts des PPP-Projekts zu beachten. Dann, wenn z. B. die Vergütung beim Projekt zur Energiegewinnung aus Abfall[510] zu hoch wäre, könnte der private Partner einen Vorteil

---

508 Vgl. *Cremer*, in: *Calliess/Ruffert*, EUV/AEUV, 2016, Art. 107 AEUV, Rn. 40; *Soltész/Hellstern*, EuZW 2013, 489 (490).

509 Z. B. im Fall, dass der öffentliche Träger den Verbrauchern für den Kauf oder die Miete von Digitaldecodern einen bestimmten Zuschuss gewährt, hat die Kommission entschieden, dass durch einen solchen Zuschuss für den einzelnen Verbraucher ein indirekter Vorteil für das Unternehmen entsteht. Dazu Entscheidung der Kommission v. 24.1.2007 über die staatliche Beihilfe C 52/2005 (ex NN 88/2005, ex CP 101/2004), die die Italienische Republik mit ihrem Zuschuss zur Anschaffung von Digitaldecodern gewährt hat (2007/374/EG), ABl. 2007 L 147, 1. Zu den weiteren Fällen *Heidenhain*, EuZW 2007, 623 (623 ff.).

510 Zwar findet sich in Deutschland noch kein solches PPP-Projekt, aber Abfallversorgungsprojekte werden in anderen europäischen Ländern durch die PPP erfüllt. Siehe folgende Webseite zu einem konkreten Fall: MegaProject 841: Gipuzkoa awards waste-to-energy PPP project | Infrastructure finance & Investment – PPP <http://www.infrapppworld.com/news/megaproject-841-gipuzkoa-awards-waste-to-energy-ppp-project>, (4.1.2017).

auf Energieerzeugungskosten erhalten, folglich würde eine mittelbare Wettbewerbsverfälschung im Markt der Stromversorgung verursacht. Wenn auch der Abfallversorgungsdienst als rein regionales Projekt angesehen wird, kann die Zuwendung an den privaten Partner des PPP-Konzessionsmodells dem Begriff der Beihilfen i. S. des Art. 107 Abs. 1 AEUV unterfallen, soweit der damit verbundene Strommarkt im Zusammenhang des Binnenmarkts besteht.

Schließlich ist der Verzicht auf dem Gewinn zu beachten, den der öffentliche Träger durch die direkte Verwaltung der Einrichtung erhalten könnte. Um die Erteilung der Konzession bei der PPP im Rahmen des europäischen Beihilfenrechts zu rechtfertigen, sind alle Elemente bezüglich wirtschaftlicher Interessen der beiden Parteien bei der Bestimmung der Vertragsbedingungen zu erfassen.

### 5) Zwischenergebnis

Beim PPP-Projekt sind verschiedene Arten des wirtschaftlichen Vorteils neben der direkten Ausbezahlung denkbar, bei denen die Begünstigung i. S. des Art. 107 Abs. 1 AEUV gegebenfalls bestehen kann.

Im Allgemeinen kann der Zuschlag des Projekts selbst dem privaten Teilnehmer den Profit geben. Durch die Befreiung oder Vermeidung der Abgaben und der gesetzlichen Pflicht kann er auch einen wirtschaftlichen Vorteil erhalten. Im Finanzierungsmodell geht es um Maßnahmen, durch die die private Finanzierung für das Projekt erleichtert werden kann. Dazu gehören die staatliche Bürgschaft und das staatliche Darlehen unter den marktüblichen Bedingungen. Im Organisationsmodell ist das regelmäßige Entgelt eine gewöhnliche Form des wirtschaftlichen Interesses. Aber die Zuwendung namens der Anschubfinanzierung und andere nichtmonetäre Vergütung sind auch zu berücksichtigen. Durch die Überlassung oder Vermietung der staatlichen oder kommunalen Immobilien unter dem marktüblichen Preis kann der private Partner die Kosten des Projekts senken. Dies gilt auch für die Bündelung der mehren PPP-Verträge. Die gesparten Kosten kann als Begünstigung bewertet werden, soweit ihr Wert übermäßig ist. Im Konzessionsmodell wird die Vergütung in der Form der Erteilung einer Konzession gewährt, durch die der Konzessionär einen Betriebsgewinn haben kann. Wenn dessen wirtschaftlichen Wert den angemessenen Ausgleich überschreitet, kann die Begünstigung vorliegen. Hierbei sind der sekundäre wirtschaftliche Effekt des Projekts und die Opportunitätskosten bezüglich des Verzichts auf dem Gewinn des öffentlichen Träger zu beachten.

Um die Fälle der potenziellen Begünstigungstypen bei der PPP zu beurteilen, muss der wirtschaftliche Wert von den auf den staatlichen Maßnahmen beruhten Interessen des privaten Partners vor allem exakt berechnet werden. Dann ist die Angemessenheit solcher Interessen als Ausgleich mit den Maßstäben, etwa Private-Investor-Test sowie Altmark-Trans-Kriterien, zu betrachten.

### *c) Überprüfung anderer Tatbestandsmerkmale*

Soweit das PPP-Projekt zur Erbringung der DAWI durchgeführt und eine angemessene Vergütung gewährt wird, liegt keine Begünstigung im Sinne des Beihilfenrechts vor, also keine Beihilfe. In diesem Fall bedarf es dann keiner Überprüfung anderer Voraussetzungen. Weitere Tatbestandsmerkmale werden in diesem Werk aber für den wissenschaftlichen Zweck im Zusammenhang der PPP auch abgehandelt.

#### *aa) Bestimmtheit bzw. Selektivität des Empfängers*

##### 1) Überblick

Beihilfen i. S. des Art. 107 Abs. 1 AEUV werden für bestimmte Unternehmen oder Produktionszweige gewährt. Folglich ist ein Tatbestandsmerkmal die Bestimmtheit bzw. Selektivität des Empfängers der Beihilfen.

Dabei geht es bei diesem Tatbestandsmerkmal um zwei Punkte: Zum einen wird der Begriff des Unternehmens und Produktionszweigs im Sinne des Beihilfenrechts betrachtet und dahingehend überprüft, ob der private Partner des PPP-Projekts unter den Begriff subsumiert werden kann. Zum anderen werden die Bedeutung der Bestimmtheit und die anwendbaren Fragen bei der PPP thematisiert.

##### 2) Der private Partner in der PPP als Unternehmen

Der Begriff „Unternehmen" in diesem Tatbestand verweist auf die Konzeption des europäischen Wettbewerbsrechts.[511] Nach Auffassung des EuGH wird das Unternehmen als „selbständiger Wirtschaftsteilnehmer" definiert, der „Dienstleistungen auf einem Markt erbringt".[512] Darüber hinaus hat die Kommission angefügt, dass die Gewinnorientierung nicht notwendig ist, sofern das Unternehmen auf einem Markt im Wettbewerb steht.[513] Also stellen die maßgeblichen

---

511 EuGH, Rs. C-180/98, C-184/98, Slg. 2000, I-6451, Rn. 74 f. – Pavlov u. a. Vgl. *Koenig/Paul*, in: *Streinz*, EUV/AEUV, 2012, Art. 107 AEUV, Rn. 69 f.; *Lübbig/Martín-Ehlers*, Beihilfenrecht der EU, 2009, Rn. 151; *Mestmäcker/Schweitzer*, in: *Immenga/Mestmäcker*, Wettbewerbsrecht Band 3, 2016, Art. 107 Abs. 1 AEUV, Rn. 10 f.

512 EuGH, Rs. C-172/03, Slg. 2005, I-1648, Rn. 26 – Heiser.

513 Entscheidung der Kommission v. 16.9.1997 über staatliche Beihilfen zugunsten des Unternehmens Gemeinnützige Abfallverwertung GmbH (98/353/EG), ABl. 1998 L

Begriffsmerkmale des Unternehmens im Sinne des Beihilfenrechts die „wirtschaftliche Tätigkeit“ und die Involviertheit in eine Wettbewerbssituation dar.[514] Als Produktionszweige werden alle Unternehmen in einem bestimmten Bereich einschließlich des herstellenden Gewerbes, der Handelsunternehmen und der freien Berufe erfasst.[515]

Daher ist es maßgebend, ob der private Teilnehmer des PPP-Projekts die oben aufgeführten Begriffsmerkmale erfüllt. Nach der Rechtsprechung des EuGH ist eine wirtschaftliche Tätigkeit jede Tätigkeit, „die darin besteht, Güter oder Dienstleistungen auf einem bestimmten Markt anzubieten.“[516] Es dürfte unstrittig sein, dass der Auftragnehmer des PPP-Projekts üblicherweise einen wirtschaftlichen Charakter hat.

Problematisch ist, ob ein Wettbewerb im Bereich der Dienstleistung besteht, die durch die PPP beschafft wird. Da die PPP der Erfüllung der öffentlichen Aufgaben dienen soll, kann es eine Möglichkeit geben, dass der Gegenstand der PPP mit dem Wettbewerb nicht zusammenpasst.

In einem Fall der Abfallverwertung der Stadt Aachen entschied die Kommission, dass das Unternehmen für gemeinnützige Abfallverwertung im wettbewerbsfähigen Markt tätig ist, auch wenn es formal von der Behörde betrieben wird.[517] Außerdem muss der Wettbewerb als Begriffsmerkmal des Unternehmens nicht

---

159, 58. Vgl. *Cremer*, in: *Calliess/Ruffert*, EUV/AEUV, 2016, Art. 107 AEUV, Rn. 27; *Koenig/Kühling*, NJW 2000, 1065 (1068).

514 Vgl. *Cremer*, in: *Calliess/Ruffert*, EUV/AEUV, 2016, Art. 107 AEUV, Rn. 27; *Koenig/Kühling/Ritter*, EG-Beihilfenrecht, 2005, Rn. 166; *Stöbener de Mora*, EuZW 2016, 685 (687).

515 Vgl. *Arhold*, in: *Säcker/Montag*, European State Aid Law, 2016, II, Rn. 361; *Cremer*, in: *Calliess/Ruffert*, EUV/AEUV, 2016, Art. 107 AEUV, Rn. 27; *Koenig/Kühling/Ritter*, EG-Beihilfenrecht, 2005, Rn. 170; *Pache/Pieper*, in: *Birnstiel/Bungenberg/Heinrich*, Europäisches Beihilfenrecht, 2013, Kapitel 1, Rn. 208.

516 EuGH, Rs. C-82/01 P, Slg. 2002, I-9297, Rn. 79 – Aéroports de Paris; Rs. C-49/07, Slg. 2008, I-4863, Rn. 22 – MOTOE; Rs. C-138/11, BeckRS 2012, 81439, Rn. 35 – Compass-Datenbank. Aber der EuGH spricht auch davon, dass „Tätigkeiten, die in Ausübung hoheitlicher Befugnisse erfolgen, keinen wirtschaftlichen Charakter“ haben. EuGH, Rs. C-138/11, BeckRS 2012, 81439, Rn. 36 – Compass-Datenbank.

517 Entscheidung der Kommission v. 16.9.1997 über staatliche Beihilfen zugunsten des Unternehmens Gemeinnützige Abfallverwertung GmbH (98/353/EG), ABl. 1998 L 159, 58. Vgl. *Koenig/Kühling/Scholz*, in: *Koenig/Kühling/Theobald*, Recht der Infrastrukturförderung, 2004, Kap. 1, Rn. 35.

tatsächlich bestehen, sondern es genügt hier ein „potentieller“ Wettbewerb.[518] Nach der Auffassung der Kommission kann davon ausgegangen werden, dass der Infrastrukturhersteller bzw. -betreiber trotz der niedrigen Profitabilität im Wettbewerb tätig und deshalb ein Unternehmen i. S. des Beihilfenrechts ist.[519] Also darf der Wettbewerb auch im Bereich der öffentlichen Aufgaben nicht ausgeschlossen werden.

Obwohl die Dienstleistung zur Durchführung der öffentlichen Aufgaben bestimmt ist, werden ihr wirtschaftlicher Charakter und ihre Wettbewerbsfähigkeit nicht verneint. Im Ergebnis kann der Auftragnehmer des PPP-Projekts als Unternehmen im Sinne des Beihilfenrechts qualifiziert werden.

### 3) Bestimmtheit, Selektivität oder Spezialität

Die Bestimmtheit (bzw. Selektivität oder Spezialität) ist ein erhebliches Element des Beihilfentatbestands. Die Beurteilung der Bestimmtheit im PPP-Projekt geht davon aus, dass der private Partner als Begünstigter im Vergleich zu anderen Unternehmen bestimmt werden kann.[520] Allgemeine wirtschaftliche Fördermaßnahmen, etwa die Senkung des Steuertarifs, eine allgemeine Steuerbefreiungsmaßnahme, die Verbesserung der Ausschreibungsmöglichkeiten oder die Förderung der berufliche Bildung, sind also aus dem Begriff der Beihilfen ausgeklammert.[521] Wenn auch der PPP-Auftragnehmer in den Genuss solcher Maßnahmen kommt, geht es nicht um Beihilfen i. S. des Art. 107 Abs. 1 AEUV.

Bei der Ausschreibung des PPP-Projekts werden allerlei Fördermaßnahmen in der Regel zuvor geklärt. Soweit jedes Unternehmen durch die offene Ausschreibung den Auftrag anbieten kann, kommt die Bestimmtheit im Sinne des Beihilfenrechts nicht in Betracht. Es handelt sich vielmehr um vergaberechtliche

---

518 *Koenig/Kühling/Scholz*, in: *Koenig/Kühling/Theobald*, Recht der Infrastrukturförderung, 2004, Kap. 1, Rn. 35.

519 Entscheidung der Kommission v. 25.11.1998 über Maßnahmen Deutschlands zugunsten der InfraLeuna Infrastruktur und Service GmbH (1999/646/EG), ABl. 1998 L 260, 1. Vgl. *Koenig/Kühling*, DÖV 2001, 881 (888 f.); *Koenig/Pfromm*, SächsVBl. 2003, 281 (282).

520 Vgl. *Arhold*, in: *Säcker/Montag*, European State Aid Law, 2016, II, Rn. 362 ff.; *Bartosch*, EuZW 2015, 99 (100); *Koenig/Kühling*, NJW 2000, 1065 (1068); *Mestmäcker/Schweitzer*, in: *Immenga/Mestmäcker*, Wettbewerbsrecht Band 3, 2016, Art. 107 Abs. 1 AEUV, Rn. 183 ff.; *Pache/Pieper*, in: *Birnstiel/Bungenberg/Heinrich*, Europäisches Beihilfenrecht, 2013, Kapitel 1, Rn. 210.

521 Vgl. *Cremer*, in: *Calliess/Ruffert*, EUV/AEUV, 2016, Art. 107 AEUV, Rn. 28; *Koenig/Kühling/Ritter*, EG-Beihilfenrecht, 2005, Rn. 173.

Fragen. Zur Problematik der Ausschreibung des PPP-Projekts im Rahmen des Beihilfenrechts wird auf die nachfolgende Passage verwiesen.

### *bb) Staatliche Mittel oder aus staatlichen Mitteln stammende Zuwendungen*

Nur die staatliche oder aus staatlichen Mitteln stammende Zuwendung kann dem Begriff der Beihilfen i. S. des Art. 107 Abs. 1 AEUV unterfallen. Unerheblich ist, ob die Maßnahme direkt vom Staat oder von der aus staatlichen Mitteln gegründeten juristischen Person ergriffen wird. Es genügt nach der Auffassung des EuGH mithin, dass eine „staatliche Einflussnahme auf eine Unternehmensentscheidung durch Ausübung von Mehrheitsrechten" besteht.[522] Es soll kein Unterschied zwischen beiden Fällen bestehen.[523]

Bei der Beurteilung kommt es darauf an, was man als „Herkunft der Mittel" für die Maßnahmen angibt.[524] Hierfür wird vorausgesetzt, dass das Mittel tatsächlich dem Staat zur Verfügung oder unter staatlicher Kontrolle steht, aber es ist nicht erforderlich, dass es dem Staat gehört.[525] Die Motivation oder der Zweck von Maßnahmen ist nicht zu berücksichtigen.[526] Also ist die Erfüllung dieses Tatbestandsmerkmals lediglich davon abhängig, dass das Mittel der Maßnahmen de facto unter der staatlichen Kontrolle steht.

Diese Grundlage gilt grundsätzlich auch für die PPP. Nicht zuletzt im Rahmen der PPP ist das der Fall, wenn öffentliche Förderbanken der Projektfinanzierung dienen. Beim PPP-Projekt können die Förderbanken, etwa die Europäische Investitionsbank (EIB), die Kreditanstalt für Wiederaufbau (KfW-Bankengruppe) und

522 EuGH, verb. Rs. 67/85, 68/85 und 70/85, Slg. 1988, 219, Rn. 35 ff. – van der Kooy; Rs. C-345/02, Slg. 2004, I-7139, Rn. 34 – Pearle.

523 EuGH, verb. Rs. C-52/97, C-53/97 und C/54/97, Slg. 1998, I-2629, Rn. 13 – Epifanio Viscido.

524 In der PreussenElektra-Entscheidung hat der EuGH bestätigt, dass Elemente der „Staatlichkeit" nur dem wirtschaftlichen Wert entsprechen, der aus dem staatlichen Haushalt hergeleitet wird, nicht dem mittelbaren Effekt des Vorteils, der auf dem Finanzierungssystem beruht. EuGH, Rs. C-379/98, Slg. 2001, I-2099, Rn. 57 ff. – PreussenElektra. Vgl. *Cremer*, in: *Calliess/Ruffert*, EUV/AEUV, 2016, Art. 107 AEUV, Rn. 30; *Stöbener de Mora*, EuZW 2016, 685 (687 f.); *Ziekow*, Öffentliches Wirtschaftsrecht, 2016, § 6, Rn. 2, 19.

525 EuGH, Rs. 328/99 und C-399/00, Slg. 2003, I-4035, Rn. 33 – Italien und SIM 2 Multimedia; Rs. C-278/00, Slg. 2004, I-3997, Rn. 52 – Griechenland. Vgl. *Ziekow*, Öffentliches Wirtschaftsrecht, 2016, § 6 Rn. 19.

526 EuGH, Rs. C-124/10 P, BeckRS 2012, 81042, Rn. 77 – EDF.

sonstige Bundes- oder Landesförderbanken, an der Finanzierung teilnehmen.[527] Unter ihnen bleibt die Förderung der EIB außer Betracht im Rahmen des Beihilfenrechts, da das europäische Beihilfenrecht nur die Gewährungsmaßnahmen der Mitgliedstaaten regelt.[528] Wichtig ist die Leistung der KfW-Bankengruppe. Da 80% ihrer Anteile vom Bund und 20% von den Ländern besessen werden,[529] soll die Finanzierung der KfW beim PPP-Projekt staatlich kontrolliert werden. Die Zuwendung fällt unter den Tatbestand der Beihilfen i. S. des Art. 107 Abs. 1 AEUV.[530] Der EuGH hat auch entschieden, dass Gelder, die zur Förderung des Windkraftanlagenprojekts durch eine öffentliche Stelle, d. h. einen öffentlichen Fonds, zugeführt werden, als Beihilfe angesehen werden müssen.[531] Daraus ergibt sich, dass die Projektfinanzierung der öffentlichen Förderbanken beim PPP-Projekt eine staatliche oder aus staatlichen Mitteln stammende Zuwendung i. S. des Art. 107 Abs. 1 AEUV darstellt.

*cc) (Drohende) Verfälschung des Wettbewerbs*

Beihilfen sind im Rahmen des Europarechts grundsätzlich unzulässig, soweit ihre Zuwendung den Wettbewerb im Binnenmarkt verfälscht oder zu verfälschen droht. Also wird das Vorliegen oder die Drohung der Wettbewerbsverfälschung aufgrund der Gewährung der Begünstigung ein Tatbestandsmerkmal der Beihilfen.

Wenn das begünstigte Unternehmen im Vergleich zu anderen Wettbewerbern in eine vorteilhafte Lage gebracht wird, wird diese Voraussetzung erfüllt.[532] Hierfür ist es nicht erforderlich, dass eine solche Verfälschung oder Drohung

527 Dazu BMVBS, Gutachten „PPP und Förderecht“, 2006, S. 24 ff.; *Jacob/Kronsbein*, in: BMVBS/DSGV, PPP-Handbuch, 2009, S. 224; *Sonder/Hübner*, KommJur 2015, 441 (445).

528 *Cremer*, in: *Calliess/Ruffert*, EUV/AEUV, 2016, Art. 107 AEUV, Rn. 82; *Mestmäcker/Schweitzer*, in: *Immenga/Mestmäcker*, Wettbewerbsrecht Band 3, 2016, Einl, Rn. 44; *Kühling*, in: *Streinz*, EUV/AEUV, 2012, AEUV Art. 107, Rn. 52.

529 *Jacob/Kronsbein*, in: BMVBS/DSGV, PPP-Handbuch, 2009, S. 228.

530 Vgl. *Beninca*, BKR 2003, 525 (527).

531 EuGH, Rs. C-262/12, BeckRS 2013, 82374, Rn. 17 ff. – Vent de Colère.

532 EuGH, Rs. C-78/08 bis C-80/08, Slg. 2011, I-7641, Rn. 79 – Ministero dell'Economia e delle Finanye u. a. Vgl. *Cremer*, in: *Calliess/Ruffert*, EUV/AEUV, 2016, Art. 107 AEUV, Rn. 32; *Eilmansberger*, in: *Birnstiel/Bungenberg/Heinrich*, Europäisches Beihilfenrecht, 2013, Kapitel 1, Rn. 293; *Stöbener de Mora*, EuZW 2016, 685 (689); *Ziekow*, Öffentliches Wirtschaftsrecht, 2016, § 6, Rn. 36.

erheblich ist. Vielmehr reicht die Tatsache aus, dass das Unternehmen auf dem Binnenmarkt tatsächlich tätig ist.[533]

Im Zusammenhang mit der Wettbewerbsverfälschung sind De-minimis-Beihilfen also relevant. Nach Art. 1 Abs. 1 S. 1 der De-minimis-Verordnung[534] im Almunia-Paket der Kommission werden Beihilfen, die an Unternehmen für die Erbringung einer DAWI gewährt werden und in drei Steuerjahren 500.000 EUR nicht übersteigen, als De-minimis-Beihilfen eingestuft und damit von der Beihilfenregelung i. S. der Art. 107 ff. AEUV befreit.[535]

Die Grundsätze über De-minimis-Beihilfen sollen auch für die PPP-Projekte gelten, bei denen die gesamten Investitionsvolumina nicht so groß sind, z. B. Sportanlagen, Kindertagesstätten und Verwaltungsgebäude.

#### *dd) Beeinträchtigung des Handels zwischen Mitgliedstaaten*

Das letzte Tatbestandsmerkmal ist die sog. Zwischenstaatlichkeitsklausel, nach der Beihilfen den Handel zwischen Mitgliedstaaten beeinträchtigen müssen. Der grenzüberschreitende Handel in der Union ist als sog. „Zwischenstaatlichkeitsklausel" auch eine allgemeine Voraussetzung für die Anwendung des Europarechts.[536] Um diesen Tatbestand zu erfüllen, muss einerseits ein Wettbewerb zwischen dem Begünstigten und den ausländischen Unternehmen bestehen,[537] andererseits wird die Position des Empfängers aufgrund der Zuwendung verstärkt, so dass die Beteiligung des Konkurrenten am Wettbewerb schwierig wird.[538]

---

533 Vgl. *Eilmansberger*, in: *Birnstiel/Bungenberg/Heinrich*, Europäisches Beihilfenrecht, 2013, Kapitel 1, Rn. 293; *Stöbener de Mora*, EuZW 2016, 685 (687); *Ziekow*, Öffentliches Wirtschaftsrecht, 2016, § 6, Rn. 36.

534 Dazu oben Fn. 23.

535 Seitdem (1992) die Kommission De-minimis-Regeln veröffentlicht, hat sich die Höhe der De-minimis-Beihilfen wiederholt verändert. Dazu *Cremer*, in: *Calliess/Ruffert*, EUV/AEUV, 2016, Art. 107 AEUV, Rn. 35.

536 *Oppermann/Classen/Nettesheim*, Europarecht, 2016, § 11, Rn. 23 f; dies., § 20, Rn. 12.

537 Soweit sich das auswärtige Unternehmen am Bietverfahren des Auftrags beteiligen kann, soll die Beziehung zur Wettbewerbsfähigkeit auch im Inland vorliegen. Vgl. *Cremer*, in: *Calliess/Ruffert*, EUV/AEUV, 2016, Art. 107 AEUV, Rn. 39.

538 EuGH, C-222/04, Slg. 2006, I-289, Rn. 143 – Casa di Risparmio di Firenze u. a. Vgl. *Cremer*, in: *Calliess/Ruffert*, EUV/AEUV, 2016, Art. 107 AEUV, Rn. 38 f.; *Hermann, Christoph*, Wann sind Beihilfen auf lokaler Ebene (nicht) geeignet, den zwischenstaatlichen Handel zu beeinträchtigen?, KommJur 2016, 201 (202 f.); *Mestmäcker/Schweitzer*, in: *Immenga/Mestmäcker*, Wettbewerbsrecht Band 3, 2016, Art. 107 Abs. 1 AEUV, Rn. 316; *Ziekow*, Öffentliches Wirtschaftsrecht, 2016, § 6, Rn. 37.

Bezüglich dieses Tatbestandsmerkmals befindet sich das wichtigste Problem beim kleinen lokalen Projekt, an dem Unternehmen anderer Mitgliedstaaten üblicherweise kaum teilnehmen wollen werden, folglich besteht kaum übergreifender Handel. Die Kommission hat durch verschiedene Entscheidungen bestätigt, dass solche rein regionalen Tätigkeiten, etwa Freizeitbäder,[539] örtliche Krankenhäuser,[540] lokale Kulturveranstaltungen[541] oder örtliche Museen,[542] von der europarechtlichen Beihilfenregelung ausgenommen werden.[543] Beim Fall des Zuschusses der österreichischen Regierung zur Förderung des Seilbahnbaus im Skigebiet entschied die Kommission dagegen, dass die Zuwendung auf den zwischenstaatlichen Handel eine Wirkung haben kann, da „auswärtige Nutzer" auch aus anderen Mitgliedstaaten kommen können.[544]

In der Literatur werden Kriterien zur Beurteilung des rein lokalen Projekts aufgezeigt, die aus den Entscheidungen der Kommission abgeleitet werden. Zu beachten sind der „Standort der Anlage", die „Betriebszeit" der Einrichtung, die gewöhnliche „Nutzerstruktur" und das Vorliegen der Alternative der „tourismusbezogene[n] Infrastrukturanlagen".[545]

---

539 Entscheidung der Kommission in der Sache N 258/00 – Deutschland – Freizeitbad Dorsten, ABl. 2001 C 172, 16. Dennoch ist die Auffassung der Kommission in diesem Fall bestreitbar. Beim Fall, dass eine deutsche Gemeinde, Dorsten, in der 50 km von der niederländischen Grenze entfernten Lage ein öffentliches Freizeitbad einrichtete, bestimmte die Kommission zwar wegen der fehlenden Möglichkeit des Wettbewerbs diese Dienstleistung als ein rein lokales Projekt. Freilich könnten sich nicht nur niederländische Unternehmen am Projekt beteiligen, sondern es könnten auch niederländische Bürger die Einrichtung benutzen wie auch im folgenden Fall „Mutterer Alm". Demnach bleibt der Zweifel in Bezug auf den fehlenden Wettbewerb bestehen.

540 Entscheidung der Kommission in der Sache N 543/01 – Irland – Steuerliche Abschreibung für Krankenhäuser, ABl. 2002 C 154, 4.

541 Entscheidung der Kommission in der Sache N 257/07 – Spanien – Zuschüsse für Theaterproduktionen im Baskenland, ABl. 2007 C 173, 2.

542 Entscheidung der Kommission in der Sache N 630/03 – Italien – Unterstützung für örtliche Museen in Sardinien – Sardinien, ABl. 2005 C 275, 3.

543 Vgl. *Cremer*, in: *Calliess/Ruffert*, EUV/AEUV, 2016, Art. 107 AEUV, Rn. 39; *Koenig/Kühling/Scholz*, in: *Koenig/Kühling/Theobald*, Recht der Infrastrukturförderung, 2004, Kap. 1, Rn. 37.

544 Entscheidung der Kommission v. 27.2.2002, Staatliche Beihilfe N 860/01 – Österreich Revitalisierungsprojekt „Skigebiet Mutterer Alm", C(2002)613endg.

545 *Koenig/Kühling/Scholz*, in: *Koenig/Kühling/Theobald*, Recht der Infrastrukturförderung, 2004, Kap. 1, Rn. 37.

Diese Kriterien gelten auch für die Beurteilung der Handelsbeeinträchtigung beim PPP-Projekt. Wenn nach solchen Kriterien eine Möglichkeit des Wettbewerbs festgestellt werden kann, entspricht die Gewährung der Begünstigung beim lokalen PPP-Projekt dem Tatbestand der Beeinträchtigung des Handels zwischen Mitgliedstaaten i. S. des Art. 107 Abs. 1 AEUV.

### *d) Einzelne Ausnahmen nach Art. 107 Abs. 2 und 3 AEUV*

#### *aa) Allgemeines*

Wie schon erwähnt regelt das europäische Beihilfenrecht die Legalausnahmen i. S. des Art. 107 Abs. 2 AEUV und den Entscheidungsspielraum der Kommission i. S. des Art. 107 Abs. 3 AEUV. Wenn auch die Tatbestände des Art. 107 Abs. 1 AEUV erfüllt werden, können die Beihilfen nach solchen Vorschriften gerechtfertigt werden. Daher hat der Mitgliedstaat eine solche Zuwendung grundsätzlich bei der Kommission anzumelden und die Genehmigung zu erhalten. Durch sekundärrechtliche Regelungen konkretisiert die Kommission die Voraussetzungen der Ausnahmen. Im Weiteren werden einzelne Ausnahmefälle in Bezug auf die PPP vorgestellt.

#### *bb) Regionalbeihilfen im PPP-Projekt*

Die Rechtfertigung der Regionalbeihilfen i. S. des Art. 107 Abs. 3 lit. a) AEUV wird in den sekundärrechtlichen Regelungen auf zwei Aspekte vorgeschrieben.

Die Kommission stellt einerseits durch Leitlinien für Regionalbeihilfen 2014–2020[546] die konkreten Kriterien und Prüfungsverfahren zur Rechtfertigung der Beihilfen zur Förderung der wirtschaftlichen Entwicklung von Fördergebieten i. S. des Art. 107 Abs. 3 lit. a) AEUV heraus. Bereiche zugelassener Regionalbeihilfen werden in den Leitlinien aufgeführt. Soweit eine regionale Zielsetzung bei der Zufuhr der Beihilfen vorliegt,[547] können Regionalbeihilfen für alle Wirtschaftszweige außer dem Bereich, bei dem staatliche Förderungen nach anderen Regelungen zugelassen werden.[548] Wenn die Voraussetzungen der Leitlinien erfüllt werden, sind solche Beihilfen als mit dem Binnenmarkt vereinbar zu erachten.[549] Die Mitgliedstaaten müssen Regionalbeihilfen nach Art. 108

---

546 Leitlinien für Regionalbeihilfen 2014–2020, ABl. 2013 C 209, 1.

547 Leitlinien für Regionalbeihilfen 2014–2020, ABl. 2013 C 209, 1, Rn. 3 f.

548 Z. B. im Bereich der Fischerei, der Aquakultur, der Landwirtschaft und des Verkehrs. Leitlinien für Regionalbeihilfen 2014–2020, ABl. 2013 C 209, 1, Rn. 10.

549 Leitlinien für Regionalbeihilfen 2014–2020, ABl. 2013 C 209, 1, Rn. 1.

Abs. 3 AEUV grundsätzlich anmelden,[550] deren Vereinbarkeit mit dem Binnenmarkt die Kommission mit den von diesen Leitlinien vorgegebenen Kriterien prüft.[551]

Andererseits werden bestimmte regionale Investitions- sowie Betriebsbeihilfen nach Art. 14 f. AGVO[552] als mit dem Binnenmarkt vereinbar angesehen und im Gegensatz zu den Leitlinien für Regionalbeihilfen 2014–2020 von der Anmeldepflicht nach Art. 108 Abs. 3 AEUV freigestellt.

Es gilt ebenso für das PPP-Projekt. Obwohl dieses die Förderung des regionalen wirtschaftlichen Stands selbst bezweckt, ist eine Auswirkung der regionalen Wirtschaftsförderung durch die Erfüllung des PPP-Projekts zu sehen, da nicht nur Infrastrukturen der regionalen Wirtschaft durch die PPP effizient bereichert werden könnten, sondern auch lokale Unternehmen eine Gelegenheit zum Erwerb und zur Schaffung von Arbeitsplätzen erhalten könnten.[553]

Zwar wird ein wirtschaftlicher Vorteil beim PPP-Projekt in der Regel als Gegenleistung gewährt, aber Regionalbeihilfen können in sonstigen Formen zugelassen werden. So können alle Formen der staatlichen Zuwendung beim PPP-Projekt im Fördergebiet zur wirtschaftlichen Entwicklung solcher Gebiete gerechtfertigt werden.[554]

#### *cc) KMU-Beihilfen und die PPP*

Nach Art. 17 ff. AGVO i. V. mit Art. 107 Abs. 3 lit. c) AEUV greift eine Ausnahme vom Verbot von Beihilfen für kleine und mittlere Unternehmen (KMU). Dabei handelt es sich um Investitionsbeihilfen für KMU nach Art. 17 AGVO, KMU-Beihilfen für die Inanspruchnahme von Beratungsdiensten nach Art. 18 AGVO, KMU-Beihilfen für die Teilnahme an Messen nach Art. 19 AGVO, Beihilfen für

---

550 Leitlinien für Regionalbeihilfen 2014–2020, ABl. 2013 C 209, 1, Rn. 21.

551 Leitlinien für Regionalbeihilfen 2014–2020, ABl. 2013 C 209, 1, Rn. 25 ff.

552 Siehe dazu *Nowak*, in: *Immenga/Mestmäcker*, Wettbewerbsrecht Band 3, 2016, Art. 14 AGVO, Rn. 1 ff.

553 Siehe zum wirtschaftlichen Förderungseffekt der PPP *Jung/Hardt/Nee/Skubowius*, Regionale Wirtschaftsförderung nach 2006, 2005, S. 54 ff.

554 Es gibt zwar keine Entscheidung der Kommission über Regionalbeihilfen beim PPP-Projekt, aber der Europäische Wirtschafts- und Sozialausschuss hat Stellung dazu genommen, dass bei der „ÖPP [PPP] für die Schiffbauindustrie" die Kommission Regionalbeihilfen genehmigen kann. Dazu Stellungnahme des Europäischen Wirtschafts- und Sozialausschusses zum Thema: Schiffsinstandhaltung, –reparatur und -umbau in Europa: eine krisenfeste, weltweit wettbewerbsfähige und der EU-Politik für Nachhaltigkeit verpflichtete Branche (Initiativstellungnahme), ABl. 2014 C 170, 6.

Kooperationskosten von KMU zur Teilnahme an Projekten der europäischen territorialen Zusammenarbeit nach Art. 20 AGVO, Risikofinanzierungsbeihilfen nach Art. 21 AGVO, Beihilfen für Unternehmensneugründungen nach Art. 22 AGVO, Beihilfen für auf KMU spezialisierte alternative Handelsplattformen nach Art. 23 AGVO und Beihilfen für Scouting-kosten nach Art. 24 AGVO. Soweit die Voraussetzungen der verschiedenen Arten solcher Beihilfen erfüllt werden, können Beihilfen für KMU, welche das PPP-Projekt durchführen,[555] gerechtfertigt werden.

Unter den vorgeschriebenen Formen der KMU-Beihilfen sind Investitionsbeihilfen und Risikofinanzierungsbeihilfen in Bezug auf PPP relevant. Durch die Gewährung der Investitionsbeihilfen erhalten KMU einerseits ein Mittel zur Beteiligung am PPP-Projekt. Andererseits können KMU als Auftragnehmer der PPP durch Risikofinanzierungsbeihilfen die Schwierigkeiten des Projekts aus dem Weg räumen. Da bei der PPP der private Teilnehmer einen bestimmten Teil des Risikos trägt, bedarf es eines Finanzierungsmittels für die Risikodeckung. Es fehlt den KMU die Fähigkeit, das Risiko zu tragen, deswegen dienen Risikofinanzierungsbeihilfen zugunsten von beauftragten KMU im Rahmen des PPP-Projekts nicht nur der Rentabilität von KMU, sondern auch der reibungslosen Erfüllung des Projekts.

In Zusammenhang mit den PPP haben Ausnahmevorschriften der AGVO für KMU-Beihilfen die Bewandtnis, dass der öffentliche Träger ohne Beschränkung der Angemessenheit der Gegenleistung, etwa auf Grundlage der Altmark-Trans-Kriterien, KMU bei der Teilnahme am PPP-Projekt fördern kann.

#### *dd) Umweltschutzbeihilfen für PPP-Energieeffizienzprojekte*

Nach Art. 36 ff. AGVO werden die Grundlagen für Ausnahmen bei Umweltschutzbeihilfen geregelt. Daneben bestimmt die Kommission durch eine Leitlinie[556] deren konkrete Anwendungskriterien. Verschiedene Investitionsbeihilfen in den Bereichen „Umwelt“ und „Energie“ werden gemäß Art. 107 Abs. 3 lit. c) AEUV freigestellt, soweit die Voraussetzungen der Art. 36 ff. AGVO erfüllt werden.

Nicht zuletzt Investitionsbeihilfen für gebäudebezogene Energieeffizienzprojekte i. S. des Art. 39 AGVO bei PPP-Hochbauprojekten sind im Zusammenhang

555 Zur Eignung von KMU für die Durchführung des PPP-Projekts *Zöller*, Public Private Partnership (PPP) und kleine und mittlere Unternehmen (KMU), 2006, S. 67 f.

556 Mitteilung der Kommission – Leitlinien für staatliche Umweltschutz- und Energiebeihilfen 2014–2020, ABl. 2014 C 200, 1.

mit der PPP bedeutend, bei denen es um die Errichtung eines energieeffizienten Gebäudes geht. Auf Basis der primärrechtlichen Grundlagen[557] hat der öffentliche Träger auch bei der Durchführung des PPP-Projekts die Energieeffizienz zu verbessern. So erlaubt die Kommission die Rechtfertigung solcher Investitionsbeihilfen unter bestimmten Voraussetzungen.[558]

Allerdings gibt es Grenzen für Form und Höhe der Beihilfen. Nach Art. 39 Abs. 5 AGVO werden Beihilfen bei einem solchen Projekt anhand einer Garantie oder eines Kredits für einen Energieeffizienzfonds (EEF)[559] oder einen anderen Finanzintermediär gewährt, der gemäß Art. 2 Nr. 105 AGVO als ein „spezialisierter Investitionsfonds für Investitionen in Energieeffizienzprojekte zur Verbesserung der Energieeffizienz von Gebäuden im privaten und nichtprivaten Sektor“ definiert wird. Nach Art. 39 Abs. 5 AGVO wird die gesamte Höhe des Darlehens oder der Bürgschaft auf 10 Millionen Euro pro Projekt begrenzt und die Garantiesumme darf „80 % des zugrundeliegenden Kredits“ nicht überschreiten. Im PPP-Projekt können Beihilfen aus dem Fonds für den privaten Teilnehmer in Form einer Bürgschaft oder eines Darlehens gewährt werden.

#### *ee) Beihilfen für die Durchführbarkeitsstudie des PPP-Projekts*

Nach Art. 25 Abs. 1 AGVO können Beihilfen für Forschungs- und Entwicklungsvorhaben zulässig sein, deren Arten nach Art. 25 Abs. 2 AGVO Grundlagenforschung, industrielle Forschung, experimentelle Entwicklung und Durchführbarkeitsstudien sind. Im Rahmen der PPP sind Beihilfen für Durchführbarkeitsstudien relevant. Nach der Definition von Art. 2 Nr. 87 AGVO stellt diese Studie „Bewertung und Analyse des Potenzials eines Vorhabens mit dem Ziel [dar], die Entscheidungsfindung durch objektive und rationale Darlegung

---

557 Nach Art. 3 Abs. 3 UAbs. 1 S. 2 EUV muss die Union für ein hohes Maß an den Umweltschutz und die Verbesserung der Umweltqualität arbeiten. Art. 191 ff. AEUV stellen Prinzipien und Programme zur Verwirklichung eines solchen Ziels heraus. Nach Art. 194 Abs. 1 lit. c) AEUV wird die Förderung der Energieeffizienz für das Ziel der Energiepolitik der Union festgesetzt. Vgl. *Nowak*, in: *Immenga/Mestmäcker*, Wettbewerbsrecht Band 3, 2016, Art. 39 AGVO, Rn. 1.

558 Vgl. EPEC, 2016, S. 39; *Nowak*, in: *Immenga/Mestmäcker*, Wettbewerbsrecht Band 3, 2016, Art. 39 AGVO, Rn. 2.

559 Abgesehen vom Europäischen Energieeffizienzfonds (EEEF), den die Union mit Mitteln aus dem EU-Haushalt bildet, sind verschiedene EEF im Bereich der Energieeffizienzmaßnahmen in Deutschland tätig. Dazu *Michelsen/Neuhoff/Schopp*, DIW 2015, 463 (464).

seiner Stärken und Schwächen sowie der mit ihm verbundenen Möglichkeiten und Gefahren zu erleichtern und festzustellen, welche Ressourcen für seine Durchführung erforderlich wären und welche Erfolgsaussichten das Vorhaben hätte".

Auf haushaltsrechtlicher Grundlage[560] ist eine Durchführbarkeits- bzw. Machbarkeitsstudie zur Erfüllung jedes PPP-Projekts erforderlich. Nach den Ausnahmevorschriften der AGVO kann der öffentliche Träger dem privaten Unternehmen bis zu 50% der Kosten für Durchführbarkeitsstudien des PPP-Projekts bezuschussen und der Anwendung der beihilfenrechtlichen Regelungen ausweichen. Allerdings geht es hierbei nicht um die Studie in der Planungsphase, sondern beim einzelnen PPP-Projekt.[561]

#### *ff) Sektorale Beihilfen beim PPP-Projekt zur Beschaffung der Infrastrukturen*

Beim PPP-Projekt zur Beschaffung der Infrastruktur sind die Vorschriften der AGVO über Ausnahmefälle der sog. „sektoralen Beihilfen" für Infrastrukturen bedeutend.[562] Neben den Regionalbeihilfen und KMU-Beihilfen regelt die AGVO im dritten Kapitel über die einzelnen Ausnahmegruppen die weiteren sektoralen Beihilfen. Die einschlägigen Beihilfen können daneben auch gemäß Art. 107 Abs. 3 lit. c) AEUV gerechtfertigt werden.

Bei der PPP kommen vor allem sektorale Beihilfen bezüglich der Infrastrukturförderung vor, d. h. Beihilfen für Kultur und die Erhaltung des kulturellen Erbes nach Art. 53 AGVO, Beihilfen für Sportinfrastrukturen und multifunktionale Freizeitinfrastrukturen nach Art. 55 AGVO und Investitionsbeihilfen für lokale Infrastrukturen nach Art. 56 AGVO. Wenn die Voraussetzungen solcher Ausnahmevorschriften erfüllt werden, kann der öffentliche Träger die europäische Beihilfenregelung i. S. der Art. 107 ff. AEUV umgehen, um durch die PPP die entsprechende Infrastruktureinrichtung zu fördern.[563]

### *e) Weitere Sonderausnahmen im AEUV*

Neben den Ausnahmen der Art. 107 Abs. 2 und 3 AEUV befinden sich einige Ausnahmen vom grundsätzlichen Beihilfenverbot im AEUV, auf die die Beihilfenregelung nicht oder nur bedingt angewandt wird. Zu solchen speziellen

---

560 Dazu Kapitel 2, II, 2.

561 Vgl. EPEC, PPPs and State aid, 2016, S. 41.

562 *Cremer*, in: *Calliess/Ruffert*, EUV/AEUV, 2016, Art. 107 AEUV, Rn. 60 ff.

563 Zu den Fällen der Zuwendung der Fördermittel beim lokalen PPP-Projekt *Jacob/Kronsbein*, in: BMVBS/DSGV, PPP-Handbuch, 2009, S. 213.

Ausnahmen gehören Beihilfen für die Landwirtschaft i. S. des Art. 42 AEUV,[564] Beihilfen im Verkehrswesen i. S. des Art. 93 AEUV und Beihilfen zur Erbringung der DAWI i. S. des Art. 106 Abs. 2 AEUV. Aber es geht im Rahmen der PPP nur um folgende Fälle:

Zum einen werden die Beihilfenregelungen der Art. 107 ff. AEUV, wie schon oben ausgeführt, im Fall des Zuschusses an Unternehmen zur Erbringung von DAWI nach Art. 106 Abs. 2 S. 2 AEUV von Vornherein ausgeschlossen, sofern die Zuwendung in der Form des angemessenen Ausgleichs gewährt wird. Die europäischen Gerichte haben durch das Altmark-Trans-Urteil und die folgenden Urteile Kriterien für die Angemessenheit der Gegenleistung der DAWI aufgestellt und durch Maßnahmenpakete der Kommission wurden jene konkretisiert.[565]

Zum anderen werden Beihilfen im Verkehrswesen gegebenenfalls zugelassen. Nach Art. 93 AEUV sind Beihilfen mit dem Europarecht vereinbar, die den Erfordernissen der Koordinierung des Verkehrs oder der Abgeltung bestimmter, mit dem Begriff des öffentlichen Dienstes zusammenhängender Leistungen entsprechen. Die Arten gemäß Art. 93 AEUV zugelassener Beihilfen sind daher entweder Koordinierungs- oder Abgeltungsbeihilfen. Bei den Ersteren wird die staatliche Finanzierung für „lenkende bzw. gestaltende Eingriffe des Staates in die Entwicklung des Verkehrssektors zur Verfolgung bestimmter Allgemeininteressen" gewährt.[566] Diese Ausnahme bezweckt die Rechtfertigung der finanziellen Intervention des Staates im Falle, dass bei normalen Marktbedingungen eine funktionierende Verkehrsinfrastruktur nicht beschafft werden kann. Die letztere Form soll eine Kompensation für die Dienste des Verkehrsträgers sein. Demnach ist dies gerechtfertigt, wenn die Zuwendung zur Abgeltung mit dem Begriff des öffentlichen Dienstes zusammenhängender Leistungen erforderlich ist. Problematisch aber ist die Beziehung zu Art. 106 Abs. 2 AEUV. Wenn die Voraussetzungen des Art. 106 Abs. 2 AEUV, d. h. die Altmark-Trans-Kriterien, auch beim PPP-Projekt im Verkehrswesen erfüllt werden, stellt eine solche Finanzierung überhaupt keine Begünstigung i. S. des Art. 107 Abs. 1 AEUV dar.

---

564 Das Europäische Parlament und der Rat können nach Art. 42 Abs. 1 AEUV den Modus der Anwendung der Wettbewerbsregeln im landwirtschaftlichen Bereich bestimmen. Dazu *Martiinez*, in: *Calliess/Ruffert*, EUV/AEUV, 2016, Art. 42 AEUV, Rn. 5 ff.; *Mestmäcker/Schweitzer*, in: *Immenga/Mestmäcker*, Wettbewerbsrecht Band 3, 2016, Einl, Rn. 30 f.; *Schubert*, EuZW 2010, 92 (92 ff.).

565 Siehe dazu Kapitel 4, III, 2, b), cc).

566 *Martiinez*, in: *Calliess/Ruffert*, EUV/AEUV, 2016, Art. 93 AEUV, Rn. 10; Vgl. *Epiney*, in: *Vedder/Hentschel von Heinegg*, Europäisches Unionsrecht, 2012, Artikel 93 AEUV, Rn. 4.

Die Ausnahmen des Art. 93 AEUV sind bedeutungsvoll, wenn die Ausnahme i. S. des Art. 106 Abs. 2 AEUV nicht anzuwenden ist. Also soll Art. 93 AEUV eine lex specialis zu Art. 106 Abs. 2 AEUV sein.[567] Die Voraussetzungen zur Anwendung der Ausnahmen i. S. des Art. 93 AEUV werden durch die VO Nr. 1370/2007[568] spezifiziert.

Neben Art. 93 AEUV gibt es einige Vorschriften über die Zulässigkeit und Grenzen von Verkehrsbeihilfen. Die Zulässigkeit der Verkehrsbeihilfen wird nach Art. 96 Abs. 1 AEUV beschränkt, wonach die Tarifunterstützung des Mitgliedstaates verboten ist, soweit die Kommission dies nicht genehmigt. Nach Art. 98 AEUV werden die Verkehrsbeihilfen speziell nur in Deutschland ermöglicht, die zum Ausgleich der Nachteile finanziert werden, die auf der vormaligen Teilung Deutschlands beruhen.

Ausnahmen nach Art. 93 und 98 AEUV sind bei der PPP in Deutschland maßgeblich, da PPP-Projekte im Verkehrswesen einen großen Anteil am gesamten PPP-Markt in Deutschland haben.[569] Die PPP im Verkehrswesen sind nicht nur auf Bundesebene situiert, wo Bundesfernstraßenprojekte in der Form von A-, F- und V-Modellen durchgeführt werden, sondern auch im kommunalen Bereich anzutreffen. Im kommunalen Straßenbau werden Voraussetzungen und Umfang der Förderung nach § 3 f. des Gemeindeverkehrsfinanzierungsgesetzes (GVFG) bestimmt. Diese Grundlage der Regelung gilt auch für die Zuwendung von Fördermitteln in der PPP für den Straßenbau.[570]

---

567 Die Kommission hat in ihrem Beschluss im Almunia-Paket auch bestätigt, dass „Art. 93 AEUV eine Sondervorschrift zu Art. 106 Abs. 2 AEUV" darstellt. Beschluss der Kommission vom 20.12.2012 über die Anwendung von Art. 106 II AEUV auf staatliche Beihilfen in Form von Ausgleichsleistungen zu Gunsten bestimmter Unternehmen, die mit der Erbringung von Dienstleistungen von allgemeinem wirtschaftlichen Interesse betraut sind (2012/21/EU), ABl. 2012 L 7, 3, Rn. 23. Vgl. *Frenz*, NZV 2010, 430 (433); *Maritinez*, in: *Calliess/Ruffert*, EUV/AEUV, 2016, Art. 93 AEUV, Rn. 3, 14.

568 Verordnung (EG) Nr. 1370/2007 des Europäischen Parlaments und des Rates vom 23. Oktober 2007 über öffentliche Personenverkehrsdienste auf Schiene und Straße und zur Aufhebung der Verordnungen (EWG) Nr. 1191/69 und (EWG) Nr. 1107/70 des Rates.

569 Das gesamte Investitionsvolumen der bis ins Jahr 2014 vertraglich besiegelten Verkehrsprojekte beträgt ca. 4,5 Milliarden Euro, d. h. die Hälfte des gesamten PPP-Investitionsvolumens im gleichen Zeitraum. Dazu Partnerschaften Deutschland, Öffentlich-Private Partnerschaften in Deutschland, 2014, S. 14.

570 Dazu *Jacob/Kronsbein*, in: BMVBS/DSGV, PPP-Handbuch, 2009, S. 222 f.

Soweit die Voraussetzungen des Art. 93 AEUV und der dazu konkretisierten Vorschriften der VO Nr. 1370/2007 erfüllt werden, kann die staatliche Finanzierung bei den PPP-Projekten im Verkehrswesen gerechtfertigt werden. Dabei kann sie im weiteren Umfang zugelassen werden als in der Form der Vergütung zur Erbringung der DAWI i S. des Art. 106 Abs. 2 AEUV.

### *f) Problem der Ausschreibung bezüglich der Beihilfen beim PPP-Projekt*

Bei der PPP zur Beschaffung der Infrastruktur ist neben den Tatbeständen des Art. 107 Abs. 1 AEUV auch zu überprüfen, ob das vergaberechtliche Verfahren bei der Durchführung der PPP im Hinblick auf Beihilfen beachtet wird. Das Verfahren bezieht sich nicht zuletzt auf das Vorliegen der Begünstigung i. S. des Art. 107 Abs. 1 AEUV, da die Rechtsmäßigkeit des Ausschreibungsverfahrens als Indiz für eine Rechtfertigung im Rahmen des Beihilfenrechts angesehen wird.[571]

Bei der Ausschreibung des PPP-Projekts werden die beihilfenbezogenen Inhalte auf der Grundlage des europäischen Vergaberechts[572] bekanntgemacht.[573] Zuerst muss das Ausschreibungsverfahren nach dem Wettbewerbsprinzip „allgemein" bzw. „offen" durchgeführt werden, damit sich jeder Interessierte am Bietverfahren beteiligen kann.[574] Weiterhin ist nach dem Gleichbehandlungsgebot eine Diskriminierung aufgrund der Staatsangehörigkeit des Unternehmens für die Gewährung jeder Unterstützung verboten. Schließlich muss die Ausschreibung über Bedingungen, Formen und Umfang der Beihilfen nach dem Transparenzgebot europaweit erfolgen.

---

571 Vgl. *Haubner*, EuZW 2013, 816 (820); *Kühling*, in: *Streinz*, EUV/AEUV, 2012, AEUV Art. 107, Rn. 36, 54.

572 D. h. das Wettbewerbsprinzip, das Gleichbehandlungsgebot und das Transparenzgebot. Vgl. *Koenig/Kühling/Scholz*, in: *Koenig/Kühling/Theobald*, Recht der Infrastrukturförderung, 2004, Kap. 1, Rn. 45 ff.; *Ziekow*, Öffentliches Wirtschaftsrecht, 2016, § 9, Rn. 54 f.

573 Bekanntlich gilt dies nur für die Beschaffung der Infrastruktur, die die europarechtlichen Schwellenwerte erreicht oder überschreitet.

574 *Koenig/Kühling/Scholz*, in: *Koenig/Kühling/Theobald*, Recht der Infrastrukturförderung, 2004, Kap. 1, Rn. 48; *Ziekow*, Öffentliches Wirtschaftsrecht, 2016, § 9, Rn. 54.

## 3. Beihilfen im Rahmen der Beschaffung der Infrastruktur durch die PPP

### a) Problematik

Wenn die Durchführung des PPP-Projekts selbst eine Beihilfe i. S. des Art. 107 Abs. 1 AEUV darstellt, sind Fragen in zweierlei Hinsicht[575] zu stellen. Einerseits kann der private Partner durch den Zuschlag für den Auftrag einen wirtschaftlichen Vorteil erhalten und sich damit Beihilfen i. S. des Art. 107 Abs. 1 AEUV ergeben. Daran wurde bereits im Abschnitt über Beihilfen an den privaten Teilnehmer des PPP-Projekts zum Thema der Angemessenheit der Gegenleistung erinnert. Andererseits kann einem bestimmten privaten Unternehmen durch den Einsatz der Infrastruktur ein besonderer wirtschaftlicher Vorteil zu Teil werden. Hierfür ist die Frage von Bedeutung, wem das Interesse an der Beschaffung der Infrastruktur zufällt. Infrastrukturen sollen eigentlich dem Gemeinwohl der ganzen Gesellschaft dienen. Also ist dies nicht der Fall, wenn eine Infrastruktureinrichtung an ein bestimmtes Unternehmen de facto exklusive Vorteile vergibt. Unter den Tatbestandsmerkmalen der Beihilfen sind die Begünstigung und die Bestimmtheit dabei zu überprüfen. Diese Problematik soll bei jedem PPP-Modell gleich ernst genommen werden.

### b) Überprüfung der Tatbestandsmäßigkeit

Das Vorliegen der Begünstigung i. S. des Art. 107 Abs. 1 AEUV ist abhängig davon, ob zum einen die Infrastruktur tatsächlich für einen bestimmten Nutzer funktioniert (d. h. „benutzerspezifische Infrastrukturen")[576] und der Nutzer zum anderen den angemessenen Marktpreis bezahlt. Hierfür können die Kriterien des marktgerechten Preises bei der Beurteilung des Vorliegens der Begünstigung herangezogen werden. Also soll der Wert, den der potentielle Empfänger der

---

575 Die Kommission hat im Fall des Flughafens Leipzig/Halle bestätigt, dass sowohl der Betreiber der Flughafeninfrastruktur als auch das Nutzerunternehmen, d. h. DHL, durch die staatlichen Fördermaßnahmen begünstigt werden könnten. Allerdings entschied die Kommission, dass DHL in diesem Fall keinen Begünstigten darstellt, da DHL tatsächlich „aus den Mietverträgen keine finanziellen Vorteile" erwachsen. Entscheidung der Kommission vom 23.VII.2008 über Maßnahmen Deutschlands zugunsten von DHL und Flughafen Leipzig/Halle, C 48/2006, Rn. 247 f. Vgl. *Soltész/Hellstern*, EuZW 2013, 489 (490 f.).

576 *Koenig/Kühling/Scholz*, in: *Koenig/Kühling/Theobald*, Recht der Infrastrukturförderung, 2004, Kap. 1, Rn. 24.

Beihilfen am Markt in der Tat vergleichen könnte, als Maßstab des Marktpreises festgelegt werden.[577]

Die Bestimmtheit des Empfängers bezieht sich auf eine nicht diskriminierende Erreichbarkeit der Infrastruktur. Also kommt es bei der Entscheidung der Bestimmtheit darauf an, ob es möglich ist, dass jemand die erstellte Einrichtung ohne Diskriminierung ggf. nach der bestimmten Gebühr benutzen kann.[578] Auch die Kommission hat im Fall der Förderung der Seilbahnen entschieden, dass die staatliche Finanzierung von Infrastrukturen, „die allen potenziellen Nutzern gleichermaßen offen stehen und vom Staat verwaltet werden", außerhalb des Anwendungsbereichs des europäischen Beihilfenrechts liegt.[579]

Daneben ist der sog. „Ausnahmecharakter" der Förderungsmaßnahmen der Infrastruktur bei der Entscheidung der Bestimmtheit zu beachten.[580] Die Maßnahme der Infrastruktur für die allgemeine Wirtschaftsförderung kann oft zum Ergebnis führen, dass sich bestimmte Unternehmen oder Produktionszweige deren Vorteile zunutze machen.[581] Dabei ist es fraglich, ob solche Maßnahmen aufgrund der allgemeinen Wirtschaftspolitik gerechtfertigt werden können. Nach der Rechtsprechung ist der Ausnahmecharakter bei der Beschaffung der Infrastruktur anzuwenden, die Maßnahme kann nämlich die europäische Beihilfenregelung umgehen, wenn wirtschafte Vorteile „durch die Natur oder den inneren Aufbau" des Systems oder durch „das Wesen und die Struktur" des Bereichs gewährt werden.[582]

---

577 Vgl. *Müller-Graff*, ZHR 1988, 403 (417 ff.).

578 Vgl. *Koenig/Kühling*, DÖV 2001, 881 (886); *Koenig/Kühling/Scholz*, in: *Koenig/Kühling/Theobald*, Recht der Infrastrukturförderung, 2004, Kap. 1, Rn. 26.

579 Mitteilung der Kommission an die übrigen Mitgliedstaaten und anderen Beteiligten zur staatlichen Beihilfe N 376/01 – „Beihilferegelung zugunsten von Seilbahnen" Genehmigung staatlicher Beihilfen gemäß den Artikeln 87 und 88 EG-Vertrag, ABl. 2002 C 172, 2, Rn. 14, 70.

580 Vgl. *Koenig/Paul*, in: *Streinz*, EUV/AEUV, 2012, Art. 107 AEUV, Rn. 77; *Pache/Pieper*, in: *Birnstiel/Bungenberg/Heinrich*, Europäisches Beihilfenrecht, 2013, Kapitel 1, Rn. 212. Das kann als „systemimmanente Differenzierungen" ausgedrückt werden. Vgl. *Mestmäcker/Schweitzer*, in: *Immenga/Mestmäcker*, Wettbewerbsrecht Band 3, 2016, Art. 107 Abs. 1 AEUV, Rn. 196.

581 Vgl. *Pache/Pieper*, in: *Birnstiel/Bungenberg/Heinrich*, Europäisches Beihilfenrecht, 2013, Kapitel 1, Rn. 212.

582 EuGH, Rs. 173/73, Slg. 1974, 709, Rn. 33, 35 – Italien/Kommission; Rs. C-143/99, Slg. 2001, I-8365, Rn. 42 ff. – Adria-Wien Pipeline.

Für sonstige Voraussetzungen der Beihilfen bei der Beschaffung der Infrastruktur sollen die allgemeinen Kriterien über die Tatbestände der Beihilfen i. S. des Art. 107 Abs. 1 AEUV gelten.

### 4. Beihilfen durch die Gründung eines gemischt-wirtschaftlichen Unternehmens

#### *a) Problematik*

Obwohl das gemischt-wirtschaftliche Unternehmen im Hinblick auf den Begriff der PPP keine reine Form der PPP darstellt,[583] sind die beihilfenrechtlichen Fragen bei der Gründung eines gemischt-wirtschaftlichen Unternehmens zur Beschaffung der Infrastruktur zu diskutieren, soweit das Modell in der Praxis genutzt wird.[584] Es bleibt mithin zu überprüfen, was bezüglich ihrer Gründung im Rahmen des europäischen Beihilfenrechts zu beachten ist.

Bei diesem Thema geht es einerseits darum, ob die staatliche Kapitalbeteiligung am gemischt-wirtschaftlichen Unternehmen die Begünstigung i. S. des Art. 107 Abs. 1 AEUV darstellt und der private Teilnehmer der Begünstigte der Beihilfen werden kann, und andererseits, wie die Finanzierung zur Gründung eines gemischt-wirtschaftlichen Unternehmens im Rahmen des Beihilfenrechts gerechtfertigt werden kann.

#### *b) Überprüfung der Probleme*

##### *aa) Vorliegen der Tatbestandsmerkmale der Beihilfe*

Eine Art von Begünstigung kann im Rahmen des Beihilfenrechts „die Zufuhr von Eigenkapital" für das private Unternehmen einschließlich der mittelbaren Beteiligung über eine Holding-Company, der Neugründung des Unternehmens und der Kapitalerhöhung sein.[585] Der EuGH und die Kommission haben in mehreren Fällen dann auch bestätigt, dass „jegliche Übertragung öffentlicher Mittel an staatliche oder private Stahlunternehmen in Form von Beteiligungen, Kapitalzuführungen oder ähnlichen Finanzierungsmaßnahmen" grundsätzlich

583 Dazu Kapitel 2, III, 2, b), cc), 1).

584 Auf kommunaler Ebene werden mehr als 30% der öffentlichen Unternehmen in der Form des gemischt-wirtschaftlichen Unternehmens betrieben. Dazu *Papenfuß/Schaefer*, in: *Mühlenkamp*, Öffentlich-Private Partnerschaften, 2016, S. 190. Vgl. *Sack*, in: *Haus/Kuhlmann*, Lokale Politik und Verwaltung im Zeichen der Krise?, 2013, S. 146.

585 *Dreher*, in: *Schön*, Gedächtnisschrift für Knobbe-Keuk, 1997, S. 583 ff.

Beihilfen darstellt.[586] Wenn die öffentliche Hand ihr Kapital in ein bestimmtes Unternehmen investiert, kann das betreffende Unternehmen die Erleichterung der Finanzierung und die Vermeidung des Investitionsrisikos erwarten.[587] Daraus ergibt sich ein wirtschaftlicher Vorteil. Unstrittig ist demnach, dass staatliche Kapitalbeteiligung am Unternehmen eine Begünstigung i. S. des Art. 107 Abs. 1 AEUV ist. Das gilt auch für gemischt-wirtschaftliche Unternehmen.

Es bleibt allerdings problematisch, wer der Empfänger der Beihilfen bei der staatlichen Kapitalbeteiligung am gemischt-wirtschaftlichen Unternehmen ist und ob jener dem Begriff des Unternehmens im Sinne des Beihilfenrechts unterfällt. Der wirtschaftlichen Vorteile aufgrund der staatlichen Anteilsbeteiligung erfreuen sich nicht nur andere private Beteiligte des gemischt-wirtschaftlichen Unternehmens, sondern auch allgemeine Benutzer derjenigen Infrastruktur, die durch deren Gründung und ihren Betrieb beschafft und erhalten wird. Die Begünstigung für die bestimmten Infrastrukturbenutzer gehört aber eher zur Kategorie der Empfänger der Beihilfen durch die Beschaffung der Infrastruktur.[588] Also handelt es sich hierbei nur um den Vorteil des privaten Kapitalbeteiligten am gemischt-wirtschaftlichen Unternehmen.

Es ist möglich, dass der private Teilnehmer vor der Gründung des Unternehmens noch keine Form des gewöhnlichen Unternehmens annimmt. Für den Begriff des Unternehmens im Rahmen des Beihilfenrechts kommt es jedoch, wie schon erwähnt, darauf an, ob eine „wirtschaftliche Tätigkeit" besteht.[589] Auch wenn das gemischt-wirtschaftliche Unternehmen noch nicht errichtet ist, ist der private Teilnehmer am Markt als Investor tätig. Daher kann der private Partner des gemischt-wirtschaftlichen Unternehmens als bestimmtes Unternehmen, d. h. als Empfänger der Beihilfen i. S. des Art. 107 Abs. 1 AEUV, angesehen werden.

Sonstige Tatbestandsmerkmale sind bei Beihilfen für den privaten Teilnehmer des PPP-Projekts ebenso wie schon oben zu bewerten.

---

586 EuGH, Rs. 40/85, Slg. 1986, 2321, Rn. 12 – Belgien/Kommission; Rs. 303/84, Slg. 1991, I-1433, Rn. 22 – Italien/Kommission; Entscheidung der Kommission v. 13.3.1996 über eine staatliche Beihilfe des Freistaates Bayern an das EGKS-Stahlunternehmen Neue Maxhütte Stahlwerke GmbH, Sulzbach-Rosenberg (96/484/EGKS), ABl. 1996 L 198, 40.

587 Vgl. *Dreher*, in: *Schön*, Gedächtnisschrift für Knobbe-Keuk, 1997, S. 586.

588 Dazu oben III, 3.

589 *Cremer*, in: *Calliess/Ruffert*, EUV/AEUV, 2016, Art. 107 AEUV, Rn. 27.

#### *bb) Rechtfertigung der Kapitalbeteiligung im Rahmen des Beihilfenrechts*

Wichtig ist, ob und wie die staatliche Finanzierung an gemischt-wirtschaftliches Unternehmen im Rahmen des europäischen Beihilfenrechts zulässig ist. Die Möglichkeiten für die Rechtfertigung der Kapitalbeteiligung können entlang der folgenden zwei Aspekte betrachtet werden.

Zum einen ist der Fall zu betrachten, bei dem sich der Zweck des gemischt-wirtschaftlichen Unternehmens, d. h. die Einrichtung und der Betrieb der Infrastruktur, mit der Erbringung der DAWI i. S. des Art. 106 Abs. 2 AEUV identifiziert. Folglich wird die Kapitalbeteiligung an gemischt-wirtschaftlichen Unternehmen als Ausgleich zu deren Durchführung betrachtet. Der Maßstab des Private-Investor-Tests und die vier Kriterien des Altmark-Trans-Urteils sind dabei anzuwenden.[590] Werden die Kriterien erfüllt, kann die Finanzierung als angemessene Vergütung angesehen werden. Dann liegt nämlich keine Begünstigung i. S. des Art. 107 Abs. 1 AEUV vor. Maßgeblich ist hierfür vor allem das vierte Kriterium des Altmark-Trans-Urteils. Sofern die staatliche Investition in das gemischt-wirtschaftliche Unternehmen den Kosten entspricht, die bei einem „durchschnittlichen, gut geführten Unternehmen" zur Erbringung der gleichen Dienstleistungen entstehen würden, kann die Finanzierung nach Art. 106 Abs. 2 AEUV nicht dem EU-Beihilfenrecht unterfallen.[591]

Zum anderen können Dienstleistungen des gemischt-wirtschaftlichen Unternehmens in den Anwendungsbereich von sämtlichen sektoralen Beihilfen oder in Ausnahmen der Art. 107 Abs. 2 und 3 AEUV einbezogen werden. In diesen Fällen kann die Kapitalbeteiligung auch gerechtfertigt werden.

## IV. Die Beihilfenaufsichtsverfahren

### 1. Allgemeines Kontrollverfahren nach Art. 108 AEUV

#### *a) Überblick*

Nach Art. 108 AEUV wird das Aufsichtsverfahren der Beihilfen geregelt. Das Verfahren über die bestehenden Beihilfen bzw. „Altbeihilfen" wird in Absatz 1

---

590 Vgl. *Schroeder*, ZHR 1997, 805 (817 f.).

591 Vor dem Altmark-Trans-Urteil wurde der Maßstab des marktwirtschaftlich handelnden Kapitalgebers herangezogen, um die beihilfenrechtliche Rechtsmäßigkeit der staatlichen Kapitalbeteiligung zu beurteilen. Dazu *Dreher*, in: *Schön*, Gedächtnisschrift für Knobbe-Keuk, 1997, S. 588 ff.

normiert und das Verfahren über die neuen Beihilfen in Absatz 3.[592] Nach Art. 108 Abs. 3 AEUV sind neue Beihilfen grundsätzlich bei der Kommission anzumelden und dürfen vor Erlass des Kommissionsbeschlusses nicht durchgeführt werden. Dagegen genießen Altbeihilfen einen Bestandsschutz, wodurch die die Rückforderung ex tunc unzulässig ist, ungeachtet dessen, ob solche Beihilfen als mit dem Binnenmarkt nicht vereinbar erklärt werden.[593] Allerdings wird der Bestandsschutz eingebüßt, wenn der Charakter der Beihilfen geändert und sie damit als neue Beilhilfen behandelt werden.[594]

Beihilfen, die sich nach dem Prüfverfahren als mit dem Binnenmarkt unvereinbar oder missbräuchlich herausgestellt haben, müssen zurückgefordert werden. Dabei kann die Kommission nach Art. 108 Abs. 2 S. 1 AEUV beschließen, dass „der betreffende Staat sie binnen einer von ihr bestimmten Frist aufzuheben oder umzugestalten hat."

Die konkreten Einzelheiten des Aufsichtsverfahrens regelt die BeihilfeVerfVO.[595] Diese wurde zuerst als Verordnung Nr. 659/1999[596] erlassen und anschließend mehrfach geändert. Deren Kernpunkte aber haben bis in die

---

592 Zum Terminologie „Alt- und Neubeihilfen" *Soltész/Wagner*, Wann werden „Altbeihilfen" zu „Neubeihilfen"? – Anmeldepflichtige Umgestaltung bestehender Beihilfen und Verlust des Bestandsschutzes, EuZW 2013, 856 (856). In Art. 1 lit. b) und c) BeihilfeVerfVO werden Definitionen der bestehenden und neuen Beihilfen gegeben. Bestehende Beihilfen stellen diejenigen dar, i) die vor Inkrafttreten des europäischen Vertrags schon bestanden, ii) die von der Kommission oder vom Rat genehmigt wurden, iii) die wegen der fehlenden fristgemäßen Entscheidung der Kommission als genehmigt gelten, iv) deren Rückforderung gemäß Art. 17 BeihilfeVerfVO verjährt ist, und v) die aufgrund der Erweiterung des Binnenmarkts in den Anwendungsbereich des europäischen Beihilfenrechts fallen. Neue Beihilfen werden nach Art. 1 lit. c) BeihilfeVerfVO als alle Beihilfen, „die keine bestehenden Beihilfen sind, einschließlich Änderung bestehender Beihilfen", bestimmt.

593 Vgl. *Lübbig/Martín-Ehlers*, Beihilfenrecht der EU, 2009, Rn. 836; *Soltész/Wagner*, EuZW 2013, 856 (856).

594 Das ist der Fall, wenn bestehende Beihilfen selbst wegen der Marktliberalisierung oder der Abtrennung der Regelungen gewechselt werden, wenn die Höhe und der Umfang von Beihilfen geändert werden und wenn der Tätigkeitsbereich oder die Struktur des begünstigten Unternehmens umgewandelt wird. Vgl. *Soltész/Wagner*, EuZW 2013, 856 (857 ff).

595 Verordnung Nr. 2015/1589 des Rates v. 13.7.2015 über besondere Vorschriften für die Anwendung von Artikel 108 des Vertrags über die Arbeitsweise der Europäischen Union, ABl. L 248, 9.

596 ABl. 1999 L 83, 1.

Gegenwart Bestand. Das allgemeine Kontrollverfahren gilt auch für Beihilfen beim PPP-Projekt.

### b) *Prüfverfahren der Alt- und Neubeihilfen*

#### aa) *Überprüfung der bestehenden Beihilfen*

Bei bestehenden Beihilfen geht die Kommission nach Art. 17 BeihilfeVerfVO durch Zusammenarbeit mit dem betreffenden Mitgliedstaat der Überprüfung nach. Entsprechend ihrem Ergebnis können bestehende Beihilfen beibehalten werden oder es wird deren Änderung angestrebt. Daher kann die Kommission nach Art. 18 BeihilfeVerfVO zweckdienliche Maßnahmen vorschlagen, durch die bestehende Beihilferegelungen im Mitgliedstaat inhaltlich geändert oder abgeschafft werden. Nach Art. 19 Abs. 2 i. V. m. Art. 4 Abs. 4 BeihilfeVerfVO ist das förmliche Prüfverfahren zu eröffnen, wenn eine Meinungsverschiedenheit zwischen der Kommission und dem Mitgliedstaat über die Durchführung zweckdienlicher Maßnahmen besteht.[597]

#### bb) *Überprüfung der neuen Beihilfen*

Das Gerüst des Aufsichtsverfahrens für die neuen Beihilfen wird zwar durch Art. 108 Abs. 3 AEUV aufgebaut, seine Details aber werden in der BeihilfeVerfVO konkretisiert. Das Verfahren der BeihilfeVerfVO besteht aus dem Anmeldeverfahren des Art. 2 BeihilfeVerfVO, dem vorläufigen Prüfverfahren des Art. 4 BeihilfeVerfVO und ggf. dem förmlichen Prüfverfahren des Art. 7 BeihilfeVerfVO.

Auf der ersten Stufe müssen alle Vorhaben einer Gewährung von neuen Beihilfen oder der Änderung bestehender Beihilfen nach Art. 2 Abs. 2 BeihilfeVerfVO i. V. m. Art. 108 Abs. 3 S. 1 AEUV der Kommission mitgeteilt und angemeldet werden, um die Überprüfung durch selbige zu ermöglichen.[598] Das Durchführungsverbot i. S. des Art. 108 Abs. 3 S. 3 AEUV ist gemäß Art. 3 BeihilfeVerfVO auf alle der Anmeldepflicht unterliegenden Beihilfen anzuwenden.

597 Dazu näher *Cremer*, in: *Calliess/Ruffert*, EUV/AEUV, 2016, Art. 108 AEUV, Rn. 2 ff.

598 Vgl. *Büsching/Homann/Wiese*, Das Europäische Beihilfenrecht, 2012, S. 15 f.; *Cremer*, in: *Calliess/Ruffert*, EUV/AEUV, 2016, Art. 108 AEUV, Rn. 8 f.; *Lübbig/Martín-Ehlers*, Beihilfenrecht der EU, 2009, Rn. 849 ff.; *Rusche*, in: *Immenga/Mestmäcker*, Wettbewerbsrecht Band 3, 2016, Art. 2 VerfahrensVO, Rn. 1.

Angemeldete Beihilfen werden im in Art. 4 BeihilfeVerfVO geregelten vorläufigen Prüfverfahren[599] überprüft. Nach dem innerhalb von zwei Monaten[600] abzuschließenden Verfahren können drei Alternativen des Beschlusses zum Tragen kommen. Wenn die Kommission entscheidet, dass Beihilfen nicht vorliegen oder dass diese zwar bestehen, aber mit dem Binnenmarkt vereinbar sind, kann der betreffende Mitgliedstaat diejenige Beihilfe gewähren. Stellt die Kommission dagegen fest, dass es noch einer Bedenkzeit gegenüber der Rechtmäßigkeit der Beihilfen bedarf, wird das förmliche Prüfverfahren i. S. des Art. 108 Abs. 2 AEUV gemäß Art. 4 Abs. 4 BeihilfeVerfVO eröffnet. Bei keinem fristgerechten Beschluss der Kommission kann der Mitgliedstaat gemäß Art. 4 Abs. 6 BeihilfeVerfVO nach der Mitteilung die Maßnahmen einschlägiger Beihilfen einleiten.

Beim förmlichen Prüfverfahren bzw. Hauptprüfverfahren muss die Kommission gemäß Art. 9 Abs. 6 BeihilfeVerfVO innerhalb von 18 Monaten über die Rechtmäßigkeit der Maßnahmen des Mitgliedstaates entscheiden.[601] Vier Entscheidungsmöglichkeiten hat die Kommission dabei. Wenn sie feststellt, dass die Maßnahme keine Beihilfe darstellt (Art. 9 Abs. 2 BeihilfeVerfVO) oder zwar eine Beihilfe, aber mit dem Binnenmarkt vereinbar ist (d. h. sog. „Positivbeschluss", Art. 9 Abs. 3 BeihilfeVerfVO),[602] kann der betreffende Mitgliedstaat die Maßnahme durchführen. Demgegenüber kann ein „mit Bedingungen und Auflagen verbundener Beschluss" nach Art. 9 Abs. 4 BeihilfeVerfVO[603] oder ein „Negativbeschluss" nach Art. 9 Abs. 5 BeihilfeVerfVO fallen. Beim mit Bedingungen und Auflagen verbundenen Beschluss dürfen Beihilfen nur unter Beachtung bestimmter Bedingungen bzw. Auflagen genehmigt werden. Beim Negativbeschluss wird die Gewährung der Beihilfen nicht zugelassen. Wenn Beihilfen unter Verstoß gegen den Negativbeschluss und damit das Durchführungsverbot gewährt werden, wenn also rechtswidrige Beihilfen i. S. des Art. 1 lit. f) BeihilfeVerfVO

---

599 Dazu näher *Büsching/Homann/Wiese*, Das Europäische Beihilfenrecht, 2012, 17 f.; *Cremer*, in: *Calliess/Ruffert*, EUV/AEUV, 2016, Art. 108 AEUV, Rn. 10; *Lübbig/Martín-Ehlers*, Beihilfenrecht der EU, 2009, Rn. 856 ff.; *Rusche*, in: *Immenga/Mestmäcker*, Wettbewerbsrecht Band 3, 2016, Art. 4 VerfahrensVO, Rn. 1 ff.

600 Aus der im Lorenz-Urteil des EuGH bestimmten Frist wurde dies kodifiziert. EuGH, Rs. 120/73, Slg. 1973, 1471, Rn. 4 – Lorenz.

601 Dazu näher *Büsching/Homann/Wiese*, Das Europäische Beihilfenrecht, 2012, 19 f.; *Cremer*, in: *Calliess/Ruffert*, EUV/AEUV, 2016, Art. 108 AEUV, Rn. 19 ff.; *Lübbig/Martín-Ehlers*, Beihilfenrecht der EU, 2009, Rn. 876 ff.

602 *Rusche*, in: *Immenga/Mestmäcker*, Wettbewerbsrecht Band 3, 2016, Art. 9 VerfahrensVO, Rn. 1.

603 *Rusche*, in: *Immenga/Mestmäcker*, Wettbewerbsrecht Band 3, 2016, Art. 9 VerfahrensVO, Rn. 2.

bestehen, kann die Kommission nach Art. 16 BeihilfeVerfVO die Rückforderung der Beihilfen verlangen.

### *c) Rückforderungsverfahren*

Nach Art. 1 lit. f) BeihilfeVerfVO werden alle neuen Beihilfen, die „unter Verstoß gegen Art. 108 Abs. 3 AEUV eingeführt werden", als rechtswidrige Beihilfen bestimmt. Solche rechtswidrigen Beihilfen sollen auf der Grundlage des Art. 108 Abs. 3 AEUV zurückgefordert werden. Nach Art. 16 BeihilfeVerfVO wird das Rückforderungsverfahren der rechtswidrigen Beihilfen durchgeführt.

Wenn die Kommission den Rückforderungsbeschluss nach Art. 16 Abs. 1 BeihilfeVerfVO erlässt, verpflichtet sich der betreffende Mitgliedstaat dazu, Maßnahmen zur Umsetzung des Beschlusses zu ergreifen.[604] Beim Rückforderungsverfahren geht es also um das nationale Verwaltungsverfahrensrecht des Mitgliedstaats, das im Hinblick auf das Interesse der Union ausgelegt werden muss. Der EuGH hat diesen Grundsatz bestätigt.[605] Demnach müssen Mitgliedstaaten nach Art. 4 Abs. 3 UAbs. 2 EUV „geeignete Maßnahmen" (*effet utile*) für die Rückforderung der rechtswidrigen Beihilfen einleiten.[606] Z. B. ist in Deutschland das Verfahren der Rücknahme eines rechtswidrigen Verwaltungsaktes i. S. des § 48 VwVfG zwar anzuwenden. Nach Art. 16 Abs. 1 S. 2 BeihilfeVerfVO tritt die Rückforderung von Beihilfen jedoch nicht ein, soweit sie gegen allgemeine Grundsätze des Unionsrechts verstößt.

## 2. Aufhebung der rechtswidrigen Beihilfen beim PPP-Projekt

### *a) Wirksamkeit des gegen das Beihilfenrecht verstoßenden PPP-Vertrags*

#### *aa) Problematik*

Bei der PPP ist es wesentlich im Rahmen des Beihilfenrechts, ob und inwieweit der PPP-Vertrag wirksam ist, der rechtswidrige bzw. mit dem Binnenmarkt unvereinbare Beihilfen beinhaltet. Bei einem solchen PPP-Vertrag besteht ein Verstoß

---

604 Um Grundsätze der Rückforderungspolitik und Leitlinien ihrer Umsetzung anzugeben, hat die Kommission die folgende Bekanntmachung veröffentlicht: Bekanntmachung der Kommission – Rechtswidrige und mit dem Gemeinsamen Markt unvereinbare staatliche Beihilfen: Gewährleistung der Umsetzung von Rückforderungsentscheidungen der Kommission in den Mitgliedstaaten, ABl. 2007 C 272, 5.

605 EuGH, Rs. C-142/87, Slg. 1990, I-959, Rn. 61 – Belgien/Kommission; Rs. C-5/89, Slg. 1990, I-3437, Rn. 12 – Kommission/Deutschland; Rs. C-24/95, Slg. 1997, I-1591, Rn. 24 – ALCAN Deutschland.

606 Vgl. *Büsching/Homann/Wiese*, Das Europäische Beihilfenrecht, 2012, S. 21.

gegen das Durchführungsverbot i. S. des Art. 108 Abs. 3 AEUV oder den Negativbeschluss der Kommission. Das ist der Fall, wenn die staatliche Finanzierung des PPP-Vertrags Voraussetzungen zur Rechtfertigung des Beihilfenrechts nicht erfüllt oder das Aufsichtsverfahren des Beihilfenrechts bei der Durchführung des PPP-Projekts nicht beachtet wird.

Wie schon erklärt, soll der PPP-Vertrag als öffentlich-rechtlicher Vertrag qualifiziert werden.[607] Daher unterfällt er grundsätzlich den Vorschriften der §§ 54 ff. VwVfG. Nicht zuletzt um § 59 VwVfG geht es bei einem PPP-Vertrag mit den rechtswidrigen Beihilfen, der die Nichtigkeit des öffentlich-rechtlichen Vertrags regelt. Nach § 59 Abs. 1 VwVfG i. V. m. § 134 BGB ist ein öffentlich-rechtlicher Vertrag nichtig, wenn er gegen ein gesetzliches Verbot verstößt. Problematisch ist, ob das Durchführungsverbot des Art. 108 Abs. 3 AEUV und der Beschluss der Kommission ein gesetzliches Verbot i. S. des § 134 BGB darstellen können.

#### *bb) Verstoß gegen den Art. 108 Abs. 3 AEUV*

Die Nichtigkeit des öffentlich-rechtlichen Vertrags i. S. des § 59 Abs. 1 VwVfG i. V. m. § 134 BGB dient eher dem Gemeinwohl als dem Schutz eines einzelnen Dritten. Gemäß § 58 Abs. 1 VwVfG bedarf es einer schriftlichen Zustimmung des Dritten, um einen in seine Rechte eingreifenden öffentlich-rechtlichen Vertrag wirksam zu machen. Während der Rechtsschutz des einzelnen Dritten also nach § 58 Abs. 1 VwVfG gewährt wird, dient § 59 Abs. 1 VwVfG dem Schutz des gemeinsamen Interesses. Also ist festzustellen, dass das gesetzliche Verbot i. S. des § 134 BGB diejenigen Rechtsnormen darstellt, die eine solche Funktion des § 59 Abs. 1 VwVfG bezwecken. Der „Verbotsgesetzcharakter" der Norm ist „nicht nach den Rationalitäten des Zivilrechts, sondern nach denen des öffentlichen Rechts zu beurteilen."[608] Diese Auslegung soll auch „dem Grundsatz der Gesetzmäßigkeit der Verwaltung" entsprechen.[609] Auch *Krebs* erläuterte, dass § 59 VwVfG eigentlich ein Ergebnis einer Abwägung zwischen verschiedenen Verfassungsprinzipien ist.[610]

---

607 Siehe dazu Kapitel 3, II, 2.

608 *Remmert*, EuR 2000, 469 (477).

609 *Remmert*, EuR 2000, 469 (477).

610 *Krebs*, VVDStRL 52 (1993), 248 (269). So auch bei *Scherzberg*, JuS 1992, 205 (213); *Schmidt-Aßmann/Krebs*, Rechtsfragen städtebaulicher Verträge, 1992, S. 221; *Schlette*, Die Verwaltung als Vertragspartner, 2000, S. 551.

Daher ist es maßgeblich, ob das Durchführungsverbot i. S. des Art. 108 Abs. 3 AEUV eine gesetzliche Regelung für den Schutz des gemeinsamen Interesses darstellt. Einerseits hat das Unionsrecht Vorrang vor den Gesetzen der Mitgliedstaaten,[611] so dass es zutrifft, dass Vorschriften des Unionsrechts einen gesetzlichen Wert haben.[612] Da der Zweck der europäischen Beihilfenregelung andererseits einen Schutz des öffentlichen Interesses, d. h. die Garantie des Wettbewerbs im Binnenmarkt, bezweckt,[613] sollte der Aspekt beachtet werden, dass solche Regelungen eine öffentlich-rechtliche Natur haben. So kann der gegen den Art. 108 Abs. 3 AEUV geschlossene PPP-Vertrag nach § 59 Abs. 1 VwVfG i. V. m. § 134 BGB nichtig sein.

Nach h. M. werden beihilfenrechtliche Vorschriften des AEUV auch als Verbotsgesetz i. S. von § 134 BGB angesehen.[614] Der BGH hat ebenfalls entschieden, dass der Verstoß gegen das Durchführungsverbot i. S. des Art. 88 Abs. 3 EGV (jetzt Art. 108 Abs. 3 AEUV) „zur Nichtigkeit des Vertrags“ führt.[615]

### *cc) Verstoß gegen den Negativbeschluss*

Würde der PPP-Vertrag trotz des Negativbeschlusses der Kommission geschlossen, wäre es unstrittig, dass er im Rahmen des europäischen Beihilfenrechts rechtswidrig ist. Aber fraglich ist, wie seine Nichtigkeit dargelegt wird. Es gibt zwei Alternativen. Zum einen kann Art. 107 Abs. 1 AEUV als gesetzliches Verbot i. S. des § 134 BGB qualifiziert werden, während der Negativbeschluss der Kommission nur als Mittel zu seiner Konkretisierung angesehen wird, da der Negativbeschluss nur einen deklaratorischen Charakter hat und beim Negativbeschluss Art. 107 Abs. 1 AEUV zum Verbot der Beihilfenmaßnahme unmittelbar angewandt wird.[616] Zum anderen kann der Negativbeschluss der Kommission

---

611 Vgl. *Oppermann/Classen/Nettesheim*, Europarecht, 2016, § 10, Rn. 1.

612 So auch bei *Thiele*, in: *Pautsch/Hoffmann*, VwVfG, 2016, § 59, Rn. 17.

613 Dazu oben II, 1.

614 Vgl. *Armbrüster*, in: *Säcker/Rixecker/Oetker/Limperg*, Bürgerliches Gesetzbuch: Allgemeiner Teil, 2015, § 134, Rn. 37; *Ellenberger*, in: *Palandt*, Bürgerliches Gesetzbuch, 2017, § 134, Rn. 3; *Hadding*, WM 2005, 485 (486 f.); *Lenz*, in: *Obermayer/Funke-Kaiser*, 2014, § 59, Rn. 22; *Looschelders*, in: *Heidel/Hüßtege/Mansel/Noack*, BGB, Bd. 1, 2016, § 134, Rn. 36; *Pechstein*, NJW 1999, 1429 (1432); *Purps*, VIZ 2001, 401 (407); *Remmert*, EuR 2000, 469 (476, 478, 480); *Schroeder*, ZHR 1997, 805 (811); *Schwendinger*, GRUR 2013, 447 (451); *Steindorff*, EuZW 1997, 7 (10).

615 BGH, Urteil v. 4.4.2003 – V ZR 314/02, BeckRS 2003, 03851.

616 So bei *Armbrüster*, in: *Säcker/Rixecker/Oetker/Limperg*, 2015, § 134, Rn. 37; *Ehlers*, Rechtsprobleme der Rückforderung von Subventionen, GewArch 1999, 305 (318); *Müller*, Die Aufhebung von Verwaltungsakten unter dem Einfluß des Europarechts,

an sich dagegen eine rechtliche Verbindlichkeit beinhalten und als gesetzliches Verbot i. S. des § 134 BGB betrachtet werden.[617]

Für die letztere Auffassung ist es problematisch, ob eine individuell-konkrete Regelung als gesetzliches Verbot i. S. des § 134 BGB qualifiziert werden kann. § 59 VwVfG geht beim öffentlich-rechtlichen Vertrag über das Prinzip von *pacta sunt servanda* hinaus, um den Grundsatz der Gesetzmäßigkeit der Verwaltung durchzusetzen und zu konkretisieren.[618] Der Beschluss der Kommission stellt im Einzelfall eine Konkretisierung der europäischen Rechtsnormen dar. Darum muss jeder öffentlich-rechtliche Träger bei seiner Handlung schließlich an die Normen im Hinblick auf den Grundsatz der Gesetzmäßigkeit der Verwaltung gebunden werden, auf deren Durchsetzung die Kommission durch den Beschluss hinauswollte. Beim Negativbeschluss um Beihilfen entsprechen solche Normen den Beihilfenregelungen einschließlich des Art. 107 Abs. 1 AEUV. Eine Verletzung des Negativbeschlusses beim Abschluss des PPP-Vertrags muss bei der Anwendung des § 59 VwVfG jedenfalls als Verstoß gegen ein gesetzliches Verbot i. S. des § 134 BGB angesehen werden.

Daher soll der PPP-Vertrag auch nichtig sein, wenn er unter Verstoß sowohl gegen Art. 108 Abs. 3 AEUV als auch gegen den Negativbeschluss geschlossen wird.

#### *dd) Der Umfang der Nichtigkeit und das Verfahren der Rückgewährung*

Besteht der PPP-Vertrag aus verschiedenen Unterverträgen, ist es fraglich, ob der gegen das Beihilfenrecht verstoßende PPP-Vertrag ganz oder nur teilweise nichtig ist. Falls beispielsweise eine gegen das Beihilfenrecht verstoßende Anschubfinanzierung im Organisationsmodell erfolgen würde, die förmlich mit dem besonderen Finanzierungsvertrag zugleich vereinbart wird, stellt sich die

---

2000, S. 216; *Schroeder*, ZHR 1997, 805 (811); *Steindorff*, EuZW 1997, 7 (7). Die Annahme ergeben sich aus der Rechtsprechung des EuGH, dass Art. 92 Abs. 1 EGV [jetzt Art. 107 Abs. 1 AEUV] bei der Negativentscheidung der Kommission unmittelbar gilt. EuGH, Rs. 78/76, Slg. 1977, I-596, Rn. 10 – Steinike & Weinlig.

617 So bei *Remmert*, EuR 2000, 469 (478); *Schütterle*, EuZW 1993, 625 (627).

618 Vgl. *Bonk/Neumann*, in: *Stelkens/Bonk/Sachs*, VwVfG, 2014, § 59, Rn. 4; *Remmert*, EuR 2000, 469 (479); *Schlette*, Die Verwaltung als Vertragspartner, 2000, S. 541; *Schliesky*, in: *Knack/Henneke*, VwVfG, 2014, § 59, Rn. 4; *Schmidt-Aßmann/Krebs*, 1992, S. 221 f.; *Thiele*, in: *Pautsch/Hoffmann*, VwVfG, 2016, § 59, Rn. 2; *Ziekow*, Verwaltungsverfahrensgesetz, 2013, § 59, Rn. 7.

Frage, ob der Finanzierungsvertrag von dem gesamten PPP-Vertrag abgetrennt oder als essentielles Element der PPP betrachtet wird.

Die Rechtsbeziehung der PPP ist kein einfaches Verhältnis von Leistung und Gegenleistung, sondern eine Partnerschaft, in der Bedingungen einheitlich vertraglich verbunden werden.[619] So ist die staatliche Finanzierung bei der PPP für einen wesentlichen Bestandteil zu halten. Hierfür ist es entbehrlich, § 59 Abs. 3 VwVfG heranzuziehen. Wenn der PPP-Vertrag eine staatliche Finanzierung beinhaltet, die eine Beihilfe i. S. des Art. 107 Abs. 1 AEUV darstellt, die nicht gerechtfertigt ist, so muss der gesamte Vertrag nach § 59 Abs. 1 VwVfG i. V. m. § 134 BGB nichtig sein. Insoweit müssen erbrachte Leistungen einschließlich der schon zugewendeten Beihilfen rückabgewickelt werden. Problematisch ist, nach welchem Verfahren Beihilfen zurückgewährt werden müssen.

Möglicherweise sind die §§ 812 ff. BGB heranzuziehen, da keine Regelungen über die Rechtsfolge der Nichtigkeit des öffentlich-rechtlichen Vertrags im VwVfG bestehen und die Vorschriften des BGB nach § 62 S. 2 VwVfG ergänzend angewandt werden können.[620] Nach der h. M. und der Rechtsprechung wird die Grundlage der Rückforderung wegen der Nichtigkeit des öffentlich-rechtlichen Vertrags jedoch auf den öffentlich-rechtlichen Erstattungsanspruch als „ungeschriebenes Institut des Verwaltungsrechts“[621] fundiert.[622] Also ist festzustellen, dass er zwar gewohnheitsrechtlich entwickelt, aber von der Lehre und Rechtsprechung dogmatisch anerkannt wurde. Demnach sind diese eigenständigen Grundsätze des öffentlichen Rechts im öffentlich-rechtlichen Bereich statt der Vorschriften des zivilrechtlichen Bereicherungsrechts anzuwenden.[623] Denn diejenigen Vorschriften der §§ 812 ff. BGB müssen ausgeschlossen werden, die der

619 Siehe dazu Kapitel 3, II, 1.

620 *Ziekow*, Verwaltungsverfahrensgesetz, 2013, § 59, Rn. 25 f.; *Ziekow/Siegel*, Entwicklung und Perspektiven des Rechts des öffentlich-rechtlichen Vertrags – Teil 3 –, VerwArchiv 2004, 281 (295 ff.). Vgl. *Ramsauer/Tegethoff*, in: *Kopp/Ramsauer*, Verwaltungsverfahrensgesetz, 2017, § 59, Rn. 31.

621 *Ramsauer/Tegethoff*, in: *Kopp/Ramsauer*, Verwaltungsverfahrensgesetz, 2017, § 59, Rn. 31.

622 BVerwGE 71, 85 (88); 112, 351 (353 f.). Vgl. *Bonk/Neumann*, in: *Stelkens/Bonk/Sachs*, VwVfG, 2014, § 59, Rn. 9; *Lenz*, in: *Obermayer/Funke-Kaiser*, 2014, § 62, Rn. 18; *Maurer/Waldhoff*, Allgemeines Verwaltungsrecht, 2017, § 14, Rn. 56; *Ramsauer/Tegethoff*, in: *Kopp/Ramsauer*, Verwaltungsverfahrensgesetz, 2017, § 59, Rn. 31 f.; *Schliesky*, in: *Knack/Henneke*, VwVfG, 2014, § 59, Rn. 67; *Thiele*, in: *Pautsch/Hoffmann*, VwVfG, 2016, § 59, Rn. 48.

623 Vgl. *Maurer/Waldhoff*, Allgemeines Verwaltungsrecht, 2017, § 29, Rn. 27.

öffentlich-rechtlichen Natur entgegenstehen.[624] Aufgrund Gesetzmäßigkeit beim öffentlich-rechtlichen Vertrag scheitert hier z. B eine Anwendung des § 817 S. 2 BGB. Allerdings liegen de facto kaum entscheidende Unterschiede beim konkreten Verfahren des Rückgewährschuldverhältnisses vor, da Voraussetzungen und Rechtsfolge den §§ 812 ff. BGB entsprechen.[625]

Der PPP-Vertrag hat eine öffentlich-rechtliche Rechtsnatur, so sind alle Leistungen aus dem aufgrund des Verstoßes gegen das Beihilfenrecht nichtigen PPP-Vertrag, insbesondere hierbei erfolgte Beihilfen, nach den Grundsätzen des öffentlich-rechtlichen Erstattungsanspruchs abzuwickeln. In konkreten Fällen kommen auch verschiedene Modi der Rückgewährung nach den Formen der Beihilfenmaßnahmen, wie folgt, in Betracht.

### *b) Rückforderung der Beihilfen bei der Nichtigkeit des PPP-Vertrags*

#### *aa) Rückforderung der Beihilfen an den privaten Unternehmen*

##### 1) Allgemeine monetäre Förderung

Falls Beihilfen beim PPP-Projekt in der Form der monetären Förderung gewährt werden, müssen sie beim Abwicklungsverfahren des Vertrags zurückerstattet werden. Beim PPP-Projekt entstehen rechtswidrige Beihilfen in monetärer Form, wenn die Höhe der regelmäßigen Vergütung oder der Anschubfinanzierung den (nach den Altmark-Trans-Kriterien) angemessenen Ausgleich im Rahmen des Beihilfenrechts übersteigt oder die Konditionen des staatlichen Darlehens im Vergleich zu üblichen Marktbedingungen günstiger ist.

In der Regel wird das Verfahren für die Überzahlung zwar bei der Kündigung eines Projekts im PPP-Vertrag geregelt, aber da beim Verstoß gegen Beihilfenregelungen der PPP-Vertrag nichtig ist, ist folglich keine Abwicklungsklausel des

---

624 Nach der kritisierenden Ansicht sollen auch die §§ 812 BGB anwendbar sein, soweit keine grundsätzlichen „Strukturunterschiede zwischen privatautonomer Vertragsfreiheit und gesetzesdirigierter Wahl der Handlungsform" bestehen. *Ziekow*, Verwaltungsverfahrensgesetz, 2013, § 59, Rn. 25 f.; *Ziekow/Siegel*, VerwArchiv 2004, 281 (296 f.). So auch bei *Schlette*, Die Verwaltung als Vertragspartner, 2000, S. 568.

625 Aus dem Wortlaut des BVerwG ist festzuhalten, dass „die Anspruchsvoraussetzungen denen des zivilrechtlichen Bereicherungsanspruchs entsprechen." BVerwGE 112, 351 (353 f.). Vgl. BVerwGE 87, 169 (172); 100, 56 (59). Vgl. *Bonk/Neumann*, in: *Stelkens/Bonk/Sachs*, VwVfG, 2014, § 59, Rn. 9; *Mann*, in: *Mann/Sennekamp/Uechtritz*, Verwaltungsverfahrensgesetz, 2014, § 59 VwVfG, Rn. 93; *Ramsauer/Tegethoff*, in: *Kopp/Ramsauer*, Verwaltungsverfahrensgesetz, 2017, § 59, Rn. 31; *Thiele*, in: *Pautsch/Hoffmann*, VwVfG, 2016, § 59, Rn. 48; *Wysk*, in: *Wysk*, Verwaltungsgerichtsordnung, 2016, § 40, Rn. 142.

einzelnen PPP-Vertrags, sondern der allgemeine Abwicklungsprozess bei der Rückforderung der rechtswidrigen Beihilfen anzuwenden. Es ist rechtens, Zinsen vor der Rückbezahlung zu berücksichtigen.

2) Unmittelbare Formen der Beihilfen, insb. beim Konzessionsmodell

Daraus ergibt sich die Rechtswidrigkeit unmittelbarer Beihilfen, etwa beim Abschluss des PPP-Vertrags eine ungerechtfertigte Befreiung von Abgaben und weiteren rechtlichen Pflichten zu erteilen, zur Hilfe der privaten Finanzierung für das PPP-Projekt eine staatliche Bürgschaft ohne berechtigte Gründe zu genehmigen[626] oder vorteilhafte Vertragsbedingungen, etwa Genehmigung der Bündelung und Überlassung oder Vermietung der Immobilien, im Vergleich zur Leistung des privaten Auftragnehmers im PPP-Vertrag zu bestimmen. Hierzu ist auch das allgemeine Rückforderungsverfahren heranzuziehen, da solche Begünstigungen schließlich zum wirtschaftlichen Wert gerechnet werden können.

Bei der Rückforderung unmittelbarer Beihilfen ist die Rücknahme der Konzession am wichtigsten. Das ist der Fall, wenn der private Partner durch die Konzession einen höheren Profit erhält, als seine vertraglich bestimmten Leistungen rechtfertigen. Dann muss die Konzession aufgrund der Nichtigkeit des PPP-Vertrags nicht nur aberkannt werden, sondern auch ein Betrag in der Höhe, die dem bereits erhaltenen wirtschaftlichen Vorteil entspricht, zurückgezahlt werden.

*bb) Beihilfen durch das PPP-Projekt zur Beschaffung der Infrastruktur*

Wenn Maßnahmen zur Beschaffung der Infrastruktur durch die PPP als rechtswidrige Beihilfen betrachtet werden, bleibt der PPP-Vertrag unberührt, da die Gewährung der Beihilfen hierfür als getrennt bewertet werden soll. Während der PPP-Vertrag zwischen dem öffentlichen Träger und dem privaten Betreiber der Infrastruktur geschlossen wird, stellt der Empfänger der Beihilfen deren Benutzer dar.

So muss das Rückforderungsverfahren der rechtswidrigen Beihilfen bei der Zuwendung der Begünstigung durch das PPP-Projekt in der Beziehung mit den Benutzern stattfinden. In diesem Fall sollen Benutzer nach den allgemeinen Grundsätzen des öffentlich-rechtlichen Erstattungsanspruchs den wirtschaftlichen Wert rückerstatten, der dem bisherigen Gebrauch entspricht.[627] Darüber hinaus soll eine angemessene Gebühr für die künftige Bedienung

---

626 Zur Nichtigkeit der unter Verstoß gegen das Durchführungsverbot von Beihilfen bestimmten Bürgschaft der öffentlichen Hand *Hadding*, WM 2005, 485 (489).

627 Siehe dazu oben IV, 2, a), dd).

erhoben werden, soweit die freie Nutzung der Infrastruktur eine unzulässige Beihilfe i. S. des Art. 107 Abs. 1 AEUV darstellt.

#### *cc) Beihilfen durch die Gründung des gemischt-wirtschaftlichen Unternehmens*

Bezüglich der staatlichen Kapitalbeteiligung an einem gemischt-wirtschaftlichen Unternehmen ist die Vereinbarung der Beteiligung zwischen dem Staat und dem privaten Inverstoren auch für nichtig anzusehen. Darum muss die Investition des öffentlichen Trägers ex tunc nichtig sein und zurückgefordert werden.

Stellt das gemischt-wirtschaftliche Unternehmen mit Dritten schon eine Rechtsbeziehung dar, sollte das Interesse der Dritten geschützt werden, da die Kapitalbeteiligung für die Gründung und das Rechtsgeschäft des schon gegründeten Unternehmens auseinander zu halten sind. Gegebenenfalls kann das Rückforderungsverfahren nach Grundsätzen des Vertrauensschutzes und der Rechtssicherheit[628] zum Schutz der schutzwürdigen Dritten sogar zurückstehen.

## V. Zwischenergebnis

Die Beschaffung der Infrastruktur durch die PPP gehört nicht nur zum Anwendungsbereich des europäischen Beihilfenrechts, sondern auch die Grundsätze der europarechtlichen Beihilfenregelung sollen beim PPP-Projekt umfassend angewandt werden.

Einerseits ist zu beachten, in welchen Fällen die Zuwendung der staatlichen Mittel beim PPP-Projekt als Beihilfen i. S. des Art. 107 Abs. 1 AEUV angesehen oder gerechtfertigt werden. Da es bei den meisten PPP-Projekten um die Erbringung von DAWI geht, kann jede Form der staatlichen Finanzierung beim PPP-Projekt nach Art. 106 Abs. 2 AEUV aus der beihilfenrechtlichen Regelung ausgenommen werden, soweit die Angemessenheit des Ausgleichs nach der Beurteilung mittels der Altmark-Trans-Kriterien und der nachher von der Kommission konkretisierten Maßstäbe bewiesen wird. In diesem Fall entfällt die Begünstigung i. S. des Art. 107 Abs. 1 AEUV und stellt somit bei der PPP das wichtigste Tatbestandsmerkmal der Beihilfe dar. Letztlich kommt es darauf an, wie hoch das Entgelt im PPP-Vertrag bestimmt werden kann. Da verschiedene Arten der Vergütung beim PPP-Projekt bestehen können, soll der wirtschaftliche Wert jeder Form sachgemäß berechnet werden. Sowohl monetäre Leistungen als auch eine Erteilung eines bestimmten Rechts einschließlich einer Konzession

628 Dazu oben IV, 1, c).

sind als Modi des Ausgleichs zu erachten. Falls eine solche mittelbare Form der Vergütung im PPP-Vertrag vereinbart wird, sollen alle Bedingungen des Vertrags, etwa die Frist und der Umfang der Konzession, bei der Beurteilung des Vorliegens der Begünstigung berücksichtigt werden.

Selbst wenn alle Tatbestandsmerkmale der Beihilfe i. S. des Art. 107 Abs. 1 AEUV erfüllt werden, können die Beihilfen nach den Ausnahmevorschriften als mit dem Binnenmarkt vereinbar angesehen werden. Art. 107 Abs. 2 und 3 AEUV schreiben einige Ausnahmefälle vor, die durch die sekundärrechtlichen Regelungen, z. B. die AGVO, oder durch die Leitlinien von der Kommission konkretisiert werden. Nach den Legalausnahmen i. S. des Art. 107 Abs. 2 AEUV oder der Entscheidung der Kommission i. S. des Art. 107 Abs. 3 AEUV kann die staatliche Finanzierung beim PPP-Projekt zum bestimmten Zweck innerhalb einer Grenze über Beihilfenvolumina zugelassen werden. Daneben kann die staatliche Förderung nach Art. 93 AEUV zur Koordinierung oder Abgeltung des PPP-Projekts im Verkehrswesen auch gerechtfertigt werden.

Andererseits ist es nicht irrelevant, wie der PPP-Vertrag beim beihilfenrechtlichen Aufsichtsverfahren kontrolliert wird. Im Gegensatz zur konventionellen Beschaffung werden alle vertraglichen Bedingungen im PPP-Projekt miteinander verbunden und bilden damit die Gegenleistung. So läuft die beihilfenrechtliche Regelung schließlich auf die Kontrolle des PPP-Vertrags hinaus. Sofern der PPP-Vertrag für öffentlich-rechtlich gehalten wird, unterfällt er den §§ 54 ff. VwVfG. Bei einem Verstoß gegen das europäische Beihilfenrecht ist die Gültigkeit des PPP-Vertrags in Anbetracht der Regelung über den öffentlich-rechtlichen Vertrag nach § 59 VwVfG zu bestimmen. Im Hinblick auf das öffentliche Recht sollen europäische Beihilfenregelungen als gesetzliches Verbot i. S. des § 134 BGB betrachtet werden. Im Ergebnis ist der unter Verstoß gegen das europäische Beihilfenrecht geschlossene PPP-Vertrag nach § 59 Abs. 1 VwVfG i. V. m. § 134 BGB nichtig, damit die staatliche Finanzierung des Projekts grundsätzlich zurückgefordert werden kann.

Bei der PPP geht es darum, sowohl im Rahmen des Beihilfenrechts mit dem Binnenmarkt vereinbare als auch wirtschaftlich effiziente Projekte zu bilden und durchzuführen. Die staatliche Finanzierung beim PPP-Projekt soll unter Beachtung der beihilfenrechtlichen Grenzen und zur Optimierung der Verwirklichung der politischen Ziele erfolgen.

# Fünftes Kapitel Kontrolle der PPP im Rahmen des europäischen Vergaberechts

## I. Einführung

Der öffentliche Auftrag wird in der Literatur so definiert, dass der öffentliche Träger[629] gemäß einem öffentlichen Ziel durch eine „bestimmte Vorgehensweise“ zur Beschaffung der Güter oder Leistungen mit einem Akteur im Markt einen „entgeltlichen Vertrag“ schließt.[630] Das Vergaberecht stellt die Gesamtheit der Normen dar, die den öffentlichen Auftrag[631] regeln. Die wichtigste vergaberechtliche Regelung im öffentlichen Beschaffungswesen in Deutschland stammt aus dem Europarecht.

Das europäische Vergaberecht dient der Verwirklichung der Grundfreiheiten im Binnenmarkt mit dem Zweck der Marktöffnung sowie Marktordnung. Daher sollen wettbewerbsverzerrende Effekte beider öffentlichen Aufträge ausgeschlossen werden. Auf Basis der Grundsätze von Gleichbehandlung und Transparenz

---

629 Der Begriff des öffentlichen Trägers ist aus funktionaler Sicht zu erfassen und dazu sollen der Staat, die Kommunen, ihre Untergliederungen gehören. Vgl. *Oppermann/Classen/Nettesheim*, Europarecht, 2016, § 21, Rn. 63; *Ziekow*, Öffentliches Wirtschaftsrecht, 2016, § 9, Rn. 1.

630 § 103 Abs. 1 GWB zieht den Begriff des öffentlichen Auftrags des Art. 2 Abs. 1 Nr. 5 Vergaberichtlinie 2014/24/EU heran und definiert ihn als „entgeltliche Verträge zwischen öffentlichen Auftraggebern oder Sektorenauftraggebern und Unternehmen über die Beschaffung von Leistungen, die die Lieferung von Waren, die Ausführung von Bauleistungen oder die Erbringung von Dienstleistungen zum Gegenstand haben.“ Vgl. *Willenbruch*, in: *Willenbruch/Wieddekind*, Vergaberecht, 2017, § 103 GWB, Rn. 5; *Ziekow*, Öffentliches Wirtschaftsrecht, 2016, § 9, Rn. 1, 17. Diese Begriffsetzung übernimmt die Definition des öffentlichen Auftrags von Art. 2 Nr. 2 lit. a) Richtlinie 2004/18/EG und entspricht § 99 Abs. 1 GWB a. F. Vgl. *Bungenberg*, in: *Loewenheim/Meessen/Riesenkampff*, Kartellrecht, 2009, Vor §§ 97 ff. GWB, Rn. 1; *Dageförde*, Einführung in das Vergaberecht, 2013, Rn. 7 ff.; *Frenz*, Handbuch Europarecht Band 3: Beihilfe- und Vergaberecht, 2007, Kapitel 9, Rn. 1695; *Koenig/Haratsch*, NJW 2003, 2637 (2639); *Leinemann*, Das neue Vergaberecht, 2010, Rn. 145.

631 Zwar unterscheidet das GWB zwischen dem öffentlichen Auftrag und der Konzession, aber Letztere soll als Form des Vertrags aufgefasst werden, die den öffentlichen Auftrag vergibt. Ebenso *Koenig/Haratsch*, NJW 2003, 2637 (2639); *Ziekow*, Öffentliches Wirtschaftsrecht, 2016, § 9, Rn. 17.

muss die Vergabe des öffentlichen Auftrags mithin nach objektiven Kriterien vonstatten gehen.[632]

Selbstverständlich ist das europäische Vergaberecht auf die Beschaffung der Infrastruktur innerhalb der Europäischen Union anzuwenden. Da die PPP einen Modus des öffentlichen Auftrags darstellt, unterliegt auch sie dem europäischen Vergaberecht. Die PPP ist eine neuere Form des öffentlichen Auftrags, folglich gilt es zu beachten, welche besonderen Regelungen im Vergleich zu konventionellen Beschaffungsvarianten erforderlich sind. Das jüngste europäische Vergaberecht ist entsprechend der Anwendung auch auf die PPP entwickelt worden, wie sich im Erlass der Konzessionsrichtlinie zeigt. Während im beihilfenrechtlichen Zusammenhang die staatliche Tätigkeit, die einem grundsätzlichen Verbot unterliegt, ausnahmsweise gerechtfertigt werden kann,[633] handelt es sich im Rahmen des Vergaberechts um die Bestimmung der Vorgehensweise der Handlungen bei Vergabeverfahren. Soweit ein PPP-Projekt im Anwendungsbereich des europäischen Vergaberechts liegt, haben alle Akteure bei der PPP die Regelungen zu beachten. Während die beihilfenrechtliche Frage bei der PPP also davon ausgeht, ob und wie die staatliche Finanzierung beim PPP-Projekt begründet werden kann, liegt das Grundproblem in vergaberechtlicher Beziehung darin, wie und inwieweit die Regelungen beim PPP-Projekt zu beachten sind.

Daher ist es sinnvoll, Rechtsfragen der Kontrolle der PPP im Rahmen des europäischen Vergaberechts zu behandeln. Im Weiteren wird die Grundstruktur des europäischen Vergaberechts zunächst erläutert, dann seine Anwendungsmöglichkeit auf die PPP eingehender betrachtet und schließlich werden einzelne Probleme der PPP diskutiert wie etwa diejenigen der Kontrolle, der Ausschreibung, des Rechtsschutzes der Konkurrenz und der Auswirkungen der neuen Vergaberichtlinien auf die PPP.

---

632 Vgl. *Dreher*, in: *Immenga/Mestmäcker*, Wettbewerbsrecht Band 2: GWB/Teil 2, 2014, Vor §§ 97 ff., Rn. 2; *Müller-Mitschke*, Konfliktfeld De-facto-Vergabe, 2012, S. 14 ff.; *Oppermann/Classen/Nettesheim*, Europarecht, 2016, § 21, Rn. 57; *Pietzcker*, ZHR 1998, 427 (429); *Plauth*, Die Rechtspflicht zur Transparenz im europäisierten Vergaberecht, 2017, S. 55; *Prieß*, Handbuch des europäischen Vergaberechts, 2005, S. 3.

633 Vgl. Kapitel 4, II, 2, a).

## II. Anwendung des Vergaberechts auf die PPP

### 1. Grundlagen des europäischen und deutschen Vergaberechts

#### *a) Struktur der Regelung auf europäischer Ebene*

##### *aa) Primärrechtliche Grundsätze des europäischen Vergaberechts*

Auch mit dem Inkrafttreten der EU-Verträge stellt ein zentrales Thema für die Integration Europas die Verwirklichung des Gemeinsamen Markts dar. Hierzu bedarf es einer Gewährleistung des freien und transparenten Wettbewerbs, wozu die Union verschiedene Vorschriften zu den Grundfreiheiten in den Verträgen geschaffen hat. Im öffentlichen Beschaffungswesen sind solche primärrechtlichen Prinzipien ebenso zu beachten.

Die Grundfreiheiten werden im AEUV hinsichtlich der Freiheit des Warenverkehrs der Art. 28 f. AEUV, der Arbeitnehmerfreizügigkeit i. S. des Art. 45 AEUV, der Niederlassungsfreiheit i. S. des Art. 49 AEUV, der Dienstleistungsfreiheit i. S. des Art. 56 AEUV sowie der Freiheit des Kapital- und Zahlungsverkehrs i. S. des Art. 63 AEUV gewährleistet.[634] Aus den Grundfreiheiten des AEUV hat der EuGH allgemeine Grundsätze des Vergaberechts, d. h. das Gleichbehandlungs-, Nichtdiskriminierungs- und Transparenzgebot abgeleitet und auf alle öffentlichen Vergaben angewandt.[635]

Diese Prinzipien des AEUV korrelieren mit den sekundärrechtlichen Vergaberegelungen und werden in diesen konkretisiert.

---

634 Vgl. *Oppermann/Classen/Nettesheim*, Europarecht, 2016, § 21, Rn. 58; *Ziekow*, Öffentliches Wirtschaftsrecht, 2016, § 9, Rn. 3.

635 EuGH, Rs. C-324/98, Slg. 2000, I-10745, Rn. 60 ff. – Telaustria; Rs. C-231/03, Slg. 2005, I-7287, Rn. 16 ff. – Coname; Rs. C-458/03, Slg. 2005, I-8585, Rn. 52 ff. – Parking Brixen; C-264/03, Slg. 2005, I-8831, Rn. 32 – Kommission/Frankreich; Rs. C-220/06, Slg. 2007, I-12175, Rn. 71 – Asociación Profesional de Empresas de Reparto y Manipulado de Correspondencia; Rs. C-147/06 und C-148/06, Slg. 2008, I-3565, Rn. 20 – SECAP; Rs. C-538/07, Slg. 2009, I-4219, Rn. 21 ff. – Assitur. Vgl. *Huerkamp*, Gleichbehandlung und Transparenz als gemeinschaftsrechtliche Prinzipien der staatlichen Auftragsvergabe, 2010, S. 15 ff.; *Kühling*, in: *Kühling*, Kooperation im Öffentlichen Immobilien- und Infrastrukturrecht, 2011, 11 (20 ff.); *Ziekow*, Öffentliches Wirtschaftsrecht, 2016, § 9, Rn. 3.

*bb) Richtlinien über das Vergaberecht*

1) Entwicklung des Sekundärrechts im Vergaberecht

Seit den siebziger Jahren wird das europäische Vergaberecht durch Richtlinien geregelt.[636] Neben den Richtlinien über das Vergabeverfahren wurden zwei Rechtsmittelrichtlinien, d. h. die Richtlinie 89/665/EWG[637] und die Richtlinie 92/13/EWG[638] (sog. „Rechtsmittelsektorenrichtlinie"[639]), zum effektiven Rechtsschutz erlassen, die beide durch die neue Rechtsmittelrichtlinie 2007/66/EG[640] geändert wurden.

Dieser Regelungsstand wurde durch das EU-Legislativpaket zum Vergaberecht vom 31. März 2004 reformiert. Die neuen Richtlinien über das Vergabeverfahren wurden zur Vereinfachung des Vergabeverfahrens und Umsetzung der inzwischen aufgestellten Rechtsprechung erlassen. Dabei wurden die gemeinsamen Verfahrensvorschriften zum öffentlichen Auftrag von der sog. Vergaberechtskoordinierungsrichtlinie[641] geregelt.[642] Bei der Vergabe der öffentlichen

636 Etwa Richtlinie 71/305/EWG des Rates v. 26.7.1971 über die Koordinierung der Verfahren zur Vergabe öffentlicher Bauaufträge, ABl. 1971 L 185, 5. Vgl. *Kühling/Huerkamp*, in: *Säcker*, Europäisches und Deutsches Wettbewerbsrecht, Bd. 3, 2018, Einl., Rn. 1.

637 Richtlinie 89/665/EWG des Rates v. 21.12.1989 zur Koordinierung der Rechts- und Verwaltungsvorschriften für die Anwendung der Nachprüfungsverfahren im Rahmen der Vergabe öffentlicher Liefer- und Bauaufträge, ABl. 1989 L 395, 33.

638 Richtlinie 92/13/EWG des Rates v. 25.2.1992 zur Koordinierung der Rechts- und Verwaltungsvorschriften für die Anwendung der Gemeinschaftsvorschriften über die Auftragsvergabe durch Auftraggeber im Bereich der Wasser-, Energie- und Verkehrsversorgung sowie im Telekommunikationssektor, ABl. 1992 L 76, 14.

639 *Kühling/Huerkamp*, in: *Säcker*, Europäisches und Deutsches Wettbewerbsrecht, Bd. 3, 2018, Einl., Rn. 4, in dortiger Fn. 11.

640 Richtlinie 2007/66/EG des Europäischen Parlaments und des Rates v. 11.12.2007 zur Änderung der Richtlinien 89/665/EWG und 92/13/EWG des Rates im Hinblick auf die Verbesserung der Wirksamkeit der Nachprüfungsverfahren bezüglich der Vergabe öffentlicher Aufträge, ABl. 2007 L 335, 31. Zur Entwicklung der Rechtsmittelrichtlinien ausführlich *Seidel*, EWS 2007, 529 (529 ff.).

641 Richtlinie 2004/18/EG des Europäischen Parlaments und des Rates v. 31.3.2004 über die Koordinierung der Verfahren zur Vergabe öffentlicher Bauaufträge, Lieferaufträge und Dienstleistungsaufträge, ABl. 2004 L 134, 114.

642 *Kühling/Huerkamp*, in: *Säcker*, Europäisches und Deutsches Wettbewerbsrecht, Bd. 3, 2018, Einl., Rn. 3.

Aufträge in bestimmten Sektoren geht es um die sog. Sektorenrichtlinie,[643] die Sonderregelungen über die Wasser-, Energie und Verkehrsversorgung sowie die Postdienste vorschrieb.[644]

### 2) Der aktuelle Regelungsstand

Die jüngste Revision der europäischen Vergaberichtlinien wurde 2014 vorgenommen. Also wurde das neue EU-Richtlinienpaket zum Vergaberecht veröffentlicht, das beide Koordinierungsrichtlinien ablöst und eine völlig neue Richtlinie erlässt. Die allgemeine Vergaberechtskoordinierungsrichtlinie wurde durch die Richtlinie 2014/24/EU (im Folgenden VRL)[645] und die Sektorenrichtlinie durch die Richtlinie 2014/25/EU (im Folgenden SektRL)[646] ersetzt. Daneben wurde eine neue Richtlinie über die in der Form der Konzession ausgeübte Vergabe (im Folgenden KVR)[647] erlassen.[648]

Durch die neuen Richtlinien wird die Grundstruktur des bisherigen europäischen Vergaberechts zwar nicht umgewandelt, aber sie beinhalten wesentliche Modifizierungen. Die Änderungen dieser Reform gehen davon aus, dass das Grundziel der europäischen Gesetzgebung im öffentlichen Beschaffungswesen nicht nur die Förderung des Wettbewerbs, sondern auch die Verfolgung von bestimmten „strategische[n] Zielen“ darstellt.[649] Demnach sollte die staatliche

---

643 Richtlinie 2004/17/EG des Europäischen Parlaments und des Rates v. 31.3.2004 zur Koordinierung der Zuschlagserteilung durch Auftraggeber im Bereich der Wasser-, Energie und Verkehrsversorgung sowie der Postdienste, ABl. 2004 L 134, 1.

644 Näheres zur Entwicklung der Richtlinien *Buhr*, Die Richtlinie 2004/18/EG und das deutsche Vergaberecht, 2009, S. 62 ff.; *Oppermann/Classen/Nettesheim*, Europarecht, 2016, § 21, Rn. 61, 71; *Ziekow*, Öffentliches Wirtschaftsrecht, 2016, § 9, Rn. 6.

645 Richtlinie 2014/24/EU des Europäischen Parlaments und des Rates v. 26.2.2014 über die öffentliche Auftragsvergabe und zur Aufhebung der Richtlinie 2004/18/EG, ABl. 2014 L 94, 65.

646 2014/25/EU des europäischen Parlaments und des Rates v. 26.2.2014 über die Vergabe von Aufträgen durch Auftraggeber im Bereich der Wasser-, Energie- und Verkehrsversorgung sowie der Postdienste und zur Aufhebung der Richtlinie 2004/17/EG, ABl. 2014 L 94, 243.

647 Richtlinie 2014/23/EU des europäischen Parlaments und des Rates v. 26.2.2014 über die Konzessionsvergabe, ABl. 2014 L 94, 1.

648 Vgl. *Ziekow*, Öffentliches Wirtschaftsrecht, 2016, § 9, Rn. 6.

649 *Neun/Otting*, EuZW 2012, 566 (566). Solche Ziele werden in der Mitteilung der Kommission mit dem Titel „Europa 2020: Eine Strategie für intelligentes, nachhaltiges und integratives Wachstum“ vom 3. März 2010 konkretisiert. Europäische Kommission, KOM (2010) 2020 endg.

Finanzierung des öffentlichen Auftrags einem politischen Zweck dienen, zu dem sowohl die energie-, umwelt-, sozial- sowie wirtschaftspolitischen Innovationen als auch die Überwindung der damaligen europaweiten Finanzkrise gehören.[650]

Vor diesem Hintergrund wurden folgende wichtige Änderungen in den neuen Richtlinien aufgenommen:[651] Zuerst werden die Vergabeverfahren in der allgemeinen und sektoralen Richtlinie vereinfacht und flexibilisiert. Nicht nur werden die Mindestfristen für die Ausschreibung auf 15 Tage im offenen Verfahren und auf 10 Tage im nicht offenen Verfahren verkürzt, der öffentliche Träger kann auch im Bereich der kommunalen Beschaffung einen weiteren Ermessensspielraum haben. Außerdem wird die Teilnahme von KMU an öffentlichen Vergabeverfahren erleichtert. Darüber hinaus wird die Ausscheidung des sog. In-House-Geschäfts aus dem Vergaberecht in den neuen Richtlinien kodifiziert, das bislang nach der Rechtsprechung des EuGH diesem nicht unterfallen war. Weiterhin werden neue Zuschlagskriterien eingeführt, bei denen die Umweltpolitik, die soziale Integration und die Innovationsmöglichkeit zu berücksichtigen sind. Dafür kann der öffentliche Auftraggeber bei der Bewertung des Angebots die Organisation, die Qualifikation und die Erfahrung des Bieters berücksichtigen.[652] Ferner wird die fünfte Variante des Vergabeverfahrens namens „Innovationspartnerschaft" zur Entwicklung eines neuen und innovativen Produkts bzw. einer innovativen Dienstleistung oder Bauleistung und zum anschließenden Erwerb der daraus hervorgehenden Lieferungen, Dienstleistungen oder

650 Dazu Europäische Kommission, Vorschlag für eine Richtlinie des europäischen Parlaments und des Rates über die öffentliche Auftragvergabe, KOM (2011) 896 endg., S. 2 f. Vgl. *Baumann*, GWR 2016, 159 (159); *Ley/Wankmüller*, Das neue Vergaberecht 2016, 2016, S. 1; *Neun/Otting*, EuZW 2012, 566 (566).

651 Vgl. Deutscher Städtetag/Deutscher Landkreistag/DStGB/VKU, Bewertung der EU-Vergaberechtsreform aus kommunaler Sicht, 2012, S. 3, 6; *Neun/Otting*, EuZW 2012, 566 (566 ff.).

652 Nach der Rechtsprechung des EuGH in der Rechtsprechung „Lianakis" sind die Erfahrung sowie Qualifikation der Bieter nicht als „Zuschlagskriterien", sondern als „Eignungskriterien" betrachtet worden. EuGH, Rs. C-532/06, Slg. 2008, I-251, Rn. 31 f. – Lianakis. Also konnte der Auftraggeber bislang solche Kriterien nur im Ausgangsverfahren (der Pre-Qualification-Phase) berücksichtigen, um die fachliche Eignung der Bieter zu beurteilen. Daher kann gesagt werden, dass durch diese Reform die Wahlmöglichkeiten des öffentlichen Auftraggebers beim PPP-Projekt erweitert werden, wo es einer umfassenden Überprüfung der Fähigkeiten des Unternehmens bedarf. Vgl. *Byok*, NJW 2016, 1494 (1495); *Neun/Otting*, EuZW 2014, 446 (451).

Bauleistungen eingeführt.[653] Schließlich lässt sich die Vergabe in der Form der Dienstleistungskonzession, die bislang aus seinem Anwendungsbereich ausgeschlossen wurde, durch die neue Konzessionsrichtlinie dem europäischen Vergaberecht zuschreiben.

### *b) Die Entwicklung des deutschen Vergaberechts und die Umsetzung des europäischen Vergaberechts*

#### *aa) Die traditionelle Betrachtung des öffentlichen Auftrags — Fiskustheorie*

Herkömmlich ist der Bereich der nicht hoheitlichen Staatshandlungen als privatrechtlich betrachtet worden. Diese Tendenz wurde auf die theoretische Grundlage der sog. „Fiskustheorie" gestellt. Der Terminus „Fiskus" stellte eigentlich „den als Person fingierten Träger des staatlichen Vermögens und geldwerter Rechte" dar,[654] bei dem der Staat „als reiner Vermögensträger fungiert und als Privatrechtssubjekt im zivilrechtlichen Rechtsverkehr auftritt."[655]

In der absoluten Monarchie war die vertikale Beziehung zwischen dem Staat, d. h. dem Subjekt der Hoheit, und dem Bürger als Untertan maßgebend. Demnach war die Beschwerde gegen eine staatliche Handlung nicht möglich, folglich konnten Bürger nur die wirtschaftliche Entschädigung des Eingriffs zu erlangen versuchen („Dulde und liquidiere"). Der Fiskus spielt die Rolle des Prügelknaben des Staates, d. h. einer Opposition der Beklagten, um den Ersatzanspruch der Bürger zu garantieren. Damals übte die Fiskustheorie eine Funktion aus, Rechte der Bürger vor der absoluten Macht des Staates zu schützen. Im öffentlichen Auftragswesen handelt der öffentliche Auftraggeber danach als privatrechtliches Subjekt. Daher stellt das Erbringen der Dienstleistung oder die Annahme der Vergütung eine privatrechtliche Schuld dar.[656]

Seit das Verwaltungsrecht im modernen Sinn gilt, kann die Priorität der staatlichen Gewalt nicht mehr anerkannt werden. Durch die gerichtliche Überprüfung kann der Bürger die Verletzung seines Rechts durch den Staat geltend machen und sich über den Bescheid des Hoheitsträgers beschweren. Bei dieser

---

653 Europäische Kommission, KOM (2011) 896 endg., S. 12.

654 *Eichhorn*, Verwaltungslexikon, 1991, S. 303, mit dem Stichwort „Fiskus".

655 *Burmeister*, DÖV 1975, 695 (700). Vgl. *Fehling*, in: *Pünder/Schellenberg*, Vergaberecht, 2015, § 97 GWB, Rn. 6.

656 Zur Entwicklung der Fiskustheorie *Burmeister*, DÖV 1975, 695 (699 ff.); *Maurer/Waldhoff*, Allgemeines Verwaltungsrecht, 2017, § 2, Rn. 4; *Theisen*, Allgemeines Verwaltungsrecht, 2012, S. 22; *Stober*, in: *Wolff/Bachof/Stober/Kluth*, Verwaltungsrecht I, 2017, § 22, Rn. 3; *ders.*, § 23, Rn. 41.

Konstellation wird kritisiert, dass die Fiskustheorie nun als ein Mittel „für die Flucht in das Privatrecht" fungiert.[657]

Wird die Fiskustheorie auf die öffentliche Beschaffung angewandt, ist der öffentlich-rechtlichen Kontrolle über den Auftrag wenig gedient. Wenn nun auch der Beteiligte im Beschaffungsverfahren in seinen Rechten verletzt wird, kann er nur den Ersatz nach „*culpa in contrahendo*" erhalten.[658]

#### *bb) Bemühungen um die öffentlich-rechtliche Kontrolle des Auftragsvertrags in Deutschland*

##### 1) Problematik

Soweit der öffentliche Auftragsvertrag im Beschaffungswesen keine einfache Vorbereitung der Verwaltung, sondern eine wichtige Handlungsform in der Erfüllung der Verwaltungsaufgaben darstellt, ist es nicht sinnvoll, dass er nach der Fiskustheorie nur privatrechtlich geregelt wird. Vielmehr ist konsequent, dass er sich nach der öffentlich-rechtlichen Regelung richtet, da jede Staatshandlung zur Durchführung der Kernaufgaben in der modernen Verwaltung der öffentlich-rechtlichen Kontrolle unterliegen muss.[659]

Schon lange gibt es Bemühungen, die Fiskustheorie aufzugeben und nichthoheitliche Verwaltungshandlungen der öffentlich-rechtlichen Kontrolle zu unterziehen. Nicht zuletzt trägt die sog. Verwaltungsprivatrechtslehre zur Erweiterung des Anwendungsbereichs des öffentlichen Rechts bei. Nach der Verwaltungsprivatrechtslehre wird es möglich, dass die Grundrechte des Grundgesetzes sowie die öffentlich-rechtlichen Grundsätze bei der Durchführung der Daseinsvorsorge, der Wirtschaftsförderung, der subventionierenden Verwaltung oder des Benutzungsverhältnisses öffentlicher Einrichtungen angewandt werden, wenn der öffentliche Träger in privatrechtlichen Formen öffentliche Verwaltungszwecke verfolgen wollte.[660]

Die öffentlich-rechtliche Regelung nach der Verwaltungsprivatrechtslehre kann aufgrund des Zwecks der unmittelbaren Verwirklichung des öffentlichen Interesses gerechtfertigt werden. Demnach kann diese Modalität die öffentliche Beschaffung von der aus der Fiskustheorie rührenden privatrechtlichen Regelung nicht optimal gewährleisten. Denn es unterliegt die Beziehung mit dem Benutzer, bei der ein Nutzungsverhältnis an öffentlichen Sachen gestaltet werden kann,

---

657 *Zeidler*, VVDStRL 19, 1961, 208 (225). Vgl. *Özfirat-Skubinn*, DÖV 2010, 1005 (1010).
658 *Faber*, DÖV 1995, 403 (409 f.).
659 Dazu bereits Kapitel 3, II, 2, a).
660 Dazu bereits Kapitel 1, II, 5, b).

dem öffentlichen Recht, aber es ist unpräzise, ob und inwieweit die Beziehung mit dem Auftragnehmer im Beschaffungsverfahren öffentlich-rechtlich kontrolliert werden kann.

Durch die Umsetzung des europäischen Rechts begann jedoch eine Veränderung dieser Umstände. Nach den damaligen gemeinschaftsrechtlichen Vergaberichtlinien[661] sind sowohl der unbeschränkte Wettbewerb als auch der Rechtsschutz der übergangenen Bewerber durch gerichtliche Überprüfung zu gewährleisten.[662] Die gemeinschaftsrechtlichen Grundlagen sollten ins deutsche Recht umgesetzt werden, damit es in Deutschland zumindest teilweise zu einer Anwendung der öffentlich-rechtlichen Regelungen im Beschaffungswesen kommt.[663]

### 2) Die haushaltsrechtliche Lösung

Die erste Reform des deutschen Vergaberechts wird als sog. „haushaltsrechtliche Lösung" bezeichnet.[664] 1993 wurde das HGrG von der Bundesregierung revidiert, folglich wurden die §§ 57a–57c hinzugefügt. Damit war zuerst die Bundesregierung angehalten, die Verordnung über die Vergabebestimmungen für öffentliche Aufträge und die Nachprüfungsverordnung zu erlassen. Zum anderen adressierten die neuen Vorschriften neben dem Staat und den Kommunen die juristischen Personen des öffentlichen sowie privaten Rechts und das private Unternehmen die Vergabeverordnungen. Schließlich wurden im Einspruchsverfahren der Bieter die

---

661 Damals galten folgende Richtlinien im Rahmen des gemeinschaftlichen Beschaffungswesens: Richtlinie 92/13/EWG des Rates v. 25.2.1992 zur Koordinierung der Rechts- und Verwaltungsvorschriften für die Anwendung der Gemeinschaftsvorschriften über die Auftragsvergabe durch Auftraggeber im Bereich der Wasser-, Energie- und Verkehrsversorgung sowie im Telekommunikationssektor (ABl. 1992 L 76, 14), Richtlinie 92/50/EWG des Rates v. 18.6.1992 über die Koordinierung der Verfahren zur Vergabe öffentlicher Dienstleistungsaufträge (ABl. 1992 L 209, 1), Richtlinie 93/36/EWG des Rates v. 14.6.1993 über die Koordinierung der Verfahren zur Vergabe öffentlicher Lieferaufträge (ABl. 1993 L 199, 1), Richtlinie 93/37/EWG des Rates v. 14.6.1993 zur Koordinierung der Verfahren zur Vergabe öffentlicher Bauaufträge (ABl. 1993 L 199, 54). Vgl. *Fehling*, in: *Pünder/Schellenberg*, Vergaberecht, 2015, § 97 GWB, Rn. 7.

662 Vgl. *Rittner*, NVwZ 1995, 313 (313 f.).

663 Vgl. *Pietzcker*, in: *Bender/Breuer/Ossenbühl/Sendler*, Festschrift für Redeker, 1993, 501 (503 f.).

664 *Fehling*, in: *Pünder/Schellenberg*, Vergaberecht, 2015, § 97 GWB, Rn. 8; *Hailbronner*, in: *Grabitz/Hilf*, Das Recht der Europäischen Union, Bd. IV, 2009, B 3, Rn. 15; *Seidel/Mertens*, in: *Dauses/Ludwigs*, Handbuch des EU-Wirtschaftsrechts, Bd. 1, 2017, H, IV, Rn. 393; *Ziekow/Siegel*, ZfBR 2004, 30 (30).

Vergabeprüfstelle als die erste Instanz und der Vergabeüberwachungsausschuss als die zweite Instanz geschaffen.[665]

Diese Umsetzung wurde jedoch als fragmentarisch eingestuft. Einerseits spielten die Verwaltungsvorschriften (z. B. VgV und NpV) bei den Vergabenmodalitäten noch so wichtige Rollen, dass subjektive Rechte der Bieter nicht gesetzlich sichergestellt wurden.[666] Andererseits fehlte die Unabhängigkeit der Vergabeprüfstelle und des Vergabeüberwachungsausschusses vom Verwaltungsträger, denn diese Nachprüfungskammern stellten kein Gericht i. S. des damaligen Art. 177 EGV dar.[667] Also handelte es sich vorerst nur um eine verwaltungsinterne Lösung, so dass es noch unklar war, ob das Recht des Betroffenen durch den Verwaltungsrechtsweg geschützt werden kann.

Abschließend entschied der EuGH, dass die EG-Richtlinien für die Verfahren zur Vergabe öffentlicher Lieferaufträge und zur Vergabe öffentlicher Bauaufträge ins deutsche Recht mangelhaft umgesetzt wurden, da der Rechtsschutz der Bieter nicht genügte.[668] Also entsprach diese haushaltsrechtliche Lösung in Deutschland nicht dem Gemeinschaftsrecht. Daher sind jene Vorschriften im HGrG weggefallen.

### 3) Die wettbewerbsrechtliche Lösung

Nach der Auffassung des EuGH bedurfte es einer neuen Regelung des Vergaberechts in Deutschland. Die zweite Reform des deutschen Vergaberechts wurde 1998 durch das Gesetz zur Änderung der Rechtsgrundlagen für die Vergabe öffentlicher Aufträge durchgeführt, womit Regelungen über die Vergabe von öffentlichen Aufträgen mit dem vierten Teil des GWB (§§ 97 ff.) erstmals geschaffen

---

665 Eingehend zur haushaltsrechtliche Lösung *Broß*, VerwArch 1997, 521 (521 f.); *Faber*, DÖV 1995, 403 (406, 412); *Pietzcker*, in: *Bender/Breuer/Ossenbühl/Sendler*, Festschrift für Redeker, 1993, 501 (501 ff.); *Rittner*, NVwZ 1995, 313 (315); *Ruthig*, DÖV 1997, 539 (540).

666 Vgl. *Dreher*, NVwZ 1996, 345 (347); *Faber*, DÖV 1995, 403 (413); *Pietzcker*, NVwZ 1996, 313 (314 f.).

667 Vgl. *Dreher*, NVwZ 1996, 345 (346); Faber, DÖV 1995, 403 (413); *Pietzcker*, NVwZ 1996, 313 (315 f.); *Rittner*, NVwZ 1995, 313 (315); *Ruthig*, DÖV 1997, 539 (543).

668 Die Vorschriften der Richtlinien müssen zwar nicht in der Form des Gesetzes umgesetzt werden, aber der Rechtsschutz der Bieter vor dem Gericht muss tatsächlich gewährleistet werden. Nach der Auffassung des EuGH ist solcher Schutz nicht wirksam, soweit „der Bieter sich nicht gegenüber dem Auftraggeber auf diese Vorschriften berufen und gegebenenfalls deren Verletzung vor den nationalen Gerichten geltend machen kann“. EuGH, Rs. C-433/93, Slg. 1995, I-2303, Rn. 18 f. – Kommission/Deutschland. Vgl. *Boesen*, EuZW 1998, 551 (551).

wurden. Da das Vergaberecht durch diese Maßnahme ins Wettbewerbsrecht eingebunden wurde, ist sie als „wettbewerbsrechtliche Lösung" bekannt.[669]

Unter den Reformmaßnahmen war wesentlich, dass gemäß § 97 Abs. 7 GWB a. F. das Recht des Bietenden gesetzlich garantiert wurde.[670] Daher haben die Unternehmen Anspruch darauf, dass der Auftraggeber die Bestimmungen über das Vergabeverfahren einhält.[671] Da die vergaberechtlichen Vorschriften durch die Umsetzung ins GWB gesetzliche Verbindlichkeit haben, kann der Beteiligte einen Rechtsanspruch gegen ihre Verletzung geltend machen. Um den Rechtsschutz der Bieter wirksam zu gewährleisten, wurden Vergabekammern eingerichtet, voren der sich der übergangene Bewerber über die Vergabeentscheidung des öffentlichen Auftraggebers beschweren kann. Beim Einspruch gegen die Entscheidung der Vergabekammer kann der Betreffende nach § 116 GWB a. F.[672] vor dem Vergabesenat am Oberlandesgericht die sofortige Beschwerde einreichen.

### 4) Die jüngste Reform und der aktuelle Regelungsstand im deutschen Vergaberecht

Zur Umsetzung der und im Einklang mit den 2014 neu erlassenen Vergaberichtlinien hatte der deutsche Gesetzgeber durch das Vergaberechtsmodernisierungsgesetz vom 17.2.2016 (VergRModG) und die Mantelverordnung zur Modernisierung des Vergaberechts vom 12.4.2016 die Struktur des Vergaberechts nochmals reformiert.

Um die Vorschriften von drei neuen europäischen Richtlinien über die Vergabe in deutsches Recht umzusetzen, wurde der 4. Teil des GWB wesentlich erweitert. Die Vergabevorschriften des GWB werden in zwei Kapitel unterteilt. Zum einen geht es im ersten Kapitel (§§ 97 bis 154 GWB) um Vorschriften über das Vergabeverfahren – von Verfahrensarten bis zur Kündigung des öffentlichen

---

669 Dazu *Boesen*, EuZW 1998, 551 (554); *Byok*, Die Entwicklung des Vergaberechts seit 1999, NJW 2001, 2295 (2295); *Elbel*, DÖV 1999, 234 (240 f.); *Schneevogl/Horn*, NVwZ 1998, 1242 (1242); *Ziekow*, Öffentliches Wirtschaftsrecht, 2016, § 9, Rn. 1; *Ziekow/Siegel*, ZfBR 2004, 30 (30). *Pietzcker* hat dies eine Veränderung zum „bieterschützenden Außenrecht" genannt. *Pietzcker*, ZHR 1998, 427 (430).

670 *Bungenberg*, in: *Loewenheim/Meessen/Riesenkampff*, Kartellrecht, 2009, § 97 GWB, Rn. 77; *Leinemann*, Das neue Vergaberecht, 2010, Rn. 101; *Schneevogl/Horn*, NVwZ 1998, 1242 (1243).

671 Diese Vorschrift wird momentan in § 97 Abs. 6 GWB wie folgt formuliert: „Unternehmen haben Anspruch darauf, dass die Bestimmungen über das Vergabeverfahren eingehalten werden."

672 Jetzt § 171 GWB.

Auftrags, die bislang im GWB-Vergaberecht kaum ausdrücklich kodifiziert waren. Das erste Kapitel besteht aus drei Abschnitten. In Abschnitt 1 werden allgemeine Grundsätze und der Anwendungsbereich des Vergaberechts geregelt. Insbesondere wird zur Kenntnis genommen, dass nach § 97 Abs. 3 GWB soziale und umweltbezogene Aspekte bei der Vergabe zu berücksichtigen sind.[673] In Abschnitt 2 widmen sich Vorschriften dem Vergabeverfahren des sog. klassischen Auftrags, womit die Richtlinie 2014/24/EU umgesetzt wurde. Abschnitt 3 beinhaltet Regelungen zum Vergabeverfahren von öffentlichen Aufträgen in besonderen Bereichen und in Form der Konzession, stellt also die Umsetzung der Richtlinie 2014/25/EU, 2009/81/EG und 2014/23/EU dar.[674] Zum anderen finden sich Regelungen zum Nachprüfungsverfahren im zweiten Kapitel (§§ 155 bis 184 GWB). Also handelt es sich bei diesem Kapitel um das Verfahren zum Rechtsschutz vor der Vergabekammer und dem Vergabesenat am Oberlandesgericht.[675]

Die Vergabevorschriften des GWB werden durch die sog. Mantelverordnung präzisiert, die aus mehreren Rechtsverordnungen besteht, nämlich der Vergabeverordnung (VgV), der Sektorenvergabeverordnung (SektVO), der Konzessionsvergabeverordnung (KonzVgV), der Vergabeverordnung für Verteidigung und Sicherheit (VSVgV) und der Vergabestatistikverordnung.[676] Darüber hinaus werden die Regelungen der neuen europäischen Richtlinien in einige Regelwerke, etwa die Vergabe- und Vertragsordnung für Bauleistungen Teil A(VOB/A) und die Vergabe- und Vertragsordnung für Leistungen Teil A (VOL/A), umgesetzt, die weder Gesetz noch Rechtsverordnung, sondern die Verdingungsordnungen zur Anwendung innerhalb der Verwaltung sind.[677] Insbesondere werden Bestimmungen zum Vergabeverfahren des GWB im zweiten Abschnitt der VgV konkretisiert. So werden nicht nur Zulassungs- und Eignungskriterien, sondern auch detaillierte Abläufe der einzelnen Verfahrensarten beschrieben.[678]

---

673 Vgl. *Baumann*, GWR 2016, 159 (161); *Fehns-Böer*, in: *Müller-Wrede*, GWB Vergaberecht, 2016, § 97, Rn. 56 ff.; *Frenz*, in: *Willenbruch/Wieddekind*, Vergaberecht, 2017, § 97 GWB, Rn. 85 ff.; *Wiedermann*, in: *Kulartz/Kus/Portz/Prieß*, GWB-Vergaberecht, 2016, § 97 GWB, Rn. 78 ff.

674 Dazu näher *Baumann*, GWR 2016, 159 (160 f.); *Ley/Wankmüller*, Das neue Vergaberecht 2016, 2016, S. 4 f.

675 Vgl. *Baumann*, GWR 2016, 159 (161); *Ley/Wankmüller*, Das neue Vergaberecht 2016, 2016, S. 5.

676 Vgl. *Baumann*, GWR 2016, 159 (161).

677 Vgl. *Dieckmann*, in: *Dieckmann/Scharf/Wagner-Cardenal*, VOL/A, 2013, Einleitung, Rn. 12 f.; *Eberstein*, in: *Daub/Eberstein*, VOL/A, 2000, Einführung, Rn. 66 f.; *Marx*, in: *Kulartz/Marx/Portz/Prieß*, VOL/A, 2014, Einleitung, Rn. 2.

678 Dazu näher *Ley/Wankmüller*, Das neue Vergaberecht 2016, 2016, S. 5 f.

### c) *Grundsätze des europäischen Vergaberechts und ihre Anwendung*

#### aa) *Ausgangslage*

Aus den Grundfreiheiten des AEUV werden Grundprinzipien des Vergaberechts hergeleitet. Nach der Rechtsprechung des EuGH und nach der Literatur sind diese Grundsätze auf die Vergabe der öffentlichen Aufträge anzuwenden.[679] Nicht zuletzt werden die Gleichbehandlung oder Nichtdiskriminierung, die Transparenz und die Verhältnismäßigkeit nicht nur durch den Erwägungsgrund 1 VRL, sondern auch nach Art. 18 Abs. 1 VRL als Grundsätze der Auftragsvergabe ausdrücklich angesprochen.

Bei der Durchführung des PPP-Projekts sind diese Grundsätze zu beachten, soweit die PPP im Anwendungsbereich des europäischen Vergaberechts liegt. So ist es sinnvoll zu berücksichtigen, warum sie beim öffentlichen Auftrag erforderlich sind und wie sie im europäischen und deutschen Vergaberecht durchgesetzt werden.

#### bb) *Wettbewerbsprinzip*

Um das Unionsrecht durchzusetzen, ist der Wettbewerb bei der Vergabe des öffentlichen Auftrags zu gewährleisten. Nach dem Wettbewerbsprinzip muss der Mitgliedstaat in seinem Beschaffungsmarkt die Marktöffnung und den freien Zugang jedes Konkurrenten zu ihm institutionell verbürgen.[680] Das Wettbewerbsprinzip stellt die Grundlage anderer Vergabegrundsätze dar.[681]

Die VRL beinhaltet mehrere Vorschriften, die das Wettbewerbsprinzip betreffen. Nach Art. 18 Abs. 1 S. 1 VRL etwa ist „eine künstliche Einschränkung des Wettbewerbs" beim Vergabeverfahren grundsätzlich verboten. Daneben erlegt Art. 24 VRL den Mitgliedstaaten „Maßnahmen zur wirksamen Verhinderung, Aufdeckung und Behebung von Interessenkonflikten" zwecks der Vermeidung von Wettbewerbsverzerrungen auf. Darüber hinaus setzt jede Art von Verfahren nach Art. 26 ff. VRL bei der Wahl der Vergabeverfahren den Aufruf zum Wettbewerb voraus.

---

679 Siehe dazu oben I, 1, a), aa).

680 Vgl. *Aicher*, in: *Müller-Wrede*, Kompendium des Vergaberechts, 2013, Kapitel 12, Rn. 20; *Dageförde*, Einführung in das Vergaberecht, 2013, Rn. 87; *Dreher*, in: *Immenga/Mestmäcker*, Wettbewerbsrecht Band 2. GWB/Teil 2, 2014, Vor §§ 97 ff., Rn. 2; *Frenz*, in: *Willenbruch/Wieddekind*, Vergaberecht, 2017, § 97 GWB, Rn. 14; *Koenig/Haratsch*, NJW 2003, 2637 (2638); *Müller*, in: *Kulartz/Kus/Portz/Prieß*, GWB-Vergaberecht, 2016, § 97 GWB, Rn. 22 ff.

681 Vgl. *Koenig/Kühling*, NVwZ 2003, 779 (784).

Diese sekundärrechtlichen Vorschriften werden im GWB und in der Mantelverordnung umgesetzt. In § 97 Abs. 1 S. 1 GWB ist das Wettbewerbsprinzip schon seit Längerem eingeführt, der vorschreibt, dass öffentliche Aufträge und Konzessionen im Wettbewerb vergeben werden. Abläufe der in der VgV konkretisierten Verfahren werden auch im Wettbewerbsprinzip fundiert. Z. B. muss nach § 7 Abs. 1 VgV der öffentliche Auftraggeber bei der Vorbereitung des Vergabeverfahrens Maßnahmen ergreifen, um vor der Verzerrung des Wettbewerbs zu bewahren, und darf nach § 21 Abs. 1 VgV bei der Rahmenvereinbarung keine Art des Vergabeverfahrens durchführen, die den Wettbewerb behindert, einschränkt oder verfälscht.[682]

### *cc) Gleichbehandlungsgebot oder Diskriminierungsverbot*

Das Gleichbehandlungsgebot oder Diskriminierungsverbot[683] ist ein schon primärrechtlich (aus Art. 18 AEUV) hergeleitetes Prinzip, nach dem jede Diskriminierung aus Gründen der Staatsangehörigkeit verboten ist.

In den Vergaberichtlinien wird dieser primärrechtliche Grundsatz auf das Vergaberecht angewandt. Einerseits wird der allgemeine Grundsatz beim öffentlichen Auftrag nach Art. 18 Abs. 1 S. 1 VRL geregelt, dass die öffentlichen Auftraggeber alle Wirtschaftsteilnehmer in gleicher und nicht diskriminierender Weise behandeln müssen. Andererseits findet sich dieser Grundsatz in den einzelnen Vorschriften über das Vergabeverfahren, z. B. Art. 29 Abs. 5, Art. 30 Abs. 3 und Art. 31 Abs. 4 VRL.

Im deutschen Vergaberecht wurde dieser Grundsatz verankert. Nach § 97 Abs. 2 GWB sind die Teilnehmer an einem Vergabeverfahren gleich zu behandeln, sofern keine gesetzlichen Grundlagen für eine sachlich gerechtfertigte Ungleichbehandlung bestehen.[684]

---

682 Vgl. *Dreher*, in: *Immenga/Mestmäcker*, Wettbewerbsrecht Band 2. GWB/Teil 2, 2014, § 97, Rn. 6; *Koenig/Haratsch*, NJW 2003, 2637 (2638); *Lux*, in: *Müller-Wrede*, GWB Vergaberecht, 2016, § 97, Rn. 10.

683 In der VRL werden sowohl der Terminus der Gleichbehandlung als auch der des Diskriminierungsverbots gemischt genutzt. Da das Diskriminierungsverbot nur eine „negative Formulierung“ des Gleichbehandlungsgebots darstellt, sollten beide Wörter nicht unbedingt unterschieden werden. Dazu *Huerkamp*, Gleichbehandlung und Transparenz als gemeinschaftsrechtliche Prinzipien der staatlichen Auftragsvergabe, 2010, S. 15.

684 Vgl. *Frenz*, in: *Willenbruch/Wieddekind*, Vergaberecht, 2017, § 97 GWB, Rn. 42 ff.; Ziekow, Öffentliches Wirtschaftsrecht, 2016, § 9, Rn. 55.

### *dd) Transparenzgebot*

Um den offenen und nichtdiskriminierenden Wettbewerb zu gewährleisten, ist die Sicherstellung der Transparenz erforderlich. Seit dem Telaustria-Urteil hat der EuGH aus dem Diskriminierungsverbot i. S. des Art. 18 AEUV (ex Art. 12 EGV) das Transparenzprinzip im öffentlichen Auftragswesen unmittelbar konstruiert.[685] So gibt das Transparenzgebot eine der Grundlagen anderer Grundsätze des Vergaberechts ab und ist mit ihnen eng verwoben.[686]

Das Transparenzgebot wird von Art. 18 Abs. 1 S. 1 VRL nicht nur als Grundsatz für die Auftragsvergabe festgesetzt, sondern auch beim Ablauf des Veröffentlichungsverfahrens nach Art. 48 ff. VRL konkretisiert.

Im deutschen Vergaberecht wird dieser Grundsatz zunächst in § 97 Abs. 1 S. 1 GWB aufgezählt.[687] Im Vergabeverfahren werden aus dem Transparenzgebot zwei Aspekte abgeleitet.[688] Zum einen ergibt sich die sog. ex-ante-Transparenz aus den Bestimmungen zur Bekanntmachung. Nach §§ 122 Abs. 4 S. 2 und 127 Abs. 5 GWB müssen Eignungs- und Zuschlagskriterien vorher bekannt gemacht werden und das Vertrauen auf veröffentlichte Kriterien geschützt werden. Zum anderen handelt es sich bei der sog. ex-post-Transparenz um die Nachprüfbarkeit des Ergebnisses der Vergabe. Nach § 134 GWB hat der öffentliche Auftraggeber Vorabinformationen über die Zuschlagsentscheidung mitzuteilen, damit die unterlegenen Konkurrenten den Rechtsschutz[689] erlangen können.[690]

---

685 EuGH, Rs. C-324/98, Slg. 2000, I-10745, Rn. 60 ff. – Telaustria.

686 „Kraft dieser Verpflichtung zur Transparenz muss der Auftraggeber zugunsten potenzieller Bieter einen angemessenen Grad von Öffentlichkeit sicherstellen, der den Dienstleistungsmarkt dem Wettbewerb öffnet und die Nachprüfung ermöglicht, ob die Vergabeverfahren unparteiisch durchgeführt wurden." EuGH, Rs. C-324/98, Slg. 2000, I-10745, Rn. 62. – Telaustria. Vgl. *Dreher*, in: *Immenga/Mestmäcker*, Wettbewerbsrecht Band 2. GWB/Teil 2, 2014, § 97, Rn. 54 f.; *Huerkamp*, Gleichbehandlung und Transparenz als gemeinschaftsrechtliche Prinzipien der staatlichen Auftragsvergabe, 2010, S. 313; *Koenig/Haratsch*, NJW 2003, 2637 (2638).

687 Es gibt die Auffassung, dass der öffentliche Träger in Deutschland bereits dem aus dem Art. 20 Abs. 3 GG abgeleiteten Gebot der „Vorhersehbarkeit und Messbarkeit staatlichen Handelns" unterfällt. *Lux*, in: *Müller-Wrede*, GWB Vergaberecht, 2016, § 97, Rn. 22.

688 Dazu eingehend *Huerkamp*, Gleichbehandlung und Transparenz als gemeinschaftsrechtliche Prinzipien der staatlichen Auftragsvergabe, 2010, S. 315 ff.; *Plauth*, Die Rechtspflicht zur Transparenz im europäisierten Vergaberecht, 2017, S. 126 f.

689 Siehe zu dieser Problematik oben II, 1, b), bb), 5).

690 Vgl. *Lux*, in: *Müller-Wrede*, GWB Vergaberecht, 2016, § 97, Rn. 24 f.; *Müller*, in: *Kulartz/Kus/Portz/Prieß*, GWB-Vergaberecht, 2016, § 97 GWB, Rn. 30.

Auch im Verfahren zur Durchführung des PPP-Projekts ist das Transparenzgebot zu beachten.[691] Bei der PPP ist die Bereitstellung bestimmter Informationen einerseits erforderlich, um die private Beteiligung an dem Projekt zu veranlassen.[692] Durch den Austausch der Informationen kann andererseits die geeignete Planung zum Erreichen des ausgestrebten Ziels bei der Vorbereitung des Projekts (z. B. bei der Verhandlung oder beim Dialog) ermöglicht werden.[693] Daher erhöht sich sogar das Bedürfnis nach „Kommunikationsprozessen" mit den privaten Beteiligten.[694] Neben den oben aufgeführten vergaberechtlichen Pflichten wurden konkrete Methoden zur Verwirklichung der Transparenz beim PPP-Projekt in der Form des Leitfadens[695] veröffentlicht, der auf die PPP-Praxis angewandt werden kann.

#### *ee) Wirtschaftlichkeit*

Neben den Prinzipien der Grundfreiheiten kann ein Wirtschaftlichkeitsgebot auch als Grundsatz des öffentlichen Auftragswesens berücksichtigt werden. Im Unterschied zu den oben herausgearbeiteten Grundsätzen wird die Wirtschaftlichkeit in der Grundsatzklausel des Art. 18 Abs. 1 VRL nicht ausdrücklich vorgeschrieben. Daneben muss der Zuschlag nach Art. 67 Abs. 1 VRL auf der Grundlage der wirtschaftlichen Günstigkeit des Angebots erteilt werden. Bislang wurde der Wirtschaftlichkeitsgrundsatz im öffentlichen Beschaffungswesen auf der Basis des Art. 114 Abs. 2 GG gemäß § 6 Abs. 1 HGrG und § 7 Abs. 1 S. 1 BHO durchgesetzt. Mit der Vergaberechtsreform 2016 hat der deutsche Gesetzgeber nunmehr nach § 97 Abs. 1 S. 2 GWB die Wirtschaftlichkeit nicht nur als allgemeinen Grundsatz des Vergaberechts aufgenommen, sondern auch als Eignungs- (§ 122 Abs. 2 Nr. 2 GWB) und Zuschlagskriterium (§ 127 Abs. 1 GWB) eingefüht.[696]

---

691 Vgl. *Bäuml*, in: *Manssen/Himmelreich/Gricenko*, Public-private-Partnership im kommunalen Bereich, 2015, 367 (367).

692 Partnerschaften Deutschland, Transparenz bei ÖPP-Projekten, 2013, S. 16.

693 Partnerschaften Deutschland, Transparenz bei ÖPP-Projekten, 2013, S. 17.

694 Partnerschaften Deutschland, Transparenz bei ÖPP-Projekten, 2013, S. 16. Vgl. *Ziekow*, in: *Seok/Ziekow*, Die Einbeziehung Privater in die Erfüllung öffentlicher Aufgaben, 2008, 23 (25 ff.).

695 Partnerschaften Deutschland, Transparenz bei ÖPP-Projekten, 2013, S. 21 ff.

696 Vgl. *Dageförde*, Einführung in das Vergaberecht, 2013, Rn. 103; *Frenz*, in: *Willenbruch/Wieddekind*, Vergaberecht, 2017, § 97 GWB, Rn. 37; *Lux*, in: *Müller-Wrede*, GWB-Vergaberecht, 2016, § 97, Rn. 29.

Die Notwendigkei der Wirtschaftlichkeit kann aus dem Kontext der PPP gleichermaßen abgeleitet werden.[697] Denn die Motivation zur Einführung der PPP liegt in der Verfolgung wirtschaftlicher Effizienz durch die private Teilnahme an den öffentlichen Aufgaben. Im Hinblick auf die Wirtschaftlichkeit bei der PPP ist es nicht nur von Bedeutung, das wirtschaftlichste Angebot zu finden,[698] sondern es ist auch eine Effizienz der PPP im Vergleich zur konventionellen Beschaffung vorher zu bestätigen. Bei der Durchführung der Wirtschaftlichkeitsuntersuchung geht es um den Vergleich zwischen der PPP und der konventionellen Beschaffungsvariante (sog. „Public Sector Comparator“).[699] Darüber hinaus ist ein Maximum an Wirtschaftlichkeit im PPP-Projekt durch den Wettbewerb bei der Auswahl des privaten Beteiligten zu verwirklichen.[700] Also kann die Gewährleistung des Wettbewerbs eine notwendige Bedingung der Wirtschaftlichkeit sein.

#### *ff) Verhältnismäßigkeit*

Nach Art. 18 Abs. 1 S. 1 VRL wird die Verhältnismäßigkeit als Grundsatz der Auftragsvergabe festgesetzt. Der deutsche Gesetzgeber hat diesen Grundsatz auch angenommen und in § 97 Abs. 1 S. 2 GWB aufgenommen. Nicht zuletzt ist der Verhältnismäßigkeitsgrundsatz bei der Präqualifikationsprüfung des Bewerbers von Bedeutung.[701] Wenn ein Bieter als ungeeignet für das Projekt gesehen wird und daher von vornherein keine Gelegenheit zum Eintritt in den Wettbewerb erhält, besteht ein schwerwiegender Eingriff in seine Rechte. So sind solche Eignungskriterien mit möglichst großer Sorgfalt auszulegen. Bezüglich der Eignungskriterien müssen alle Anforderungen nach der VRL mit dem Auftragsgegenstand in einem angemessenen Verhältnis stehen. Diese Vorschrift wird in § 122 Abs. 4 GWB umgesetzt.[702] Weiterhin sind die Vertragsbedingungen

---

697 Siehe dazu Kapitel 1, II, 3, a) und 4, a).

698 Vgl. *Bungenberg*, Vergaberecht im Wettbewerb der Systeme, 2007, S. 174 ff.; *Frenz*, in: *Willenbruch/Wieddekind*, Vergaberecht, 2017, § 97 GWB, Rn. 37 ff.

699 *Rauschenbach/Gottschling*, in: BMVBS/DSGV, PPP-Handbuch, 2009, 297 (303); *Ziekow/Windoffer*, NZBau 2005, 665 (670).

700 Vgl. *Bungenberg*, Vergaberecht im Wettbewerb der Systeme, 2007, S. 162 ff.; *Koenig/Haratsch*, NJW 2003, 2637 (2638); *Pollmann*, Der verfassungsrechtliche Gleichbehandlungsgrundsatz im öffentlichen Vergaberecht, 2009, S. 44; *Ritzenhoff*, Das Beihilfe- und Vergaberecht in der Krise, 2012, S. 128.

701 Vgl. *Frenz*, in: *Willenbruch/Wieddekind*, Vergaberecht, 2017, § 97 GWB, Rn. 33; *Lux*, in: *Müller-Wrede*, GWB-Vergaberecht, 2016, § 97, Rn. 34.

702 Vgl. *Gnittke/Hattig*, in: *Müller-Wrede*, GWB-Vergaberecht, 2016, § 122, Rn. 87; *Hausmann/von Hoff*, in: *Kulartz/Kus/Portz/Prieß*, GWB-Vergaberecht, 2016, § 122 GWB, Rn. 38; *Lux*, in: *Müller-Wrede*, GWB-Vergaberecht, 2016, § 97, Rn. 34.

aufgrund des Verhältnismäßigkeitsgrundsatzes angemessen zu bestimmen.[703] Also muss die Gegenleistung nach Maßgabe der Leistungen in Ansatz gebracht werden.

Die Verhältnismäßigkeit ist bei der Gestaltung des PPP-Vertrags zu beachten. Zum einen muss die erforderliche Qualifikation des privaten Partners entsprechend der Durchführung der gesamten Leistungen des PPP-Projekts bestimmt werden. Bei der PPP bedarf es in der Regel einer multiplen Fähigkeit des privaten Beteiligten, die Finanzierung, den Aufbau und den Betrieb beim Projekt abzudecken. Bei der Setzung der Eignungskriterien des PPP-Projekts sind diese Fähigkeiten verhältnismaßig zu berücksichtigen. Zum anderen geht es um die Angemessenheit der Vertragsbedigungen. Dazu gehören die Höhe des Entgelts, die Vertragslaufzeit und der Umfang der erkannten Projektkosten.[704] Im Konzessionsmodell ist die Höhe der von den Bürgern zu bezahlenden Nutzungsgebühren ebenfalls von Bedeutung.

#### *gg) Nachprüfbarkeit*

Um die oben genannten Grundsätze sinnvoll zu gewährleisten, muss der Betroffene in der Lage sein, dass er gegen das unter Verstoß gegen diese Grundsätze erzielte Ergebnis Rechtsschutz erlangen kann. Wenn der Zuschlag unter Verstoß gegen das Gleichbehandlungs- oder Transparenzgebot erteilt wird, ist er durch die Nachprüfung aufzuheben oder zu ändern und der damit entstandene Schaden zu ersetzen. In der Literatur wird die Nachprüfbarkeit als ein eigenständiger Grundsatz des Vergaberechts angesehen,[705] obwohl dies im GWB nicht ausdrücklich kodifiziert wird. Der EuGH hat früher im Alcatel-Fall geurteilt, dass die Mitgliedstaaten durch das Nachprüfungsverfahren dem unterlegenen

---

703 Vgl. *Frenz*, in: *Willenbruch/Wieddekind*, Vergaberecht, 2017, § 97 GWB, Rn. 34.

704 Da die Berechnung der Projektkosten einen unmittelnaren Einfluss auf die Amortisation des privaten Partners ausübt, stellt der Umfang der Kosten einen Gegenstand der vertraglichen Vereinbarung dar. Nach Art. 68 VRL werden Methoden zur Berechnung der Lebenszykluskosten vorgeschrieben. In Deutschland wird dies in § 59 VgV umgesetzt. Dazu *Werner*, in: *Willenbruch/Wieddekind*, Vergaberecht, 2017, § 59 VgV, Rn. 1 ff. In der Praxis werden Leitfäden der Bundesregierung referiert, z. B. der des früheren BMVBS, Vergabe- und Vertragshandbuch für die Baumaßnahmen des Bundes, Ausgabe 2008 – Stand August 2014.

705 *Burgi*, NZBau 2005, 601 (616 f.); *Frenz*, in: *Willenbruch/Wieddekind*, Vergaberecht, 2017, § 97 GWB, Rn. 31.

Bieter eine Möglichkeit eröffnen müssen, die Aufhebung der Entscheidung zu erwirken.[706]

Die Nachprüfung über das Ergebnis des Vergabeprozesses weist Ähnlichkeiten zur Aufhebung des Verwaltungsaktes auf, indem die Rechtsfolge einer rechtswidrigen Handlung des öffentlichen Trägers ex post kontrolliert wird. Bei der PPP stellt die Nachprüfbarkeit also ein wichtiges Mittel für die öffentlich-rechtliche Regelung dar. Auf der Basis der Nachprüfbarkeit kann ein vergaberechtswidriger PPP-Vertrag kontrolliert werden, damit das subjektiv-öffentliche Recht des übergangenen Bieters geschützt werden kann. Hinsichtlich der Reichweite und Ausgestaltung des Bieterrechtsschutzes wird auf die nachfolgende Passage verwiesen.

## 2. Anwendung des europäischen Vergaberechts auf die PPP

### *a) Voraussetzungen für die Anwendung des europäischen Vergaberechts*

#### *aa) Grundlage*

Für die Diskussion über die Kontrolle der PPP im Rahmen des europäischen Vergaberechts ist die Frage vorausgesetzt, ob die PPP dem Anwendungsbereich des europäischen Vergaberechts unterliegt. Zwar müssen primärrechtliche Grundsätze auf jede Form der hoheitlichen Beschaffung angewandt werden, aber die Anwendung sekundärrechtlicher Vergabevorgaben wird auf einen bestimmten Bereich begrenzt. Unter Berücksichtigung der Begriffsmerkmale des Vergaberechts sind vier Voraussetzungen zu überprüfen.

Zunächst muss es sich um einen öffentlichen Auftraggeber i. S. des Art. 2 Abs. 1 Nr. 1 VRL einerseits und andererseits um einen Wirtschaftsteilnehmer i. S. des Art. 2 Abs. 1 Nr. 10 VRL handeln. Beide müssen sich mit dem Begriff von öffentlichem und privatem Partner bei der PPP identifizieren. Weiterhin muss die Durchführung des PPP-Projekts einer der öffentlichen Aufträge sein, deren Eigenschaften dem europäischen Vergaberecht unterfallen. Dafür geht es um den Beschaffungscharakter des Ausführungsgegenstands. Darüber hinaus ist ein entgeltlicher Vertrag vorausgesetzt. Nicht zuletzt ist die Entgeltlichkeit der Erteilung der Konzession problematisch. Schließlich ist lediglich der Schwellenwerte erreichende oder überschreitende Vertrag ein Gegenstand des Sekundärvergaberechts. Bei der PPP kommt es dabei darauf an, wie der Wert des PPP-Projekts kalkuliert wird.

---

706 EuGH, Rs. C-81/98, Slg. 1999, I-7671, Rn. 47 – Alcatel.

### bb) *Existenz des Auftraggebers und des Wirtschaftsteilnehmers*

Die Varianten des Auftraggebers, die in Art. 2 Abs. 1 Nr. 1 VRL aufgezählt werden, sind der Staat, die Gebietskörperschaften, die Einrichtungen des öffentlichen Rechts und die Verbände, die aus einer oder mehreren dieser Körperschaften oder Einrichtungen des öffentlichen Rechts gebildet werden. Also stellt der öffentliche Auftraggeber im Rahmen des Vergaberechts den öffentlichen Träger dar, dessen Begriff nicht institutionell, sondern umfassend und funktionell festzusetzen ist. Der deutsche Gesetzgeber regelt durch § 99 GWB die Bedeutung des öffentlichen Auftraggebers noch konkreter.[707]

Wie schon erwähnt wird das PPP-Projekt in der Regel durch den Vertrag zwischen Staat oder den Kommunen und dem privaten Partner durchgeführt.[708] So ist der öffentliche Partner im PPP-Projekt dem persönlichen Anwendungsbereich des Vergaberechts unterworfen.

In den Vergaberichtlinien wird der Ausdruck „Wirtschaftsteilnehmer" benutzt, während das GWB das Wort „Auftragnehmer" verwendet.[709] Nach Art. 2 Abs. 1 Nr. 10 VRL wird der Wirtschaftsteilnehmer als „eine natürliche oder juristische Person oder öffentliche Einrichtung oder eine Gruppe solcher Personen und/oder Einrichtungen, einschließlich jedes vorübergehenden Zusammenschlusses von Unternehmen, die bzw. der auf dem Markt die Ausführung von Bauleistungen, die Errichtung von Bauwerken, die Lieferung von Waren bzw. die Erbringung von Dienstleistungen anbieten", definiert. Der private Partner erbringt im PPP-Projekt solche Leistungen. Im Ergebnis wird der private Beteiligte der PPP ohne Weiteres dem Wirtschaftsteilnehmer der europäischen Vergaberichtlinien bzw. dem Auftragnehmer des GWB zugeordnet.

---

707 Vgl. *Koenig/Haratsch*, NJW 2003, 2637 (2638 f.); *Kühling/Lehmberg*, JURA 2009, 835 (836); *Oppermann/Classen/Nettesheim*, Europarecht, 2016, § 21, Rn. 63; *Prieß*, Handbuch des europäischen Vergaberechts, 2005, S. 148 f.; *Rechten*, NZBau 2014, 667 (668 ff.).

708 Dazu Kapitel 3, II, 1, a).

709 Nach § 103 Abs. 1 GWB wird der Partner öffentlicher Aufträge mit dem Begriff „Unternehmen" ausgedrückt, obwohl das Wort „Auftragnehmer" im GWB sonst überall verwandt wird, z. B. in §§ 118, 132 und 133 GWB. Vgl. *Eschenbruch*, in: *Kulartz/Kus/Portz/Prieß*, GWB-Vergaberecht, 2016, § 103 GWB, Rn. 287.

### *cc) Beschaffungscharakter der PPP-Projekte*

#### 1) Allgemeines

Um die Anwendbarkeit des europäischen Vergaberechts auf die PPP zu beurteilen, ist weiterhin zu überprüfen, ob die Festsetzung der PPP-Beziehung, d. h. der Abschluss des PPP-Vertrags, die Vergabe eines öffentlichen Auftrags darstellt. Nach Art. 2 Abs. 1 Nr. 5 VRL werden öffentliche Aufträge als schriftlich geschlossene, entgeltliche Verträge über die Ausführung von Bauleistungen, die Lieferung von Waren oder die Erbringung von Dienstleistungen definiert. Nach § 103 GWB werden öffentliche Aufträge als entgeltliche Verträge zwischen öffentlichen Auftraggebern und Unternehmen über die Beschaffung von Leistungen bestimmt. So kommt es darauf an, ob Gegenstand des PPP-Vertrags die Beschaffung solcher Leistungen ist.[710]

In jedem PPP-Modell geht es um die Beschaffung der privaten Leistungen, etwa der Finanzierung, des Aufbaus und des Betriebs, für die Bewältigung einer öffentlichen Aufgabe. Alle im PPP-Modell erbrachten Leistungen haben zwar einen Bezug zur Beschaffung der öffentlichen Einrichtungen. Vor dem Erlass der KVR war jedoch umstritten, ob die Leistungen im Konzessionsmodell dem Anwendungsbereich des Vergaberechts unterfallen können, da die Dienstleistungskonzession damals aus der Kontrolle des sekundärrechtlichen Vergaberechts ausgeschlossen war. Nach der h. M.[711] und der Rechtsprechung des EuGH[712] wurde diese Frage durch die sog. Schwerpunkttheorie beantwortet, nach der es für die Anwendung der sekundärrechtlichen Vergabevorgaben darauf ankamm, ob der Schwerpunkt der Leistungen bei der Bau- oder Dienstleistung lag. Jedoch wurde dieses Problem durch die sog. Konzessionsrichtlinie[713] und ihre Umsetzung ins deutsche Recht gelöst. Die Konzessionsrichtlinie regelt das Verfahren des Projekts sowohl in der Form der Bau- als auch der Dienstleistungskonzession, so dass die Dienstleistungskonzession im europäischen Sekundärvergaberecht erfasst wurde. Der deutsche Gesetzgeber hat diese Regelungen in den §§ 148 ff. GWB umgesetzt. Im Weiteren werden die eigentümlichen Regelungen

710 *Kühling/Lehmberg*, JURA 2009, 835 (838); *Pünder*, in: *Müller-Wrede*, Kompendium des Vergaberechts, 2013, Kapitel 6, Rn. 27.

711 *Jennert*, in: *Müller-Wrede*, Kompendium des Vergaberechts, 2013, Kapitel 10, Rn. 39; *Koenig/Kühling/Hentschel*, in: *Koenig/Kühling/Theobald*, Recht der Infrastrukturförderung, 2004, Kap. 2, Rn. 88.

712 EuGH, Rs. C-331/92, Slg. 1994, I-1329, Rn. 26 ff. – Gestión Hotelera Internacional.

713 Richtlinie 2014/23/EU des Europäischen Parlaments und des Rates v. 26.2.2014 über die Konzessionsvergabe, ABl. L 94, 1.

der Konzessionsrichtlinie erläutert, die die Integration der PPP im Konzessionsmodell in das Vergaberecht voll ermöglicht.

### 2) Exkurs: Regelungen der Konzessionsrichtlinie im Hinblick auf das Konzessionsmodell

Eine solche Änderung durch den Erlass der Konzessionsrichtlinie und ihre Umsetzung ins deutsche Recht ist bei der PPP im Konzessionsmodell von höchster Wichtigkeit. Auf die Konzessionsvergabe werden nicht nur die primärrechtlichen Vergabegrundsätze angewandt, sondern es gelten auch die in der Regelungsstruktur und dem persönlichen Anwendungsbereich[714] und den allgemeinen Verfahrensvorgaben mit der klassischen Richtlinie übereinstimmenden Regelungen. Allerdings gibt es in der Konzessionsrichtlinie eigenständige materielle Regelungen über die Bekanntmachung, die Verfahrensgestaltung, die Eignungs- und Zuschlagskriterien und die Festsetzung der Vertrags- bzw. Konzessionsfrist.

Ebenso wie in der Regelung der klassischen Richtlinie muss der öffentliche Auftraggeber in der Konzessionsvergabe der europaweiten Bekanntmachungspflicht nachkommen. Allerdings finden sich wesentliche Unterschiede gegenüber der Regelung der klassischen Richtlinie in den folgenden Ausnahmevorschriften sowie in der Möglichkeit der Änderung: Nach Art. 31 Abs. 4 UAbs. 1 KVR muss der Auftraggeber keine Konzessionsbekanntmachung veröffentlichen, wenn die Bau- oder Dienstleistungen aus bestimmten Gründen nur von einem bestimmten Wirtschaftsteilnehmer erbracht werden können.[715] Nicht nötig ist eine Konzessionsbekanntmachung nach Art. 31 Abs. 5 UAbs. 1 KVR auch dann, wenn bei einem vorausgegangenen Konzessionsvergabeverfahren keine oder keine geeigneten Teilnahmeanträge oder Angebote eingereicht wurden, sofern die ursprünglichen Bedingungen des Konzessionsvertrags nicht grundlegend geändert werden und sofern der Kommission auf Anforderung

---

714 Neben dem mit der klassischen Vergaberichtlinie übereinstimmenden öffentlichen Auftraggeber unterfallen die Auftraggeber im bestimmten Sektorenbereich i. S. der Art. 10, 12 und 16 KVR dem persönlichen Anwendungsbereich der Konzessionsrichtlinie. Aber das PPP-Projekt wird in solchen Sektorenbereichen kaum durchgeführt, daher wird dies aus dieser Dissertation ausgeklammert. Vgl. *Opitz*, NVwZ 2014, 753 (755); *Stein*, in: *Pünder/Prieß*, Vergaberecht im Umbruch II, 2015, 101 (105); *Wagner/Pfohl*, ZfBR 2014, 745 (745 f.).

715 Vgl. *Braun*, in: *Hettich/Soudry*, Das neue Vergaberecht, 2014, S. 189 f.; *Knauff/Badenhausen*, NZBau 2014, 395 (400); *Prieß/Stein*, VergabeR 2014, 499 (507); *Stein*, in: *Pünder/Prieß*, Vergaberecht im Umbruch II, 2015, 101 (116); *Wagner/Pfohl*, ZfBR 2014, 745 (749).

ein Bericht vorgelegt wird.[716] Es ist festzustellen, dass solche Ausnahmen nach Art. 31 Abs. 4 und 5, die sich in der klassischen Vergaberichtlinie nicht finden, Eigenschaften der Konzessionsvergabe widerspiegeln, bei der es um die technische und wirtschaftliche Fähigkeit des Konzessionärs geht.

Eine neue Regelung besteht auch im Zusammenhang der Verfahrensgestaltung. Die Konzessionsrichtlinie schreibt einerseits keine bestimmte Verfahrensart vor und ermächtigt andererseits durch Art. 30 Abs. 1 KVR den Auftraggeber, das Verfahren zur Wahl des Konzessionsnehmers frei zu gestalten. Also liegt kein Vorrang des offenen Verfahrens in der Konzessionsvergabe vor, wodurch der öffentliche Auftraggeber gemäß Art. 37 Abs. 6 S. 1 KVR „ohne Weiteres" Verhandlungen mit den Bewerbern und Bietern führen kann.[717]

Außerdem bestehen Besonderheiten bezüglich der Eignungs- und Zuschlagskriterien. Zwar korrelieren zwingende Ausschlussgründe gemäß Art. 38 Abs. 4 und 5 KVR und fakultative Ausschlussgründe i. S. des Art. 38 Abs. 7 KVR mit den Regelungen der Art. 57 Abs. 1, 2 und 4 VRL. Im Zusammenhang mit den Zuschlagskriterien spiegelt sich jedoch das Wesen der Konzessionsvergabe wider. Es fehlt dem Art. 41 KVR an einer detaillierten Aufzählung der Zuschlagskriterien, während in Art. 67 VRL genaue und beispielhafte Kriterien herausgestellt werden.[718] Die Änderung der Bekanntmachung bezüglich der Zuschlagskriterien ist gemäß Art. 41 Abs. 3 UAbs. 2 KVR auch möglich, wenn dem öffentlichen Auftraggeber ein Angebot unterbreitet wird, dem zufolge eine innovative Lösung mit außergewöhnlich hoher funktioneller Leistungsfähigkeit vorgeschlagen wird, die ein öffentlicher Auftraggeber bei aller Umsicht nicht vorhersehen konnte.[719] Folglich verfügt der Auftraggeber Wege der Konzessionsvergabe bei der Festsetzung der Zuschlagskriterien und der Auswahl des Unternehmens einen größeren Spielraum.

Schließlich geht es bei der besonderen Regelung der Konzessionsrichtlinie um die Vertragslaufzeit. Beim Vertrag der Konzession stellt die Laufzeit ein wesentliches Problem dar, weil die Höhe der Vergütung von der Konzessionsfrist abhängt

---

716 Diese Ausnahme wird gemäß Art. 32 Abs. 2 lit. a) VRL auch bei der klassischen Vergabe zugelassen.

717 *Braun*, in: *Hettich/Soudry*, Das neue Vergaberecht, 2014, S. 181 f.; *Opitz*, NVwZ 2014, 753 (758). Vgl. *Prieß/Stein*, VergabeR 2014, 499 (508); *Siegel*, NVwZ 2016, 1672 (1674).

718 Vgl. *Knauff/Badenhausen*, NZBau 2014, 395 (400 f.); *Stein*, in: *Pünder/Prieß*, Vergaberecht im Umbruch II, 2015, 101 (122); *Wagner/Pfohl*, ZfBR 2014, 745 (749).

719 Vgl. *Opitz*, NVwZ 2014, 753 (758); *Stein*, in: *Pünder/Prieß*, Vergaberecht im Umbruch II, 2015, 101 (122); *Wagner/Pfohl*, ZfBR 2014, 745 (749).

und sich die Amortisierung des privaten Teilnehmers demnach bestimmt.[720] Sie ist nicht nur im Rahmen des Beihilfenrechts[721] zu beachten, sondern auch im vergaberechtlichen Rahmen zu beschränken. Nach Art. 18 Abs. 1 KVR wird die Laufzeit von Konzessionen so begrenzt, dass sie vom öffentlichen Auftraggeber oder von dem Auftraggeber je nach den geforderten Bau- oder Dienstleistungen geschätzt wird. Nicht zuletzt bei der Verlängerung der Laufzeit bestimmt die KVR eine besondere Grenze. Nach Art. 18 Abs. 2 UAbs. 1 KVR darf die Laufzeit der Konzession bei Konzessionen mit einer Laufzeit von über fünf Jahren nicht länger sein als der Zeitraum, innerhalb dessen der Konzessionsnehmer nach vernünftigem Ermessen die Investitionsaufwendungen für den Betrieb des Bauwerks oder die Erbringung der Dienstleistungen zuzüglich einer Rendite auf das investierte Kapital unter Berücksichtigung der zur Verwirklichung der spezifischen Vertragsziele notwendigen Investitionen wieder erwirtschaften kann.[722] Also ist festzustellen, dass die KVR dem öffentliche Auftraggeber ein Ermessen im Hinblick auf die Festsetzung der Konzessionslaufzeit erteilt, obwohl ihre Verlängerung auf die Zeit für die Amortisation der Investition begrenzt ist.

#### *dd) Vorliegen eines entgeltlichen Vertrags*

Nach Art. 2 Abs. 1 Nr. 5 VRL und gemäß § 103 Abs. 1 GWB beschränken sich öffentliche Aufträge auf entgeltliche Verträge. Also ist die Entgeltlichkeit des Vertrags auch ein Begriffsmerkmal der öffentlichen Vergabe.[723] Die Entgeltlichkeit umfasst nicht nur die unmittelbare Zahlung des Geldbetrags, sondern auch alle Formen der Erteilung des wirtschaftlichen Vorteils.[724]

---

720 Vgl. *Ziekow*, VergabeR 2006, 702 (713).

721 Siehe dazu Kapitel 4, III, 2, b), dd), 4).

722 Vgl. *Braun*, in: *Hettich/Soudry*, Das neue Vergaberecht, 2014, S. 180; *Opitz*, NVwZ 2014, 753 (759); *Stein*, in: *Pünder/Prieß*, Vergaberecht im Umbruch II, 2015, 101 (125); *Wagner/Pfohl*, ZfBR 2014, 745 (751).

723 *Eschenbruch*, in: *Kulartz/Kus/Portz/Prieß*, GWB-Vergaberecht, 2016, § 103 GWB, Rn. 244; *Koenig/Haratsch*, NJW 2003, 2637 (2639); *von Engelhardt/Kaelble*, in: *Müller-Wrede*, GWB-Vergaberecht, 2016, § 103, Rn. 77; *Willenbruch*, in: *Willenbruch/Wieddekind*, Vergaberecht, 2017, § 103, Rn. 12.

724 Der EuGH verwendet auch ein weiteres Entgeltkonzept. Er hat in den Begriff der Gegenleistung die mittelbare Zuwendung, etwa die Freistellung von Erschließungsbeiträgen, eingeschlossen. EuGH, Rs. C-399/98, Slg. 2001, I-5409, Rn. 84 – Ordine degli Architetti u. a. Vgl. *Eschenbruch*, in: *Kulartz/Kus/Portz/Prieß*, GWB-Vergaberecht, 2016, § 103 GWB, Rn. 251; *von Engelhardt/Kaelble*, in: *Müller-Wrede*, GWB-Vergaberecht, 2016, § 103, Rn. 78.

Das PPP-Projekt wird auf der Basis der Regelung des PPP-Vertrags durchgeführt, der die gesamten Bedingungen einschließlich der Vergütung regelt. Demnach erhält der private Partner der PPP jedenfalls ein wirtschaftliches Interesse als Gegenleistung. In der Regel wird die Vergütung beim PPP-Projekt auch in der Form des regelmäßigen Entgelts gewährt, während sie im Konzessionsmodell in der Form der Erteilung der Konzession gebildet wird. Da die Entgeltlichkeit, wie oben erwähnt, erweitert wird, muss die Tatsache beachtet werden, dass die gesamten vertraglichen Bedingungen des PPP-Vertrags Elemente der Gegenleistung beinhalten können. So ist der PPP-Vertrag als entgeltlicher Vertrag zu erachten.

#### *ee) Schwellenwert*

##### 1) Allgemeines

Im sachlichen Anwendungsbereich des europäischen Sekundärvergaberechts liegen nur Aufträge, deren geschätzter Wert den Betrag des sog. Schwellenwerts i. S. des Art. 4 VRL nicht unterschreitet. Bei öffentlichen Bauaufträgen wird der Schwellenwert gemäß Art. 4 lit. a) VRL bestimmt, während er für die öffentlichen Liefer- und Dienstleistungsaufträge in den verschiedenen Bereichen jeweils gemäß Art. 4 lit. b) bis d) VRL vorgeschrieben wird. Für die Konzessionsvergabe wird die Höhe des Schwellenwerts nach Art. 8 KVR festgesetzt. Der deutsche Gesetzgeber hat Regelungen zu den Schwellenwerten der Vergaberichtlinie in § 106 Abs. 2 GWB aufgegriffen. Nach Art. 4 VRL und Art. 8 KVR wird der konkrete Betrag des Schwellenwerts zwar schon bestimmt, allerdings kommt es nach Art. 6 Abs. 1 VRL und Art. 9 Abs. 1 KVR der Kommission zu, die neue Fassung der Schwellenwerte durch die delegierten Verordnungen festzusetzen.[725]

##### 2) Anwendung auf die PPP

Im Zusammenhang mit dem Schwellenwert beim PPP-Projekt ist es problematisch, wie der Wert des Projekts berechnet wird. Die Methoden zur Berechnung des Auftragswerts werden einerseits nach Art. 5 VKL klargestellt. Gemäß

725 Gemäß Art. 1 der delegierten VO (EU) 2015/2170 beträgt der Schwellenwert der öffentlichen Bauaufträge voraussichtlich bis zum 31.12.2017 5.225.000 Euro. Für die Konzessionsvergabe wird der Schwellenwert gemäß Art. 1 der VO (EU) 2015/2172 auf den gleichen Betrag gebracht. Die Kommission aktualisiert die Schwellenwerte jedes zweite Jahr. Vgl. *Jularic*, in: *Müller-Wrede*, GWB Vergaberecht, 2016, § 106, Rn. 13; *Röwekamp*, in: *Kulartz/Kus/Portz/Prieß*, GWB-Vergaberecht, 2016, § 106 GWB, Rn. 5.

Art. 5 Abs. 1 UAbs. 1 VRL kann der öffentliche Auftraggeber beim Bauauftrag den gesamten zahlbaren Betrag ohne Mehrwertsteuer einschließlich aller Optionen und etwaiger Verlängerungen der Aufträge, die in den Auftragsunterlagen ausdrücklich geregelt sind, als Auftragswert aussetzen. Auch zu berücksichtigen sind die Vergütungen einschließlich der Prämien gemäß Art. 5 Abs. 1 UAbs. 2 VRL und der Gesamtwert der für die Ausführung der Bauleistung erforderlichen Lieferungen und Dienstleistungen gemäß Art. 5 Abs. 7 VRL. Beim PPP-Projekt trägt der private Partner in der Regel alle Leistungen im gesamten Ablauf des Projekts, etwa in der Finanzierungs-, Bau- und Betriebsphase. Daher ist die volle Summe aller Leistungen zur Berechnung des Werts zu totalisieren.[726] Das gilt für das PPP-Projekt im Finanzierungs-, Inhaber- und Betreibermodell. In solchen Modellen erhält der private Teilnehmer in der Regel das regelmäßige Entgelt. Also sind Zahlungen an den privaten Partner neben den Nettokosten für den Aufbau und den Betrieb der Einrichtung zur Berechnung des Werts des Projekts hinzuzurechnen.

Andererseits wird die Methode zur Berechnung nach Art. 8 Abs. 2 UAbs. 1 KVR grundsätzlich auf die Konzessionsvergabe angewandt, nach der der Wert der Konzession den vom öffentlichen Auftraggeber geschätzten Nettoumsatz der erzielten Gegenleistung für alle Leistungen der Konzession darstellt. Daher geht es im PPP-Konzessionsmodell um den wirtschaftlichen Wert des gesamten erwarteten Ertrags aus dem Betrieb der Einrichtung.

Soweit solche geschätzten Werte im PPP-Projekt den Schwellenwert überschreiten, gelten die sekundärrechtlichen Vorgaben des europäischen Vergaberechts. Bei PPP-Projekten unterhalb der Schwellenwerte sind allerdings primärrechtliche Grundsätze zu beachten. Insbesondere bei der Beschaffung der großen Infrastruktureinrichtungen treten die Vorteile der PPP am deutlichsten zu Tage. Also liegen PPP-Projekte in der Regel oberhalb des Schwellenwerts.[727] Obwohl sich keine Informationen zu den Projektwerten bei der PPP in der Praxis finden, ist das Investitionsvolumen jedes Projekts freilich zu berücksichtigen, da sich eine Investition nach Maßgabe des geschätzten wirtschaftlichen Werts des Projekts beläuft. Laut der Statistik von Partnerschaften Deutschland überschreiten die Investitionsvolumina bei 161 von 190 Projekten, deren Investitionsvolumina

---

726 Vgl. OLG München, Beschluss v. 28.4.2006 – Verg 6/06, BeckRS 2006, 07979; VK Arnsberg, Beschluss v. 7.3.2005 – VK 2/05, IBRRS 2005, 3346.

727 Vgl. *Jennert*, in: *Müller-Wrede*, Kompendium des Vergaberechts, 2013, Kapitel 10, Rn. 6.

zum Dezember 2016 präsentiert wurden, den Schwellenwert von 5.225.000 Euro für den Bauauftrag sowie die Konzessionsvergabe.[728]

### *b) Das sog. In-house-Geschäft*

#### *aa) Entwicklung des Begriffs vom In-house-Geschäft*

Mit der „Teckal"-Entscheidung[729] von 1999 hat der EuGH entschieden, dass das sog. In-house-Geschäft aus dem Anwendungsbereich des europäischen Vergaberechts und damit des vierten Teils des GWB ausgeschlossen wird. In der Rechtsprechung des EuGH finden sich Voraussetzungen des In-house-Geschäfts, die auch in den Vergaberichtlinien 2014 kodifiziert wurden.

In Anbetracht des Begriffes des öffentlichen Auftrags gelten die vergaberechtlichen Vorschriften des Europarechts, soweit die zuständige Behörde eigenständigen dritten Personen eine öffentliche Aufgabe überträgt. Trotz eines öffentlichen Auftrags wird der öffentliche Träger nach der Auffassung des EuGH aus vergaberechtlichen Pflichten, etwa der Ausschreibungspflicht, unter folgenden Voraussetzungen entlassen: Einerseits muss ein Vertrag zwischen dem öffentlichen Auftraggeber und einer selbstständigen juristischen Person wie auch beim allgemeinen Auftrag zwar abgeschlossen werden, aber der öffentliche Auftraggeber muss nicht nur Anteile an seinem Vertragspartner innehaben, sondern auch über ihn „eine Kontrolle wie über eine eigene Dienststelle" (sog. Kontrollkriterium) ausüben. Andererseits muss die Person ihre „Tätigkeit im Wesentlichen" für den öffentlichen Sektor (sog. Wesentlichkeitskriterium) verrichten.[730] Dabei hat der Auftragnehmer zwar eine eigenständige Rechtspersönlichkeit, aber funktioniert in Wahrheit als Organ der öffentlichen Hand.

---

728 Dazu PPP-Projektdatenbank: Projektsuche <https://www.ppp-projektdatenbank.de/index.php?id=9> (18.5.2017). Vgl. Partnerschaften Deutschland, Überblick zu ÖPP-Projekten im Hoch- und Tiefbau in Deutschland, 2017, S. 11.

729 EuGH, Rs. C-107/98, Slg. 1999, I-8121 – Teckal.

730 EuGH, Rs. C-107/98, Slg. 1999, I-8121, Rn. 50 – Teckal. Vgl. *Dabringhausen*, VergabeR 2014, 512 (513); *Dageförde*, Einführung in das Vergaberecht, 2013, Rn. 272 ff.; *Dobmann*, Das neue Vergaberecht, 2016, Rn. 287; *Dolde*, ZHR 2008, 1 (2); *Dreher*, NZBau 2002, 245 (252); *Hausmann*, NVwZ 2013, 760 (760 f.); *Just*, EuZW 2009, 879 (882 ff.); *Knauff*, EuZW 2014, 486 (487); *Krönke*, NVwZ 2016, 568 (571); *Portz*, in: *Kulartz/Kus/Portz/Prieß*, GWB-Vergaberecht, 2016, § 108 GWB, Rn. 36; *Schellenberg*, in: *Pünder/Prieß*, Vergaberecht im Umbruch II, 2015, 5 (7); *Soudry*, in: *Hettich/Soudry*, Das neue Vergaberecht, 2014, S. 14 ff.

Diese Kriterien für das In-house-Geschäft wurden durch die Rechtsprechung des EuGH[731] weitergehend entwickelt. Es fungiert im europäischen Vergaberecht als „teleologische Reduktion" des Begriffs des öffentlichen Auftrags[732] und stellt zurzeit eine bestimmte Begrenzung für die Anwendung des europäischen Vergaberechts dar.[733] Allerdings hat der EuGH erklärt, dass die Voraussetzungen eng auszulegen sind und der öffentliche Auftraggeber die Beweislast für die tatsächliche Erfüllung der In-house-Kriterien tragen muss.[734] Darüber hinaus entschied der EuGH in der „Stadtreinigung Hamburg"-Entscheidung, dass auch Auftragsbeziehungen, die zwischen den auf einer gleichberechtigten Beziehung zwischen öffentlichen Händen beruhen, etwa eine interkommunale Zusammenarbeit, vom europäischen Vergaberecht freigestellt wird.[735] Mithin werden sog. „Öffentlich-öffentliche Partnerschaften" aus dem Anwendungsbereich des Vergaberechts ausgeklammert.[736]

731 Z. B. EuGH, Rs. C-26/03, Slg. 2005, I-1 – Stadt Halle; C-231/03, Slg. 2005, I-7287 – Coname; C-458/03, Slg. 2005, I-8585 – Parking Brixen; C-29/04, Slg. 2005, I-9705 – Stadt Mödling; C-410/04, Slg. 2006, I-3303 – ANAV; C-340/04, Slg. 2006, I-4137 – Carbotermo; C-295/05, Slg. 2007, I-2999 – Tragsa; C-337/05, Slg. 2008, I-2173 – Augusta; C-324/07, Slg. 2008, I-8457 – Coditel Brabant.

732 *Dreher*, NZBau 2002, 245 (252); *Just*, EuZW 2009, 879 (879).

733 Vgl. *Dolde*, ZHR 2008, 1 (2 ff.); *Just*, EuZW 2009, 879 (879 ff.).

734 EuGH, Rs. C-26/03, Slg. 2005, I-1, Rn. 46 – Stadt Halle. Vgl. *Dolde*, ZHR 2008, 1 (2).

735 Nach dieser Entscheidung des EuGH vom 9.6.2009 wird eine Zusammenarbeit zwischen mehreren Kommunen zuerst als Ausnahme vom Vergaberecht erwähnt. Im Sachverhalt der Entscheidung haben die vier niedersächsischen Landkreise Rotenburg (Wümme), Harburg, Soltau-Fallingbostel und Stade der Stadtreinigung Hamburg die Abfallentsorgung aufgetragen, um die Kapazität der Anlage für die Müllverbrennung und die Elektrizitäts- sowie Wärmeproduktion in Hamburg zu nutzen. Der Gegenstand des Vertrags stellt nur eine Dienstleistung für die Abfallversorgung dar und ein privates Unternehmen ist nicht beteiligt. Der EuGH entschied, dass eine solche Zusammenarbeit unter folgenden Kriterien dem Vergaberecht nicht unterfällt: Zum einen muss es bei der Zusammenarbeit um die „Erfüllung der im allgemeinen Interesse liegenden Aufgaben" gehen, zum anderen muss der Vertrag „ausschließlich zwischen öffentlichen Stellen ohne Beteiligung Privater geschlossen" werden. EuGH, Rs. C-480/06, Slg. 2009, I-4747, Rn. 1, 4 und 44 f. – Stadtreinigung Hamburg.

736 *Neun/Otting*, EuZW 2012, 566 (566); *Struve*, EuZW 2009, 805 (808). Vgl. *Dobmann*, Das neue Vergaberecht, 2016, Rn. 303; *Knauff*, EuZW 2014, 486 (489); *Schellenberg*, in: *Pünder/Prieß*, Vergaberecht im Umbruch II, 2015, 5 (11).

### bb) *Kodifizierung in der Richtlinie und Umsetzung ins deutsche Recht*

Ende 2011 schlug die Europäische Kommission eine Reform der europäischen Vergaberichtlinien einschließlich der Aufnahme des vom EuGH entwickelten Konzepts für das In-house-Geschäft in die Richtlinien vor.[737] Nach ihrem Vorschlag ergingen 2014 drei neue Richtlinien über die Auftragvergabe, die Vorschriften für die Exklusion öffentlicher Aufträge zwischen Einrichtungen des öffentlichen Sektors aus ihrem Anwendungsbereich enthalten.

Gemäß Art. 12 Abs. 1 VRL fällt ein öffentlicher Auftrag in der Form des In-house-Geschäfts nicht in den Anwendungsbereich der Vergaberichtlinie, soweit der öffentliche Auftraggeber über die betreffende juristische Person eine ähnliche Kontrolle wie über seine eigenen Dienststellen ausübt, mehr als 80%[738] der Tätigkeiten der kontrollierten juristischen Person der Ausführung der vom öffentlichen Auftraggeber betrauten öffentlichen Aufgaben dienen und keine direkte private Kapitalbeteiligung an der kontrollierten juristischen Person besteht.[739] Es gilt auch für die Sektorenvergabe und die Konzessionsvergabe unter

---

737 Vorschlag für eine Richtlinie des Europäischen Parlaments und des Rates über die öffentliche Auftragsvergabe, KOM (2011) 896/2 endg.

738 Dieses 80%-Kriterium wurde erst in der Carbotermo-Entscheidung des EuGH herausgestellt. EuGH, Rs. C-340/04, Slg. 2006, I-4137, Rn. 28 – Carbotermo. In der Tragsa-Entscheidung hat der EuGH jedoch ein verschäftes Kriterium, d. h. 90% der Tätigkeiten des Unternehmens, vorgelegt. EuGH, Rs. C-295/05, Slg. 2007, I-2999, Rn. 63 – Tragsa. Obwohl die Kommission eigentlich das 90%-Kriterium vorschlug, entschloss sich der europäische Richtliniengeber endgültig zum 80%-Kriterium. Vgl. *Dabringhausen*, VergabeR 2014, 512 (518); *Neun/Otting*, EuZW 2012, 566 (567); *Just*, EuZW 2009, 879 (881 und 884); *Krönke*, NVwZ 2016, 568 (571 f.); *Portz*, in: *Kulartz/Kus/Portz/Prieß*, GWB-Vergaberecht, 2016, § 108 GWB, Rn. 65 ff.; *Schellenberg*, in: *Pünder/Prieß*, Vergaberecht im Umbruch II, 2015, 5 (15); *Ziekow*, Inhouse-Geschäft und öffentlich-öffentliche Kooperationen: Neues vom europäischen Vergaberecht?, NZBau 2015, 258 (259).

739 Das dritte Kriterium wird in der Halle-Entscheidung des EuGH erstmals geäußert. Der EuGH hat mit folgender, doppelter Begründung aus dem Begriff des In-house-Geschäfts die direkte private Kapitalbeteiligung ausgeschlossen: Einerseits besteht eine Möglichkeit des Interessenskonflikts zwischen dem öffentlichen und privaten Teilnehmer und andererseits kann das Ziel eines freien und unverfälschten Wettbewerbs und des Grundsatzes der Gleichbehandlung gefährdet werden, weil der private Kapitalteilnehmer wegen der Befreiung von der Ausschreibungspflicht einen unlauteren Vorteil erhalten kann. EuGH, Rs. C-26/03, Slg. 2005, I-1, Rn. 50 f. – Stadt Halle. Vgl. *Portz*, in: *Kulartz/Kus/Portz/Prieß*, GWB-Vergaberecht, 2016, § 108 GWB, Rn. 129; *Schellenberg*, in: *Pünder/Prieß*, Vergaberecht im Umbruch II, 2015, 5 (14 f.); *Ziekow*, NZBau 2015, 258 (260 f.).

denselben Voraussetzungen nach Art. 28 Abs. 1 SektRL und Art. 17 Abs. 1 KVR. Ins deutsche Vergaberecht wird die Regelung über das In-house-Geschäft durch § 108 Abs. 1 GWB umgesetzt. Demnach sind die vergaberechtlichen Regelungen des Vierten Teils des GWB beim In-house-Geschäft nicht anzuwenden, das unter den gleichen Kriterien wie nach Art. 12 Abs. 1 VRL hergestellt wird.

Darüber hinaus wurden horizontale öffentlich-öffentliche Partnerschaften in Art. 12 Abs. 4 VRL, Art. 28 Abs. 4 SektRL und Art. 17 Abs. 4 KVR auch kodifiziert[740] und in § 108 Abs. 6 GWB[741] umgesetzt.

### *cc) Anwendung auf die PPP*

Es liegt auf der Hand, dass der öffentliche Auftraggeber in allgemeinen PPP-Modellen den privaten Partner nicht beherrscht. Jedoch bleibt dies für das Modell des gemischt-wirtschaftlichen Unternehmens noch problematisch, bei dem der öffentliche Träger Anteile des Unternehmens innehat. So kann eine Möglichkeit bestehen, dass er auf den Betrieb des Unternehmens einen beherrschenden Einfluss ausübt. Darum ist es nach den bereits oben erwähnten drei Kriterien zu überprüfen, ob die Gründung des gemischt-wirtschaftlichen Unternehmens zur Infrastrukturbeschaffung einem In-house-Geschäft entspricht.[742]

Um das Kontrollkriterium nach Art. 12 Abs. 1 UAbs. 1 lit. a) VRL und gemäß § 108 Abs. 1 Nr. 1 GWB beim gemischt-wirtschaftlichen Unternehmen zu bejahen, bedarf es einer Betrachtung konkretisierter Merkmale. Einerseits kann die Mehrheitsbeteiligung der öffentlichen Hand am Unternehmen ein Signum sein. Jedoch ist das keine hinreichende Bedingung. Vielmehr ist es andererseits zu prüfen, ob eine „ausschlaggebende" Einflussnahme des öffentlichen Trägers „auf die strategischen Ziele und die wesentlichen Entscheidungen" des Unternehmens

---

740 Vgl. *Neun/Otting*, EuZW 2012, 566 (567); *dies.*, EuZW 2014, 446 (448); *Portz*, in: *Kulartz/Kus/Portz/Prieß*, GWB-Vergaberecht, 2016, § 108 GWB, Rn. 189 ff.; *Schellenberg*, in: *Pünder/Prieß*, Vergaberecht im Umbruch II, 2015, 5 (16 f.); *Soudry*, in: *Hettich/Soudry*, Das neue Vergaberecht, 2014, S. 20 f.

741 Der Deutsche Gesetzgeber wollte bereits 2009 den Ausschluss der öffentlich-öffentlichen Zusammenarbeit aus dem Vergaberecht gesetzlich fixieren. Jedoch scheiterte der Versuch damals angesichts verbreiteter Kritik an dem Regelungsentwurf. Dazu näherer *Dageförde*, Einführung in das Vergaberecht, 2013, Rn. 301 f.; *Kus*, in: *Kulartz/Kus/Portz/Prieß*, GWB-Vergaberecht, 2016, § 155 GWB, Rn. 12; *Struve*, EuZW 2009, 805 (808, in dortiger FN. 27).

742 Vgl. *Kühling*, ZfBR 2006, 661 (662 ff.).

besteht.[743] Zwar ist theoretisch die überwiegende Kontrolle der öffentlichen Hand über das gemischt-wirtschaftliche Unternehmen durch mehre Anteile möglich. Jedoch geht es bei der PPP einschließlich des gemischt-wirtschaftlichen Unternehmens um eine „Kooperation" zwischen dem öffentlichen und privaten Sektor,[744] folglich ist die vollständige Beherrschung nicht angemessen.

Weiterhin muss das Unternehmen beim In-house-Geschäft nach dem Wesentlichkeitskriterium nach Art. 12 Abs. 1 UAbs. 1 lit. b) VRL und gemäß § 108 Abs. 1 Nr. 2 GWB der Ausführung der vom öffentlichen Träger betrauten Aufgaben mehr als 80% seiner Tätigkeit widmen. Das gemischt-wirtschaftliche Unternehmen ist eine Art von Zweckgesellschaft für die Erledigung der öffentlichen Aufgaben gleich wie Projektgesellschaften in allgemeinen PPP-Modellen. So entspricht seine Tätigkeit dem Ziel des öffentlichen Trägers.

Schließlich ist es nach Art. 12 Abs. 1 UAbs. 1 lit. c) VRL und gemäß § 108 Abs. 1 Nr. 3 GWB beim In-house-Geschäft zu beachten, dass keine private Beteiligung beim vergaberechtsfreien In-house-Geschäft zulässig ist. Nach der Beteiligung des privaten Kapitals wird „eine Eigenherstellung" zu verneinen und vielmehr eine Beschaffung anzunehmen sein.[745] Im Hinblick auf den Begriff des gemischt-wirtschaftlichen Unternehmens muss die private Investition jedenfalls erfolgen. Maßgebend ist daher, ob die private Finanzierung für das Unternehmen eine indirekte Beteiligung darstellen kann. Das Konzept der indirekten Erteilung der privaten Partei ist zwar noch nicht gesetzlich bestimmt, aber unstreitig ist, dass es die „Einflusslosigkeit" des privaten Teilnehmers voraussetzt.[746] Eine solche private Minderheitsbeteiligung ohne Einfluss steht der Idee der PPP entgegen, in der die private Beteiligung bei der Führung der Gesellschaft gewährt wird.

Bei der Auftragsvergabe durch das gemischt-wirtschaftliche Unternehmen werden Kriterien des vom EuGH entwickelten und in den Richtlinien sowie im GWB kodifizierten In-house-Geschäfts nicht erfüllt. Die Partnerschaft zwischen dem öffentlichen und privaten Partner widerspricht sogar dem Konzept des In-house-Geschäfts. Also kann die Beschaffung durch die PPP einschließlich des

---

743 *Dobmann*, Das neue Vergaberecht, 2016, Rn. 288; *Portz*, in: *Kulartz/Kus/Portz/Prieß*, GWB-Vergaberecht, 2016, § 108 GWB, Rn. 39. Vgl. *Dreher*, NZBau 2002, 245 (253); *Hausmann*, NVwZ 2013, 760 (762); *Just*, EuZW 2009, 879 (883).

744 *Dreher*, NZBau 2002, 245 (257); *Schede/Pohlmann*, in: *Weber/Schäfer/Hausmann*, Public Private Partnership, 2006, S. 146.

745 *Kühling*, ZfBR 2006, 661 (662).

746 *Dabringhausen*, VergabeR 2014, 512 (516 f.); *Portz*, in: *Kulartz/Kus/Portz/Prieß*, GWB-Vergaberecht, 2016, § 108 GWB, Rn. 138; *Ziekow*, NZBau 2015, 258 (261).

gemischt-wirtschaftlichen Unternehmens nicht als In-house-Geschäft erachtet werden. Vielmehr sind vergaberechtliche Vorgaben dabei streng zu beachten.[747]

## 3. Zusammenfassung

Nach der traditionellen Fiskustheorie ist es schwierig, die Beschaffung durch die PPP einer öffentlich-rechtlichen Kontrolle zu unterziehen. Trotzdem ist es entschieden, dass es sich bei der Durchführung des PPP-Projekts um öffentliche Aufgaben handelt, die mit den Interessen der Bürger ineinandergreifen. Nicht zuletzt bezweckt die Europäische Union durch vergaberechtliche Vorgaben des Europarechts die Verwirklichung des Binnenmarkts, indem sie von den Mitgliedstaaten die Umsetzung solcher Regelungen fordert.

Unter Berücksichtigung folgender Voraussetzungen können vergaberechtliche Regelungen auf die PPP, als Modus des öffentlichen Auftrags angewandt werden. Zuerst stellt der Partner des öffentlichen Sektors beim PPP-Projekt den öffentlichen Auftraggeber i. S. des Art. 2 Abs. 1 Nr. 1 VRL sowie § 98 GWB dar. Weiterhin entspricht der private Partner des PPP-Projekts dem Wirtschaftsteilnehmer i. S. des Art. 2 Abs. 1 Nr. 10 VRL bzw. dem Unternehmen i. S. des § 103 Abs. 1 GWB. Ferner hat der Gegenstand des PPP-Vertrags Beschaffungscharakter. Demnach gehört die Leistung des privaten Teilnehmers zur Kategorie des öffentlichen Auftrags. Darüber hinaus kann ein Merkmal daraus abgeleitet werden, dass die PPP in der Regel durch einen entgeltlichen Vertrag gestaltet und geregelt wird. Schließlich ist es zu beachten, dass kein vergaberechtsfreies Inhouse-Geschäft bei der Beschaffung durch die PPP besteht. Da die private Person ein Privileg, etwa eine Konzession einschließlich des Gebührenerhebungsrechts, erhalten kann, sind europarechtliche Vergabevorgaben beim PPP-Projekt von praktischer Bedeutung. Dies gilt jedoch nur dann, wenn das Volumen des PPP-Projekts den jeweils maßgeblichen Schwellenwert überschreitet – was häufig der Fall sein dürfte.

Im Weiteren werden Regelungsinhalte über die Bekanntmachung, die Auswahl der Verfahren und den Rechtsschutz bei der Durchführung des PPP-Projekts betrachtet. Damit widmet sich die Arbeit auch der Diskussion über Probleme in Deutschland betreffend der Anwendung des Vergaberechts auf die PPP.

---

747 So auch bei *Dreher*, NZBau 2002, 245 (257 f.); *Kühling*, ZfBR 2006, 661 (664); *Ziekow*, NZBau 2015, 258 (261 f.).

## III. Vergabeverfahren beim PPP-Projekt

### 1. Bekanntmachungspflicht

#### *a) Grundlage*

Im Hinblick auf die Verwirklichung der Grundfreiheiten im Binnenmarkt ist eine wesentliche Regelung im Vergaberecht die europaweite Ausschreibungspflicht des öffentlichen Auftraggebers, die als eine praktische Anpassung der allgemeinen Grundsätze des Vergaberechts i. S. des Art. 18 Abs. 1 S. 1 VRL begriffen wird.[748] Zur Herstellung der Öffentlichkeit können die Bürger einerseits einen Informationszugang über die Beschaffung der Infrastruktur erhalten und andererseits ist die Nachprüfbarkeit für die übergangenen Bieter dabei zu gewähren.[749]

Bei der PPP wird diese Pflicht nicht ausgeschlossen. Auf der europarechtlichen Ebene wird die Ausschreibungspflicht nach Art. 48 ff. VRL[750] konkretisiert. Demnach muss der öffentliche Auftraggeber die zur Teilnahme notwendigen Informationen in der Form und den Modalitäten gemäß Art. 51 VRL allen potentiell interessierten Bietern bekanntmachen. Der öffentliche Auftraggeber hat nach Art. 48 Abs. 1 S. 1 VRL die Informationen über seine geplante Auftragsvergabe vorher bekanntzugeben („Auftragsbekanntmachung“). Eine solche Bekanntmachung ist nach Art. 49 VRL als Mittel für den Aufruf zum Wettbewerb zu verwenden. Dazu müssen nach Art. 48 Abs. 1 S. 2 VRL die nach Anhang V Teil B der VRL geforderten Informationen enthalten sein. Die Ausschreibungsmittel werden nach Art. 48 Abs. 1 S. 3 VRL so bestimmt, dass die Bekanntmachung durch das Amtsblatt der EU oder die Beschafferprofile der öffentlichen Auftraggeber gemäß Anhang VIII Nr. 2 lit. b) der VRL veröffentlicht werden muss. Die Formen und Modalitäten der Veröffentlichung werden dabei nach Art. 51 VRL geregelt. Gemäß Art. 50 Abs. 1 UAbs. 1 VRL verpflichtet sich ein öffentlicher Auftraggeber, dazu spätestens 30 Tage nach Vergabe des Auftrags dem Markt das Ergebnis des Vergabeverfahrens zu übermitteln. Die Details der

---

748 Vgl. *Frenz*, Handbuch Europarecht Band 3, 2007, Rn. 1837 f.; *ders.*, VergabeR 2017, 323 (323); *ders.*, in: *Willenbruch/Wieddekind*, Vergaberecht, 2017, § 97 GWB, Rn. 20; *Huerkamp*, Gleichbehandlung und Transparenz als gemeinschaftsrechtliche Prinzipien der staatlichen Auftragsvergabe, 2010, S. 315.

749 Dazu eingehend *Huerkamp*, Gleichbehandlung und Transparenz als gemeinschaftsrechtliche Prinzipien der staatlichen Auftragsvergabe, 2010, S. 313 ff.

750 Ausschreibungspflichten bei der Sektorenvergabe und Konzessionsvergabe werden auch nach Art. 67 ff. SektRL und nach Art. 31 ff. KVR vorgeschrieben.

Ausschreibung bei der Beschaffung werden in der Durchführungsverordnung (EU) 2015/1986[751] präzisiert.

In Deutschland werden konkrete Abläufe der Ausschreibungspflicht nach den europäischen Vorgaben nicht im GWB, sondern in der VgV und der KonzVgV umgesetzt. Gemäß §§ 37 bis 41 VgV (§§ 19 bis 23 KonzVgV bei der Konzessionsvergabe) sind Grundsätze und Verfahren von Auftrags- und Vergabebekanntmachung vorgeschrieben.

### *b) Anwendung auf jedes PPP-Modell – Inhalt und Umfang der Ausschreibung*

#### *aa) Allgemeines*

Im Vergleich zur konventionellen Vergabe liegt die Besonderheit der PPP darin, dass dem privaten Partner sowohl Bau- als auch Dienstleistungen in der Regel pauschal aufgetragen werden. Also geht die Betrachtung der Ausschreibungsinhalte von der Frage aus, welche Elemente für die Erledigung der beiden Leistungen bei jedem PPP-Modell von Bedeutung sind. Da die Modalitäten der Leistungen und Aspekte der Vergütung nach jedem Modell unterschiedlich sind, ist die Übermittlung der für jedes Modell geeigneten Informationen wichtig.

Immerhin sind wesentliche Angaben der Leistung und Eignungs- sowie Zuschlagskriterien bei allen Beschaffungsvarianten zwar zu veröffentlichen, aber die besonders zu beachtenden Punkte bestehen bei der PPP nach dem jeweils gewählten Modell. Im Weiteren wird die Problematik bei der Ausschreibung des PPP-Projekts eingehender beleuchtet.

#### *bb) Finanzierungs-, Betreiber- sowie Inhabermodell*

Bei allgemeinen PPP-Modellen ist zu berücksichtigen, dass der private Partner DBFO-Leistungen (Planen, Bauen, Finanzieren sowie Betreiben) in der Regel komplett trägt.[752] Daher kommt es bei der Ausschreibung des PPP-Projekts darauf an, ob die Einzelleistungen unter DBFO jeweils einzeln oder insgesamt ausgeschrieben werden. Diese Frage findet schließlich Eingang in die Gestaltung

---

751 Durchführungsverordnung (EU) 2015/1986 der Kommission v. 11.11.2015 zur Einführung von Standardformularen für die Veröffentlichung von Vergabebekanntmachungen für öffentliche Aufträge und zur Aufhebung der Durchführungsverordnung (EU) Nr. 842/2011, ABl. 2015 L 296, 1. Vgl. *Plauth*, Die Rechtspflicht zur Transparenz im europäisierten Vergaberecht, 2017, S. 141.

752 Dazu Kapitel 1, II, 4, a).

des PPP-Vertrags, da die ausgeschriebenen Leistungen durch den Vertrag geregelt werden.

Die Idee der PPP geht davon aus, dass die private Person nicht nur an der Durchführung der öffentlichen Aufgaben teilnimmt, sondern auch mit der einheitlichen Verantwortung ihr Know-how aufbietet und damit einen optimalen Synergieeffekt erzielt. Die Höhe der Gegenleistung ist abhängig von der Verrichtung aller Leistungen pauschal zu bestimmen. So ist bei der PPP eher passend, dass die gesamten Leistungen auf einmal geregelt werden. Nach § 97 Abs. 4 S. 2 GWB muss die Bau- und Finanzierungsleistung zwar grundsätzlich als Losvergabe getrennt ausgeschrieben werden. Die PPP kann jedoch als Ausnahme hierzu gelten. Soweit eine Betrauung der gesamten Leistungen einschließlich der Finanzierung durch die Wirtschaftlichkeitsuntersuchung für günstiger als konventionelle Beschaffung befunden wird, ist eine Ansetzung der PPP zulässig.[753] Daher können wirtschaftliche Gründe i. S. des § 97 Abs. 4 S. 3 GWB bei der PPP bestehen. Also ist eine pauschale Ausschreibung der gesamten Leistungen für die PPP theoretisch möglich.

Dennoch werden die Vergabeverfahren der Infrastrukturbeschaffung im deutschen Vergaberecht in das Verfahren der VgV und der VOB/A für die Bauleistungen aufgeteilt. Solche Rahmenbedingungen stehen der Perspektive der PPP entgegen. Am besten wäre es zwar, ein eigenständiges Verfahren der PPP selbst einzuführen. Insofern sich die Struktur des Vergabeverfahrens jedoch halten lässt, die die Ausschreibung für Bau- und Dienstleistungen trennt, muss das PPP-Projekt grundsätzlich innerhalb des bestehenden Rahmens ausgeschrieben werden. Das Ausschreibungsverfahren des Konzessionsmodells wird aber in der nachfolgenden Passage behandelt, wonach ein eigenes Verfahren durch den Erlass der Konzessionsrichtlinie und ihre Umsetzung vorgeschrieben wird.

In der Praxis finden sich unterschiedliche Alternativen für sämtliche Vergabeverfahren beim PPP-Projekt. Bei der Einzelvergabe schreibt der öffentliche Auftraggeber alle einzelnen Leistungen jeweils aus. Dadurch kann der öffentliche Träger zwar das wirtschaftlichste Angebot für jede Leistung erhalten,[754] aber den vorgesehenen Synergieeffekt der PPP nicht maximieren. Also bietet diese Modalität für die PPP keine optimale Lösung.

753 Dazu Kapitel 2, II, 2.

754 *Eschenbruch*, in: *Kulartz/Kus/Portz/Prieß*, GWB-Vergaberecht, 2016, § 103 GWB, Rn. 534.

Eine andere Alternative ist die parallele Ausschreibung, bei der eine Ausschreibung derselben Leistung in den verschiedenen Typen ausgeführt wird und eine der Alternativen zugeschlagen wird.[755] Ein Infrastrukturprojekt kann dabei beispielsweise als Generalunternehmern oder als Vergabe in Fach- bzw. Teillose ausgeschrieben werden. Die Rechtsprechung hat bei den verschiedenen Aspekten diese Ausschreibungsmodalität gebilligt.[756] Aber selbst die parallele Ausschreibung ist nicht genug, um die Vorteile der PPP zu erzielen, da eine Möglichkeit der Trennung der Betrauung mit den Leistungen noch besteht.

Schließlich ist eine optimierte Auswahlmöglichkeit für die PPP die pauschale Ausschreibung der gesamten Leistungen, bei der die Anwendung der Verfahrensvorschriften nach dem Schwerpunkt der Leistungen im konkreten Fall bestimmt wird. Beim PPP-Projekt soll die Einführung derartiger Modalitäten in der Praxis überwiegen.[757] Die VK Thüringen hat auch bestätigt, dass „die Gesamtvergabe dem PPP-Modell inhärent" ist.[758]

Unter oberen Alternativen wird die Eigenschaft der PPP bei der Ausschreibung sämtlicher Leistungen am besten widergespielt. Jedenfalls hat die Bekanntmachung nach den Regeln des Transparenzgebots zu erfolgen. Darüber hinaus sind andere Punkte im Vergleich zur konventionellen Vergabe zu beachten. Die Verteilung der Risiken zwischen der privaten und öffentlichen Hand ist einerseits

---

755 Vgl. *Eschenbruch*, in: *Kulartz/Kus/Portz/Prieß*, GWB-Vergaberecht, 2016, § 103 GWB, Rn. 535 ff.; *Kaiser*, NZBau 2002, 553 (553).

756 Zu der Zulässigkeit und zu den Aspekten der parallelen Ausschreibungen von Bau- und Dienstleistungen KG, Beschluss v. 22.8.2001 – KartVerg 3/01, BeckRS 2001, 09731. Die parallele Ausschreibung nach VOB und VOL wird im Unterschied zu den anderen Typen nach mehrheitlicher Rechtsprechung als unzulässig betrachtet. VK Türingen, Beschluss v. 20.3.2001, Az.: 216–4003.20-001/01-SHL-S, JurionRS 2001, 29034; OLG Celle, Beschluss v. 8.11.2001 – 13 Verg 9/01, BeckRS 9998, 26287. Vgl. *Eschenbruch*, in: *Kulartz/Kus/Portz/Prieß*, GWB-Vergaberecht, 2016, § 103 GWB, Rn. 540 f.; *Kaiser*, NZBau 2002, 553 (554).

757 Vgl. *Burbulla*, NJOZ 2008, 211 (217 f.); *Eschenbruch*, in: *Kulartz/Kus/Portz/Prieß*, GWB-Vergaberecht, 2016, § 103 GWB, Rn. 544; *Hausmann/Mutschler-Siebert*, in: *Weber/Schäfer/Hausmann*, Public Private Partnership, 2006, S. 276 ff. Auf folgender Webseite ist ein Beispiel für die Ausschreibung eines PPP-Modells zu finden: <https://ausschreibungen-deutschland.de/336834_Ausschreibung_eines_PPP-Modells_zur_Vergaerung_von_Bioabfallmengen_der_GWA-Gesellschaft_fuer_2017_Unna> (30.6.2017).

758 VK Thüringen, Beschluss v. 16.2.2007 – 360-4003.20-402/2007-001-UH, IBRRS 2007, 2306. So auch bei OLG Celle, Beschluss v. 26.4.2010 – 13 Verg 4/10, BeckRS 2010, 14388.

bei der PPP-Ausschreibung zu berücksichtigen. Andererseits ist der Lebenszyklusansatz des Projekts nach Maßgabe aller Vertragsbedingungen einschließlich der Vergütung zu berechnen.

### *cc) Die Spezifik des Konzessionsmodells*

Wenn die Dienstleistungskonzession nicht in den Anwendungsbereich des europäischen Vergaberechts fallen würde, wäre es kompliziert, aus den Leistungen beim PPP-Konzessionsmodell ausschreibungspflichtige Anteile herauszusuchen.[759] Da die vergaberechtlichen Vorgaben durch den Erlass der KVR und ihre Umsetzung sowohl auf die Bau- als auch Dienstleistungskonzession angewandt werden, wird die Bekanntmachung des PPP-Konzessionsmodells nach eigener Maßgabe der Regelungen der Art. 31 ff. KVR bzw. §§ 19 ff. KonzVgV ausgeführt. Also wird das Konzessionsmodell nach einem eigenen Verfahren ausgeschrieben. In diesem Verfahren werden die Bau- und die Dienstleistungskonzession nicht auseinander gehalten. Daher kann der öffentliche Auftraggeber beim PPP-Projekt die Konzessionsbekanntmachung pauschal veröffentlichen, bei dem der private Partner alle Leistungen – von der Finanzierung bis zum Betrieb – trägt.

Nach Art. 31 Abs. 2 KVR muss der Konzessionsgeber die im Anhang V der KVR angeführten Angaben bekanntmachen, die Informationen des Auftraggebers, Beschreibungen der Konzession und der Leistungen und Zuschlagskriterien enthalten. Nicht zuletzt sind beim PPP-Projekt die Vertragsfrist, die erwartete Rendite und der Umfang der Konzession in der Beschreibung der Konzession als Vertragsbedingung von Bedeutung. In Deutschland werden diese Vorgaben über die Ausschreibung der Konzession durch die Ermächtigung des § 151 S. 3 GWB in §§ 19 bis 23 KonzVgV umgesetzt.

Gemäß § 19 Abs. 2 KonzVgV entspricht die Form der Bekanntmachung den Standardformularen i. S. des Art. 4 der Durchführungsverordnung (EU) 2015/1986 der Kommission. Bei der Konzession zur Erbringung sozialer und anderer besonderer, in Anhang IV der KVR genannter Dienstleistungen muss eine Vorinformation nach Art. 31 Abs. 3 KVR bzw. § 22 KonzVgV veröffentlicht werden. Jedoch kann die Bekanntmachungspflicht nach Art. 31 Abs. 4 f. KVR bzw. § 20 KonzVgV freigestellt werden, soweit entweder ein Wettbewerb aufgrund des einzigartigen Konzessionsgegenstands, technischer Gründe oder eines ausschließlichen Rechts fehlt (Art. 31 Abs. 4 KVR bzw. § 20 Abs. 1 KonzVgV) oder

759 Vgl. *Alfen/Fischer*, in: *Weber/Schäfer/Hausmann*, Public Private Partnership, 2006, S. 48.

keine oder keine geeigneten Teilnahmeanträge bzw. Angebote (Art. 31 Abs. 5 KVR bzw. § 20 Abs. 2 KonzVgV) abgegeben werden.[760]

## 2. Auswahl des Verfahrens

### *a) Arten der Vergabefahren*

Mit der Bekanntmachung beginnt das Vergabeverfahren des PPP-Projekts. In der nächsten Phase wird ein privater Partner unter den Bietern ausgewählt und danach ein PPP-Vertrag mit ihm geschlossen. Nach Art. 27 ff. VRL sowie Art. 45 ff. SektRL werden fünf Verfahrensalternativen, d. h. offenes Verfahren, nicht offenes Verfahren, Verhandlungsverfahren, wettbewerblicher Dialog und Innovationspartnerschaft, zur Entscheidung über den Auftragnehmer und zum Abschluss des Vertrags vorgeschrieben. Nach § 141 GWB werden diese Verfahrensarten umgesetzt und gemäß § 14 ff. VgV sowie § 15 SektVO präzisiert.

Zur Anwendung des Vergabeverfahrens auf die PPP sind vergaberechtliche Grundsätze, etwa die Prinzipien des Wettbewerbs, der Nichtdiskriminierung, der Transparenz, der Verhältnismäßigkeit und der Wirtschaftlichkeit, zu beachten. Außer in besonderen Ausnahmefällen setzt das Vergabeverfahren eine offene und transparente Bekanntmachung grundsätzlich voraus. Zuvörderst ist bei dieser Linie zu bestimmen, welche Verfahrensalternative zum individuellen PPP-Projekt passt. Nicht zuletzt ist die Bestimmung des Verfahrens beim PPP-Projekt von größerer Bedeutung, da die umfassende Fähigkeit der Bieter zur Durchführung des Projekts bei der Auswahl des Auftragnehmers zu bewerten ist.

Im Weiteren werden Maßgaben zur Wahl der Verfahren beim PPP-Projekt bei der Betrachtung über die Eignung jeder Verfahrensvariante für die PPP behandelt.

### *b) Auswahl des geeigneten Verfahrens beim PPP-Projekt*

#### *aa) Das offene oder nicht offene Verfahren*

#### 1) Vorrang des offenen Verfahrens?

Nach Art. 26 VRL werden Grundsätze bei der Wahl der Verfahrensart bestimmt und in § 14 VgV umgesetzt. Während die Verfahrensvarianten in der VRL parallel vorgeschrieben werden, setzt der deutsche Verordnunggeber nach § 14 Abs. 2 VgV ausdrücklich fest, dass das offene oder nicht offene Verfahren unter den Verfahrensvarianten einen Vorrang vor anderen Alternativen hat. Demnach

760 Vgl. *Braun*, in: *Hettich/Soudry*, Das neue Vergaberecht, 2014, S. 189; *Fandrey*, in: *Kulartz/Kus/Portz/Prieß*, GWB-Vergaberecht, 2016, § 151 GWB, Rn. 12 ff.; *Tugendreich/Heller*, in: *Müller-Wrede*, GWB-Vergaberecht, 2016, § 151, Rn. 28 ff.

muss der öffentliche Auftraggeber zur Vergabe des öffentlichen Auftrags grundsätzlich das offene oder nicht offene Verfahren mit einem Teilnahmewettbewerb wählen. Im GWB und in der VgV wird nicht eindeutig gezeigt, welches der beiden Verfahren vorrangig ist.[761]

Dagegen kann der öffentliche Auftraggeber andere Verfahrensarten, d. h. das Verhandlungsverfahren, den wettbewerblichen Dialog sowie die Innovationspartnerschaft, nur dann einführen, wenn bestimmte Voraussetzungen nach Art. 26 Abs. 4 VRL bzw. § 14 Abs. 3 und 4 VgV erfüllt werden. Das offene Verfahren wird nach Art. 27 VRL und gemäß § 119 Abs. 3 GWB als ein Verfahren definiert, bei dem alle potentiellen Teilnehmer unter unveränderlichen Vertragsbedingungen ein Angebot abgeben können. Dabei sollte das Ermessen des öffentlichen Auftraggebers zur Wahl des Auftragnehmers ausgeschlossen werden, das bei der Verhandlung herausgebildet werden kann, damit der Wettbewerb, die Transparenz und die Gleichbehandlung am besten verwirklicht werden können.[762]

Der Vorrang des offenen Verfahrens gilt auch für das PPP-Projekt mit Ausnahme des Konzessionsmodells, bei dem der öffentliche Auftraggeber eine Entscheidungsfreiheit zur Wahl der Verfahrensarten hat.[763] Allerdings ist zu berücksichtigen, dass der private Partner bei der PPP nicht nur in der Regel alle Leistungen des Projekts für die lange Vertragsfrist trägt, sondern auch die fachliche Kenntnis sowie die wirtschaftliche Fähigkeit der privaten Hand in mehreren Fällen anzuwenden ist.[764] Der öffentliche Auftraggeber sollte nicht lediglich nach dem niedrigsten Preis ein Angebot auswählen, sondern die Inhalte des PPP-Vertrags

---

761 Früher wurde nach § 101 Abs. 7 S. 2 GWB a. F. erkannt, dass das offene Verfahren im deutschen Vergaberecht dem nicht offenen Verfahren übergeordnet ist. Dazu OLG Düsseldorf, Beschluss v. 29.2.2012 – VII-Verg 75/11, BeckRS 2012, 08570; Beschluss v. 18.10.2000 – Verg 3/00, BeckRS 9998, 23870; KG, Beschluss v. 19.4.2000 – KartVerg 6/00, BeckRS 2000, 08135. Vgl. *Bultmann*, Beihilfenrecht und Vergaberecht, 2004, S. 121 ff.; *Hausmann*/Mutschler-Siebert, in: *Weber/Schäfer/Hausmann*, Public Private Partnership, 2006, S. 258; *Knauf*, in: *Müller-Wrede*, GWB-Vergaberecht, 2016, § 119, Rn. 15; *Koenig/Kühling*, Verfahrensvielfalt und Wahl des richtigen Vergabeverfahrens – Fallstricke bei der Ausschreibung von Infrastrukturaufträgen, NZBau 2003, 126 (128 f.); *Noch*, Vergaberecht Kompakt, 2016, Kapitel B, Rn. 519; *Weyand*, in: *Weyand*, Vergaberecht, 2015, § 101 GWB, Rn. 253.

762 Vgl. *Pünder*, in: *Pünder/Schellenberg*, Vergaberecht, 2015, § 101 GWB, Rn. 19; *Weyand*, in: *Weyand*, Vergaberecht, 2015, § 101 GWB, Rn. 252.

763 Siehe dazu oben II, 2, a), cc), 2).

764 Vgl. *Alfen/Fischer*, in: *Weber/Schäfer/Hausmann*, Public Private Partnership, 2006, S. 49; *Burbulla*, NJOZ 2008, 211 (220); *Hausmann/Mutschler-Siebert*, in: *Weber/Schäfer/Hausmann*, Public Private Partnership, 2006, S. 257 f.

für die Erbringung der Leistungen durch die Verhandlung bzw. den Dialog anpassen. So ist das offene (oder nicht offene) Verfahren wegen der Komplexität und Langfristigkeit der Leistungen für das PPP-Projekt de facto nicht geeignet. Vielmehr können andere Alternativen tauglich sein.

Die Europäische Kommission hat durch eine Mitteilung im Almunia-Paket[765] ihre Auffassung bestätigt, dass die Wahl des offenen Verfahrens beim Projekt zur Erbringung der DAWI ein ausreichendes Indiz für das Nichtvorliegen der Begünstigung, d. h. des Beihilfentatbestands i. S. des Art. 107 Abs. 1 AEUV, sein kann.[766] Aufgrund dieser Ansicht der Kommission ist es offensichtlich, dass die Auswahl anderer Verfahrensarten außer dem offenen Verfahren beim PPP-Projekt im Hinblick auf das Beihilfenrecht schwierig ist.[767]

Obgleich der Vorrang des offenen Verfahrens auch für das PPP-Projekt gilt, muss ein offenes Verfahren nicht in allen Fällen durchgeführt werden. Wenn auch das Vorliegen des offenen Verfahrens die Erfüllung des vierten Altmark-Trans-Kriteriums (die Angemessenheit des Ausgleichs) ausweist, kann sein inverser oder umgekehrter Satz nicht immer gelten. Die Kommission schließt andere Alternativen nicht völlig aus. Vielmehr bemerkt sie, dass das Verhandlungsverfahren in Ausnahmefällen als ausreichend für den Ausweis des angemessenen Ausgleichs betrachtet werden kann.[768] Weiterhin hält sie eine wirtschaftliche Günstigkeit auch für ein Indiz für die Erfüllung des vierten Altmark-Trans-Kriteriums.[769] Für die wirtschaftliche Beschaffung bedarf es unter Umständen einer Anpassung der Vertragsbedingungen durch Verhandlungen.

Der öffentliche Auftraggeber muss auch beim PPP-Projekt die Anwendung des offenen Verfahrens mit Vorzug bedenken. Das offene oder nicht offene Verfahren kann bei der PPP tatsächlich jedoch nur bedingt[770] angewandt werden, da sich diese Art wie auch beim offenen Verfahren für die Entscheidung

765 Dazu Kapitel 4, III, 2, b), cc), 3).

766 Mitteilung der Kommission über die Anwendung der Beihilfevorschriften der Europäischen Union auf Ausgleichsleistungen für die Erbringung von Dienstleistungen von allgemeinem wirtschaftlichem Interesse, ABl. 2012 C 8, 4, Rn. 66.

767 Vgl. *Haubner*, EuZW 2012, 816 (820).

768 Mitteilung der Kommission über die Anwendung der Beihilfevorschriften der Europäischen Union auf Ausgleichsleistungen für die Erbringung von Dienstleistungen von allgemeinem wirtschaftlichem Interesse, ABl. 2012 C 8, 4, Rn. 66.

769 Mitteilung der Kommission über die Anwendung der Beihilfevorschriften der Europäischen Union auf Ausgleichsleistungen für die Erbringung von Dienstleistungen von allgemeinem wirtschaftlichem Interesse, ABl. 2012 C 8, 4, Rn. 67.

770 Vgl. *Burbulla*, NJOZ 2008, 211 (221); *Kus*, VergabeR 2006, 851 (851); *Pols/Scherer-Leydecker*, in: BMVBS/DSGV, PPP-Handbuch, 2009, S. 259.

der Bedingungen zur Erledigung komplexer und umfassender Leistungen des PPP-Projekts nicht eignet. Unter dem Strich kann der öffentliche Träger beim PPP-Projekt andere Arten neben dem offenen Verfahren auswählen, soweit die Transparenz und der Wettbewerb des Vergabeverfahrens gewährleistet werden.

2) Das nicht offene Verfahren

Das nicht offene Verfahren i. S. des Art. 28 VRL ist das beschränkte Verfahren zum Teilnahmewettbewerb, bei dem der öffentliche Auftraggeber nach vorher bekannt gemachten bestimmten Kriterien einschließlich der nicht veränderbaren Vertragsbedingungen die Anzahl der Anbieter beschränken kann. In Deutschland wird sein Begriff nach § 119 Abs. 4 GWB umgesetzt und sein Ablauf wird gemäß § 16 VgV präzisiert.

Früher stellte das nicht offene Verfahren einen Ausnahmefall im Vergleich zum offenen Verfahren dar.[771] Nach der Vergaberechtreform 2016 wird es ebenfalls als Regelverfahren angesehen. Daher kann der öffentliche Auftraggeber bei Bedarf zur Auswahl des privaten Partners das nicht offene Verfahren einführen.[772]

Das nicht offene Verfahren läuft zweistufig ab. Auf der ersten Stufe wird der Umfang der Unternehmen festgelegt, die am Wettbewerb teilnehmen sollen. Hierfür muss der öffentliche Auftraggeber nach § 51 Abs. 1 S. 2 VgV objektive und nicht diskriminierende Eignungskriterien in die Auftragsbekanntmachung einbeziehen. Gemäß § 51 Abs. 2 S. 1 VgV muss die Mindestzahl der Bewerber mehr als fünf betragen. Auf der zweiten Stufe geht es um die Auffordung zur Angebotsabgabe, der nach § 52 VgV nachgekommen wird. Der Zuschlag

---

771 Die VK Lüneburg stellte die Kriterien heraus, nach denen das nicht offene Verfahren beim PPP-Projekt durchgeführt werden kann. In einer Entscheidung über das PPP-Projekt für die Erbringung der infrastrukturellen Dienstleistungen im Krankenhausbereich bestätigte die Vergabekammer, dass das nicht offene Verfahren im Vergleich „zum offenen Verfahren einen Ausnahmetatbestand" darstellt. Aber die Anwendung des nicht offenen Verfahrens sei möglich, sofern „die Leistung nach ihrer Eigenart nur von einem beschränkten Kreis von Unternehmen in geeigneter Weise" durchgeführt werden könne. VK Lüneburg, Beschluss v. 5.11.2004 – 203-VgK-48/2004, IBRRS 2004, 3824.

772 Vgl. *Haak/Koch/Sang*, in: *Willenbruch/Wieddekind*, Vergaberecht, 2017, § 119 GWB, Rn. 2; *Knauf*, in: *Müller-Wrede*, GWB-Vergaberecht, 2016, § 119, Rn. 12; *Kulartz*, in: *Kulartz/Kus/Portz/Prieß*, GWB-Vergaberecht, 2016, § 119 GWB, Rn. 5; *Ziekow*, Öffentliches Wirtschaftsrecht, 2016, § 9, Rn. 72.

wird dadurch erteilt, dass der öffentliche Auftraggeber das optimale Angebot auswählt.[773]

Es kann vorgesehen werden, dass das nicht offene Verfahren auf das PPP-Projekt in folgendem Zusammenhang angewandt wird: Eine außergewöhnliche Fähigkeit des privaten Partners ist zwar erforderlich, aber es liegt kein allzu starker Bedarf an der Anpassung der Vertragsbedingungen durch die Verhandlung bzw. den Dialog vor in Anbetracht der Komplexität der gesamten Leistungen. Dies gilt etwa für ein PPP-Krankenhausprojekt,[774] wobei Dienstleistungen wie Gebäudeunterhalt- und reinigung, Hol- und Bringdienste, Speisenversorgung, Hausmeisterleistungen erbracht werden, und die Konzession zur Durchführung der Leistungen der öffentlichen Trinkwasserversorgung sowie der Abwasserbeseitigung.[775]

### *bb) Verhandlungsverfahren und wettbewerblicher Dialog*

#### 1) Anwendungsmöglichkeit der beiden Verfahren auf die PPP

#### i) Voraussetzungen und deren Anwendung auf die PPP

Nach Art. 26 Abs. 4 VRL und gemäß § 14 Abs. 3 VgV müssen die folgenden Voraussetzungen erfüllt werden, um ein Verhandlungsverfahren oder einen wettbewerblichen Dialog bei der Beschaffung statt des offenen oder nicht offenen Verfahrens zu wählen: Bedürfnisse des öffentlichen Auftraggebers können nicht ohne die Anpassung bereits verfügbarer Lösungen erfüllt werden, die Aufträge umfassen konzeptionelle oder innovative Lösungen, der Auftrag kann aufgrund konkreter Konstellationen bezüglich der Art, der Komplexität oder des rechtlichen oder finanziellen Rahmens oder der damit einhergehenden Risiken nicht ohne vorherige Verhandlungen vergeben werden oder die technischen Spezifikationen können von dem öffentlichen Auftraggeber nicht mit ausreichender Genauigkeit unter Verweis auf die betreffenden Normen erstellt werden. Nur in diesen Fällen kann der öffentliche Auftraggeber mit dem Verhandlungsverfahren i. S. des Art. 29 VRL oder dem wettbewerblichen Dialog i. S. des Art. 30 VRL Aufträge vergeben. Daneben darf der öffentliche Auftraggeber nach Art. 26 Abs. 4 lit. b) VRL und gemäß § 14 Abs. 3 Nr. 5 VgV in demjenigen Projekt

---

773 Näher zum Ablauf des nicht offenen Verfahrens *Haak/Koch/Sang*, in: *Willenbruch/Wieddekind*, Vergaberecht, 2017, § 119 GWB, Rn. 9 f.; *Haak/Sang*, in: *Willenbruch/Wieddekind*, Vergaberecht, 2017, § 16 VgV, Rn. 1 f.; *Knauf*, in: *Müller-Wrede*, GWB-Vergaberecht, 2016, § 119, Rn. 34 ff.; *Kulartz*, in: *Kulartz/Kus/Portz/Prieß*, GWB-Vergaberecht, 2016, § 119 GWB, Rn. 12 ff.

774 Dazu VK Lüneburg, Beschluss v. 5.11.2004 – 203-VgK-48/2004, IBRRS 2004, 3824.

775 Dazu VK Sachsen, Beschluss v. 21.3.2017 – 1/SVK/003-17, BeckRS 2017, 114290.

das offene oder nicht offene Verfahren dann nicht anwenden, wenn mit einem solchen Verfahren keine ordnungsgemäßen oder nur unannehmbare Angebote eingereicht wurden.

Dafür kommt es darauf an, ob die Leistungen des PPP-Projekts im technischen oder wirtschaftlichen Rahmen komplex oder spezifisch sind und dabei eine Anpassung über die Vorgehensweise der Erfüllung der Leistungen durch die Verhandlung oder den Dialog erforderlich ist. Bei der Beurteilung der Zulässigkeit der beiden Verfahren im PPP-Projekt sind folgende Punkte zu berücksichtigen: Zum einen wird die PPP für die Beschaffung der Infrastruktur dann ausgewählt, wenn der Rückgriff auf Fähigkeiten der privaten Hand wirtschaftlich vorteilhafter ist. Dabei ist es effizient, die fachlichen bzw. technischen Lösungen für die Durchführung der Leistungen und die Modalität der zu zahlenden Vergütung durch die Verhandlung bzw. den Dialog zusammen mit dem privaten Partner konkret festzusetzen. Folglich kann die Komplexität der Leistungen in den meisten PPP-Projekten bestätigt werden.[776] Zum anderen ist auch zu beachten, dass die Vertragsfrist des PPP-Projekts in der Regel relativ lang ist. Aufgrund des langfristigen Projekts können vielfältige Risiken entstehen. Um diese Risiken effizient zu verteilen, bedarf es einer vertraglichen Koordination.[777] Auch in der PPP-Praxis wird das Verhandlungsverfahren oder der wettbewerbliche Dialog bislang als die am besten geeignete Verfahrensweise betrachtet, obwohl der Vorrang des offenen Verfahrens auch für die PPP gilt.[778] Allerdings muss der öffentliche Auftraggeber im konkreten Fall überprüfen, ob im individuellen PPP-Projekt die Voraussetzungen für die Anwendung des Verhandlungsverfahrens oder des wettbewerblichen Dialogs i. S. des Art. 26 Abs. 4 VRL erfüllt sind. Eine adäquate Komplexität könnte z. B. bei folgenden Fällen erkannt werden:

---

776 Vgl. *Burbulla*, NJOZ 2008, 211 (221); *Hausmann/Mutschler-Siebert*, in: *Weber/Schäfer/Hausmann*, Public Private Partnership, 2006, S. 260; *Knauff*, NZBau 2005, 249 (253 f.); *Kruhl*, NZBau 2005, 121 (126); *Müller/Brauser-Jung*, NVwZ 2007, 884 (887); *Pols/Scherer-Leydecker*, in: BMVBS/DSGV, PPP-Handbuch, 2009, S. 260.

777 Vgl. *Burbulla*, NJOZ 2008, 211 (221); *Kruhl*, NZBau 2005, 121 (126); *Pols/Scherer-Leydecker*, in: BMVBS/DSGV, PPP-Handbuch, 2009, S. 260.

778 Vgl. *Hausmann/Mutschler-Siebert*, in: *Weber/Schäfer/Hausmann*, Public Private Partnership, 2006, S. 258; *Knauff*, NZBau 2005, 249 (254); *Koenig/Kühling*, NZBau 2003, 126 (131); *Kus*, VergabeR 2006, 851 (852); *Pols/Scherer-Leydecker*, in: BMVBS/DSGV, PPP-Handbuch, 2009, S. 259.

dem Aufbau einer Fußballarena, dem groß angelegten Stadtentwicklungsprojekt und der Einführung eines Dokumenten-Management-Systems.[779]

ii) Rangverhältnis zwischen dem Verhandlungsverfahren und dem wettbewerblichen Dialog

Noch fraglich ist zudem, welche Verfahrensart der öffentliche Träger dabei auswählen muss. Der wettbewerbliche Dialog wurde von der Richtlinie 2004/18/EG erstmals in das europäische Vergaberecht eingeführt. Nach dem Grünbuch der Kommission wurde der wettbewerbliche Dialog ausgestaltet, um „die am besten geeigneten Lösungen" für „die Vergabe besonders komplexer Aufträge und somit auf bestimmte Formen von ÖPP" zu ermitteln.[780] Demnach sieht es nämlich so aus, dass eher der wettbewerbliche Dialog auf die PPP angewandt werden muss als das Verhandlungsverfahren.[781] Nach einer Auffassung in der Literatur wird ein Umstand benannt, bei dem der wettbewerbliche Dialog ausnahmsweise herangezogen werden kann. Hiernach kann der öffentliche Auftraggeber auf den wettbewerblichen Dialog nur dann zurückgreifen, wenn die Erstellung der Leistungsbeschreibung aufgrund der besonderen Komplexität von vornherein nicht möglich ist.[782]

Es ist festzustellen, dass die Durchführung des wettbewerblichen Dialogs nicht zwingend ist, sondern eine Förderung der Alternative der Vergabeverfahren ermöglicht, damit der öffentliche Träger „besonders komplexe Aufträge" einschließlich der PPP effizienter durchführen kann.[783] Das europäische Vergaberecht bezweckt die Verwirklichung der Grundfreiheiten im Beschaffungsverfahren. Der wettbewerbliche Dialog stellt im Vergleich zum offenen oder nicht offenen Verfahren eine gemilderte Form und einen Ausnahmefall dar.

Sowohl in der VRL als auch in der VgV befindet sich keine Definition des Rangverhältnisses zwischen sonstigen Verfahren außer dem Vorrang des offenen oder nicht offenen Verfahrens. Keines von beiden Verfahren ist vorrangig,

---

779 *Burgi*, in: *Arrowsmith/Treumer*, Competitive Dialogue in EU procurement, 2012, 306 (319 f.).

780 Grünbuch, KOM (2004) 327 endg., Rn. 13.

781 *Knauff*, NZBau 2005, 249 (255); *Ziekow*, Öffentliches Wirtschaftsrecht, 2016, § 9, Rn. 38.

782 *Bultmann*, Beihilfenrecht und Vergaberecht, 2004, S. 89 f.; *Reimnitz*, Der neue Wettbewerbliche Dialog, 2009, S. 232.

783 Grünbuch, KOM (2004) 327 endg., Rn. 13. Vgl. *Hausmann/Mutschler-Siebert*, in: *Weber/Schäfer/Hausmann*, Public Private Partnership, 2006, S. 266.

sondern es stehen beide Verfahren in einem „Aliudverhältnis".[784] Also kann der öffentliche Auftraggeber des PPP-Projekts zwischen dem Verhandlungsverfahren, dem wettbewerblichen Dialog und der auf die nachfolgende Passage verwiesenen Innovationspartnerschaft ein geeignetes Verfahren freiwillig auswählen, soweit die Voraussetzungen zur Anwendung solcher Verfahren erfüllt werden.[785]

### iii) Verhandlungsverfahren ohne Teilnahmewettbewerb

In Art. 32 VRL werden die Voraussetzungen zur Anwendung des Verhandlungsverfahrens ohne vorherige Veröffentlichung vorgeschrieben. Der deutsche Gesetzgeber hat in § 119 Abs. 5 GWB das Verhandlungsverfahren mit und ohne Teilnahmewettbewerb auseinander gehalten und Voraussetzungen des letzteren Falls in § 14 Abs. 4 VgV umgesetzt. Während im Verhandlungsverfahren i. S. des Art. 29 VRL und im wettbewerblichen Dialog i. S. des Art. 30 VRL der Teilnahmewettbewerb besteht, stellt das Verhandlungsverfahren i. S. des Art. 32 VRL eine „freihändige Ausschreibung"[786] dar, bei der der öffentliche Auftraggeber ohne vorherigen Aufruf zum Wettbewerb einen Auftragnehmer auswählen kann und eine Verhandlung zwischen beiden Parteien gerade läuft.

Beim PPP-Projekt wird das Verhandlungsverfahren ohne vorherige Veröffentlichung unter außergewöhnlichen Umständen zwar erlaubt, die nach Art. 32 VRL und in § 14 Abs. 4 VgV geregelt werden, z. B. bei denen keine oder keine geeigneten Angebote im offenen oder nicht offenen Verfahren abgegeben wurden, der Teilnahmewettbewerb aus künstlerischen, technischen oder rechtlichen Gründen für das betroffene Projekt nicht tauglich ist oder äußerste Dringlichkeit besteht. Allerdings sind die Kriterien für die Anwendung dieses Verfahrens eng auszulegen, da die Beschränkung des Wettbewerbs beim PPP-Projekt im Rahmen des Vergaberechts minimiert werden muss.

### iv) Spezifik im Konzessionsmodell

Beim PPP-Konzessionsmodell werden die speziellen Vorschriften der KVR sowie der KonzVgV angewandt. Auch zum Vergabeverfahren liegt ein eigenes Gebot im Art. 30 Abs. 1 KVR vor, dass der Auftraggeber das Verfahren zur Wahl

---

784 *Pünder/Franzius*, ZfBR, 2006, 20 (24).

785 So auch bei *Burbulla*, NJOZ 2008, 211 (222); *Kus*, VergabeR 2006, 851 (853); *Müller/Veil*, VergabeR 2007, 298 (312); *Pols/Scherer-Leydecker*, in: BMVBS/DSGV, PPP-Handbuch, 2009, S. 261; *Pünder/Franzius*, ZfBR 2006, 20 (24); *Ricken*, Beurteilungsspielräume und Ermessen im Vergaberecht, 2014, S. 328 f.; *Ruthig*, NZBau 2006, 137 (139); *Schröder*, NZBau 2007, 216 (217).

786 Zum Terminologie *Noch*, Vergaberecht Kompakt, 2016, Kapitel B, Rn. 628 ff.

des Konzessionsnehmers unter Beachtung der Regelungen der KVR frei bestimmen kann.

Da im Konzessionsmodell der Konzessionär nicht nur alle Leistungen des Projekts erbringt, sondern auch sein Einkommen abhängig vom Erfolg seines Betriebs ist, handelt es sich bei der Auswahl des Konzessionärs um seine gesamte Leistungsfähigkeit. Dabei darf die Konzession nicht nur mit dem niedrigsten Preis zugeschlagen werden, denn vielmehr muss der öffentliche Träger unter Beachtung aller Aspekte der Leistungen den exakt passenden Vertragspartner unter verschiedenen Kandidaten auswählen und durch die Verhandlung bzw. den Dialog mit ihm dem Zweck des Projekts und die Vertragsbedingungen anpassen. Der europäische Richtliniengeber hat hierauf dem Auftraggeber in der Konzessionsvergabe einen Spielraum zur Wahl der Verfahrensart erteilt, damit die Vorgehensweise der Durchführung der Leistungen im Vergabeverfahren flexibel bestimmt werden kann. Im deutschen Vergaberecht wird diese Freiheit der Verfahrenswahl durch § 151 S. 3 GWB i. V. m. § 12 Abs. 1 S. 1 KonzVgV umgesetzt.

Der öffentliche Auftraggeber kann im PPP-Konzessionsmodell statt des offenen oder nicht offenen Verfahrens andere Alternativen anwenden. Allerdings gelten nicht nur primärrechtliche Grundsätze zur Verwirklichung der Grundfreiheiten auch für das Verfahren des PPP-Konzessionsmodells, sondern auch die Grundsätze der Gleichbehandlung, Nichtdiskriminierung und Transparenz nach Art. 30 Abs. 2 S. 1 i. V. m. Art. 3 KVR sind bei der Konzessionsvergabe zu beachten. Das bedeutet, dass der öffentliche Auftraggeber ebenso beim PPP-Konzessionsmodell grundsätzlich einen Teilnahmewettbewerb zu gewährleisten hat.[787]

Im konkreten Fall des Konzessionsmodells wird der Teilnahmewettbewerb durch die Bekanntmachungspflicht realisiert.[788] Außer in Ausnahmefällen gemäß Art. 31 Abs. 4 KVR[789] muss der öffentliche Auftraggeber in einer europaweiten Konzessionsbekanntmachung die Absicht seines Projekts vorher

787 Vgl. *Braun*, in: *Hettich/Soudry*, Das neue Vergaberecht, 2014, S. 182; *Tugendreich/Heller*, in: *Müller-Wrede*, GWB-Vergaberecht, 2016, § 151, Rn. 17.

788 Vgl. *Braun*, in: *Hettich/Soudry*, Das neue Vergaberecht, 2014, S. 189; *Fandrey*, in: *Kulartz/Kus/Portz/Prieß*, 2016, § 151 GWB, Rn. 3; *Stein*, in: *Pünder/Prieß*, Vergaberecht im Umbruch II, 2015, 101 (116); *Tugendreich/Heller*, in: *Müller-Wrede*, GWB-Vergaberecht, 2016, § 151, Rn. 15 ff.; *Wagner/Pfohl*, ZfBR 2014, 745 (748).

789 In diesen Konstellationen kommt ein offenes oder nicht offenes Verfahren aus künstlerischen oder technischen Gründen, wegen des ausschließlichen Rechts oder zum Schutz der Rechte des geistigen Eigentums und anderer bestimmter Rechte nicht in Betracht. Diese Voraussetzungen der Ausnahmen werden in Deutschland nach § 151 S. 2 GWB i. V. m. § 20 Abs. 1 KonzVgV umgesetzt.

veröffentlichen, damit potentielle Bieter eine Gelegenheit zur Bewertung i. S. des Art. 38 KVR[790] zum Anlauf der Verhandlung, des wettbewerblichen Dialogs oder der neuen Innovationspartnerschaft erhalten können.

### 2) Ablauf eines Verhandlungsverfahrens beim PPP-Projekt

Der konkrete Ablauf des Verhandlungsverfahrens mit Teilnahmewettbewerb wird in Art. 29 VRL und gemäß § 119 Abs. 5 GWB i. V. m. § 17 VgV geregelt. Beim PPP-Projekt ist dies auch anzuwenden. Demnach kann das Verfahren in vier Phasen eingeteilt werden.

Zuerst schreibt der öffentliche Auftraggeber nach der vorläufigen Wirtschaftlichkeitsuntersuchung[791] den Auftrag des Projekts im Amtsblatt der Europäischen Union aus. Dabei muss der öffentliche Auftraggeber nicht nur über die Vorgehensweise beim Projekt informieren, sondern auch seine Zuständigkeit und Fähigkeit zur Durchführung des Projekts aufzeigen. Weiterhin geben potenzielle Bewerber in der Angebotsphase einen Teilnahmeantrag entsprechend der Bekanntmachung ab. Unter diesen Bietern werden nur diejenigen Unternehmen nach Art. 29 Abs. 2 VRL und gemäß § 17 Abs. 4 VgV zur Einreichung des Angebots aufgefordert, die nach Maßgabe der bereitgestellten Informationen für geeignet zur Durchführung des Projekts gehalten werden. Ferner werden die „bevorzugten Bieter“[792] zur Verhandlungsphase eingeladen. Nach Art. 29 Abs. 3 UAbs. 1 VRL und gemäß § 17 Abs. 10 VgV verhandeln der öffentliche Träger und der private Partner zwecks der Verbesserung der Angebote über die Erstangebote und alle Folgeangebote. Am Ende der Verhandlung fordert der öffentliche Auftraggeber nach Art. 29 Abs. 7 VRL und gemäß § 17 Abs. 14 VgV das endgültige Angebot von den verbleibenden Bietern, das Inhalte der Verhandlung widerspiegelt, und beurteilt es anhand der Zuschlagskriterien. Schließlich wird ein Zuschlag erteilt, damit der PPP-Vertrag abgeschlossen wird, soweit es durch die abschließende Wirtschaftlichkeitsuntersuchung[793] anerkannt wird,

790 Die Auswahl des Verhandlung- oder Dialogsteilnehmers muss nach den notorischen Wertungs- bzw. Eignungskriterien ohne Diskriminierung getroffen werden. Dazu ausführlich *Pols/Scherer-Leydecker*, in: BMVBS/DSGV, PPP-Handbuch, 2009, S. 275 f.

791 Dazu Kapitel 2, II, 2.

792 Das sind Bieter mit den bestgereihten Angeboten. *Hausmann/Mutschler-Siebert*, in: *Weber/Schäfer/Hausmann*, Public Private Partnership, 2006, S. 262.

793 Dazu Kapitel 2, II, 2.

dass die Einführung der PPP zur Durchführung der Infrastrukturbeschaffung wirtschaftlicher ist als eine konventionelle Beschaffungsvariante.[794]

3) Ablauf eines wettbewerblichen Dialogs beim PPP-Projekt

Bei der Erfüllung der Voraussetzungen kann das PPP-Projekt auch durch einen wettbewerblichen Dialog vergeben werden. Diese Verfahrensart wird wie oben erwähnt in der Praxis sogar als „die am besten geeignete Lösung" für die PPP betrachtet.[795] Im konkreten PPP-Projekt verläuft der wettbewerbliche Dialog nach Art. 30 VRL und gemäß § 119 Abs. 6 GWB i. V. m. § 18 VgV. Sein Verlauf kann auch in mehrere Phasen eingeteilt werden.

In der ersten Phase muss eine Bekanntmachung nach Art. 30 Abs. 2 VRL und gemäß § 18 Abs. 1 VgV zum Aufruf des Teilnahmewettbewerbs veröffentlicht werden, in der Bedürfnisse und Anforderungen des öffentlichen Auftraggebers beschrieben werden. Nach Art. 30 Abs. 1 VRL sowie § 18 Abs. 2 S. 2 VgV kann jeder interessierte Bieter einen Teilnahmeantrag abgeben. Dialogteilnehmer werden in der nächsten Phase ausgewählt. Nach Art. 30 Abs. 1 UAbs. 3 VRL und gemäß § 18 Abs. 4 VgV können diejenigen Unternehmen am Dialog teilnehmen, die vom öffentlichen Auftraggeber infolge der Bewertung nach dem Kriterium des Preis-Leistungsverhältnisses i. S. des Art. 67 Abs. 2 VRL dazu aufgefordert werden.[796]

In der Dialogphase werden Diskussionen mit jedem ausgewählten privaten Teilnehmer über die Vorgehensweise bei der Durchführung der Leistungen im Einklang mit den Bedürfnissen des öffentlichen Auftraggebers eröffnet.[797]

---

794 Näher zum Verfahrensablauf des Verhandlungsverfahrens *Hausmann/Mutschler-Siebert*, in: *Weber/Schäfer/Hausmann*, Public Private Partnership, 2006, S. 261 ff.; *Hettich*, in: *Hettich/Soudry*, Das neue Vergaberecht, 2014, S. 29 f.; *Knauff*, in: *Müller-Wrede*, GWB-Vergaberecht, 2016, § 119, Rn. 50 ff.; *Kulartz*, in: *Kulartz/Kus/Portz/Prieß*, 2016, § 119 GWB, Rn. 26 ff.; *Pols/Scherer-Leydecker*, in: BMVBS/DSGV, PPP-Handbuch, 2009, S. 277 ff.; *Reimnitz*, Der neue Wettbewerbliche Dialog, 2008, S. 202 f. Zum Verhandlungsverfahren beim PPP-Projekt für den Bundesfernstraßenbau BMVI – Wie läuft Vergabeverfahren ab? <http://www.bmvi.de/SharedDocs/DE/Artikel/StB/oepp-wie-laeuft-vergabeverfahren-ab.html?nn=216352> (25.07.2017).

795 Dazu oben 1), 1.2).

796 Vgl. *Arrowsmith/Treumer*, in: *Arrowsmith/Treumer*, Competitive Dialogue in EU procurement, 2012, 3 (68 ff.); *Burgi*, in: *Pünder/Prieß*, Vergaberecht im Umbruch II, 2015, 57 (63 f.); *Pols/Scherer-Leydecker*, in: BMVBS/DSGV, PPP-Handbuch, 2009, S. 262.

797 Vgl. *Arrowsmith/Treumer*, in: *Arrowsmith/Treumer*, Competitive Dialogue in EU procurement, 2012, 3 (71 ff.); *Pols/Scherer-Leydecker*, in: BMVBS/DSGV, PPP-Handbuch, 2009, S. 262.

Hierbei geht es darum, wo der Unterschied zwischen dem Dialog und der oben genannten Verhandlung liegt. Obwohl es keine erheblichen Abweichungen in ihrem Set an Verhaltensweisen an sich gibt, ergeben sich Unterschiede im Rahmen des Vergabeverfahrens. Die gravierende Differenz liegt darin, dass beim wettbewerblichen Dialog überhaupt keine Angebotsabgabe vor der Bestimmung der Bedingungen durch den Dialog besteht, während die Verhandlung beim Verhandlungsverfahren die Verbesserung bzw. Revision des schon abgegebenen Angebots bezweckt[798] und die Identität des ausgeschriebenen Beschaffungsvorhabens gewahrt bleiben muss.[799] Der öffentliche Auftraggeber kann nach Art. 30 Abs. 4 VRL und gemäß § 18 Abs. 6 VgV den Dialog in einzelne Stufen unterteilen, damit die Teilnehmerzahl anhand der Zuschlagskriterien verringert werden kann. Also kann der öffentliche Träger in der Dialogphase den Umfang der potentiellen Partner auf diejenigen Unternehmen reduzieren, die bei der Durchführung des Projekts seine Bedürfnisse am besten berücksichtigen können.

Ferner können die verbleibenden privaten Teilnehmer nach Art. 30 Abs. 6 UAbs. 1 VRL und gemäß § 18 Abs. 8 VgV endgültige Angebote einreichen, nachdem der Dialog abgeschlossen ist. Schließlich sind die Angebote nach Art. 30 Abs. 7 UAbs. 1 VRL und gemäß § 18 Abs. 9 VgV anhand der schon festgelegten Zuschlagskriterien zu bewerten. Infolge des Ergebnisses wird sodann ein Teilnehmer als privater Partner ausgewählt. Der PPP-Vertrag wird nach der zusätzlichen Verhandlung zur Bestätigung anderer Bedingungen abgeschlossen.[800]

### *cc) Innovationspartnerschaft*

#### 1) Einführung der Innovationspartnerschaft

Die Europäische Union hat mit den neuen Vergaberichtlinien 2014 eine neue Verfahrensart für den öffentlichen Auftrag, die Innovationspartnerschaft, eingeführt,

798 Vgl. *Pols/Scherer-Leydecker*, in: BMVBS/DSGV, PPP-Handbuch, 2009, S. 261; *Reimnitz*, Der neue Wettbewerbliche Dialog, 2008, S. 233.

799 OLG Dresden, Beschluss vom 03.12.2003 – WVerg 15/03, BeckRS 2004, 01442. Vgl. *Uechtritz/Otting*, NVwZ 2005, 1105 (1108).

800 Ausführlich zum Ablauf des wettbewerblichen Dialogs *Hausmann/Mutschler-Siebert*, in: *Weber/Schäfer/Hausmann*, Public Private Partnership, 2006, S. 266 ff.; *Knauff*, in: *Müller-Wrede*, GWB-Vergaberecht, 2016, § 119, Rn. 65 ff.; *ders*, NZBau 2005, 249 (255); *Kulartz*, in: *Kulartz/Kus/Portz/Prieß*, 2016, § 119 GWB, Rn. 44 ff.; *Müller/Brauser-Jung*, NVwZ 2007, 884 (887 f.); *Pols/Scherer-Leydecker*, in: BMVBS/DSGV, PPP-Handbuch, 2009, S. 261 f.; *Prieß*, Handbuch des europäischen Vergaberechts, 2005, S. 202 ff.; *Reimnitz*, Der neue Wettbewerbliche Dialog, 2008, S. 107 ff.

die eine Beförderung der Innovation im Beschaffungswesen bezweckt.[801] In Art. 31 VRL sowie Art. 49 SektRL wird die Innovationspartnerschaft als eine Art des Vergabeverfahrens geregelt. Sie wird in Deutschland in § 119 Abs. 7 GWB umgesetzt und ihr Ablauf gemäß § 19 VgV sowie § 18 SektVO konkretisiert. Bei der Beschaffung eines innovativen Produkts oder einer innovativen Dienst- bzw. Bauleistung kann die Innovationspartnerschaft angewandt werden. Der Begriff „Innovation" ist nach Art. 2 Nr. 22 VRL eine „Realisierung von neuen oder deutlich verbesserten Waren, Dienstleistungen oder Verfahren, einschließlich — aber nicht beschränkt auf — Produktions-, Bau- oder Konstruktionsverfahren, eine neue Vermarktungsmethode oder ein neues Organisationsverfahren in Bezug auf Geschäftspraxis, Abläufe am Arbeitsplatz oder externe Beziehungen, u. a. mit dem Ziel, zur Bewältigung gesellschaftlicher Herausforderungen beizutragen oder die Strategie Europa 2020 für intelligentes, nachhaltiges und integratives Wachstum zu unterstützen."

Der öffentliche Auftraggeber kann beim öffentlichen Auftrag nach Art. 31 Abs. 1 UAbs. 2 VRL und gemäß § 19 Abs. 1 S. 2 und 3 VgV nur dann die Innovationspartnerschaft heranziehen, soweit eine Nachfrage nach der innovativen Liefer- oder Dienstleistung besteht, die nicht durch den Erwerb von bereits auf dem Markt verfügbaren Produkten, Dienstleistungen oder Bauleistungen befriedigt werden kann.[802] Da dieses Kriterium weder in der VRL noch in der VgV konkretisiert wird, hat der öffentliche Träger hinsichtlich dessen Ermessensspielraum, ob es einer Innovation zur Erreichung des Beschaffungszwecks bedarf und eine solche Methode im vorhandenen Markt nicht besteht.[803] Aber das Kriterium für die Innovationspartnerschaft ist unter Berücksichtigung des Vorrangs des offenen- oder nichtoffenen Verfahrens eng auszulegen. Natürlich ist es erforderlich, mit einer „branchenspezifischen Fachkenntnis" und einem „umfassenden Marktüberblick" die Anwendungsmöglichkeiten zu betrachten.[804]

---

801 Vgl. *Badenhausen-Fähnle*, VergabeR 2015, 743 (744); *Neun*, in: *Pünder/Prieß*, Vergaberecht im Umbruch II, 2015, 41 (54); *Neun/Otting*, EuZW 2014, 446 (449); *Püstow/Meiners*, NZBau 2016, 406 (411); *Rosenkötter*, VergabeR 2016, 196 (196).

802 Da eine Einbeziehung innovativer Lösungen nach Art. 26 Abs. 4 lit. a) ii) auch ein Kriterium des Verhandlungsverfahrens und des wettbewerblichen Dialogs darstellt, ist die Nichtverfügbarkeit im vorhandenen Markt ein erheblicher Maßstab zur Abgrenzung der Innovationspartnerschaft zu den beiden Verfahren. Vgl. *Badenhausen-Fähnle*, VergabeR 2015, 743 (745).

803 Vgl. *Badenhausen-Fähnle*, VergabeR 2015, 743 (745); *Hettich*, in: *Hettich/Soudry*, Das neue Vergaberecht, 2014, S. 34; *Knauff*, in: *Müller-Wrede*, GWB-Vergaberecht, 2016, § 119, Rn. 76; *Rosenkötter*, VergabeR 2016, 196 (198).

804 *Rosenkötter*, VergabeR 2016, 196 (198).

Dabei ist es auch problematisch, ob bei der Erfüllung einer solchen Voraussetzung der öffentliche Auftraggeber unbedingt die Innovationspartnerschaft anwenden muss. Denn es ist bei derselben Konstellation auch möglich, das Verhandlungsverfahren oder den wettbewerblichen Dialog heranzuziehen. In der Regel betrifft die vergaberechtliche Pflicht eine Gewährung des freien Wettbewerbs durch das Gleichbehandlungs- und Transparenzgebot. Mit der Einführung der Innovationspartnerschaft kommt dem öffentlichen Träger ein erweiterter Spielraum zur Beschaffung der innovativen Leistungen zu, damit seine Effizienz verbessert werden kann. Daher stellt eine Entscheidung zur Anwendung der Innovationspartnerschaft keine Pflicht im Rahmen des Vergaberechts dar. Es besteht nämlich keine Abstufung zwischen dem Verhandlungsverfahren, dem wettbewerblichen Dialog und der Innovationspartnerschaft, vielmehr ist sie eine mögliche Verfahrensart, die der öffentliche Träger zur effizienten Beschaffung freiwillig auswählen kann, sofern die Voraussetzung i. S. des Art. 31 Abs. 1 UAbs. 2 VRL erfüllt wird.[805]

### 2) Anwendung auf die PPP

Zurzeit findet sich noch kein Beispiel, bei dem das PPP-Projekt durch diese neue Verfahrensart durchgeführt wird. Trotzdem ist es sinnvoll zu überprüfen, ob beim PPP-Projekt die Innovationspartnerschaft herangezogen werden kann, da die Idee der PPP dem Begriff der Innovation i. S. des Art. 2 Nr. 22 VRL gut entspricht. Die PPP ist eine Bemühung zur Maximierung der Effizienz durch private Finanzierung und Organisation bei der Durchführung der öffentlichen Aufgaben.[806] Die Innovation bezweckt im Zusammenhang mit der öffentlichen Beschaffung auch die Verbesserung der Leistungen durch neue Methoden.

Darum kann die Innovationspartnerschaft in demjenigen PPP-Projekt eingeführt werden, bei dem es sich um innovative Lösungen im technischen Zusammenhang handelt, z. B. bei der Anwendung einer neuen Technik auf den Infrastrukturbau. Bei einem solchen Projekt kann der öffentliche Auftraggeber zwar bislang das Verhandlungsverfahren oder den wettbewerblichen Dialog heranziehen. Aber er hat in Aussicht, dass sich diese neue Verfahrensart künftig für eine Beschleunigung des PPP-Projekts zur Durchführung der innovativen Leistungen nutzen lässt, soweit die Voraussetzungen zur Einführung der Innovationspartnerschaft erfüllt werden.

---

805 Vgl. *Badenhausen-Fähnle*, VergabeR 2015, 743 (747); *Knauff*, in: *Müller-Wrede*, GWB-Vergaberecht, 2016, § 119, Rn. 74, 78; *Püstow/Meiners*, NZBau 2016, 406 (412); *Rosenkötter*, VergabeR 2016, 196 (198).

806 Dazu Kapitel 1, II, 6.

Die Innovationspartnerschaft zur Durchführung des PPP-Projekts läuft wie auch beim konventionellen Auftrag nach dem in Art. 31 VRL und § 19 VgV vorgeschriebenen Verfahren[807] ab. Das Verfahren der Innovationspartnerschaft geht zunächst von einer Bekanntmachung aus, die nach Art. 31 Abs. 1 UAbs. 2 VRL und gemäß § 19 Abs. 1 S. 3 VgV die Informationen über sowohl die allgemeine Projektbeschreibung als auch die Nachfrage der Innovation enthalten muss. Dabei ist der Teilnahmewettbewerb grundsätzlich zu gewährleisten. Weiterhin muss der öffentliche Auftraggeber anhand der Kriterien von Art. 31 Abs. 6 VRL und § 19 Abs. 1 S. 5 VgV die geeigneten Bewerber benennen, die die Fähigkeiten des Bewerbers auf dem Gebiet der Forschung und Entwicklung sowie die Ausarbeitung und Umsetzung innovativer Lösungen darstellen. Die ausgewählten Bewerber können am weiteren Verfahren teilnehmen und Erstangebote einreichen. Ferner erfolgt die Verhandlung über alle Vertragsbedingungen, die im Erstangebot vorgebracht werden. Die Grundstruktur der sog. „Innovationsverhandlung“[808] kommt einer des Verhandlungsverfahrens i. S. des Art. 29 VRL grundsätzlich gleich. Dabei kann der öffentliche Auftraggeber die Zahl der Angebote verringern und einen oder mehrere passende private Partner auswählen. Die Besonderheiten der Innovationspartnerschaft liegen in der nächsten Phase, d. h. dem Forschungs- und Innovationsprozess (bzw. der „Innovationspartnerschaft im engeren Sinne“)[809] mit dem privaten Partner, der nach Art. 31 Abs. 2 UAbs. 2 VRL und gemäß § 19 Abs. 8 VgV zum einen in eine Forschungsphase zur Herstellung von Prototypen oder Entwicklung der Dienstleistung, zum anderen in eine Leistungsphase zur Erbringung der aus der Partnerschaft hervorgegangenen Leistung strukturiert werden kann. Dabei funktioniert diese Partnerschaft als PPP-Vertrag.[810]

807 Eingehend zum Ablauf der Innovationspartnerschaft *Badenhausen-Fähnle*, VergabeR 2015, 743 (747 ff.); *Hettich*, in: *Hettich/ Soudry*, Das neue Vergaberecht, 2014, S. 35 ff.; *Knauff*, in: *Müller-Wrede*, GWB Vergaberecht, 2016, § 119, Rn. 80 ff.; *Kulartz*, in: *Kulartz/Kus/Portz/Prieß*, 2016, § 119 GWB, Rn. 59 ff.; *Rosenkötter*, VergabeR 2016, 196 (198 ff.).

808 *Badenhausen-Fähnle*, VergabeR 2015, 743 (751).

809 *Badenhausen-Fähnle*, VergabeR 2015, 743 (753); *Kulartz*, in: *Kulartz/Kus/Portz/Prieß*, 2016, § 119 GWB, Rn. 59.

810 Zur Gestaltung des Vertrags bei der Innovationspartnerschaft *Püstow/Meiners*, NZBau 2016, 406 (407).

### c) *Zwischenergebnis*

Beim PPP-Projekt müssen die Verfahren der Art. 26 ff. VRL grundsätzlich angewandt werden, soweit die Beschaffung durch die PPP dem europäischen Vergaberecht unterfällt. Bislang ist das Vergabeverfahren beim PPP-Projekt in den meisten Fällen durch das Verhandlungsverfahren oder den wettbewerblichen Dialog durchgeführt worden. Darüber hinaus wird die Anwendung der neuen Verfahrensart, der Innovationspartnerschaft bei der PPP vorgesehen, falls die Leistung des PPP-Projekts einer Innovation entspricht.

Also kann der öffentliche Auftraggeber bei der PPP einen weiteren Spielraum zur effizienten Erfüllung des Projekts haben als bei der konventionellen Beschaffung, in der vor allem das offene oder nichtoffene Verfahren herangezogen wird. Allerdings sind primärrechtliche Prinzipien und sekundärrechtliche Vorgaben in jedem Fall zu beachten. Darum ist es beim PPP-Projekt von Bedeutung, zwischen der Verbesserung der Effizienz und der Einhaltung der vergaberechtlichen Grundsätze eine angemessene Balance zu finden. Dafür kommt es darauf an, wie und inwieweit ein vergaberechtswidriger Vertrag beim PPP-Projekt gerichtlich oder durch die Verwaltung selbst kontrolliert wird.

Wie im dritten Kapitel schon erwähnt, muss der PPP-Vertrag einer öffentlich-rechtlichen Kontrolle untergezogen werden. Im Weiteren stellt sich die Frage, wie die europäischen Vergabevorgaben beim PPP-Vertrag unter der Kontrolle des deutschen Verwaltungsrechts durchgesetzt werden können.

## IV. Wirkung der vergaberechtswidrigen PPP-Verträge

### 1. Fälle der rechtswidrigen PPP-Verträge im Rahmen des Vergaberechts

Der PPP-Vertrag muss unter Beachtung der verschiedenen Vorgaben des europäischen und deutschen Vergaberechts geschlossen werden. Anderenfalls muss der Vertrag für vergaberechtswidrig gehalten und revidiert oder ggf. aufgehoben werden. Denkbar sind folgende Fälle der vergaberechtswidrigen PPP-Verträge:

Zunächst ist der ohne Ausschreibung (sog. „de-facto-Vergabe“[811]) oder nur mit fehlerhafter Ausschreibung geschlossene PPP-Vertrag im Rahmen des Vergaberechts rechtswidrig. Bei Durchführung des PPP-Projekts oberhalb der

811 Dazu *Gnittke/Hattig*, in: *Müller-Wrede*, GWB-Vergaberecht, 2016, § 135, Rn. 41 ff.; *Prieß/Niestedt*, Rechtsschutz im Vergaberecht – Praxishandbuch für den Rechtsschutz bei der Vergabe öffentlicher Aufträge oberhalb und unterhalb der EG-Schwellenwerte, 2006, S. 26 ff.; *Wagner/Steinkemper*, BB 2004, 1577 (1581).

Schwellenwerte hat der öffentliche Träger eine vergaberechtliche Pflicht, die zur Teilnahme der potentiellen privaten Partner am Projekt notwendigen Informationen europaweit bekanntzumachen und das Ergebnis des Zuschlags zu veröffentlichen. Nach § 135 Abs. 1 GWB ist der ohne Auftrags- und Vergabebekanntmachung vergebene Auftrag von Anfang an unwirksam.

Ferner ist das auch der Fall, wenn ein nicht geeignetes Vergabeverfahren auf das PPP-Projekt angewandt wird.[812] Zwar werden das Verhandlungsverfahren und der wettbewerbliche Dialog aufgrund der besonderen Komplexität der Leistungen beim PPP-Projekt bislang für geeignet gehalten, aber es bedarf dafür einer Überprüfung ihrer Kriterien. Wenn die Voraussetzungen zur Anwendung der anderen Verfahrensarten neben dem offenen oder nicht offenen Verfahren, etwa die Komplexität der Leistungen, technische Spezifikationen und ein Bedarf nach Innovation, nicht erfüllt werden, bleibt es beim Vorrang des offenen oder nicht offenen Verfahrens auch beim PPP-Projekt. Dabei wird es als vergaberechtswidrig angesehen, dass das offene oder nicht offene Verfahren nicht herangezogen wird. Zwischen dem Verhandlungsverfahren, dem wettbewerblichen Dialog und der Innovationspartnerschaft gibt es freilich kein Rangverhältnis.[813]

Weiterhin ist der PPP-Vertrag mit demjenigen privaten Partner auch vergaberechtswidrig, der im Widerspruch zu den Eignungs- sowie Zuschlagskriterien ausgewählt würde. Bei der Beurteilung der Leistungsfähigkeit zur Auswahl des Auftragnehmers steht dem öffentlichen Auftraggeber zwar ein Spielraum zu.[814] Jedoch erweist es sich als rechtswidrig, wenn der private Partner unter Abweichung von den vorher veröffentlichten Kriterien den Zuschlag erhält. Dieses Problem ist nicht zuletzt mit Bezug auf den Rechtsschutz für die unterlegenen Bewerber von Bedeutung.

Darüber hinaus ist eine spezifische Konstellation des Konzessionsmodells zu betrachten. Beim Konzessionsmodell ist die Laufzeit der Konzession mit der Höhe des Ausgleichs unmittelbar verbunden.[815] Daher hat der europäische Richtliniengeber nach Art. 18 KVR die Konzessionsfrist beschränkt. Der unter

---

812 Vgl. *Ricken*, Beurteilungsspielräume und Ermessen im Vergaberecht, 2014, S. 325 ff.

813 Vgl. *Badenhausen-Fähnle*, VergabeR 2015, 743 (747); *Hakk/Koch/Sang*, in: *Willenbruch/Wieddekind*, Vergaberecht, 2017, § 119 GWB, Rn. 29; *Noch*, Vergaberecht kompakt, 2016, S. 616.

814 Vgl. *Ricken*, Beurteilungsspielräume und Ermessen im Vergaberecht, 2014, S. 308 ff.; *Willenbruch*, in: *Prieß/Lau/Kratzenberg*, Festschrift für Marx, 2013, 841 (848).

815 Siehe dazu oben II, 2, a), cc), 2).

Verstoß gegen diese Begrenzung abgeschlossene PPP-Vertrag im Konzessionsmodell ist als vergaberechtswidrig anzusehen.[816]

Schließlich sind PPP-Verträge zwar theoretisch vorstellbar, bei denen rechtswidrige Leistungen bezweckt werden oder bei deren Durchführung Grundrechte der Betroffenen verletzt werden. Das ist der Fall, wenn durch das vergaberechtswidrige Vergabeverfahren in die Berufsfreiheit der übergangenen Bieter eingegriffen wird[817] oder wenn die Eigentumsfreiheit durch die Vernichtung des Unternehmens aufgrund des Durchfalls bei der rechtswidrigen Vergabe beeinträchtigt wird.[818] In der Praxis geht es beim Grundrechte verletzenden PPP-Vertrag jedoch um den Anspruch auf die Gleichbehandlung.[819] Allerdings werden diese Arten der Rechtswidrigkeit im Rahmen des Vergaberechts nicht explizit geregelt.

## 2. Kontrollmittel des vergaberechtswidrigen Verfahrens und Kritik am vorhandenen vergaberechtlichen Kontrollregime

### a) *Pflicht der Mitgliedstaaten zur Kontrolle der vergaberechtswidrigen Verfahren*

Ein Verstoß gegen vergaberechtliche Vorgaben bei der Infrastrukturbeschaffung bedingt einerseits die Verletzung des subjektiv-öffentlichen Rechts der anderen Bewerber. Andererseits können die Interessen der Bürger, d. h. der Benutzer der Einrichtung sowie Steuerzahler, beeinträchtigt werden, da aufgrund der unterbliebenen oder fehlerhaften Ausschreibung eine Gelegenheit zu einer wirtschaftlicheren Beschaffung ausgelassen werden sein könnte. So ist es erforderlich, einen rechtswidrigen Zustand bei unter Verstoß gegen vergaberechtliche Vorgaben abgelaufenen Verfahren oder abgeschlossenen PPP-Verträge zu berichtigen.

Daher haben die Mitgliedstaaten gemäß der Rechtsmittelrichtlinie 2007/66/EG Rechtsmittel für die Kontrolle der vergaberechtswidrigen Vergabe bereitzustellen.[820] Der EuGH hat auch geurteilt, dass der Rechtsgrundsatz „pacta sunt servanda" auf die unter Verstoß gegen die europäischen Vergaberichtlinien geschlossenen Verträge nicht anwendbar ist und Mitgliedstaaten vielmehr die Maßnahmen, etwa die Kündigung des Vertrags, ergreifen müssen, mit denen die

816 Vgl. *Wieddekind*, in: *Willenbruch/Wieddekind*, Vergaberecht, 2017, § 3 KonzVgV, Rn. 3.

817 *Frenz*, EuZW 2006, 748 (750 f.); *Pietzcker*, NZBau 2003, 242 (243 f.).

818 *Frenz*, EuZW 2006, 748 (751).

819 Vgl. *Frenz*, EuZW 2006, 748 (752).

820 Vgl. *Oppermann/Classen/Nettesheim*, Europarecht, 2016, § 21, Rn. 71; *Püstow/Meiners*, EuZW 2016, 325 (327).

Vergaberechtswidrigkeit beseitigt werden kann.[821] In Deutschland finden sich solche Kontrollmittel in zwei Aspekten. Einerseits ist eine Möglichkeit zu sehen, dass die Verwaltung einen solchen PPP-Vertrag kündigt und damit die Vergaberechtswidrigkeit selbst beseitigt. Andererseits verpflichten sich die Mitgliedstaaten dazu, das effektive gerichtliche Rechtschutzverfahren zu gewährleisten. Dafür sind ein subjektiv-öffentlicher Rechtsschutz für die übergangenen Bewerber und ein objektiver Rechtsschutz für Dritte zu berücksichtigen.

Im Weiteren werden Möglichkeiten zur Berichtigung des bestehenden vergaberechtswidrigen PPP-Vertrags nach beiden Seiten betrachtet. Ferner wird die Problematik ihrer Anwendung in Deutschland vom öffentlich-rechtlichen Blickpunkt aus überprüft.

### b) *Nichtigkeit des unter Verstoß gegen das Vergaberecht geschlossenen PPP-Vertrags*

Allerdings sind die Probleme trotz der haushalts- und wettbewerbsrechtlichen Reform des deutschen Vergaberechts nicht vollständig verschwunden. Nicht zuletzt im Hinblick auf die öffentlich-rechtliche Kontrolle ist das deutsche Vergaberecht noch unvollständig.

So werden schon bestehende vergaberechtswidrige PPP-Verträge im Gegensatz zum Beihilfenrecht[822] zurzeit im deutschen Recht nicht per se als unwirksam angesehen,[823] da die Rechtssicherheit durch den Vertrauensschutz „grundsätzlich

---

821 EuGH, Rs. C-503/04, Slg. 2007, I-6153, Rn. 31 ff. – Kommission/Deutschland. Vgl. *Portz*, KommJur 2007, 335 (336, 339).

822 Nach § 59 Abs. 1 VwVfG i. V. m. § 134 BGB sind beihilfenrechtswidrige PPP-Verträge nichtig. Dazu Kapitel 4, IV, 2, a).

823 Nach der Rechtsprechung stellen vergaberechtliche Vorschriften keine Verbotsgesetze i. S. des § 134 BGB dar, weil sie nur für den öffentlichen Sektor verbindlich seien. Dazu OLG Karlsruhe, Beschluss v. 6.2.2007 – 17 Verg 7/06, BeckRS 2007, 02710; KG, Beschluss v. 19.4.2012 – Verg 7/11, BeckRS 2012, 19210; OLG Schleswig, Beschluss v. 4.11.2014 – 1 Verg 1/14, BeckRS 2014, 21771. Vgl. *Bauer*, Vergaberechtswidrige Verträge aus zivilrechtlicher Sicht, 2013, S. 80; *Knöbl*, Rechtsschutz bei der Vergabe von Aufträgen unterhalb der Schwellenwerte, 2009, S. 67 ff.; *Püstow/Meiners*, EuZW 2016, 325 (328). Kritisch *Kaiser*, NZBau 2005, 311 (313 f.); *Wagner*, in: *Manssen/Himmelreich/Gricenko*, Public-private-Partnership im kommunalen Bereich, 2015, 349 (354). Allerdings vertritt der EuGH eine strengere Auffassung zu Verstößen gegen das Sekundärvergaberecht. Der EuGH entschied, dass im Falle vergaberechtswidriger Verträge während der gesamten Vertragslaufzeit der Verstoß gegen das Unionsrecht fortdauert, vgl. EuGH, Rs. C-20/01 und

höher“ bewertet wird als die Beachtung vergaberechtlicher Vorgaben.[824] Sofern unterlegene Bieter vor dem Abschluss des PPP-Vertrags gegen die vergaberechtswidrige Entscheidung der Vergabestelle keinen Einspruch erheben, kann der schon bestehende PPP-Vertrag, obwohl der rechtswidrige Zustand fortbesteht, nicht mehr kontrolliert werden.

Zweifelhaft ist, dass unter Verstoß gegen das Vergaberecht geschlossene PPP-Verträge durch die gerichtliche Kontrolle oder von dem öffentlichen Auftraggeber selbst weder aufgehoben noch revidiert werden können. Denn im öffentlich-rechtlichen Zusammenhang sollte das Prinzip der Gesetzmäßigkeit der Vertragsfreiheit aus dem Grundsatz der Privatautonomie übergeordnet werden. Wie im dritten Kapitel erwähnt ist die Beschaffung der Infrastruktur durch die PPP der öffentlich-rechtlichen Kontrolle unterzogen.[825] Außerdem gilt es zu beachten, dass die vergaberechtlichen Regelungen auf den Grundfreiheiten des Binnenmarkts aufgebaut werden. Darum bedeutet ein Verstoß gegen vergaberechtliche Vorgaben die Verletzung der gemeinsamen Interessen im Binnenmarkt.

Abschließend ist der PPP-Vertrag als öffentlich-rechtlicher Vertrag i. S. des § 54 VwVfG anzusehen, bei dem die Gesetzmäßigkeit vorrangig zu beachten ist. Die vergaberechtlichen Regelungen richten sich auf das gemeinsame Interesse, folglich können sie als Verbotsgesetz eingeordnet werden – ebenso wie beihilfenrechtliche Vorschriften.[826] Insoweit muss der durch das vergaberechtswidrige Verfahren abgeschlossene PPP-Vertrag nach § 59 Abs. 1 VwVfG i. V. m. § 134 BGB nichtig sein.[827]

### *c) Das Kündigungsrecht des öffentlichen Auftraggebers*

#### *aa) Kündigungsrecht i. S. des § 133 Abs. 1 GWB*

Nach § 133 Abs. 1 GWB wird in Umsetzung von Art. 73 VRL (auch von Art. 44 KVR und Art. 90 SekRL) eine Möglichkeit eröffnet, dass der öffentliche Auftraggeber die betreffenden Verträge selbst beenden kann. Das Kündigungsrecht umfasst drei Varianten. Hierunter betrifft das Kriterium nach § 133 Abs. 1 Nr. 3

C-28/01, Slg. 2003, I-3609, Rn. 36 – Kommission/Deutschland; Rs. C-503/04, Slg. 2007, I-6153, Rn. 33 ff. – Kommission/Deutschland.

824 *Knöbl*, Rechtsschutz bei der Vergabe von Aufträgen unterhalb der Schwellenwerte, 2009, S. 70; *Lindenthal*, VergabeR 2003, 630 (631).

825 Dazu Kapitel 3, II, 2.

826 Vgl. Kapitel 4, IV, 2, a), bb).

827 So auch bei *Kaiser*, NZBau 2005, 311 (314); *Wagner*, in: *Manssen/Himmelreich/Gricenko*, Public-private-Partnership im kommunalen Bereich, 2015, 349 (354).

GWB den unter Verstoß gegen vergaberechtliche Vorgaben geschlossenen PPP-Vertrag. Dieses außerordentliche Kündigungsrecht des Auftraggebers setzt eine „schwere Verletzung“ der Verpflichtungen aus dem AEUV und den Vergaberichtlinien voraus, die der EuGH im Vertragsverletzungsverfahren i. S. des Art. 258 AEUV festgestellt hat.

Es ist aber dennoch nicht festzustellen, dass dieses Kündigungsrecht ein adäquates Mittel darstellt, mit dem der öffentliche Auftraggeber die Rechtswidrigkeit beim Vergabeverfahren selbst beendet.[828] Denn die Ausübung des Kündigungsrechts ist in der Tat abhängig von der Beurteilung der Kommission und des EuGH. Nach einer Statistik hat der EuGH 2014 im Vertragsverletzungsverfahren i. S. des Art. 258 AEUV nur 35 Fälle für rechtswidrig erklärt. Davon wurden drei Klagen gegen Deutschland erhoben.[829] So ergibt sich diese Konstellation (vor allem in Deutschland) sehr selten, bei der der öffentliche Auftraggeber den Vertrag kündigen kann.

Letztlich stellt diese Kündigungsmöglichkeit kein sinnvolles Mittel zur „Selbstkorrektur“[830] dar. Vielmehr kann gesagt werden, dass die Ausübung dieses Kündigungsrechts nur eine Rechtsfolge des Vertragsverletzungsverfahrens i. S. des Art. 258 AEUV ist.

#### *bb) Vertragliches Kündigungsrecht*

Darüber hinaus kann eine Möglichkeit der individuell vereinbarten Kündigungsgründe zwar aufgeworfen werden,[831] z. B. wird nach § 18 des Mustervertrags von Partnerschaften in Deutschland das Kündigungsrecht der beiden Parteien vorbehalten.[832] Dieser vertragliche Vorbehalt aber stellt keine Möglichkeit zur Kontrolle der Einhaltung von vergaberechtlichen Pflichten dar, sondern eine Vorbereitung auf eine Verletzung der vertraglichen Verpflichtungen.

---

828 Vgl. *Eschenbruch*, in: *Kulartz/Kus/Portz/Prieß*, GWB-Vergaberecht, 2016, § 133 GWB, Rn. 17; *Fülling*, in: *Müller-Wrede*, GWB-Vergaberecht, 2016, § 133, Rn. 32; *Püstow/Meiners*, EuZW 2016, 325 (329).

829 Zu den Zahlen Europäischen Kommission, Kontrolle der Anwendung des EU-Rechts: Jahresbericht 2014, v. 9.7.2015, COM(2015) 329 endg., S. 16.

830 *Prieß/Niestedt*, Rechtsschutz im Vergaberecht, 2006, S. 25.

831 Vgl. *Müller-Mitschke*, Konfliktfeld De-facto-Vergabe, 2012, S. 150.

832 Partnerschaften Deutschland, ÖPP-Mustervertrag für ein Inhabermodell im Hochbau, 2014, S. 60 ff.

### d) *Möglichkeit des gerichtlichen Rechtsschutzes*

#### aa) *Rechtsschutz für übergangene Bieter*

##### 1) Überblick

Bei der gerichtlichen Kontrolle im Rahmen des Vergaberechts geht es darum, wie das Recht der Bewerber bei einem Verstoß gegen vergaberechtliche Vorgaben geschützt werden kann. Diese Frage gilt auch beim Verfahren zur Durchführung des PPP-Projekts. Der Rechtsschutz für die Bieter besteht einerseits aus dem sog. „Primärrechtsschutz" zur Anordnung der Korrektur oder der Aufhebung des rechtswidrigen Verfahrens und andererseits aus dem sog. „Sekundärrechtsschutz" zur Erlangung von Schadensersatz für die unterlegenen Bieter.[833]

##### 2) Primärrechtsschutz

Das Nachprüfungsverfahren zum Primärrechtsschutz gegen das vergaberechtswidrige Vergabeverfahren läuft nach § 160 GWB in Deutschland nicht vor dem Verwaltungsgericht, sondern vor der Vergabekammer ab.[834] Soweit Rügefristen gemäß § 160 Abs. 3 GWB nicht abgelaufen sind, können die Bewerber durch das Nachprüfungsverfahren vor der Vergabekammer (§§ 160 ff. GWB) und mit der sofortigen Beschwerde vor dem Vergabesenat beim Oberlandesgericht (§§ 171 ff. GWB)[835] die Verletzung ihres subjektiven Rechts durch Nichtbeachtung der Vergaberegelungen geltend machen.

Nach § 168 Abs. 1 GWB kann die Vergabekammer die Verletzung des Antragstellers feststellen und zur Beseitigung der Rechtsverletzung und Verhinderung der Schädigung geeignete Maßnahmen einschließlich der Aufhebung der Ausschreibung bestimmen. Von § 168 Abs. 1 GWB wird zwar die Aufhebung der Ausschreibung nicht ausdrücklich geregelt. Aus Gegenschluss aus § 168 Abs. 2 GWB ist jedoch festzustellen, dass die Vergabekammer vor der Festlegung der Erteilung des Zuschlags das Vergabeverfahren aufheben darf. Allerdings kann eine Aufhebung der Ausschreibung als Ultima Ratio wegen schwerwiegender Fehler angeordnet werden. Nach der Rechtsprechung ist das der Fall, wenn der

---

833 Vgl. *Diemon-Wies*, in: *Müller-Wrede*, GWB Vergaberecht, 2016, § 155, Rn. 13 f.; *Knöbl*, Rechtsschutz bei der Vergabe von Aufträgen unterhalb der Schwellenwerte, 2009, S. 175 ff.; *Kus*, in: *Kulartz/Kus/Portz/Prieß*, GWB-Vergaberecht, 2016, § 155 GWB, Rn. 23.

834 Eingehend zum Nachprüfungsverfahren vor der Vergabekammer *Shirvani*, Optimierung des Rechtsschutzes im Vergaberecht, 2016, S. 121 ff.

835 Eingehend zum Beschwerdeverfahren vor dem Vergabesenat *Shirvani*, Optimierung des Rechtsschutzes im Vergaberecht, 2016, S. 277 ff.

vergaberechtswidrige Zustand durch andere korrigierende Maßnahmen nicht beseitigt werden kann.[836]

Wenn die Entscheidung der Vergabekammer nicht zugunsten des Antragstellers ausfällt, kann er beim Oberlandesgericht eine sofortige Beschwerde erheben. Ist die Beschwerde zulässig, bildet das Oberlandesgericht gemäß § 171 Abs. 3 S. 2 GWB einen Vergabesenat. Nach § 178 S. 2 GWB kann der Vergabesenat durch die Beschwerdeentscheidung entweder Maßnahmen selbst anordnen oder die Vergabekammer dazu verpflichten, unter Berücksichtigung der Rechtsauffassung des Vergabesenats über die Sache erneut zu entscheiden.

### 3) Sekundärrechtsschutz

Die Bewerber können nach § 181 S. 1 GWB den Auftraggeber darauf in Anspruch nehmen, den aufgrund des Verstoßes gegen vergaberechtliche Vorschriften herbeigeführten Schaden zu ersetzen. Der Teilnehmer am Vergabeverfahren zum PPP-Projekt kann den Schadenersatz verlangen, soweit folgende Voraussetzungen erfüllt werden:

Zuerst muss ein Verstoß des Auftraggebers oder seiner Erfüllungsgehilfen gegen bieterschützende Vorschriften bestehen. Unter den vergaberechtlichen Regelungen fallen diejenigen Vorschriften nicht darunter, die „dem Gebot der Fairness, der Transparenz und der Gleichbehandlung“ nicht dienen, sondern nur „haushaltsrechtlichen, ordnungsrechtlichen oder gesamtwirtschaftspolitischen Charakter“ haben.[837] Z. B. bei den Vorgaben zur Energieeffizienz[838] und dem Gebot der Fachlosbildung[839] findet sich kein bieterschützender Zweck.

Weiterhin ist dasjenige Unternehmen anspruchsberechtigt, das ohne den gerügten Verstoß bei der Wertung eine echte Chance auf den Zuschlag erhalten könnte. Die echte Chance steht nicht im Zusammenhang mit der „formellen

---

836 OLG Rostock, Beschluss v. 6.3.2009 – 17 Verg 1/09, BeckRS 2009, 08166; OLG Schleswig, Beschluss v. 15.4.2011 – 1 Verg 10/10, BeckRS 2011, 11797; VK Arnsberg, Beschluss v. 6.2.2013 – VK 21/12, BeckRS 2013, 46910. Vgl. *Kadenbach*, in: *Müller-Wrede*, GWB-Vergaberecht, 2016, § 168, Rn. 23; *Thiele*, in: *Kulartz/Kus/Portz/Prieß*, GWB-Vergaberecht, 2016, § 168 GWB, Rn. 11.

837 OLG Koblenz, Urteil v. 15.1.2007 – 12 U 1016/05, BeckRS 2008, 08802. Vgl. *Gnittke/Hattig*, in: *Müller-Wrede*, GWB-Vergaberecht, 2016, § 181, Rn. 25; *Verfürth*, in: *Kulartz/Kus/Portz/Prieß*, GWB-Vergaberecht, 2016, § 181 GWB, Rn. 9.

838 VK Rheinland-Pfalz, Beschluss v. 13.11.2015 – VK 1-16/15, IBRRS 2016, 2383.

839 VK Bund, Beschluss v. 17.8.2015 – VK 2-35/15, VPRRS 2015, 0301; VK Sachsen, Beschluss v. 26.7.2016 – 1/SVK/014-16, IBRRS 2016, 2203.

Chancengleichheit."[840] Vielmehr ist ihre Bedeutung nach der Rechtsprechung unter Berücksichtigung des der Vergabestelle zukommenden Wertungsspielraums zu ermitteln.[841] Also liegt eine echte Chance vor, soweit sich eine Möglichkeit des Zuschlags nach den „für die Auftragserteilung vorgesehenen Wertungskriterien und deren Gewichtung"[842] bietet.

Schließlich muss auch in Rechnung gestellt werden, dass ein Schaden aufgrund des Verlusts der echten Chance entstanden ist. Der Schaden entspricht nach § 181 S. 1 GWB lediglich den Kosten der Vorbereitung des Angebots oder der Teilnahme an einem Vergabeverfahren. Mithin kommt weder der potentielle Gewinn in Betracht, den der privaten Partner beim fehlerfreien Verfahren erhalten könnte noch der Aufwand für die Vorbereitung der Durchführung des Projekts.[843] Wenn das Angebot des Anspruchstellers „zwingend von der Wertung der Angebote auszuschließen war", ist auch kein Schadenersatz zu fordern.[844]

Nach § 181 S. 2 GWB ist dieser Anspruch unabhängig von zivilrechtlichen Ansprüchen, etwa der culpa in contrahendo i. S. der §§ 280 Abs. 1, 241 Abs. 2, 311 Abs. 2 BGB, der deliktischen Haftung i. S. des § 823 BGB sowie wegen sittenwidriger vorsätzlicher Schädigung i. S. des § 826 BGB, und kartellrechtlichen Ansprüchen, etwa wegen Missbrauchs der überlegenen Marktmacht i. S. der §§ 33 Abs. 2, 20 GWB sowie unlauterer geschäftlicher Handlungen i. S. des § 9 UWG.[845]

---

840 *Gnittke/Hattig*, in: *Müller-Wrede*, GWB Vergaberecht, 2016, § 181, Rn. 43.

841 BGH, Urteil v. 27.11.2007 – X ZR 18/07, BeckRS 2008, 01230, Rn. 26 ff.; KG, Urteil v. 14.8.2003 – 27 U 264/02, BeckRS 9998, 26366. Vgl. *Gnittke/Hattig*, in: *Müller-Wrede*, GWB-Vergaberecht, 2016, § 181, Rn. 44; *Ricken*, Beurteilungsspielräume und Ermessen im Vergaberecht, 2014, S. 308 ff.; *Verfürth*, in: *Kulartz/Kus/Portz/Prieß*, GWB-Vergaberecht, 2016, § 181 GWB, Rn. 15 ff.; *Willenbruch*, in: *Prieß/Lau/Kratzenberg*, Festschrift für Marx, 2013, 841 (848).

842 BGH, Urteil v. 27.11.2007 – X ZR 18/07, BeckRS 2008, 01230, Rn. 28.

843 Vgl. OLG Karlsruhe, Urteil v. 17.4.2008 – 8 U 228/06, BeckRS 2008, 21262; OLG Koblenz, Urteil v. 15.1.2007 – 12 U 1016/05, IBRRS 2007, 2644; OLG Naumburg, Urteil v. 1.8.2013 – 2 U 151/12, IBRRS 93003.

844 BGH, Urteil v. 7.6.2005 – X ZR 19/02, BeckRS 2005, 08684; OLG Koblenz, Hinweisbeschluss v. 6.6.2013 – 2 U 522/12, BeckRS 2013, 17340.

845 Dazu eingehend *Gnittke/Hattig*, in: *Müller-Wrede*, GWB-Vergaberecht, 2016, § 181, Rn. 72 ff.; *Verfürth*, in: *Kulartz/Kus/Portz/Prieß*, GWB-Vergaberecht, 2016, § 181 GWB, Rn. 44 ff.

#### *bb) Rechtsschutz für Bürger oder Benutzer der Infrastruktur beim Konzessionsmodell*

Da in der Regel das PPP-Projekt die Interessen der Bürger mehr oder weniger stark berührt, ist es sinnvoll, die Möglichkeit eines subjektiven oder objektiven Rechtsschutzes für die Bürger zu schaffen. Nicht zuletzt im Konzessionsmodell ist der Rechtsschutz für die Bürger bzw. Benutzer der Einrichtungen von Bedeutung, bei dem Benutzer für den Erhalt bestimmter Leistungen dem Konzessionär Gebühren zahlen. Beim PPP-Konzessionsmodell ist diese Frage im Rahmen des Grundsatzes der Bezahlbarkeit der öffentlichen Dienstleistungen i. S. des Art. 2 Abs. 1 S. 2 KVR zu betrachten.

Nach Art. 2 Abs. 1 S. 2 KVR verpflichtet sich der öffentliche Träger, die bezahlbare Qualität und den bezahlbaren Preis der Infrastruktur aufrechtzuerhalten, die durch das Konzessionsmodell beschafft wird.[846] Wenn ein unnötiger Aufwand aufgrund des Verstoßes gegen die vergaberechtlichen Vorgaben entstanden und das Nutzungsentgelt damit zu hoch angesetzt wird, können die Interessen der Nutzer verletzt werden. Fraglich ist, ob ein Recht der Bürger aus dieser Pflicht hergeleitet werden kann, um eine bezahlbare Infrastruktur zu benutzen.

Es gibt im GWB und in den Mantelverordnungen zwar keine Regelungen über einen solchen Anspruch. Der öffentliche Träger hat beim PPP-Projekt einen Ermessensspielraum bei der Anwendung der Bestimmungen im Vergabeverfahren[847] und muss das Ermessen fehlerfrei auszuüben. Darum ist festzustellen, dass Bürger bzw. Nutzer durch den Verwaltungsrechtsweg ihr Recht auf bezahlbare Infrastruktur geltend machen können, soweit die erhöhte Kostenbelastung zur Nutzung der Anlage wegen des Verstoßes gegen das Vergaberecht sein zu schützendes Interesse im Zusammenhang des Normtexts betrifft.[848] Es kommt darauf an, ob diejenigen Normen im Rahmen des Vergaberechts bestehen, die das Nutzungsrecht der Bürger deutlich gewährleisten. Aber es gibt im

846 Vgl. *Braun*, in: *Hettich/Soudry*, Das neue Vergaberecht, 2014, S. 206.

847 Schon erwähnt zum Allgemeinen oben II, 1, a), bb), 2). Zum Konzessionsmodell oben II, 2, a), cc), 2) und zur Wahl des Vergabeverfahrens oben III, 2, b), aa), 1).

848 Vgl. *Happ*, in: *Eyermann*, VwGO, 2014, § 42, Rn. 86; *Hufen*, Verwaltungsprozessrecht, 2016, § 14, Rn. 72; *Redeker/von Oertzen*, Verwaltungsgerichtsordnung, 2014, § 42, Rn. 52; *R. P. Schenke*, in: *Kopp/Schenke*, VwGO, 2017, § 42, Rn. 83; *Schmidt-Kötters*, in: *Posser/Wolff*, VwGO, 2014, § 42, Rn. 152; *Sodan*, in: *Sodan/Ziekow*, Verwaltungsgerichtsordnung, 2014, § 42, Rn. 387 f.; *von Albedyll*, in: *Bader/Funke-Kaiser/Stuhlfauth/von Albedyll*, Verwaltungsgerichtsordnung, 2014, § 42, Rn. 79; *Wysk*, in: *Wysk*, Verwaltungsgerichtsordnung, 2016, § 42, Rn. 113 ff.

vergaberechtlichen Rahmen keine Normen zum Nutzerschutz, vielmehr haben die Regelungen einen objektiven oder nur einen bieterschützenden Charakter.

Im bestehenden Kontrollregime liegt der Bürgerschutz gegen eine zu hohe Gebührenbelastung beim PPP-Projekt nicht nur außerhalb des vergaberechtlichen Rechtsschutzes, sondern auch ist schwierig dem Verwaltungsrechtsweg zu unterstellen. Aber es ist aus einem pragmatischen Blickwinkel zu überlegen, dass sich der Bürger über das Ergebnis des vergaberechtswidrigen PPP-Vertrags beschweren kann, soweit sein Recht bei der Nutzung der Infrastruktur dadurch verletzt wird. Aufgrund des Sozialstaatsprinzips i. S. der Art. 20 Abs. 1 und Art. 28 Abs. 1 S. 1 GG hat der Staat die Pflicht, „für einen Ausgleich der sozialen Gegensätze und damit für eine gerechte Sozialordnung zu sorgen."[849] Als Mittel zur Verwirklichung dieses Zwecks ist die Förderung bislang unzureichender Infrastrukturen denkbar. Daraus können subjektive Rechte der Bürger in Gebieten, in denen keine angemessenen Infrastrukturen zu finden sind, zwar verfassungstheoretisch hergeleitet werden. Allerdings können sie in der Tat durch den Verwaltungsrechtsweg nicht geschützt werden, sofern keine Normen zum Schutz solcher Rechte bestehen. Wenn der Umfang der zu fördernden Infrastruktur sowie der Kreis der daraus Berechtigten gesetzlich vorgeschrieben wird, kann eine Möglichkeit eröffnet werden, dass die betroffenen Bürger sowohl gegen eine Unterlassung des öffentlichen Trägers bezüglich der Infrastrukturförderung als auch gegen eine rechtswidrige Tätigkeit einschließlich des vergaberechtswidrigen PPP-Vertrags einen Einspruch erheben. Es ist sinnvoll, auf eine solche zukunftsweisende Entwicklung im Bereich des Vergaberechts Rücksicht zu nehmen.

#### *cc) Mangel der öffentlich-rechtlichen Sichtweise beim gerichtlichen Rechtsschutz*

Das größte Problem bei der gerichtlichen Kontrolle über vergaberechtswidrige PPP-Verträge in Deutschland ist, dass die öffentlich-rechtliche Sichtweise dabei fehlt. Daraus ergeben sich folgende Probleme: Erstens stellt sich eine systematische Frage ein. Eine Handlung des öffentlichen Trägers muss einer entsprechenden Kontrolle unterliegen. Da der Abschluss des PPP-Vertrags eine öffentlich-rechtliche Rechtsnatur hat, ist die öffentlich-rechtliche Regelung dabei systematisch sinnvoll. Außerdem bedarf es einer öffentlich-rechtlichen Kontrolle, damit sowohl vergaberechtliche Vorgaben als auch öffentlich-rechtliche Grundsätze sowie drittschützende Normen über vertragliche Vereinbarungen bei der Durchführung des

849 BVerfGE 22, 180 (204).

PPP-Projekts einen Primat haben.[850] Schließlich muss ein öffentlich-rechtliches Mittel zur Aufhebung der rechtswidrigen Tätigkeit der öffentlichen Stelle vorbereitet werden, um den Rechtsschutz für die dritten Personen, insbesondere die übergangenen Bieter, sinnvoll durchzusetzen. Eine solche Struktur ist mit der Beschwerde über den rechtswidrigen Verwaltungsakt vergleichbar. Aus mehreren Aspekten geht hervor, dass im deutschen Recht die Infrastrukturbeschaffung einschließlich des PPP-Projekts noch privatrechtlich kontrolliert wird.

Zunächst bleibt die vorhandene Problematik bei der Vergabe des öffentlichen Auftrags unterhalb der Schwellenwerte. Die Zweiteilung des deutschen Vergaberegimes spiegelt die Absicht des deutschen Gesetzgebers, dass er zwar bei der Oberschwellenvergabe die Empfehlung der Europäischen Union annehmen, aber bei der Unterschwellenvergabe einen traditionellen Regelungsmodus aus der Fiskustheorie beibehalten wollte. Die Regelungen der europäischen Vergaberichtlinien bezwecken die konkrete und praktische Verwirklichung der Grundfreiheiten im Binnenmarkt. Ein solcher Zweck soll auch für den öffentlichen Auftrag unterhalb des Schwellenwerts gelten, folglich bedarf es hierfür eines Mindestmaßes an öffentlich-rechtlicher Kontrolle.[851]

Weiterhin ist problematisch, dass die Vergabekammer oder der Vergabesenat nach dem Zuschlag (jetzt gemäß § 168 Abs. 2 GWB) einen wirksam erteilten Zuschlag nicht aufheben können. Soweit der Betroffene vor dem Zuschlag einen Einspruch erhebt, wird der Rechtsschutz gewährleistet. Diese Beschränkung basiert auf dem Vorrang der vertraglichen Vereinbarung („*pacta sunt servanda*"). Demnach geht diese Frage davon aus, dass der Rechtsstreit über den öffentlichen Auftrag als privatrechtlich betrachtet wird. Der EuGH hat für einen Fall aus Österreich, wo wie in Deutschland nach dem Zuschlag der Rechtsschutz der Konkurrenz nicht mehr möglich ist, schon entschieden, dass die Zuschlagentscheidung vom Abschluss des Vertrags unterschieden werden muss und der Rechtsschutz im Nachprüfungsverfahren im Sinne der Rechtsmittelrichtlinie 2007/66/EG auch nach dem Zuschlag möglich sein muss. Nach der Alcatel-Rechtsprechung hat der deutsche Gesetzgeber die Vorabinformationspflicht in § 13 VgV a. F. (jetzt § 134 GWB) eingeführt,[852] nach der der

850 Vgl. *Shirvani*, Optimierung des Rechtsschutzes im Vergaberecht, 2016, S. 419 f.; *Ziekow/Siegel*, ZfBR 2004, 30 (34).

851 Zur Kritik gegen die Zweiteilung und zu den Alternativen *Klingner*, Die Vorabinformationspflicht des öffentlichen Auftraggebers, 2005, S. 622 ff.; *Ley/Wankmüller*, Das neue Vergaberecht 2016, 2016, S. 12; *Pietzcker*, Die Zweiteilung des Vergaberechts, 2001, S. 90 ff.

852 EuGH, Rs. C-81/98, Slg. 1999, I-7671, Rn. 37 und 43 – Alcatel.

öffentliche Auftraggeber den unterlegenen Bietern hinreichende Informationen über den erfolgreichen Bieter sowie Gründe mitteilen muss und erst nach einer Wartefrist den Vertrag schließen darf.[853] Durch diese Lösung wird die öffentlich-rechtlich Kontrolle über den Zuschlag und den Abschluss des Vertrags zwar nicht vollständig verwirklicht, aber es kann gesagt werden, dass die übergangenen Bewerber in der Tat eine Gelegenheit des Rechtsbehelfs erhalten, ähnlich wie durch die Begründung des Verwaltungsaktes i. S. des § 39 Abs. 1 VwVfG sowie die Bekanntgabe des Verwaltungsaktes i. S. des § 41 Abs. 1 VwVfG.[854] Allerdings ist dies keine grundlegende Lösung. Besonders problematisch ist ein Bereich, in dem nach den landesgesetzlichen Vorschriften[855] die Ausnahmen von der Pflicht zur Vorabinformation für die übergangenen Bieter zugelassen werden[856] oder keine Vorabinformationen unterhalb der Schwellenwerte gefordert werden.[857] Dabei könnten die nicht berücksichtigten Bewerber trotz der obigen Lösung das Ergebnis des Zuschlags beim PPP-Projekt nicht rückgängig machen.[858] Also bedarf es wie schon oben erwähnt[859] einer Durchsetzung der Gesetzmäßigkeit beim bestehenden PPP-Vertrag, damit PPP-Verträge als öffentlich-rechtliche Verträge immer dem Verwaltungsrecht unterstehen.

---

853 Vgl. *Hailbronner*, NZBau 2002, 474 (476); *Heuvels/Kaiser*, NZBau 2001, 479 (479 f.); *Klingner*, Die Vorabinformationspflicht des öffentlichen Auftraggebers, 2005, S. 256 ff.; *Knöbl*, Rechtsschutz bei der Vergabe von Aufträgen unterhalb der Schwellenwerte, 2009, S. 175; *Schneider*, Primärrechtsschutz nach Zuschlagserteilung bei einer Vergabe öffentlicher Aufträge, 2007, S. 183 ff.; *Shirvani*, Optimierung des Rechtsschutzes im Vergaberecht, 2016, S. 382 ff.; *Siegel*, VerwArch 2016, 1 (24); *Wegmann*, NZBau 2001, 475 (478 f.).

854 Vgl. *Maimann*, in: *Kulartz/Kus/Portz/Prieß*, GWB-Vergaberecht, 2016, § 134 GWB, Rn. 3; *Otting*, NVwZ 2001, 775 (776); *Putzier*, DÖV 2002, 517 (518 f.); *Wegmann*, NZBau 2001, 475 (476).

855 Z. B. § 19 ThürVgV, § 8 SächsVG und § 19 LVG Sachen-Anhalt. Dazu *Kühling/Huerkamp*, in: *Säcker*, Europäisches und Deutsches Wettbewerbsrecht, Bd. 3, 2018, Einl., Rn 159.

856 *Kühling/Huerkamp*, in: *Säcker*, Europäisches und Deutsches Wettbewerbsrecht, Bd. 3, 2018, Einl., Rn 167; *Siegel*, VerwArch 2016, 1 (25).

857 *Klingner*, Die Vorabinformationspflicht des öffentlichen Auftraggebers, 2005, S. 617; *Knöbl*, Rechtsschutz bei der Vergabe von Aufträgen unterhalb der Schwellenwerte, 2009, S. 175; *Siegel*, VerwArch 2016, 1 (25); *Wollenschläger*, in: *Prieß/Lau/Kratzenberg*, Festschrift für Marx, 2013, 873 (874).

858 *Kühling/Huerkamp*, in: *Säcker*, Europäisches und Deutsches Wettbewerbsrecht, Bd. 3, 2018, Einl., Rn 169.

859 Vgl. oben IV, 2, b).

Schließlich kann kritisiert werden, dass die Beschwerde gegen den Bescheid der Vergabekammer nicht vor dem Verwaltungsgericht, sondern vor dem Vergabesenat beim Oberlandesgericht eingelegt wird. Obwohl der Anspruch der übergangenen Bieter auf öffentlich-rechtlichem Rechte aus dem europäischen Primärrecht und dem Grundgesetz basiert, etwa auf den Grundfreiheiten des AEUV und dem Gleichbehandlungsrecht i. S. des Art. 3 Abs. 1 GG,[860] steht dem Verwaltungsgericht der Rechtsschutz beim PPP-Projekt nicht zu. Dies zeigt auch, dass der Rechtsschutz im deutschen Vergaberecht aus dem privatrechtlichen Kontrolleregime noch nicht vollständig herauskommt.

Durch die zweimaligen Umsetzungen des europäischen Vergaberechts und die weiteren Reformen im Jahr 2016 wird eine Möglichkeit des Rechtsschutzes der übergangenen Bewerber zwar gewährt, aber das deutsche Vergaberecht hat unter Berücksichtigung der Form und des Umfangs des Rechtsschutzes im Rahmen der gerichtlichen Kontrolle über den öffentlichen Auftrag die privatrechtliche Idee noch nicht aufgegeben. Nicht zuletzt hat diese Problematik eine größere Bedeutung bei der PPP. Wie bereits in Kapitel 3 dargelegt, ist es sinnvoll, dass die Beschaffung durch die PPP im Bereich des öffentlichen Rechts reguliert wird.[861] Folglich sollten noch weitere Überlegungen für kommende Reformen des Vergaberechts angestellt werden, bei denen sich der öffentliche Auftrag der Regelung des öffentlichen Rechts unterstellen lässt. Zurzeit sind die öffentlich-rechtlichen Kriterien beim Rechtschutz mindestens in funktionaler Hinsicht zu berücksichtigen, obwohl der bestehende Rechtsweg in der Form des Zivilprozesses läuft.[862]

## V. Zwischenergebnis

Im Rahmen des europäischen Vergaberechts geht die Regelung des öffentlichen Auftrags vom transparenten und nicht diskriminierenden Vergabeverfahren aus und zielt damit auf eine Verwirklichung der Grundfreiheiten im Binnenmarkt ab. Die PPP wurde als neue Beschaffungsvariante eingeführt, um durch die Beteiligung der privaten Partei einen wirtschaftlicheren Aufbau und effizienteren

---

860 Vgl. *Knöbl*, Rechtsschutz bei der Vergabe von Aufträgen unterhalb der Schwellenwerte, 2009, S. 84; *Pietzcker*, NZBau 2003, 242 (243); *Pollmann*, Der verfassungsrechtliche Gleichbehandlungsgrundsatz im öffentlichen Vergaberecht, 2009, S. 28 ff.

861 So auch bei *Schneider*, Primärrechtsschutz nach Zuschlagserteilung bei einer Vergabe öffentlicher Aufträge, 2007, S. 323; *Ziekow/Siegel*, ZfBR 2004, 30 (33 ff.).

862 Vgl. *Sommermann*, DÖV 2002, 133 (143); *Steinbeiß-Winkelmann*, NJW 2010, 1233 (1238).

Betrieb der Infrastruktur zu gewährleisten. Bei der vergaberechtlichen Kontrolle der PPP geht es darum, wie das Ziel des europäischen Vergaberechts unter Beibehaltung der Effizienz der Leistungen erreicht werden kann.

Bei der PPP tritt die öffentliche Hand als Auftraggeber in Erscheinung. Der private Partner spielt die Rolle des Wirtschaftsteilnehmers i. S. des Art. 2 Abs. 1 Nr. 10 VRL. Ein Beschaffungscharakter besteht bei der Durchführung des PPP-Projekts, das in der Form des entgeltlichen Vertrags verrichtet wird. Daher unterfällt die PPP dem europäischen Vergaberecht, soweit der Gesamtwert des Projekts die Schwellenwerte überschreitet und keiner Ausnahmeregelung entspricht. Der europäische Gesetzgeber hat zur Kontrolle der PPP im Rahmen des Vergaberechts Richtlinien und Verordnungen überarbeitet. Es wurde bereits eine neue Verfahrensart, der wettbewerbliche Dialog, eingeführt, der für die PPP relevant ist. Damit kann ein Wettbewerb im Vergabeverfahren nicht nur erst gewährleistet werden, sondern auch Modi der Leistung und Vertragsbedingungen durch Dialog bzw. Verhandlung sind anzupassen, um die Fähigkeit und die Effizienz der privaten Sektoren zu maximieren. Ferner wurde die Innovationspartnerschaft durch die jüngste Reform eingeführt, damit sich neue und innovative Lösungen u. a. auch beim PPP-Projekt fördern lassen. Darüber hinaus wurde eine neue Richtlinie über die Konzessionsvergabe erlassen, die einen Prototyp der PPP darstellt. Folglich kann der öffentliche Träger mit größerem Ermessensspielraum ein PPP-Projekt zur Beschaffung der Infrastruktur vorantreiben, ohne zwischen der Bau- und Dienstleistungskonzession differenzieren zu müssen.

Der deutsche Gesetzgeber hat die europäischen Vergabevorschriften im GWB und in der VgV, der SektVO sowie der KonzVgV umgesetzt. Bislang ist der öffentliche Auftrag einschließlich der PPP in Deutschland in privatrechtlicher Beziehung kontrolliert worden. Bei den vorhandenen Rechtsschutzmöglichkeiten im GWB geht es um das Nachprüfungsverfahren vor dem Abschluss des Vertrags. Es ist schwierig, bestehende PPP-Verträge zu revidieren oder aufzuheben, auch wenn sie unter Verstoß gegen das Vergaberecht geschlossen wurden. In diesem Kontrolleregime kann sich das gemeinsame Interesse des Europarechts beim PPP-Projekt nicht durchsetzen. Darum bedarf es einer Berücksichtigung dessen, wie der öffentliche Träger eine öffentlich-rechtliche Kontrolle über den PPP-Vertrag ausüben kann und wie die öffentlich-rechtlichen Grundsätze, etwa die Gesetzmäßigkeit, bei der gerichtlichen Kontrolle des PPP-Vertrags zu beachten ist.

Bei der Beschaffung durch die PPP muss der öffentliche Träger zur Bewahrung der öffentlichen Funktion der Infrastruktur Vorsicht walten lassen. Es ist zwar möglich, dass eine öffentlich-rechtliche Kontrolle zur Vermeidung der Verletzung der vergaberechtlichen Vorgaben kurzfristig die Belastung der Verwaltung erhöht und die privaten Investitionen bremst. Auf die Dauer gesehen ermöglicht sie jedoch durch die Verbesserung der Transparenz und der Konkurrenz im Infrastrukturmarkt eine effiziente und wirtschaftliche Beschaffung. Im Beschaffungswesen der Infrastruktur verpflichtet sich der öffentliche Träger schließlich, dem Gemeinwohl dienende Leistungen zu fördern.

# Zusammenfassung und Ergebnis

Die Public Private Partnership wird als neue Vorgehensweise bei der öffentlichen Beschaffung beobachtet, bei der sich die öffentliche und die private Hand zur Durchführung der öffentlichen Aufgaben zusammenfinden. Dabei können verschiedene Rechtsfragen in der Praxis aufgeworfen werden. Insbesondere eine Prüfung und Kontrolle der durch eine solche Partnerschaft gestalteten Verträge ist im Hinblick auf das öffentliche Recht erforderlich. Denn das PPP-Projekt zur Infrastrukturbeschaffung hat einen großen Einfluss auf das Interesse der Bürger und der Gemeinschaft, obwohl nach dem früheren Kontrolleregime Vergabeverträge in Deutschland privatrechtlich geregelt werden. In dieser Dissertation geht es also darum, über die traditionellen Verwaltungsrechtslehren hinaus vom funktionalen Blickpunkt die öffentlich-rechtliche Charakteristik der PPP zu berücksichtigen.

Dafür bedarf es zunächst einer Betrachtung des Begriffs der PPP im wissenschaftlichen Kontext. In der Forschung finden sich zwar verschiedene PPP-Definitionen, aber solche Definitionen beinhalten nicht alle Aspekte der PPP. So geht es, durch die historische Betrachtung der staatlichen Handlung die Ursprünge der PPP herauszuarbeiten. Daran sind dann die vier folgenden Begriffsmerkmale der PPP anzuschließen.

Zuerst muss der private Beteiligte der Durchführung der öffentlichen Aufgabe dienen. Anders gewendet: Es ist ein Beitrag des Privaten notwendig. Die am einfachsten denkbare Art der Beitragsleistung stellt eine private Finanzierung für die Erledigung des Projekts dar. Zwar ist die Einbringung der Finanzierungsmittel ein wichtiges Motiv der PPP, aber nicht das einzige. Das am PPP-Projekt teilnehmende Privatunternehmen betreut für die Durchführung des Projekts Planen, Bauen, Finanzieren sowie Betreiben. Dieses Konzept wird häufig mit dem englischen Terminus „Design-Build-Finance-Operate" („DBFO") genannt. Zweitens bedarf es der Bezogenheit des privaten Interesses. Da das private Unternehmen eigentlich einen wirtschaftlichen Gewinn bezweckt, stellt ein privater Profit einen wichtigen Beweggrund für die private Hand dar. Zum dritten ist die Partnerschaft beim Begriff der PPP vorausgesetzt. Die PPP stellt keine reine Marktbeziehung dar, in der die private Hand dem Staat nur eine technische Hilfe bereitstellt, sondern eine Kooperation an der Schnittstelle zwischen Markt und Staat. Also hat die PPP zum Ziel, alle Fähigkeiten des Staates und auch des privaten Sektors zu nutzen und daraus Synergieeffekte zu generieren. Im Hinblick auf diesen Zweck ist die Partnerschaft der beiden Parteien ein wichtiges Begriffsmerkmal. Das letzte Begriffsmerkmal ist die Verantwortung des öffentlichen Trägers. Anders als bei der Privatisierung hat die private Hand beim PPP-Projekt die Verantwortung für die Durchführung der Aufgabe nicht ganz übergenommen. Denn die Verantwortung bleibt beim öffentlichen Träger. Der öffentliche Träger verpflichtet sich bei jeder Handlung, das öffentliche Interesse zu verfolgen. Da die PPP ein wichtiges Mittel für die Erfüllung der Verwaltungsaufgabe darstellt, darf die öffentliche Partei der PPP auf ihre Pflicht für die Erfüllung öffentlichen Aufgaben nicht verzichten. Zumindest mittels einer Kontrollbefugnis muss der Staat oder die Kommune das PPP-Projekt schließlich verantworten.

Abschließend ist festzustellen, dass die PPP eine institutionelle Entwicklung darstellt, bei der der öffentliche Träger zur Erfüllung seiner Aufgaben mit seiner Verantwortung für die Garantie der privaten Gewinnerzielung privates Kapital sowie eine private Befähigung zulässt bzw. einführt, damit die größtmögliche Effizienz bei der Durchführung der öffentlichen Aufgaben verfolgt wird. Die Essenz der Idee von PPP liegt darin, dass sowohl das öffentliche und allgemeine Charakteristikum der Durchführung der öffentlichen Aufgaben beibehalten als auch die Effizienz durch die Akquisition der privaten Finanzierung und Organisation maximiert wird. Also ist bei der PPP eine Balance zwischen öffentlichen, effizient- und rentabilitätsorientierten Gesichtspunkten von Bedeutung.

Zur weiteren Diskussion über die öffentlich-rechtliche Kontrolle von PPP ist eine Reflexion erforderlich, ob die PPP im Weg der öffentlichen Beschaffung verwirklicht eingeführt werden kann und in welcher Form sie in der Tat durchgeführt wird.

Darum vor allem ist die Zulässigkeit der PPP im verfassungsrechtlichen Rahmen zu überprüfen. Nach dem Demokratieprinzip darf die staatliche Gewalt nur durch legitimierte Organe ausgeübt werden. Daher ist es problematisch, ob die private Teilnahme an der Durchführung der öffentlichen Aufgaben mit diesem Prinzip vereinbar ist. Aber soweit die Letztverantwortung für die Aufgaben dem öffentlichen Träger bleibt, stehen die Aufgaben noch in der öffentlichen Hand. Wenn der öffentliche Träger auf die Verantwortung verzichtet, so fällt dies nicht mehr unter den Begriff der PPP. Nach dem Sozialstaatsprinzip verpflichtet sich der Staat, soziale Aufgaben zu erfüllen. Die PPP ist ein Modus für die Erledigung der öffentlichen Aufgaben. So kann der öffentliche Träger die sozialstaatlichen Aufgaben durch die PPP erfüllen. Im Rahmen des Rechtsstaatsprinzips kommt es darauf an, ob die private Teilnahme zwingend im Gesetz vorbehalten werden muss. Sofern die hoheitliche Gewalt nicht übertragen wird, kann der öffentliche Träger ohne gesetzliche Ermächtigung die Form seines Handels wählen. Dies gilt auch für den beamtenrechtlichen Funktionsvorbehalt. Die PPP bedeutet keinen Verzicht auf staatliche Funktionen, sondern kann dem öffentlichen Träger vielmehr eine höhere Effizienz bescheren durch die private Teilhabe. Der Bund muss grundsätzlich selbst oder mit eigenem Verwaltungsunterbau die bundeseigene Verwaltung durchführen. Sofern die Verantwortung und der Kernbereich der Aufgaben noch in der öffentlichen Hand bleiben, kann der Bund durch die PPP seine Aufgaben erledigen, obwohl es in der Praxis kein PPP-Projekt für diese Aufgaben gibt. Im Zusammenhang mit der Verfolgung der Wirtschaftlichkeit i. S. des Art. 114 Abs. 2 GG entspricht die PPP vielmehr einer Handlungsform, bei der die Wirtschaftlichkeit am besten erhalten werden kann. Letztlich steht der PPP die verfassungsrechtlichen Grundsätze im Wesentlichen nicht entgegen.

Allerdings bedarf es des Gesetzesvorbehalts bei der Übertragung des hoheitlichen Rechts. In Deutschland wurde die gesetzliche Basis zur Einführung der PPP im Beschaffungswesen schon geschaffen. Es gibt zwar kein einheitliches PPP-Gesetz, aber Regelungen über die PPP bestehen in verschiedenen Normen. Z. B. wurden 2005 einige PPP-Regelungen durch das PPP-Beschleunigungsgesetz in das GWB, die VgV, die Bundeshaushaltsordnung und das Fernstraßenbauprivatfinanzierungsgesetz aufgenommen. Daneben gelten vergaberechtliche und haushaltrechtliche Vorschriften auch für die PPP.

Auf dieser institutionellen Grundlage wird die PPP in der Praxis in den verschiedenen Modellen erfüllt. Neben dem Mittelpunkt der privaten Beteiligung werden PPP-Modelle in ein Finanzierungsmodell und ein Organisationsmodell gegliedert. Beim Finanzierungsmodell geht es um die private Finanzierung zur Beschaffung der Infrastruktur, während im Organisationsmodell die Betriebsfähigkeit des privaten Partners großgeschrieben wird. Das Organisationsmodell ist nach der Form der Leistungen und Vergütung wiederum in einige Unterkategorien einzuteilen. Eine Form der Organisationsmodelle ist das gemischt-wirtschaftliche Unternehmen, das zur Durchführung der öffentlichen Aufgaben vom öffentlichen und privaten Sektor zusammen gegründet wird. Beim Betreiber- sowie Inhabermodell trägt der private Partner gegen das vereinbarte regelmäßige Entgelt die Leistungen, etwa Planung, Herstellung und Betrieb des Gegenstands. Beim Konzessionsmodell bekommt der private Partner statt des regelmäßigen Entgelts die Konzession als Gegenleistung, die ihm das Recht zur Erhebung der Nutzungsgebühr einräumt. Unter den verschiedenen PPP-Modellen wurde das Inhabermodell bislang am häufigsten in Deutschland angewandt. Es sind 76% der gesamten PPP-Projekte Inhabermodelle, weswegen 82% der gesamten Investitionsvolumina der PPP für Inhabermodelle aufgewendet wurden. Für die Diskussion ist eine wichtige Frage vorab zu klären, nämlich welche Rechtsnatur der PPP-Vertrag hat. Einerseits folgt der Abschluss des PPP-Vertrags als Ergebnis des Zuschlags in der öffentlichen Beschaffung. Andererseits beinhaltet der PPP-Vertrag alle zu kontrollierenden Aspekte des Projekts. Daher ermöglicht eine Betrachtung des PPP-Vertrags die Sichtbarmachung der gesamten Aspekte des PPP-Projekts.

Zwar gibt es viele Theorien zur Abgrenzung von öffentlichem Recht und Privatrecht. Zum einen kann eine notwendige Beteiligung i. S. der Sonderrechtstheorie auch bei der PPP bestehen, da bei der PPP der öffentliche Träger notwendigerweise die Verantwortung tragen und eine Rolle spielen muss. In der modernen Verwaltung, insbesondere im in dem Unionsrecht geregelten Bereich, ist die Funktion der Handlung jedoch von großer Bedeutung. Also sind die folgenden Merkmale der öffentlich-rechtlichen Natur des PPP-Vertrags zum anderen in funktionaler Hinsicht zu erforschen: Zuerst stellt der Gegenstand des Vertrags die öffentliche Einrichtung dar. Ferner bleibt die letztliche Verantwortung zur Erledigung der nach dem Vertrag bestimmten Tätigkeit noch dem öffentlichen Träger. Weiterhin können Bürger in der vom PPP-Vertrag gestalteten dreipoligen Rechtsbeziehung teilnehmen. Schließlich dient der PPP-Vertrag dem öffentlichen Interesse.

Also ist unter theoretischer und praktischer Berücksichtigung festzustellen, dass die Rechtsnatur des PPP-Vertrags öffentlich-rechtlich ist. Vor diesem Hintergrund sind die europäischen Beihilfen- und Vergaberegelungen zu beachten.

Bei jeder Form der staatlichen Zuwendung innerhalb des europäischen Unionsraums ist eine Überprüfung anhand der Voraussetzungen nach Art. 107 Abs. 1 AEUV zu fordern, ob sie einer verbotenen Beihilfe entspricht. In dieser Dissertation werden Aspekte der beihilfenrechtlichen Kontrolle bei der PPP betrachtet.

Bei der PPP können Beihilfen unter verschiedenen Aspekten bestehen. Zuerst kann der Staat dem privaten Partner einen wirtschaftlichen Vorteil unmittelbar gewähren. Weiterhin kann die Beschaffung der Infrastruktur an sich einer Begünstigung entsprechen. Schließlich kann eine Kapitalzufuhr zur Gründung des gemischt-wirtschaftlichen Unternehmens als Begünstigung angesehen werden.

Aus Art. 107 Abs. 1 AEUV sind fünf Tatbestandsmerkmale der Beihilfe herzuleiten. Unter diesen fünf Voraussetzungen der Beihilfe i. S. des Art. 107 Abs. 1 AEUV wird das Vorliegen der Begünstigung als das wichtigste Kriterium betrachtet. Da bei den meisten PPP-Projekten Dienste von allgemeinem wirtschaftlichen Interesse erbracht werden, kommt es darauf an, ob die staatliche Finanzierung als Ausgleich angemessen ist. Bei der PPP ist das Bestehen unterschiedlicher und spezifischer Begünstigungsformen möglich. Das Vorliegen der Begünstigung ist nach den von EuGH entwickelten und durch das Maßnahmenpaket der Kommission konkretisierten Kriterien zu beurteilen.

Nach dem Modell der PPP können spezifische Möglichkeiten der Begünstigung ermittelt werden. Beim PPP-Projekt sind verschiedene Arten des wirtschaftlichen Vorteils neben der direkten Ausbezahlung denkbar, bei denen die Begünstigung i. S. des Art. 107 Abs. 1 AEUV gegebenfalls bestehen kann. Im Allgemeinen kann der Zuschlag des Projekts selbst dem privaten Teilnehmer einen Profit einbringen. Durch die Befreiung oder Vermeidung von Abgaben und der sonstigen gesetzlichen Pflicht kann auch er einen wirtschaftlichen Vorteil erhalten. Im Finanzierungsmodell geht es um Maßnahmen, durch die die private Finanzierung für das Projekt erleichtert werden kann. Dazu gehören die staatliche Bürgschaft und das staatliche Darlehen unter den marktüblichen Bedingungen. Im Organisationsmodell ist das regelmäßige Entgelt eine gewöhnliche Form des wirtschaftlichen Interesses. Daneben sind die Zuwendung wie die Anschubfinanzierung und andere nicht monetäre Vergütungsformen auch zu berücksichtigen. Durch die Überlassung oder Vermietung der staatlichen oder kommunalen Immobilien unter dem marktüblichen Preis kann der private Partner die Kosten des Projekts senken. Dies gilt auch für die Bündelung mehrerer PPP-Verträge. Die gesparten Kosten können als Begünstigung bewertet werden, soweit ihr Wert übermäßig ist. Im Konzessionsmodell wird die Vergütung in der Form der Erteilung einer Konzession gewährt, durch die der Konzessionär einen Betriebsgewinn haben kann. Wenn dessen wirtschaftlicher Wert den angemessenen Ausgleich überschreitet, kann eine Berücksichtigung festgestellt werden. Hierbei sind der sekundäre wirtschaftliche Effekt des Projekts und die Opportunitätskosten bezüglich des Verzichts auf den Gewinn des öffentlichen Träger ebenfalls zu beachten.

Um die Fälle der potenziellen Begünstigungstypen bei der PPP zu beurteilen, muss der wirtschaftliche Wert der auf den staatlichen Maßnahmen beruhenden Vorteile des privaten Partners vor allem exakt berechnet werden. Darum ist die Angemessenheit solcher Interessen als Ausgleich mit den Maßstäben etwa des Private-Investor-Tests sowie der Altmark-Trans-Kriterien zu betrachten.

Falls die Begünstigung bestätigt wird, ist die Beurteilung der anderen Tatbestandsmerkmale ebenfalls erforderlich. Bezüglich des Tatbestands der Bestimmtheit der Empfänger ist vor allem problematisch, ob der private Partner in der PPP dem Unternehmensbegriff unterfällt. Nach der Auffassung der Kommission genügt ein potentieller Wettbewerb für den Begriff des Unternehmens. Obwohl der private Teilnehmer bei der PPP die öffentlichen Dienste erbringt, kann seine wirtschaftliche Tätigkeit bejaht werden. Im Hinblick auf die Voraussetzung der Staatlichkeit geht es darum, ob die begünstigende Maßnahme vom Staat stammt. Bei der PPP ist unsicher, ob die Projektfinanzierung durch öffentliche Förderbanken dem Tatbestandsmerkmal der staatlichen Mittel unterfällt. Soweit die Förderbank staatlich kontrolliert wird, sollte diese Förderung als staatlich betrachtet werden. Zur Bestätigung der Beihilfe ist noch festzulegen, dass der Wettbewerb aufgrund der staatlichen Begünstigung verfälscht wird oder droht verfälscht zu werden. Das ist der Fall, wenn der private Partner im Vergleich zu anderen dadurch in einer vorteilhaften Position steht. In Bezug auf den Tatbestand der Beeinträchtigung des Handels zwischen den Mitgliedstaaten ist es nach von den Entscheidungen der Kommission entwickelten Kriterien zu beurteilen, ob das betreffende PPP-Projekt einen relevanten Bezug zum grenzüberschreitenden Handel aufweist. Unter den obigen Voraussetzungen sind Beihilfen i. S. des Art. 107 Abs. 1 grundsätzlich zwar unzulässig, aber können nach den Ausnahmevorschriften i. S. des Art. 107 Abs. 2 und 3 AEUV gerechtfertigt werden. Neben den Tatbestandsmerkmalen i. S. des Art. 107 Abs. 1 AEUV sind die durch die Allgemeine Gruppenfreistellungsverordnung konkretisierten Ausnahmefälle nach Art. 107 Abs. 2 und 3 AEUV bei jeder Zuwendung im PPP-Projekt ebenfalls zu berücksichtigen.

Der zweite Aspekt der Beihilfen bei der PPP ist der Fall, dass die Beschaffung der Infrastruktur selbst einer Beihilfe entspricht. Um diese Konstellation zu rechtfertigen, sind die Angemessenheit der Gebühr und die Offenheit für alle potenziellen Nutzer zu bestätigen.

Beim dritten Aspekt kann die Kapitalbeteiligung der öffentlichen Hand zur Gründung eines gemischt-wirtschaftlichen Unternehmens ebenso als Beihilfe angesehen werden. Dabei gilt der Private-Investor-Test, um zu beurteilen, ob eine solche Kapitalzufuhr marktüblich ist. Die Ausnahmefälle sind mit dem Zweck des Unternehmens zu bewerten.

Falls eine Tätigkeit des öffentlichen Trägers beim PPP-Projekt dem Begriff der Beihilfe i. S. des Art. 107 Abs. 1 AEUV entspricht oder entsprechen kann, ist die Rechtsbeziehung des unter Verstoß gegen das Beihilfenrecht geschlossenen PPP-Vertrags zu kontrollieren. Das Beihilfenaufsichtsverfahren wird nach Art. 108 AEUV geregelt und nach der Beihilfeverfahrensverordnung konkretisiert. Alle neuen Beihilfen sind anzumelden und von der Kommission zu überprüfen. Dies gilt auch für jede staatliche Finanzierung bei der PPP. Es handelt sich beim Beihilfenaufsichtsverfahren um die Prüfung der Unwirksamkeit des beihilfenrechtswidrigen PPP-Vertrags. Nach § 59 Abs. 1 VwVfG i. V. mit § 134 BGB muss der PPP-Vertrag als nichtig angesehen werden, der unter Verstoß gegen das Durchführungsverbot im Sinne des Art. 108 Abs. 3 AEUV oder den Negativbeschluss der Kommission abgeschlossen wird. Die aufgrund des nichtigen PPP-Vertrags zugewandte Finanzierung muss nach dem öffentlich-rechtlichen Erstattungsanspruch zurückgefordert werden.

Im Rahmen des Vergaberechts ist die erste Frage, ob die Beschaffung durch die PPP dem Anwendungsbereich des Vergaberechts unterfällt. In Anbetracht der Begriffsmerkmale wird das Vergaberecht auch auf den PPP-Vertrag angewandt. Momentan werden materielle Regelungen des europäischen Vergaberechts in drei Vergaberichtlinien geregelt, die 2014 erlassen wurden, und in Deutschland in den §§ 97 ff. GWB, der VgV, der SektVO und der KonzVgV umgesetzt wurden. Diese Vorschriften gelten grundsätzlich auch für die PPP.

Bei der PPP sind die Vorschriften über die Bekanntmachungspflicht und das Vergabeverfahren besonders zu beachten. Soweit die Beschaffung durch PPP dem Vergaberecht unterliegt, muss eine europaweite Bekanntmachung beim PPP-Projekt entsprechend den Grundsätzen des Vergaberechts ausgeschrieben werden. Bei der Beachtung des Vergabeverfahrens geht es vor allem um die Auswahl des Verfahrens. In den Vergaberichtlinien und im GWB werden fünf Vergabeverfahren vorgeschrieben. Grundsätzlich gilt der Vorrang des offenen oder nicht offenen Verfahrens auch für die PPP. Also können andere Verfahrensarten nur dann eingeführt werden, wenn die in den Richtlinien und im deutschen Recht bestimmten Voraussetzungen beim PPP-Projekt erfüllt werden. Aber das Verhandlungsverfahren oder der wettbewerbliche Dialog wird bei der PPP in den meisten Fällen herangezogen. Unter den Verfahrensvarianten wird demnach der wettbewerbliche Dialog bei der PPP für am besten geeignet gehalten, da sowohl der Wettbewerb im Verfahren als auch die Effizienz der Leistungen dabei gewährleistet werden können. Voraussichtlich kann sich die Nutzung der Innovationspartnerschaft beim PPP-Projekt weiter verbreiten.

Im Zusammenhang der vergaberechtlichen Kontrolle von PPP stellt das wichtigste Problem die Rechtsfolge des vergaberechtswidrigen PPP-Vertrags dar. Zwei Mittel für die Kontrolle des vergaberechtswidrigen PPP-Vertrags sind denkbar. Einerseits kann der Auftraggeber nach § 133 Abs. 1 Nr. 3 GWB den Vertrag selbst kündigen, wenn der EuGH im Vertragsverletzungsverfahren i. S. des Art. 258 AEUV eine schwere Verletzung der Verpflichtungen feststellt. Aber dieses Kündigungsrecht wird bislang selten genutzt. Andererseits besteht die Möglichkeit, dass sich der übergangene Bewerber vor einem Gericht über die Rechtswidrigkeit des PPP-Vertrags beschwert (Primärrechtsschutz). Nach § 168 Abs. 1 GWB kann er vor der Vergabekammer beantragen, die Vergaberechtswidrigkeit festzustellen und eine Maßnahme zur Beseitigung der Verletzung zu erwirken, obwohl die Aufhebung des schon erteilten Zuschlags gemäß § 168 Abs. 2 GWB unzulässig ist. Daneben kann der Bewerber gegenüber dem Auftraggeber beanspruchen, den aufgrund des vergaberechtlichen Verstoßes entstandenen Schaden zu ersetzen (Sekundärrechtsschutz).

Diese Konstruktion der vergaberechtlichen Kontrolle in Deutschland ist im Hinblick auf das öffentliche Recht zu kritisieren. Das erste Problem ist, dass der öffentliche Auftrag unterhalb der Schwellenwerte der öffentlich-rechtlichen Kontrolle der Regelung der Vergaberichtlinien nicht unterfällt. Dabei wird das traditionelle deutsche Vergaberegime angewandt. Beim binnenmarktrelevanten PPP-Projekt müssen primärrechtliche Grundsätze aber beachtet werden, auch wenn das Projektvolumen unterhalb der Schwellenwerte liegt. Weiterhin spiegelt es den Mangel des öffentlich-rechtlichen Aspekts im deutschen Vergaberecht wider, dass die Vergabekammer oder der Vergabesenat gemäß § 168 Abs. 2 GWB einen wirksam erteilten Zuschlag nicht aufheben kann. Demnach wird der Vertrag trotz der Rechtswidrigkeit geschützt. Daraus geht ein Vorrang des Satzes „*pacta sunt servanda*" bei der PPP-Praxis hervor. Schließlich entspricht es auch nicht der öffentlich-rechtlichen Eigenschaft des PPP-Vertrags, dass die Beschwerde gegen den Bescheid der Vergabekammer nicht vor dem Verwaltungsgericht, sondern vor dem Vergabesenat am Oberlandesgericht eingelegt wird. Also hat sich das deutsche Vergaberecht vor der privatrechtlichen Kontrolle aus der Fiskustheorie nicht vollständig entfernt.

Die PPP hat sich als Modus der öffentlichen Beschaffung schon fest etabliert. Bei der PPP ist wichtig, im Einklang mit den Grundsätzen des Europarechts und des Grundgesetzes von den öffentlichen Aufgaben Gebrauch zu machen. Unter Berücksichtigung des öffentlich-rechtlichen Charakters der PPP bedarf es einer öffentlich-rechtlichen Kontrolle. Dies gilt auch für die europarechtliche Regelung, insbesondere das Beihilfen- und Vergaberecht. Im Rahmen des europäischen Beihilfenrechts kommt es darauf an, unter welchen Kriterien die staatliche Tätigkeit beim PPP-Projekt gerechtfertigt wird. Im Vergaberecht geht es darum, welche Pflichten und Verfahren bei der Durchführung des PPP-Projekts zu beachten sind und wie der vergaberechtswidrige PPP-Vertrag kontrolliert wird.

Da die PPP einen die Effizienz optimierenden Modus der Erfüllung der Aufgaben darstellt, besteht die Gefahr, dass der öffentliche Träger beim PPP-Projekt nur das Ziel der Effektivitätssteigerung verfolgt und seine Kontrollpflicht vernachlässigt. Doch die öffentlich-rechtliche Tätigkeit muss grundsätzlich der öffentlich-rechtlichen Kontrolle unterstehen. In Berücksichtigung des Konzepts der PPP trägt der öffentliche Sektor die endgültige Verantwortung für die Aufgaben, obwohl die private Hand als Partner am Projekt beteiligt ist. Der Ablaufprozess beim PPP-Projekt kann von der öffentlich-rechtlichen Regelung nicht entkoppelt werden. Allerdings sind Besonderheiten des PPP-Vertrags im Vergleich zum konventionellen Auftrag bei der Regelung zu beachten. Die beihilfen- und vergaberechtliche Kontrolle stellt im Infrastrukturbeschaffungswesen, wo die PPP am meisten herangezogen wird, den wichtigsten Regelungsrahmen dar. Dabei hat der öffentliche Träger sowohl im Rahmen des Beihilfen- und Vergaberechts mit dem Binnenmarkt vereinbare als auch wirtschaftlich effiziente Projekte zu bilden und durchzuführen. Die staatliche Handlung beim PPP-Projekt muss unter Beachtung der öffentlich-rechtlichen Grenzen und zur Verwirklichung der politischen Ziele erfolgen.

Neben den in dieser Dissertation aufgeworfenen Diskussionen ist auf die Wichtigkeit der öffentlich-rechtlichen Kontrolle von PPP weiterhin zu betonen. Sinnvoll ist es, durch solche Debatten zu ermöglichen, dass die PPP mit dem öffentlichen Interesse übereinstimmend entwickelt und benutzt werden kann.

# Literaturverzeichnis


*Abegg, Andreas*, Die Bewertung von Kooperationen zwischen Staat und Privaten in der staatstheorietischen Diskussion der Schweiz, in: *Ziekow, Jan* (Hrsg.), Wandel der Staatlichkeit und wieder zurück? – Die Einbeziehung Privater in die Erfüllung öffentlicher Aufgaben (Public Private Partnership) in/nach der Wirtschaftskrise, Nomos, Baden-Baden 2011, S. 177–197.

*Ambrosius, Gerold*, Öffentlich-Private Partnerschaften in unterschiedlichen ordnungspolitischen Konstellationen – Ein epochaler Vergleich, in: *Mühlenkamp, Holger* (Hrsg.), Öffentlich-Private Partnerschaften – Potentiale und Probleme, Nomos, Baden-Baden 2016, S. 14–34.

*Arrowsmith, Sue/Treumer, Steen*, Competitive dialogue in EU law: a critical review, in: *Arrowsmith, Sue/Treumer, Steen* (ed.), Competitive Dialogue in EU procurement, Cambridge University Press, Cambridge 2012, S. 3–143.

Asian Development Bank, Public-Private Partnership Handbook, 2008.

*Badenhausen-Fähnle, Elisabeth*, Die neue Vergabeart der Innovationspartnerschaft – Fünftes Rad am Wagen?, VergabeR 2015, 743.

*Bader, Johann/Funke-Kaiser, Michael/Stuhlfauth, Thomas/von Albedyll, Jörg*, Verwaltungsgerichtsordnung, 6. Auflage, C. F. Müller, Heidelberg/München/Landsberg/ Frechen/Hamburg 2014.

*Badura, Peter*, Staatsrecht – Systematische Erläuterung des Grundgesetzes, 5. Auflage, C. H. Beck, München 2012.

*Baller, Oesten*, Der Öffentlich-rechtlicher Vertrag als Grundlage für Public-private-Partnership im deutschen Recht, in: *Manssen, Gerrit/Himmelreich, Antje/Gricenko, Elena* (Hrsg.), Public-private-Partnership im kommunalen Bereich – Deutsche und russische Erfahrungen, Peter Lang, Frankfurt am Main 2015, S. 183–196.

*Bartosch, Andreas*, Die Selektivität der Selektivität – Wie ist es um die Gestaltungsfreiräume der Mitgliedstaaten in der Wirtschaftsförderung bestellt?, EuZW 2015, 99.

*Bauer, Hartmut*, Privatisierung von Verwaltungsaufgaben, VVDStRL 54, 1995, 243.

*Bauer, Hartmut*, Zukunftsthema „Rekommunalisierung“, DÖV 2012, 329.

*Bauer, Katharina*, Vergaberechtswidrige Verträge aus zivilrechtlicher Sicht, Nomos, Baden-Baden 2013.

*Baumann, Diethelm*, Die Vergaberechtsnovelle 2016, GWR 2016, 159.

*Bäuml, Andreas*, Transparenz bei PPP-Projekten aus der Sicht des deutschen Rechts, in: *Manssen, Gerrit/Himmelreich, Antje/Gricenko, Elenca* (Hrsg.), Public-private-Partnership im kommunalen Bereich – Deutsche und russische Erfahrungen, Peter Lang, Frankfurt am Main 2015, S. 367–379.

*Bausback, Winfried*, Public Private Partnerships im deutschen öffentlichen Recht und im Europarecht, DÖV 2006, 901.

*Beckers, Thorsten/Hirschhausen, Christian von*, Konzessionsmodelle für Fernstraßen in Deutschland: Eine ökonomische Analyse der Risikoallokation beim F- und A-Modell, DIW, Berlin 2003.

*Bell, Albrecht/Rehak, Heinrich*, Vergaberecht und kommunale Privatisierung der Abfallentsorgung, LKV 2001, 185.

*Beninca, Jürgen*, Wettbewerbsrechtliche Aspekte der „True Sale Initiative", BKR 2003, 525.

Beratergruppe PPP im öffentlichen Hochbau, Band III: Wirtschaftlichkeitsuntersuchung, Arbeitspapier Nr. 4–7, Berlin 2003.

*Bernstein, Thomas/Friedrich, Peter*, Ein „Economic Public Sector Comparator" für ÖPP-Vorhaben, in: *Mühlenkamp, Holger* (Hrsg.), Öffentlich-Private Partnerschaften – Potentiale und Probleme, Nomos, Baden-Baden 2016, S. 86–116.

*Bing, Li/Akintoye, Akintola/Edwards, Peter/Hardcastle, Cliff*, The allocation of risk in PPP/PFI construction project in the UK, International Journal of Project Management, January 2005, 25.

*Birnstiel, Aleander/Bungenberg, Marc/Heinrich, Helge* (Hrsg.), Europäisches Beihilfenrecht, Nomos, Baden-Baden 2013.

*Boesen, Arnold*, Das Vergaberechtsänderungsgesetz im Lichte der europarechtlichen Vorgaben, EuZW 1998, 551.

*Bork, Reinhard*, Allgemeiner Teil des Bürgerlichen Gesetzbuchs, 4. Auflage, Mohr Siebeck, Tübingen, 2016.

*Broß, Siegfried*, Das Vergabewesen der öffentlichen Hand im Spannungsfeld des Europäischen Rechts – Eine Zwischenbilanz, VerwArch 1997, 521.

*Broß, Siegfried*, Rechtswegprobleme zwischen den Zivil- und Verwaltungsgerichten, VerwArch 1988, 97.

*Buchanan, James M.*, Politics without Romance: A Sketch of Positive Public Choice Theory and its normative implications, in: *Buchanan James M./Tollison, Robert D.*, The Theory of Public Choice II, The University of Michigan Press, Ann Arbor 1984, 11–22.

*Budäus, Dietrich*, Public Private Partnership. Kooperationsbedarfe, Grundkategorien und Entwicklungsperspektiven, in: *Budäus, Dietrich* (Hrsg.),

Kooperationsformen zwischen Staat und Markt – Theoretische Grundlagen und praktische Ausprägungen von Public Private Partnership, Nomos, Baden-Baden, 2006, S. 11–28.

*Buhr, Barbara*, Die Richtlinie 2004/18/EG und das deutsche Vergaberecht – Ausgewählte Problembereiche unter besonderer Berücksichtigung der Bedürfnisse der Praxis, Duncker & Humblot, Berlin 2009.

*Bull, Hans Peter/Mehde, Veith*, Allgemeines Verwaltungsrecht mit Verwaltungslehre, 8. Auflage, C. F. Müller, Heidelberg 2009.

*Bultmann, Peter Friedrich*, Beihilfenrecht und Vergaberecht – Beihilfen und öffentliche Aufträge als funktional äquivalente Instrumente der Wirtschaftslenkung – ein Leistungsvergleich, Mohr Siebeck, Tübingen 2004.

Bundesministerium für Verkehr, Bau und Stadtentwicklung (BMVBS), Gutachten „PPP und Förderrecht", Berlin 2006.

Bundesministerium für Verkehr, Bau und Stadtentwicklung (BMVBS), Möglichkeiten und Grenzen des Einsatzes von Public Private Partnership Modellen im kommunalen Hoch- und Tiefbau (PPP-Schulstudie) – Leitfaden II: PPP-Mustervertrag Inhabermodell, Berlin 2007.

Bundesministerium für Verkehr, Bau und Stadtentwicklung (BMVBS), Vergabe- und Vertragshandbuch für die Baumaßnahmen des Bundes, Ausgabe 2008 – Stand August 2014.

Bundesministerium für Verkehr, Bau und Stadtentwicklung (BMVBS)/Deutscher Sparkassen-und Giroverband (DSGV), PPP-Handbuch – Leitfaden für Öffentlich-Private Partnerschaften, 2. Vollständig überarbeitete und erweiterte Auflage, VVB Vereinigte Verlagsgesellschaft mbH & Co. KG, Bad Homburg 2009.

*Bungenberg, Marc*, Vergaberecht im Wettbewerb der Systeme – Eine rechtsebenenübergreifende Analyse des Vergaberechts, Mohr Siebeck, Tübingen 2007.

*Burbulla, Rainer*, Die Ausschreibung von ÖPP-Projekten, NJOZ 2008, 211.

*Burgi, Martin*, Competitive Dialogue in Germany, in: *Arrowsmith, Sue/Treumer, Steen* (ed.), Competitive Dialogue in EU Procurement, Cambridge University Press, Cambridge 2012, S. 306–338.

*Burgi, Martin*, Die Vergabe von Dienstleistungskonzessionen: Verfahren, Vergabekriterien, Rechtsschutz, NZBau 2005, 610.

*Burgi, Martin*, Funktionale Privatisierung und Verwaltungshilfe: Staatsaufgabendogmatik, Phänomenologie, Verfassungsrecht, Mohr Siebeck, Tübingen 1999.

*Burgi, Martin*, Zuschlag und Zuschlagskriterien: Die Komplexität nimmt zu, in: *Pünder, Hermann/Prieß, Hans-Joachim* (Hrsg.), Vergaberecht im Umbruch II – Die neuen EU-Vergaberichtlinien und ihre Umsetzung, Bucerius Law School Press, Hamburg 2015, S. 57–74.

*Burgi, Martin/Dreher, Meinrad* (Hrsg.), Vergaberechtskommentar: GWB 4. Teil, 3. Auflage, C. H. Beck, München 2017.

*Burmeister, Joachim*, Der Begriff des Fiskus in der heutigen Verwaltungsrechtsdogmatik, DÖV 1975, 695.

*Büsching, Knut/Homann, Jens/Wiese, Thomas*, Das Europäische Beihilfenrecht – ein Leitfaden für die Praxis – 4. aktualisierte Fassung, 2012.

*Byok, Jan*, Die Entwicklung des Vergaberechts seit 1999, NJW 2001, 2295.

*Byok, Jan*, Die Entwicklung des Vergaberechts seit 2015, NJW 2016, 1494.

*Byok, Jan/Jaeger, Wolfgang* (Hrsg.), Kommentar zum Vergaberecht, 3. Auflage, Verlag Recht und Wirtschaft GmbH, Frankfurt am Main 2011.

*Byok, Jan/Jansen, Nicola*, Durchbruch für das A-Modell im Fernstraßenausbau?, NZBau 2005, 241.

*Calliess, Christian/Ruffert, Matthias*, EUV/AEUV – das Verfassungsrecht der Europäischen Union mit Europäischer Grundrechtecharta, 5. Auflage, C. H. Beck, 2016.

*Dabringhausen, Gerhard*, Die europäische Neuregelung der Inhouse-Geschäfte – Fortschritt oder Flop?, VergabeR 2014, 512.

*Dageförde, Angela*, Einführung in das Vergaberecht, 2. Auflage, Lexxion, Berlin 2013.

*Daub, Walter/Eberstein, Hans H.* (Hrsg.), Kommentar zur VOL/A: Vergaberecht – Rechtsschutz, 5. Auflage, Werner Verlag, Düsseldorf 2000.

*Dauses, Manfred/Ludwigs, Markus* (Hrsg.), Handbuch des EU-Wirtschaftsrechts, Band 1, 42. Ergänzungslieferung, C. H. Beck, München 2017.

*Detterbeck, Steffen*, Allgemeines Verwaltungsrecht mit Verwaltungsprozessrecht, 13. Auflage, C. H. Beck, München 2015.

Deutscher Städtetag/Deutscher Landkreistag/Deutscher Städte- und Gemeindebund (DStGB)/Verbund kommunaler Unternehmen (VKU), Bewertung der EU-Vergaberechtsreform aus kommunaler Sicht, 2012.

Deutsches Institut für Urbanistik (Difu), PPP – Wirtschaftlichkeit, Qualitäten, Beratung, Partnerschaft, Berlin 2008.

*Dieckmann, Martin/Scharf, Jan Peter/Wagner-Cardenal, Kersten* (Hrsg.), VOL/A: Vergabe- und Vertragsordnung für Leistungen – Teil A – Kommentar, C. H. Beck, München 2013.

*Diederichs, Claus Jürgen*, Wirtschaftlichkeitsuntersuchungen bei PPP-Projekten, NZBau 2009, 547.

Die deutsche Bauindustrie, Öffentlich Privaten Partnerschaften (ÖPP) Marktupdate, Dezember 2014.

*Dietmar O. Reich/Helios, Markus*, Abgabenvergünstigungen für Arzneimittelhändler auf dem Prüfstand des EG-Beihilfenrechts - Anmerkung zu EuGH, Urteil vom 22. November 2001 - Rs. C-53/00 (Ferring SA/Agence centrale des organismes de sécurité sociale - ACOSS) -, PharmR 2002, 174.

*Dobmann, Volker*, Das neue Vergaberecht - GWB | VgV | SektVO | KonzVgV | VOB/A-EU, Nomos, Baden-Baden 2016.

*Dolde, Klaus-Peter*, Das In-house-Geschäft im Vergaberecht, ZHR 2008, 1.

*Dörr, Oliver/Heinemann, Daniela*, Kommunale Infrastrukturförderung unter dem Einfluss von europäischem Beihilfe- und Vergaberecht Teil 1, KommJur 2006, 41.

*Dreher, Meinrad*, Die staatliche Eigenkapitalzufuhr an Gesellschaften als Beihilfe im Sinne des EG-Vertrags, in: *Schön, Wolfgang* (Hrsg.), Gedächtnisschrift für Brigitte Knobbe-Keuk, Verlag Dr. Otto Schmidt, Köln 1997.

*Dreher, Meinrad*, Die Zukunft des untergesetzlichen Vergaberechts - Zur Neuordnung von Vergabeverordnung und Verdingungsordnungen, NVwZ 1999, 1265.

*Dreher, Meinrad*, Perspektiven eines europa- und verfassungsrechtskonformen Vergaberechtsschutzes - Konsequenzen des EuGH-Urteils vom 11.8.1995 für das deutsche vergaberechtliche Nachprüfungsverfahren, NVwZ 1996, 345.

*Dreher, Meinrad*, Public Private Partnerships und Kartellvergaberecht - Gemischtwirtschaftliche Gesellschaften, In-house-Vergabe, Betreibermodell und Beleihung Privater, NZBau 2002, 245.

*Dreier, Horst* (Hrsg.), Grundgesetz–Kommentar Band II: Artikel 20–82, 3. Auflage, Mohr Siebeck, Tübingen 2015.

*Drömann, Dietrich*, Konzessionsmodelle - Risikointervention durch Mindestbarwertvergabe, NordÖR 2013, 404.

*Ebenroth, Carsten Thomas/Boujong, Karlheinz/Joost, Detlev/Strohn, Lutz* (Hrsg.), HGB - Handelsgesetzbuch Band 1: §§ 1–342e, 3. Auflage, C. H. Beck/Fraz Vahlen, München 2014.

*Ehlers, Dirk*, Rechtsprobleme der Rückforderung von Subventionen, GewArch 1999, 305.

*Ehlers, Dirk/Pünder, Hermann* (Hrsg.), Allgemeines Verwaltungsrecht, 15. Auflage, De Gruyter, Berlin/Boston 2016.

*Eichhorn, Peter* u. a. (Hrsg.), Verwaltungslexikon, 2. Neu bearbeitete Auflage, Nomos, Baden-Baden 1991.

*Eitner, Sebastian/Jennert, Carsten*, Seehafenkonzessionen und Hafennutzungsgebühren im Lichte des EU-Beihilferechts, EuZW 2014, 172.

*Elbel, Thomas*, Das Recht der öffentlichen Aufträge auf dem Prüfstand des europäischen Rechts, DÖV 1999, 234.

*Erbguth, Willfried*, Allgemeines Verwaltungsrecht, 6. Auflage, Nomos, Baden-Baden 2013.

European PPP Expertise Centre (EPEC), PPPs and State aid, 2016.

European PPP Expertise Centre (EPEC), United Kingdom – England – PPP Units and Related Institutional Framework, 2012.

*Eyermann, Erich*, VwGO – Verwaltungsgerichtsordnung, 14. Auflage, C. H. Beck, München 2014.

*Faber, Angela*, Drittschutz bei der Vergabe öffentlicher Aufträge, DÖV 1995, 403.

*Fabian, Roland/Farle, Valentina*, Bilanzielle Beurteilung von „Public Private Partnerships" am Beispiel des „A-Modells", DStR 2004, 929.

*Fainstein, Norman I./Fainstein, Susan S.*, Öffentlich-private Partnerschaften bei der Stadterneuerung und Stadtentwicklung in den USA, in: *Heinz, Werner* (Hrsg.), Public Private Partnership – ein neuer Weg zur Stadtentwicklung?, Verlag W. Kohlhammer/Deutscher Gemeindeverlag Stuttgart, Berlin, Köln, Stuttgart 1993, S. 65–123.

*Fehling, Michael*, Das europäische Beihilfenrecht in der Wirtschaftskrise, EuR 2010, 598.

*Felix, Dagmar/Brockmann, Judith*, Zu den Voraussetzungen der Anschubfinanzierung im Rahmen der integrierten Versorgung, NZS 2007, 623.

Finanzministerium des Landes Nordrhein-Westfalen, Leitfaden „Wirtschaftlichkeitsuntersuchungen bei PPP-Projekten", 2006.

*Finke, Werner/Sundermann, Welf/Vahle, Jürgen*, Allgemeines Verwaltungsrecht, Maximilian-Verlag, Hamburg 2002.

*Franckenstein, Georg Freiherr von und zu*, Public Private Partnership in der Bauleitplanung – Möglichkeiten und Grenzen, UPR 2000, 288.

*Frenz, Walter*, Ausschreibungspflicht wesentlicher Vertragsverlängerungen und -änderungen, VergabeR 2017, 323.

*Frenz, Walter*, Die Abgrenzung der EU-Verkehrspolitik zu den allgemeinen Vertragsbestimmungen, NZV 2010, 430.

*Frenz, Walter*, Grundrechte und Vergaberecht, EuZW 2006, 748.

*Frenz, Walter*, Handbuch Europarecht Band 3: Beihilfe- und Vergaberecht, Springer Berlin Heidelberg 2007.

*Frug, Gerald E.*, The Ideology of Bureaucracy in American Law, Harvard Law Review, 1984, 1276.

*Gatzke, Nicolas*, Public Private Partnerships und öffentliche Verschuldung, Peter Lang, Frankfurt am Main 2010.

*Gebhardt, Georg Andreas*, Zweckzuweisungen als Barriere für Public Private Partnership (PPP), Duncker & Humblot, Berlin 2009.

*Gosling, Tim/Brooks, Richard*, Three years on from the IPPR Commission on Public Private Partnerships, in: *Gosling, Tim* (ed.), 3 Steps Forward, 2 Steps Back – Reforming PPP policy, IPPR, 2004, S. 3–16.

*Grabitz, Eberhard/Hilf, Meinhard*, Das Recht der Europäischen Union – Kommentar, Band IV, 40 Ergänzungslieferung, C. H. Beck, München 2009.

*Grabitz, Eberhard/Hilf, Meinhard/Nettesheim, Martin*, Das Recht der Europäischen Union – Kommentar, Band II, 62. Ergänzungslieferung, C. H. Beck, München 2017.

*Graevenitz, Albrecht von*, Mitteilungen, Leitlinien, Stellungnahmen – Soft Law der EU mit Lenkungswirkung, EuZW 2013, 169.

*Gramm, Christof*, Privatisierung und notwendige Staatsaufgaben, Duncker & Humblot, Berlin 2001.

*Grau, Ulrich*, Historische Entwicklung und Perspektiven des Rechts der öffentlichen Aufträge, Peter Lang, Frankfurt am Main 2004.

*Große-Wilde, Hanns W.*, Public-Private-Partnership – kommunale Wirklichkeit?, NWVBl, 1994, 165.

*Grziwotz, Herbert*, Public Private Partnership – Gemischtwirtschaftliche Unternehmen zur Baulanderschließung?, NZG 1999, 55.

*Gundel, Jörg*, Staatliche Ausgleichszahlungen für Dienstleistungen von allgemeinem wirtschaftlichen Interesse: Zum Verhältnis zwischen Art. 86 Abs. 2 EGV und dem EG-Beihilfenrecht, RIW 2002, 222.

*Haberkamm, Markus/Kühne, Aline*, Steuerliche Maßnahmen im Lichte des Europäischen Beihilferechts: Seit EdF ein noch spannungsgeladeneres Feld, EuZW 2010, 734.

*Hadding, Walther*, Die Bürgschaft der öffentlichen Hand bei einem Verstoß gegen das Durchführungsverbot von Beihilfen (Art. 88 Abs. 3 Satz 3 EG-Vertrag), WM 2005, 485.

*Hailbronner, Kay*, Rechtsfolgen fehlender Information oder unterlassener Ausschreibung bei Vergabe öffentlicher Aufträge (§ 13 VgV), NZBau 2002, 474.

*Harries, Heinrich*, Verwaltungsentscheidung und Rechtsverhältnis – Rechtsbindung und Rechtswahl der Verwaltung im Grenzbereich zwischen öffentlichem und privatem Recht, NJW 1984, 2190.

*Haubner, Tobias*, Die Auswirkungen des Almunia-Pakets auf Public Private Partnerships, EuZW 2013, 816.

*Haubner, Tobias*, Public Private Partnership (PPP) und das Unionsrecht, Verlag Dr. Kovač, Hamburg 2013.

*Haug, Volker*, Funktionsvorbehalt und Berufsbeamtentum als Privatisierungsschranken, NVwZ 1999, 816.

*Haus, Michael/Kuhlmann, Sabine* (Hrsg.), Lokale Politik und Verwaltung im Zeichen der Krise?, Springer VS, Wiesbaden 2013.

*Hausmann, Hans-Christian*, Höhere Anforderungen bei interkommunalen In-House-Geschäften, Das verschärfte Kontrollkriterium gegen eine Umgehung des Vergabenrechts, NVwZ 2013, 760.

*Heidel, Thomas/Hüßtege, Rainer/Mansel, Heinz-Peter/Noack, Ulrich* (Hrsg.), BGB: Allgemeiner Teil / EGBGB, Band 1, 3. Auflage, Nomos, Baden-Baden 2016.

*Heidenhain, Martin* (ed.), European State Aid Law – A Handbook, Hart·C. H. Beck· Nomos, München 2010.

*Heidenhain, Martin*, Mittelbare Beihilfen, EuZW 2007, 623.

*Hettich, Lars/Soudry, Daniel* (Hrsg.), Das neue Vergaberecht – Eine systematische Darstellung der neuen EU-Vergaberichtlinien 2014, Bundesanzeiger Verlag, Köln 2014.

*Heuvels, Klaus/Kaiser, Christoph*, Die Nichtigkeit des Zuschlags ohne Vergabeverfahren, NZBau 2001, 479.

*Hill, Hermann*, Gesetzesgestaltung und Gesetzesanwendung im Leistungsrecht, VVDStRL 47, 1989, 172.

HM Treasury, A new approach to public private partnerships, 12. 2012.

HM Treasury, Private Finance Initiative Projects: 2014 summary data, 12. 2014.

HM Treasury, Value for Money Assessment Guidance, 2006.

*Horn, Lutz*, Vergaberechtliche Rahmenbedingungen bei Verkehrsinfrastrukturprojekten im Fernstraßenbau, ZfBR 2004, 665.

*Horn, Henrik/Peters, Andrea*, Vertragsgestaltung bei Public Private Partnership (PPP)-Projekten, BB 2005, 2421.

*Huerkamp, Florian*, Gleichbehandlung und Transparenz als gemeinschaftsrechtliche Prinzipien der staatlichen Auftragsvergabe, Mohr Siebeck, Tübingen 2010.

*Hufen, Friedhelm*, Verwaltungsprozessrecht, 10. Auflage, C. H. Beck, München 2016.

*Hünnekens, Georg*, Rechtsfragen der wirtschaftlichen Infrastruktur, Carl Heymanns Verlag KG, Köln, Berlin, Bonn, München 1995.

*Immenga, Ulrich/Mestmäcker, Ernst-Joachim*, Wettbewerbsrecht Band 2: GWB/ Teil 2, 5. Auflage, C. H. Beck, München 2014.

*Immenga, Ulrich/Mestmäcker, Ernst-Joachim*, Wettbewerbsrecht Band 3: Beihilfenrecht / Sonderbereiche, 5. Auflage, C. H. Beck, München 2016.

*Jachmann, Monika/Strauß, Thomas*, Berufsbeamtentum, Funktionsvorbehalt und der „Kaperbrief für den Landeinsatz", ZBR 1999, 289.

*Jahn, Christoph/Deifuß-Kruse, Daniela/Brandt, André* (Hrsg.), Kreislaufwirtschaftsgesetz, Kohlhammer, Stuttgart 2014.

*Jänicke, Martin*, Staatsversagen – Die Ohnmacht der Politik in der Industriegesellschaft, Piper, München / Zürich 1986.

*Janning, Hermann*, Voraussetzungen eines kommunalen PPP-Managements, in: *Walcha, Henning/Hermanns, Klaus* (Hrsg.), Partnerschaftliche Stadtentwicklung. Privatisierung kommunaler Aufgaben und Leistungen; Aufgaben der Kommunalpolitik, Kohlhammer, Köln 1996, S. 40–57.

*Jarass, Hans D./Petersen, Frank*, Kreislaufwirtschaftsgesetz: KrWG Kommentar, C. H. Beck, München 2014.

*Jarass, Hans D./Pieroth, Bodo*, GG – Grundgesetz für die Bundesrepublik Deutschland: Kommentar, 14. Auflage, C. H. Beck, München 2016.

*Jung, Hans-Ulrich/Hardt, Ulrike/Nee, Hendrik/Skubowius, Alexander*, Regionale Wirtschaftsförderung nach 2006 – Ausgewählte Aspekte der aktuellen Diskussion, Niedersächsisches Institut für Wirtschaftsforschung, 2005.

*Just, Christoph*, Von Halle über Brixen und Brabant nach Hamburg – Zu den Grenzen der vergabefreien Inhousegeschäfte, EuZW 2009, 879.

*Kaiser, Christoph*, Die Nichtigkeit so genannter De-facto-Verträge oder: „In dubio pro submissione publica", NZBau 2005, 311.

*Kaiser, Christoph*, Die Zulässigkeit von Parallelausschreibungen, NZBau 2002, 553.

*Kaltenborn, Markus/Nobis, Christoph*, Der vergabe- und beihilferechtliche Regelungsrahmen für Public Private Partnerships in der Entwicklungszusammenarbeit, NZBau 2008, 681.

*Kämmerer, Jörn Axel/Starski, Paulina*, Über Nutz und Frommen einer ÖPP-Gesetzgebung, ZG 2008, 227.

*Kiethe, Kurt*, Gesellschaftsrechtliche Spannungslagen bei Public Private Partnerships, NZG 2006, 45.

*Kim, Hyung Seob*, Die Verwirklichung der Staatszwecke in öffentlichen Unternehmen unter Beachtung des Wirtschaftlichkeitsprinzips nach deutschem und koreanischem Recht, Jur. Diss., Tübingen 2011.

*Kim, Sung-Soo*, Public Private Partnership als neue Form der Erfüllung staatlicher Aufgaben?, in: *Seok, Jong Hyun/Ziekow, Jan* (Hrsg.), Die Einbeziehung Privater in die Erfüllung öffentlicher Aufgaben – Vorträge auf dem koreanisch-deutschen Symposium zum Verwaltungsrechtsvergleich vom 13. bis

15. September 2007 am Deutschen Forschungsinstitut für Öffentliche Verwaltung Speyer, Duncker & Humblot, Berlin 2008, S. 37–63.

*Kirchhof, Ferdinand*, Haushaltssanierung durch „sale and lease back" von Verwaltungsgebäuden? – Die rechtlichen Aspekte des „Kieler Immobiliengeschäfts" –, DÖV 1999, 242.

*Kirchhof, Paul*, Der Begriff der hoheitsrechtlichen Befugnisse in Art. 33 Abs. 4 des Grundgesetzes, Jur. Diss., München 1968.

*Klingner, Matthias H.*, Die Vorabinformationspflicht des öffentlichen Auftraggebers – Effektiver Rechtsschutz gegen Zuschlagsentscheidung und Aufhebung der Ausschreibung im europäischen und deutschen Vergaberecht, Duncker & Humblot, Berlin 2005.

*Klocke, Daniel Matthias*, Grundfälle zu den verbundenen und zusammenhängenden Verträgen, JuS 2016, 875.

*Knack, Hans J./Henneke, Hans-Günter* (Hrsg.), VwVfG – Verwaltungsverfahrensgesetz Kommentar, 10. Auflage, Carl Heymanns Verlag, Köln 2014.

*Knauff, Matthias*, Im wettbewerblichen Dialog zur Public Private Partnership?, NZBau 2005, 249.

*Knauff, Matthias*, Neues zur Inhouse-Vergabe, EuZW 2014, 486.

*Knauff, Matthias*, Strukturfragen des neuen Vergaberechts, NZBau 2016, 195.

*Knauff, Matthias/Badenhausen, Elisabeth*, Die neue Richtlinie über die Konzessionsvergabe, NZBau 2014, 395.

*Knöbl, Jan*, Rechtsschutz bei der Vergabe von Aufträgen unterhalb der Schwellenwerte, Duncker & Humblot, Berlin 2009.

*Koenig, Christian/Haratsch, Andreas*, Grundzüge des deutschen und des europäischen Vergaberechts, NJW 2003, 2637.

*Koenig, Christian/Kühling, Jürgen*, Diskriminierungsfreiheit, Transparenz und Wettbewerbsoffenheit des Ausschreibungsverfahrens – Konvergenz von EG-Beihilfenrecht und Vergaberecht, NVwZ 2003, 779.

*Koenig, Christian/Kühling, Jürgen*, EG-beihilfenrechtliche Beurteilung mitgliedstaatlicher Infrastrukturförderung im Zeichen zunehmender Privatisierung, DÖV 2001, 881.

*Koenig, Christian/Kühling, Jürgen*, Grundfragen des EG-Beihilfenrecht, NJW 2000, 1065.

*Koenig, Christian/Kühling, Jürgen*, Verfahrensvielfalt und Wahl des richtigen Vergabeverfahrens – Fallstricke bei der Ausschreibung von Infrastrukturaufträgen, NZBau 2003, 126.

*Koenig, Christian /Kühling, Jürgen/Ritter, Nicolai*, EG-Beihilfenrecht, 2. Auflage, Verlag Recht und Wirtschaft, Frankfurt am Main 2005.

*Koenig, Christian/Kühling, Jürgen/Theobald, Christian* (Hrsg.), Recht der Infrastrukturförderung, Verlag Recht und Wirtschaft·Sellier. European Law Publishers GmbH, Heidelberg/München 2004.

*Koenig, Christian/Pfromm, René*, EG-beihilfenrechtliche Entbündelung in der Infrastrukturförderung, SächsVBl. 2003, 281.

*Kopp, Ferdinand O.*, Die Entscheidung über die Vergabe öffentlicher Aufträge und über den Abschluß öffentlichrechtlicher Verträge als Verwaltungsakt?, BayVBl. 1980, 609.

*Kopp, Ferdinand O./Ramsauer, Ulrich*, VwVfG – Verwaltungsverfahrensgesetz, 17. Auflage, C. H. Beck, München 2016.

*Kopp, Ferdinand O./Schenke, Wolf-Rüdiger*, VwGO – Verwaltungsgerichtsordnung, 23. Auflage, C. H. Beck, München 2017.

Korea Development Institute (KDI), Annual Report 2014, Seoul 2015.

*Krähmer, Rolf*, Private Finanzierung kommunaler Infrastrukturinvestitionen – Königsweg oder Sackgasse?, Der Gemeindehaushalt 1992, 241.

*Kramer, Urs*, Zulässigkeit der Übertragung staatlicher und kommunaler Aufgaben, in: *Manssen, Gerrit/Himmelreich, Antje/Gricenko, Elenca* (Hrsg.), Public-private-Partnership im kommunalen Bereich – Deutsche und russische Erfahrungen, Peter Lang, Frankfurt am Main 2015, S. 63–80.

*Krebs, Walter*, Verträge und Absprachen zwischen der Verwaltung und Privaten, VVDStRL 52, 1993, 248.

*Krönke, Christoph*, Das neue Vergaberecht aus verwaltungsrechtlicher Perspektive, NVwZ 2016, 568.

*Kruhl, Alfred*, Nachbesserungen bei der Pkw-Maut – ein aktueller Überblick, NZV 2017, 167.

*Kruhl, Karsten*, Erfolgsfaktoren für das Outsourcing von Gebäudebewirtschaftungsleistungen durch Kommunen und kommunale Unternehmen, NZBau 2005, 121.

*Kühling, Jürgen*, Ausschreibungspflichten beim kooperativen Städtebau nach dem EuGH-Urteil, in: *Kühling, Jürgen* (Hrsg.), Kooperation im Öffentlichen Immobilien- und Infrastrukturrecht – Tagungsband des 3. Regensburger Immobilienrechtstags am 16. Juli 2010, Carl Heymanns Verlag, Köln 2011, S. 11–24.

*Kühling, Jürgen*, Ausschreibungszwänge bei der Gründung gemischtwirtschaftlicher Gesellschaften – Das EuGH-Urteil im Fall Mödling und seine Folgen –, ZfBR 2006, 661.

*Kühling, Jürgen*, Public Private Partnerships, in: *Basedow, Jürgen/Kischel, Uwe/Sieber, Ulrich* (eds), German National Reports to the 18th International Congress of Comparative Law, Mohr Siebeck, Tübingen 2010, S. 573–595.

*Kühling, Jürgen/Beckers, Thorsten/Ryndin, Andrej/Bäuml, Andreas*, Schutz fiskalischer Interessen bei IFG-Anfragen zu ÖPP-Projekten – Das Beispiel der vorläufigen Wirtschaftlichkeitsuntersuchung bei Bundesautobahnen, IR 2014, 101.

*Kühling, Jürgen/Lehmberg, Sonja*, Das Recht der öffentlichen Auftragvergabe nach der GWB-Reform 2009, JURA 2009, 835.

*Kühling, Jürgen/Schreiner, Thomas*, Grundprobleme von Public Private Partnerships, ZJS 2011, 112.

*Kulartz, Hans-Peter/Kus, Alexander/Portz, Norbert/Prieß, Hans-Joachim* (Hrsg.), Kommentar zum GWB-Vergaberecht, 4. Auflage, Werner Verlag, Köln 2016.

*Kulartz, Hans-Peter/Marx, Fridhelm/Portz, Nobert/Prieß, Hans-Joachim* (Hrsg.), Kommentar zur VOL/A, 3. Auflage, Werner Verlag, Köln 2014.

*Kupjetz, Jörg/Eftekharzadeh, Puya*, PPP im Verkehrswesen – Entwicklung und Stand in Deutschland und Großbritannien, NZBau 2013, 142.

*Kus, Alexander*, Die richtige Verfahrensart bei PPP-Modellen, insbesondere Verhandlungsverfahren und Wettbewerblicher Dialog, VergabeR 2006, 851.

*Lämmerzahl, Torsten*, Die Beteiligung Privater an der Erledigung öffentlicher Aufgaben – Eine Untersuchung ihrer verfassungs- und verwaltungsrechtlichen Möglichkeiten und Grenzen, Duncker & Humblot, Berlin 2007.

*Lange, Klaus*, Die Abgrenzung des öffentlichrechtlichen Vertrags vom privatrechtlichen Vertrag, NVwZ 1983, 313.

*Lange, Meik*, Privatisierungspotentiale im Strafvollzug, DÖV 2001, 898.

*Lawless, Paul*, Öffentlich-private Partnerschaften in Großbritannien – Analyse und Kritik, in: *Heinz, Werner* (Hrsg.), Public Private Partnership – ein neuer Weg zur Stadtentwicklung?, Verlag W. Kohlhammer/Deutscher Gemeindeverlag, Stuttgart/Berlin/Köln, 1993, S. 199–244.

*Lecheler, Helmut*, Die Beamtenaufgaben nach dem Funktionsvorbehalt des GG, Godesberger Taschenbuch-Verlag, Bonn 1986.

*Lehnguth, Gerold,* Die Entwicklung des Funktionsvorbehalts nach Art. 33 Abs. 4 GG und seine Bedeutung in der heutigen Zeit, ZBR 1991, 266.

*Leinemann, Ralf*, Das neue Vergaberecht, 2. Auflage, Werner Verlag, Köln 2010.

*Leisner, Walter*, Legitimation des Berufsbeamtentums aus der Aufgabenerfüllung, Verlagsanstalt des Deutschen Beamtenbundes, Bonn 1988.

*Leitges, Konrad*, Entwicklung des Hoheitsbegriffs in Art. 33 Abs. 4 des Grundgesetzes – Untersuchung zu Inhalt und Grenzen des beamtenrechtlichen Funktionsvorbehaltes, zugleich ein Beitrag zur Hoheitsverwaltung, Peter Lang, Frankfurt am Main 1998.

*Lenk, Thomas*, Cross Border Leasing: Finanzwissenschaftliche Analyse eines kommunalen Finanzierungskonzepts unter besonderer Berücksichtigung der Auswirkungen ausländischer Rechtsänderungen, in: *Budäus, Dietrich* (Hrsg.), Kooperationsformen zwischen Staat und Markt – Theoretische Grundlagen und praktische Ausprägungen von Public Private Partnership, Nomos, Baden-Baden, 2006, S. 217–244.

*Lepsius, Oliver*, Verwaltungsrecht unter dem Common Law: amerikanische Entwicklungen bis zum New Deal, Mohr Siebeck, Tübingen 1997.

*Lerche, Peter*, Verbeamtung als Verfassungsauftrag? – Rechtsgutachten zu Verfassungsfragen des öffentlichen Dienstes, Godesberger Taschenbuch-Verlag, Bonn 1973.

*Ley, Rudolf/Wankmüller, Michael*, Das neue Vergaberecht 2016 – Schnelleinstieg: Lieferungen und Dienstleistungen nach GWB und VgV, 3. Auflage, 2016.

*Liebs, Detlef*, Römisches Recht, 4. Auflage, Vandenhoeck, Göttingen 1993.

*Lindenthal, Burkhard*, Begründet § 13 Satz 6 VgV die Nichtigkeit von de-facto-Vergaben?, VergabeR 2003, 630.

*Lindgen, Erich*, Der Funktionsvorbehalt des Art. 33 Abs. 4 GG und seine Durchbrechungen, DÖD 1972, 1.

*Linke, Dorothée*, Verfügbarkeitsmodelle im Europäischen Vergleich – Erste Erfahrungen in Deutschland, 11. Jahrestagung Public Private Partnership, Frankfurt am Main, 8. Mai 2012.

*Littwin, Frank/Schöne, Franz J.* (Hrsg.), Public Private Partnership im öffentlichen Hochbau, Kohlhammer, Stuttgart 2006.

*Loewenheim, Ulrich/Meessen, Karl M./Riesenkampff, Alexander* (Hrsg.), Kartellrecht: Europäisches und Deutsches Recht – Kommentar, 2. Auflage, C. H. Beck, München 2009.

*Losch, Bernhard/Gottmann, Jörg*, Bürgerbeteiligung nach Schöffenmodell – Die Wuppertaler Planungszelle, DÖV 2000, 372.

*Lübbig, Thomas/Martín-Ehlers, Andréas*, Beihilfenrecht der EU, 2. Auflage, C. H. Beck, München 2009.

*Lüke, Gerhard*, Rechtsstellung des vertraglich verpflichteten Unternehmers nach dem Tierkörperbeseitigungsgesetz, DÖV 1955, 432.

*Mangoldt, Hermann von/Klein, Friedrich/Starck, Christian*, GG – Kommentar zum Grundgesetz Band 2: Art. 20–82, 6. Auflage, Verlag Franz Vahlen, München 2010.

*Mangoldt, Hermann von/Klein, Friedrich/Starck, Christian*, GG – Kommentar zum Grundgesetz Band 3: Art. 83–146, 6. Auflage, Verlag Franz Vahlen, München 2010.

*Mann, Thomas/Sennekamp, Christoph/Uechtritz, Michael* (Hrsg.), Verwaltungsverfahrensgesetz – Großkommentar, Nomos, Baden-Baden 2014.

*Manssen, Gerrit*, Der Funktionsvorbehalt des Art. 33 Abs. 4 GG – Anmerkungen zu einem verfassungsrechtlichen Dauerproblem, ZBR 1999, 253.

*Manssen, Gerrit*, Public-private-Partnership – Die Karriere eines Rechtsinstituts, in: *Manssen, Gerrit/Himmelreich, Antje/Gricenko, Elenca* (Hrsg.), Public-private-Partnership im kommunalen Bereich – Deutsche und russische Erfahrungen, Peter Lang, Frankfurt am Main 2015, S. 99–109.

*Maunz, Theodor/Dürig, Günter* (Hrsg.), Grundgesetz Loseblatt-Kommentar 79. Ergänzungslieferung – Stand: 12, C. H. Beck, München 2016.

*Maurer, Hartmut/Waldhoff, Christian*, Allgemeines Verwaltungsrecht, 19. Auflage, C. H. Beck, München 2017.

*Meyer-Hofmann, Bettina/Riemenschneider, Frank/Weihrauch, Oliver* (Hrsg.), Public Private Partnership – Gestaltung von Leistungsbeschreibung, Finanzierung, Ausschreibung und Verträgen in der Praxis –, Carl Heymanns Verlag, Köln, München 2008.

*Michelsen, Claus/Neuhoff, Karsten/Schopp, Anne*, Beteiligungskapital als Option für mehr Investitionen in die Gebäudeenergieeffizienz?, DIW 2015, 463.

*Mühlenkamp, Holger*, Ökonomische Analyse von Public Private Partnerships (PPP) – PPP als Instrument zur Steigerung der Effizienz der Wahrnehmung öffentlicher Aufgaben oder als Weg zur Umgebung von Budgetbeschränkungen?, in: *Ziekow, Jan* (Hrsg.), Wandel der Staatlichkeit und wieder zurück? – Die Einbeziehung Privater in die Erfüllung öffentlicher Aufgaben (Public Private Partnership) in/nach der Wirtschaftskrise, Nomos, Baden-Baden 2011, S. 67–106.

*Mühlenkamp, Holger*, Ziele, Definitionen und ökonomisch relevante Merkmale von Öffentlich-Privaten Partnerschaften, in: *Mühlenkamp, Holger* (Hrsg.), Öffentlich-Private Partnerschaften – Potentiale und Probleme, Nomos, Baden-Baden 2016, S. 4–13.

*Müller, Hermann*, Die Aufhebung von Verwaltungsakten unter dem Einfluß des Europarechts, Duncker & Humblot, Berlin 2000.

*Müller, Hermann/Veil, Winfried*, Wettbewerblicher Dialog und Verhandlungsverfahren im Vergleich, VergabeR 2007, 298.

*Müller, Martin/Brauser-Jung, Geritt*, Öffentlich-Private-Partnerschaften und Vergaberecht – Ein Beitrag zu den vergaberechtlichen Rahmenbedingungen, NVwZ 2007, 884.

*Müller-Graff, Peter-Christian*, Die Erscheinungsformen der Leistungssubventionstatbestände aus wirtschaftsrechtlicher Sicht, ZHR 1988, 403.

*Müller-Mitschke, Tobias*, Konfliktfeld De-facto-Vergabe, Lexxion Verl.-Ges., Berlin 2012.

*Müller-Wrede, Malte* (Hrsg.), GWB-Vergaberecht, Bundesanzeiger Verlag, Köln 2016.

*Müller-Wrede, Malte* (Hrsg.), Kompendium des Vergaberechts, 2. Auflage, Bundesanzeiger Verlag, Köln 2013.

*Münch, Ingo von/Kunig, Philip* (Hrsg.), Grundgesetz Kommentar Band 1: Präambel, Art. 1–69, 6. Auflage, C. H. Beck, München 2012.

*Neun, Andreas*, Neue und geänderte Verfahren und Verfahrensregelungen, in: *Pünder, Hermann/Prieß, Hans-Joachim* (Hrsg.), Vergaberecht im Umbruch II - Die neuen EU-Vergaberichtlinien und ihre Umsetzung, Bucerius Law School Press, Hamburg 2015, S. 41–56.

*Neun, Andreas/Otting, Olaf*, Die Entwicklung des europäischen Vergaberechts in den Jahren 2011/2012, EuZW 2012, 566.

*Neun, Andreas/Otting, Olaf*, Die EU-Vergaberechtsreform 2014, EuZW 2014, 446.

*Noch, Rainer*, Vergaberecht Kompakt - Handbuch für die Praxis, 7. Auflage, Werner Verlag, Köln 2016.

*Obermayer, Klaus/Funke-Kaiser, Michael*, VwVfG: Kommentar zum Verwaltungsverfahrensgesetz, 4. Auflage, Luchterhand Verlag, Köln 2014.

*Opitz, Marc*, Die Zukunft der Dienstleistungskonzession, NVwZ 2014, 753.

*Oppermann, Thomas/Classen, Claus Dieter/Nettesheim, Martin*, Europarecht, 6. Auflage, C. H. Beck, München, 2016.

*Ossenbühl, Fritz*, Die Erfüllung von Verwaltungsaufgaben durch Private, VVDStRL 29, 1971, 137.

*Ossenbühl, Fritz*, Verwaltungsvorschriften und Grundgesetz, Verlag Dr. Max Gehlen, Bad Homburg v. d. H., Berlin/Zürich 1968.

*Osterloh, Lerke*, Privatisierung von Verwaltungsaufgaben, VVDStRL 54, 1995, 204.

*Otting, Olaf*, Die neue Vergabeverordnung, NVwZ 2001, 775.

*Özfirat-Skubinn, Şirin*, Der Rechtsweg im Rechtsstreit über die Rechtmäßigkeit einer öffentlichen Auftragsvergabe im Unterschwellenbereich, DÖV 2010, 1005.

*Palandt, Otto*, Bürgerliches Gesetzbuch, 76. Auflage, C. H. Beck, München 2017.

*Papenfuß, Ulf/Schaefer, Christina*, Gemischtwirtschaftliche Unternehmen - Steuerungsanforderungen und empirische Analyse, in: *Mühlenkamp, Holger* (Hrsg.), Öffentlich-Private Partnerschaften - Potentiale und Probleme, Nomos, Baden-Baden, 2016, S. 190–201.

Partnerschaften Deutschland, Öffentlich-Private Partnerschaften in Deutschland, 2014.

Partnerschaften Deutschland, ÖPP-Mustervertrag für ein Inhabermodell im Hochbau, 2014.

Partnerschaften Deutschland, Transparenz bei ÖPP-Projekten, 2013.

Partnerschaften Deutschland, Überblick zu ÖPP-Projekten im Hoch- und Tiefbau in Deutschland, 2014.

Partnerschaften Deutschland, Überblick zu ÖPP-Projekten im Hoch- und Tiefbau in Deutschland, 2017.

*Pautsch, Arne/Hoffmann, Lutz* (Hrsg.), VwVfG – Verwaltungsverfahrensgesetz Kommentar, Erich Schmidt Verlag, München 2016.

*Pechstein, Matthias*, Das Flächenerwerbsprogramm verstößt gegen das EG-Beihilfenrecht, NJW 1999, 1429.

*Peine, Franz-Joseph*, Allgemeines Verwaltungsrecht, 10. Auflage, C. F. Müller, Heidelberg 2011.

*Pestalozza, Christian*, Formenmißbrauch des Staates: zu Figur und Folgen des „Rechtsmißbrauchs“ und ihrer Anwendung auf staatliches Verhalten, C. H. Beck, München 1973.

*Philipp, Wolfgang*, Pacta non sunt servanda – Keine Vertragstreue mehr für Bundeswertpapiere, NVwZ 2013, 911.

*Pietzcker, Jost*, Änderungen des Rechtsschutzes bei der Auftragsvergabe, in: *Bender/Breuer/Ossenbühl/Sendler*, Rechtsstaat zwischen Sozialgestaltung und Rechtsschutz – Festschrift für Konrad Redeker zum 70. Geburtstag, C. H. Beck, München 1993, S. 501–514.

*Pietzcker, Jost*, Der Staatsauftrag als Instrument des Verwaltungshandelns, J. C. B. Mohr (Paul Siebeck), Tübingen 1978.

*Pietzcker, Jost*, Die deutsche Umsetzung der Vergabe- und Nachprüfungsrichtlinien im Licht der neuen Rechtsprechung, NVwZ 1996, 313.

*Pietzcker, Jost*, Die neue Gestalt des Vergaberechts, ZHR 1998, 427.

*Pietzcker, Jost*, Die Zweiteilung des Vergaberechts: Subjektive Rechte – Rechtsschutz – Reform, Nomos, Baden-Baden 2001.

*Pietzcker, Jost*, Rechtsbindungen der Vergabe öffentlicher Aufträge, AöR 1982, 61.

*Pietzcker, Jost*, Vergaberechtliche Sanktionen und Grundrechte, NZBau 2003, 242.

*Pitschas, Rainer*, Innere Sicherheit und Öffentlich-Private Partnerschaft. Von der Gewährleistungsverantwortung des Staates zur collaborativen Sicherheitsgovernance und zurück?, in: *Ziekow, Jan* (Hrsg.), Wandel der Staatlichkeit und wieder zurück? Die Einbeziehung Privater in die Erfüllung öffentlicher Aufgaben (Public Private Partnership) in/nach der Wirtschaftskrise, Nomos, Baden-Baden 2011, S. 255–272.

*Plauth, Melanie*, Die Rechtspflicht zur Transparenz im europäisierten Vergaberecht, Bundesanzeiger Verlag, Köln, 2017.

*Pohlmann, Markus C.*, Südkoreas Unternehmen, in: *Kern, Thomas/Köllner, Patrick* (Hrsg.), Südkorea und Nordkorea – Einführung in Geschichte, Politik, Wirtschaft und Gesellschaft, CampusVerlang, Frankfurt a. M./New York 2005, S. 121–148.

*Pollmann, Tobias*, Der verfassungsrechtliche Gleichbehandlungsgrundsatz im öffentlichen Vergaberecht, Duncker & Humblot, Berlin 2009.

*Portz, Norbert*, Kein „pacta sunt servanda" bei vergaberechtswidrigen Verträgen – Anmerkung zu EuGH, Urt. v. 18.7.2007 – C-503/04 (Kommission/Deutschland), KommJur 2007, 335.

*Posner, Richard A.*, Theories of Economic Regulation, The Bell Journal of Economics and Management Science, Vol. 5, No. 2, 1974, 335.

*Posser, Herbert/Wolff, Heinrich Amadeus* (Hrsg.), VwGO – Kommentar, 2. Auflage, C. H. Beck, München 2014.

*Prieß, Hans-Joachim*, Handbuch des europäischen Vergaberechts, 3. Auflage, Carl Heymanns Verlag, Köln 2005.

*Prieß, Hans-Joachim/Niestedt, Marian*, Rechtsschutz im Vergaberecht – Praxishandbuch für den Rechtsschutz bei der Vergabe öffentlicher Aufträge oberhalb und unterhalb der EG-Schwellenwerte, Carl Heymanns Verlag, Köln . Berlin . München 2006.

*Prieß, Hans-Joachim/Stein, Roland M.*, Die neue EU-Konzessionsvergaberichtlinie, VergabeR 2014, 499.

*Pünder, Hermann*, Die Vergabe öffentlicher Aufträge unter den Vorgaben des europäischen Beihilferechts, NZBau 2003, 530.

*Pünder, Hermann/Franzius, Ingo*, Auftragsvergabe im wettbewerblichen Dialog, ZfBR, 2006, 20.

*Pünder, Hermann/Schellenberg, Martin* (Hrsg.), Vergaberecht, 1. Auflage, Nomos, Baden-Baden 2011.

*Pünder, Hermann/Schellenberg, Martin* (Hrsg.), Vergaberecht, 2. Auflage, Nomos, Baden-Baden 2015.

*Purps, Thorsten*, Das Vermögensrechtsergänzungsgesetz (VermRErgG), VIZ 2001, 401.

*Püstow, Moritz/Meiners, Johannes*, Die Innovationspartnerschaft – Mehr Rechtssicherheit für ein innovatives Vertragsmodell, NZBau 2016, 406.

*Püstow, Moritz/Meiners*, Vorrang des Unionsrechts bei vergaberechtswidrigen Verträgen, EuZW 2016, 325.

*Putzier, Eckart*, Die Informationspflicht nach dem neuen § 13 Vergabeverordnung, DÖV 2002, 517.

*Quardt, Gabriele*, Zur Abschaffung von Anstaltslast und Gewährträgerhaftungreich, EuZW 2002, 424.

*Raab, Thomas*, Änderungskündigung, Widerrufsvorbehalt, Freiwilligkeitsvorbehalt und der Grundsatz „pacta sunt servanda", in: *Konzen, Horst/Krebber, Sebastian/Raab, Thomas/Veit, Barbara/Waas, Bernd* (Hrsg.), Festschrift für Rolf Birk zum siebzigsten Geburtstag, Mohr Siebeck, Tübingen 2008, S. 659–685.

Rechnungshöfe, Gemeinsamer Erfahrungsbericht zur Wirtschaftlichkeit von ÖPP-Projekten, Wiesbaden 2011.

*Rechten, Stephan*, Der Auftraggeberbegriff im Wandel, NZBau 2014, 667.

*Redeker, Konrad/von Oertzen, Hans-Joachim*, Verwaltungsgerichtsordnung, 16. überarbeitete Auflage, Kohlhammer, Stuttgart 2014.

*Reicherzer, Max*, Die gesetzliche Verankerung von Public-Private-Partnerships, DÖV 2005, 603.

*Reimnitz, Mine Elfi*, Der neue Wettbewerbliche Dialog – Eine Alternative zum Verhandlungsverfahren unter Berücksichtigung von Public Private Partnership-Modellen, Peter Lang, Frankfurt am Main 2009.

*Rengeling, Hans-Werner*, Das Beihilfenrecht der Europäischen Gemeinschaften, in: *Börner, Bodo/Neundörfer, Konrad* (Hrsg.), Recht und Praxis der Beihilfen im gemeinsamen Markt, Kölner Schriften zum Europarecht, Band 32, Carl Heymanns Verlag, Köln/Berlin/Bonn/München 1984, S. 23–54.

*Ricken, Robin*, Beurteilungsspielräume und Ermessen im Vergaberecht – Zur Dogmatik der Entscheidungsspielräume öffentlicher Auftraggeber, Nomos, Baden-Baden 2014.

*Risch, Ben Michael*, Europäisches Beihilferecht, KommJur 2015, 10.

*Rittner, Fritz*, Das deutsche Öffentliche Auftragswesen im europäischen Kontext, NVwZ 1995, 313.

*Ritzenhoff, Lukas*, Das Beihilfe- und Vergaberecht in der Krise, Nomos, Baden-Baden 2012.

*Rosenkötter, Annette*, Die Innovationspartnerschaft, VergabeR 2016, 196.

*Rudolf, Walter*, Der öffentliche Dienst im Staat der Gegenwart, VVDStRL 37, 1979, 175.

*Ruthig, Josef*, Rechtsschutz von Bietern bei der Vergabe öffentlicher Bauaufträge, DÖV 1997, 539.

*Ruthig, Josef*, Vergaberechtsnovelle ohne Gesetzgeber – Zum GWB-Vergaberecht nach Ablauf der Umsetzungsfrist – Teil I, NZBau 2006, 137.

*Ruthig. Josef/Storr, Stefan*, Öffentliches Wirtschaftsrecht, 3. Auflage, C. F. Müller, Heidelberg 2011.

*Sachs, Michael* (Hrsg.), GG – Grundgesetz-Kommentar, 7. Auflage, C. H. Beck, München 2014.

*Sack, Detlef*, Krise und Organisationswandel von lokaler Governance – Das Beispiel Public Private Partnerships, in: *Haus, Michael/Kuhlmann, Sabine* (Hrsg.), Lokale Politik und Verwaltung im Zeichen der Krise?, Springer VS, Wiesbaden 2013, S. 139–157.

*Säcker, Franz Jürgen/Montag, Frank* (ed.), European State Aid Law, C. H. Beck/ Hart, Nomos, München 2016.

*Säcker, Franz Jürgen* (Hrsg.), Münchener Kommentar – Europäisches und Deutsches Wettbewerbsrecht, Band 3: Vergaberecht I, 2. Auflage, C. H. Beck, München 2018.

*Säcker, Franz Jürgen/Rixecker, Roland/Oetker, Hartmut/Limperg, Bettina* (Hrsg.), Bürgerliches Gesetzbuch: Allgemeiner Teil, 7. Auflage, C. H. Beck, München 2015.

*Salamon, Lester M.*, The New Governance and the Tools of Public Action: An Introduction, Fordham Urban Law Journal, Volume 28, Issue 5, 2000, 1611.

*Schellenberg, Martin*, Öffentlich-öffentliche Zusammenarbeit nach der Reform, in: *Pünder, Hermann/Prieß, Hans-Joachim* (Hrsg.), Vergaberecht im Umbruch II – Die neuen EU-Vergaberichtlinien und ihre Umsetzung, Bucerius Law School Press, Hamburg 2015, S. 5–18.

*Scherzberg, Arno*, Grundfragen des verwaltungsrechtlichen Vertrages, JuS 1992, 205.

*Schlette, Volker*, Die Verwaltung als Vertragspartner – Empirie und Dogmatik verwaltungsrechtlicher Vereinbarungen zwischen Behörde und Bürger, Mohr Siebeck, Tübingen, 2000.

*Schmidt, Nadja*, Beihilfenrecht in der Krise – Reform des Beihilfenrechts, EuZW 2014, 49.

*Schmidt, Rolf*, Allgemeines Verwaltungsrecht – Grundlagen des Verwaltungsverfahrens; Staatshaftungsrecht, 20. Auflage, Dr. Rolf Schmidt GmbH, Grasberg bei Bremen 2017.

*Schmidt, Walter*, Organisierte Einwirkungen auf die Verwaltung, VVDStRL 33, 1975, 183.

*Schmidt-Aßmann, Eberhard*, Das Allgemeine Verwaltungsrecht als Ordnungsidee – Grundlagen und Aufgaben der verwaltungsrechtlichen Systembildung, Springer Verlag, Berlin/Heidelberg 2004.

*Schmidt-Aßmann, Eberhard/Krebs, Walter*, Rechtsfragen städtebaulicher Verträge – Vertragstypen und Vertragsrechtslehren, 2. überarbeitete Auflage, Deutscher Gemeindeverlag/W. Kohlhammer, Köln 1992.

*Schmitt-Glaeser, Walter*, Partizipation an Verwaltungsentscheidungen, VVDStRL 31, 1973, 179.

*Schneevogl, Kai-Uwe/Horn, Lutz*, Das Vergaberechtsänderungsgesetz, NVwZ 1998, 1242.

*Schneider, Tobias*, Primärrechtsschutz nach Zuschlagserteilung bei einer Vergabe öffentlicher Aufträge – Der oberhalb der Schwellenwerte bestehende vergaberechtliche Primärrechtsschutz des nichtberücksichtigten Bieters nach Zuschlagserteilung, Duncker & Humblot, Berlin 2007.

*Schröder, Holger*, Voraussetzungen, Strukturen und Verfahrensabläufe des Wettbewerblichen Dialogs in der Vergabepraxis, NZBau 2007, 216.

*Schroeder, Werner*, Vernünftige Investition oder Beihilfe? – Gemeinschaftsrechtliche Optionen zur Finanzierung öffentlicher Unternehmen, ZHR 1997, 805.

*Schubert, Jens M.*, Beihilfen im Agrarsektor, EuZW 2010, 92.

*Schuppert, Gunnar Folke*, Grundzüge eines zu entwickelnden Verwaltungskooperationsrechts, Bundesministerium des Innern, 2001.

*Schütterle, Peter*, EG-Beihilfenkontrolle und kommunale Grundstücksverkäufe – Schutz des Wettbewerbs oder vermeidbares Investitionshemmnis?, EuZW 1993, 625.

*Schwarze, Jürgen* (Hrsg.), EU-Kommentar, 3. Auflage, Nomos, Baden-Baden 2012.

*Schweiger, Daniel*, Malusregelungen in PPP-Verträge, NZBau 2011, 137.

*Schwendinger, Gerd*, Beihilfenrechtskonformer Umgang mit geistigem Eigentum in der Auftragsforschung, GRUR 2013, 447.

*Seidel, Sebastian M*, Überarbeitung der EG-Rechtsmittelrichtlinien im öffentlichen Auftragswesen – Mehr als eine Neuregelung unzulässiger Direktvergaben?, EWS 2007, 529.

*Shirvani, Fardad*, Optimierung des Rechtsschutzes im Vergaberecht, Nomos, Baden-Baden 2016.

*Siebert, Wolfgang*, Privatrecht im Bereich öffentlicher Verwaltung – Zur Abgrenzung und Verflechtung von öffentlichem Recht und Privatrecht, in: Universität Göttingen Rechts- und Staatswissenschaftliche Fakultät (Hrsg.), Festschrift für Hans Niedermeyer zum 70. Geburtstag, Verlag Otto Schwartz & Co., Göttingen 1953, S. 215–248.

*Siegel, Thorsten*, Das Haushaltsvergaberecht – Systematisierung eines verkannten Rechtsgebiets, VerwArch 2016, 1.

*Siegel, Thorsten*, Das neue Konzessionsvergaberecht, NVwZ 2016, 1672.

*Sinnaeve, Adinda*, Die ersten Gruppenfreistellungen: Dezentralisierung der Beihilfenkontrolle?, EuZW 2001, 69.

*Slapper, Gary/Kelly, David*, The English Legal System, 17th ed., Taylor & Francis, London 2016.

*Sodan, Helge/Ziekow, Jan* (Hrsg.), Verwaltungsgerichtsordnung – Großkommentar, 4. Auflage, Nomos, Baden-Baden 2014.

*Soltész, Ulrich*, Die Entwicklung des europäischen Beihilferechts in 2015, EuZW 2016, 87.

*Soltész, Ulrich/Hellstern, Mara*, „Mittelbare Beihilfen" – Indirekte Begünstigungen im EU-Beihilferecht, EuZW 2013, 489.

*Soltész, Ulrich/Wagner, Christian*, Wann werden „Altbeihilfen" zu „Neubeihilfen"? – Anmeldepflichtige Umgestaltung bestehender Beihilfen und Verlust des Bestandsschutzes, EuZW 2013, 856.

*Sommermann, Karl-Peter*, Konvergenzen im Verwaltungsverfahrens- und Verwaltungsprozeßrecht europäischer Staaten, DÖV 2002, 133.

*Sonder, Nicolas/Hübner, Jenny*, Rechtliche Herausforderungen für Kommunen beim Breitbandausbau, KommJur 2015, 441.

*Stein, Roland M*, Mehr Regeln (und Ausnahmen): Die neue Konzessionsvergaberichtlinie, in: *Pünder, Hermann/Prieß, Hans-Joachim* (Hrsg.), Vergaberecht im Umbruch II – Die neuen EU-Vergaberichtlinien und ihre Umsetzung, Bucerius Law School Press, Hamburg 2015, S. 101–126.

*Steinbeiß-Winkelmann, Christine*, Europäisierung des Verwaltungsrechtsschutzes – Anmerkungen zu einer „unendlichen Geschichte", NJW 2010, 1233.

*Steindorff, Ernst*, Nichtigkeitsrisiko bei Staatsbürgschaften, EuZW 1997, 7.

*Steiner, Udo*, Öffentliche Aufgabenerfüllung durch Private aus der Sicht des deutschen Verfassungsrechts, in: *Manssen, Gerrit/Himmelreich, Antje/Gricenko, Elenca* (Hrsg.), Public-private-Partnership im kommunalen Bereich – Deutsche und russische Erfahrungen, Peter Lang, Frankfurt am Main 2015, S. 15–25.

*Steiner, Udo*, Öffentliche Verwaltung durch Private – Allgemeine Lehren, Hansischer Gildenverlag, Joachim Heitmann & Co., Hamburg 1973.

*Stelkens, Ulrich*, Verwaltungsprivatrecht – Zur Privatrechtsbindung der Verwaltung, deren Reichweite und Konsequenzen, Duncker & Humblot, Berlin 2005.

*Stelkens, Paul/Bonk, Heinz Joachim/Sachs, Michael* (Hrsg.), VwVfG – Verwaltungsverfahrensgesetz Kommentar, 8. Auflage, C.H. Beck, München 2014.

*Stigler, George J.*, The Theory of economic regulation, The Bell Journal of Economics and Management Science, Vol. 2, No. 1, 1971, 3.

*Stöbener de Mora, Patricia Sarah*, Überall Beihilfen? – Die Kommissionsbekanntmachung zum Beihilfebegriff, EuZW 2016, 685.

*Stober, Rolf,* Möglichkeiten und Grenzen einer Privatisierung der kommunalen Abfallentsorgung, in: *Tettinger, Peter J.*, (Hrsg.), Rechtlicher Rahmen für Public-Private-Partnership auf dem Gebiet der Entsorgung, Bochumer Beiträge zum Berg- und Energierecht, Bd. 22, Boorberg, Stuttgart 1994, S. 25–45.

*Stober, Rolf,* Police-Private-Partnership aus juristischer Sicht, DÖV 2000, 261.

*Streinz, Rudolf,* EUV/AEUV, 2. Auflage, C. H. Beck, München 2012.

*Struve, Tanja*, Durchbruch für interkommunale Zusammenarbeit, EuZW 2009, 805.

*Sunstein, Cass R.*, Problems with rules, California Law Review Vol. 83, July 1995, 953.

*Tettinger, Peter J.*, Die rechtliche Ausgestaltung von Public Private Partnership, DÖV, 1996, 764.

*Tettinger, Peter J.*, Public Private Partnership, Möglichkeiten und Grenzen – ein Sachstandsbericht, NWVBl. 2005, 1.

The World Bank, Public-Private Partnerships Reference Guide, 2012.

*Theisen, Rolf-Dieter*, Allgemeines Verwaltungsrecht, 10. vollständig überarbeitete Auflage, Verlag Bernhardt-Witten, Witten 2008.

*Uechtritz, Michael/Otting, Olaf,* Das „ÖPP-Beschleunigungsgesetz“: Neuer Name, neuer Schwung für „öffentlich-private Partnerschaften“?, NVwZ 2005, 1105.

*Van den Hurk, Martijn/Liyanage, Champika*, United Kingdom, in: *Verhoest, Koen/Carbonara, Nunzia/Lember, Veiko/Petersen, Ole Helby/Scherrer, Walter/van den Hurk, Martijn* (eds.), Cost Action TU1001 – Public Private Partnerships in Transport: Trends & Theory [P3T3] – 2013 Discussion Papers Part I: Country Profiles, European Cooperation in Science and Technology, 2013, S. 246–263.

*Vedder, Christoph/Hentschel von Heinegg, Wolff* (Hrsg.), Europäisches Unionsrecht: EUV | AEUV | Grundrechte Charta – Handkommentar, Nomos, Baden-Baden 2012.

*Wagner, Stephan*, Rechtsfolgen von Vergabeverstößen bei PPP-Projekten nach deutschem Recht, in: *Manssen, Gerrit/Himmelreich, Antje/Gricenko, Elenca* (Hrsg.), Public-private-Partnership im kommunalen Bereich – Deutsche und russische Erfahrungen, Peter Lang, Frankfurt am Main 2015, S. 349–365.

*Wagner, Volkmar/Pfohl, Benjamin Quirin*, Die neue Richtlinie 2014/23/EU über die Konzessionsvergabe: Anwendungsbereich, Ausnahmevorschriften und materielle Regelungen, ZfBR 2014, 745.

*Wagner, Volkmar/Steinkemper, Ursula*, Öffentliche Auftragsvergabe – Legale Möglichkeiten der Vergabe ohne Ausschreibung und Rechtsfolgen fehlerhafter oder unterbliebener Ausschreibungen, BB 2004, 1577.

*Wallerath, Maximilian*, Öffentliche Bedarfsdeckung und Verfassungsrecht – Beschaffung und Leistungserstellung im Staat der Gegenwart, Nomos, Baden-Baden 1988.

*Weber, Jan*, Die Entwicklung des Leasingrechts von Mitte 2007 bis Mitte 2009, NJW 2009, 2927.

*Weber, Max*, Wirtschaft und Gesellschaft – Grundriß der verstehenden Soziologie, fünfte revidierte Auflage, besorgt von *Johannes Winckelmann*, J. C. B. Mohr (Paul Siebeck), Tübingen 1980.

*Weber, Martin*, Die Wirtschaftlichkeitsuntersuchung bei PPP-Projekten, in: *Budäus, Dietrich* (Hrsg.), Kooperationsformen zwischen Staat und Markt – Theoretische Grundlagen und praktische Ausprägungen von Public Private Partnership, Nomos, Baden-Baden 2006, S. 139–157.

*Weber, Martin/Schäfer, Michael/Hausmann, Friedrich Ludwig* (Hrsg.), Public Private Partnership, C. H. Beck, München 2006.

*Wegmann, Winfried*, Die Vorabinformation über den Zuschlag bei der öffentlichen Auftragsvergabe, NZBau 2001, 475.

*Weisheit, Susanne*, Privatisierung von Bundesautobahnen – Rechtliche Möglichkeiten und Grenzen, Peter Lang, Frankfurt am Main 2011.

*Weiß, Paula Macedo*, „Pacta sunt servanda“ im Verwaltungsvertrag, Peter Lang, Frankfurt am Main 1999.

*Weller, Marc-Philippe*, Die Grenze der Vertragstreue von (Krisen-)Staaten, Mohr Siebeck, Tübingen 2013.

*Weller, Marc-Philippe*, Die Vertragstreue, Mohr Siebeck, Tübingen 2009.

*Weyand, Rudolf*, ibr-online-Kommentar Vergaberecht, 17. Aktualisierung, 2015.

*Willenbruch, Klaus*, Vergaberechtliche Entscheidungsspielräume öffentlicher Auftraggeber, in: *Prieß, Hans-Joachim/Lau, Niels/Kratzenberg, Rüdiger* (Hrsg.), Wettbewerb-Transparenz-Gleichbehandlung: 15 Jahre GWB-Vergaberecht – Festschrift für Fridhelm Marx, C. H. Beck, München 2013, S. 841–855.

*Willenbruch, Klaus/Wieddekind, Kristina* (Hrsg.), Vergaberecht – Kompaktkommentar, 4. Auflage, Werner Verlag, Köln 2017.

*Winterhoff, Christian*, Die rechtlichen Möglichkeiten und Grenzen der Public private Partnership im Strafvollzug, in: *Grote, Rainer/Härtel, Ines/Hain, Karl-E./Schmidt, Thorsten Ingo/Schmitz, Thomas/Schuppert, Gunnar Folke/Winterhoff, Christian* (Hrsg.), Die Ordnung der Freiheit – Festschrift für Christian Starck zum siebzigsten Geburtstag, Mohr Siebeck, Tübingen 2007, S. 463–482.

*Wolf, Manfred/Neuner, Jörg*, Allgemeiner Teil des Bürgerlichen Rechts, 11. Auflage, C. H. Beck, München 2016.

*Wolff, Hans J.*, Verwaltungsrecht I, C. H. Beck'sche Verlagsbuchhandlung, München und Berlin 1956.

*Wolff, Hans J./Bachof, Otto/Stober, Rolf/Kluth, Winfried*, Verwaltungsrecht I, 13. Auflage, C. H. Beck, München 2007.

*Wollenschläger, Ferdinand*, Sekundärrechtsschutz als effektiver Rechtsschutz jenseits des Kartellvergaberechts?, in: *Prieß, Hans-Joachim/Lau, Niels/Kratzenberg, Rüdiger* (Hrsg.), Wettbewerb-Transparenz-Gleichbehandlung: 15 Jahre GWB-Vergaberecht – Festschrift für Fridhelm Marx, C. H. Beck, München 2013, S. 873–884.

World Bank Institute/Public-Private Infrastructure Advisory Facility (PPIAF), Public-Private Partnerships Reference Guide, 2012.

*Wüstneck, Sonja*, Das „Almunia"-Paket der Europäischen Kommission – Neue Regeln für Dienstleistungen von allgemeinem wirtschaftlichen Interesse (DAWI), EWeRK 2012, 116.

*Wysk, Peter* (Hrsg.), Verwaltungsgerichtsordnung 2. Auflag, C. H. Beck, München 2016.

*Zacharias, Diana*, Privatisierung der Abwasserbeseitigung, DÖV 2001, 454.

*Zeidler, Karl*, Schranken nichthoheitlicher Verwaltung, VVDStRL 19, 1961, 208.

*Ziekow, Jan*, Collaborative Governance – deutsche gewendet: kooperierender, kollaborierender oder kollabierender Staat?, in: *Kühling, Jürgen* (Hrsg.), Kooperation im Öffentlichen Immobilien- und Infrastrukturrecht – Tagungsband des 3. Regensburger Immobilienrechtstags am 16. Juli 2010, Carl Heymanns Verlag, Köln 2011, S. 1–10.

*Ziekow, Jan*, Die vergaberechtlich zulässige Vertragslaufzeit bei komplexen PPP-Modellen, VergabeR 2006, 702.

*Ziekow, Jan*, Neue Entwicklungstendenzen im Verhältnis zwischen öffentlicher Verwaltung und Privaten bei der Erfüllung öffentlicher Aufgaben, in: *Seok, Jong Hyun/Ziekow, Jan* (Hrsg.), Die Einbeziehung Privater in die Erfüllung öffentlicher Aufgaben – Vorträge auf dem koreanisch-deutschen Symposium zum Verwaltungsrechtsvergleich vom 13. bis 15. September 2007 am Deutschen Forschungsinstitut für Öffentliche Verwaltung Speyer, Duncker & Humblot, Berlin 2008, S. 23–36.

*Ziekow, Jan*, Öffentliches Wirtschaftsrecht, 4. Auflage, C. H. Beck, München 2016.

*Ziekow, Jan*, Public Private Partnership – auf dem Weg zur Formierung einer intermediären Innovationsebene?, Verwaltungsarchiv, 2006, 626.

*Ziekow, Jan*, Public Private Partnership und Verwaltungsverfahrensrecht, in: *Sommermann, Karl-Peter/Ziekow, Jan* (Hrsg.), Perspektiven der Verwaltungsforschung – Beiträge zur Wissenschaftlichen Arbeitstagung aus Anlass des 25-jährigen Bestehens des Forschungsinstituts für öffentliche Verwaltung vom 8. Bis 10. Oktober 2001 in Speyer, Duncker & Humblot, Berlin 2002, S. 269–316.

*Ziekow, Jan*, Verankerung verwaltungsrechtlicher Kooperationsverhältnisse (Public Private Partnership) im Verwaltungsverfahrensgesetz, in: *Bundesministerium des Innern* (Hrsg.), Verwaltungskooperationsrecht: (Public Private Partnership); Gutachten im Auftrag des Bundesministeriums des Innern, Berlin 2001.

*Ziekow, Jan*, Verwaltungsverfahrensgesetz, 3. überarbeitete Auflage, Verlag W. Kohlhammer GmbH, Stuttgart 2013.

*Ziekow, Jan*, Wandel der Staatlichkeit und wieder zurück? PPP im Kontext der deutschen Diskussion um die Rolle des Staates, in: *Ziekow, Jan* (Hrsg.), Wandel der Staatlichkeit und wieder zurück? – Die Einbeziehung Privater in die Erfüllung öffentlicher Aufgaben (Public Private Partnership) in/nach der Weltwirtschaftskrise, Nomos, Baden-Baden 2011, S. 43–65.

*Ziekow, Jan/Siegel, Thorsten*, Das Vergabeverfahren als Verwaltungsverfahren, ZfBR 2004, 30.

*Ziekow, Jan/Siegel, Thorsten*, Entwicklung und Perspektiven des Rechts des öffentlichrechtlichen Vertrags – Teil 3 –, VerwArchiv 2004, 281.

*Ziekow, Jan/Windoffer, Alexander*, Public Private Partnership als Verfahren – Struktur und Erfolgsbedingungen von Kooperationsarenen, NZBau 2005, 665.

*Zöller, Andreas*, Public Private Partnership (PPP) und kleine und mittlere Unternehmen (KMU) – Rahmenbedingungen des PPP-Konzeptes für KMU unter Berücksichtigung eines Beispiels aus der Siedlungswasserwirtschaft, GRIN Verlag, Norderstedt 2006.

*Zuleeg, Manfred*, Öffentliche Aufträge nach europäischem und deutschem Recht, ZEuP 2004, 636.

**Regensburger Beiträge zum Staats- und Verwaltungsrecht**

Herausgegeben von Gerrit Manssen

Band 1 Simone Maria Koitek: Windenergieanlagen in der Raumordnung. 2005.

Band 2 Barbara Reil: Reformüberlegungen zur Richtervorlage. Beitrag zur Funktionenverteilung zwischen Bundesverfassungsgericht und Fachgerichtsbarkeiten bei der Kontrolle des parlamentarischen Gesetzgebers. 2005.

Band 3 André Zorger: Der Beirat für Stadtgestaltung der Stadt Regensburg. Eine Untersuchung zur baurechtlichen und kommunalrechtlichen Zulässigkeit. 2005.

Band 4 Gerrit Manssen/Boguslaw Banaszak (Hrsg.): Religionsfreiheit in Mittel- und Osteuropa zwischen Tradition und Europäisierung. 2006.

Band 5 Markus Tändler: Umweltprüfung und Umweltkontrolle in der Bauleitplanung. Eine Bewertung aus juristischer und kommunalpraktischer Sicht. 2006.

Band 6 Christian Bartsch: Vorbeugender Hochwasserschutz im Recht der Raumordnung und Landesplanung. 2007.

Band 7 Anja Rösch: Das A-Modell im Bundesautobahnbau. Bau, Erhaltung, Betrieb und Finanzierung von Bundesautobahnabschnitten durch Private und Refinanzierung auf Grundlage der Autobahnmaut. 2008.

Band 8 Tanja Böhm: Nicht gemeldete erlaubnispflichtige Schusswaffen in Bayern. Eine empirische Untersuchung unter Sportschützen und Jägern. 2007.

Band 9 Gerrit Manssen (Hrsg.): Die Finanzierung von politischen Parteien in Europa. Bestandsaufnahme und europäische Perspektive. 2008.

Band 10 Stefan Diemer: Die Verantwortlichkeit der Organe öffentlich-rechtlicher Wettbewerbsversicherungsanstalten. Eine Darstellung unter besonderer Berücksichtigung der Versicherungskammer Bayern Versicherungsanstalt des öffentlichen Rechts. 2008.

Band 11 Martin Denecke: Das Selbstgestaltungsrecht der Gemeinde im baulichen Bereich. 2009.

Band 12 Albert J. Schmid: Die Eignung als Zugangskriterium für ein öffentliches Amt unter besonderer Berücksichtigung des Fragerechts des Dienstherren. 2009.

Band 13 Gerrit Manssen (Hrsg.): Die verfassungsrechtlich garantierte Stellung der Abgeordneten in den Ländern Mittel- und Osteuropas. 2009.

Band 14 Benedikt Grünewald: Die Betonung des Verfahrensgedankens im deutschen Verwaltungsrecht durch das Gemeinschaftsrecht. 2010.

Band 15 Marion Robl: Das beschleunigte Verfahren für Bebauungspläne der Innenentwicklung. Ein Aspekt des Innenstadtentwicklungsgesetztes („BauGB 2007“). 2010.

Band 16 Ines Jahnes: Initiativermittlungen im Bereich der Organisierten Kriminalität. 2010.

Band 17 Astrid Kühne: Die Änderungen der Außenbereichsvorschrift des § 35 BauGB durch das Europarechtsanpassungsgesetz Bau. 2011.

Band 18 Franz Guttenberger: Ausgleichsansprüche nach § 24 Abs. 2 und § 25 BBodSchG. 2011.

Band 19 Andreas Alscher: Rechtliche Möglichkeiten einer integrierten kommunalen Verkehrsplanung. 2011.

Band 20 Florian P. Schrems: Ist das geltende Friedhofs- und Bestattungsrecht noch zeitgemäß? Das Friedhofs- und Bestattungsrecht im Lichte verfassungsrechtlicher Vorgaben. Unter besonderer Berücksichtigung gewandelter Ansichten in der Bevölkerung sowie integrationspolitischer Herausforderungen. 2012.

Band 21 Inkook Kay: Regulierung als Erscheinungsform der Gewährleistungsverwaltung. Eine rechtsdogmatische Untersuchung zur Einordnung der Regulierung in das Staats- und Verwaltungsrecht. 2013.

Band 22 Tina Voigt: Das Raumordnungsgesetz 2009 und das Bayerische Landesplanungsgesetz 2012. Eine Untersuchung zur Abweichungsgesetzgebung im Bereich der Raumordnung. 2013.

Band 23 Stefan Schick: Die energetische Nutzung von Biomasse im Sinne des § 35 Abs. 1 Nr. 6 BauGB – Gesetzliche Vorgaben und Verwaltungspraxis. 2014.

Band 24 Gerrit Manssen / Antje Himmelreich / Elena Gricenko (Hrsg.): Public-private-Partnership im kommunalen Bereich. 2015.

Band 25 Myeongjin Han: Die Unabhängigkeit der Bundesanstalt für Finanzdienstleistungsaufsicht. Unter besonderer Berücksichtigung ihrer Organisation als rechtsfähige Anstalt des öffentlichen Rechts. 2015.

Band 26 Jiweon Seon / Gerrit Manssen: Die Kontrolle von Public Private Partnerships im Beschaffungswesen im Rahmen des europäischen Beihilfen- und Vergaberechts. 2018.

www.peterlang.com

www.ingramcontent.com/pod-product-compliance
Ingram Content Group UK Ltd.
Pitfield, Milton Keynes, MK11 3LW, UK
UKHW021840290926
8980IPUK00005B/563

9 783631 760703